U0657026

21世纪高职高专教学改革规划教材·金融保险专业

证券投资实务

Zhengquan Touzi Shiwu

（第三版）

王妍 王永成 主编

东北财经大学出版社
Dongbei University of Finance & Economics Press
大连

图书在版编目（CIP）数据

证券投资实务 / 王妍，王永成主编．—3版．—大连：东北财经大学出版社，2020.11

（21世纪高职高专教学改革规划教材·金融保险专业）

ISBN 978-7-5654-4000-7

Ⅰ．证…　Ⅱ．①王…②王…　Ⅲ．证券投资-高等职业教育-教材　Ⅳ．F830.91

中国版本图书馆CIP数据核字（2020）第195893号

东北财经大学出版社出版

（大连市黑石礁尖山街217号　邮政编码　116025）

网　　址：http：//www.dufep.cn

读者信箱：dufep@dufe.edu.cn

大连天骄彩色印刷有限公司印刷　　东北财经大学出版社发行

幅面尺寸：185mm×260mm　　字数：391千字　　印张：17.25

2020年11月第3版　　2020年11月第1次印刷

责任编辑：张晓鹏　石建华　周　晗　宋雪凌　　责任校对：合　荔

封面设计：冀贵收　　版式设计：钟福建

定价：35.00元

第三版前言

近年来，我国证券市场可谓创新不断，如IPO重启和注册制推进，沪港通、深港通的推出和A股纳入MSCI指数，科创板与新三板市场的建设等。在这一背景下，为了更好地反映我国证券市场和证券投资的发展和变化，使《证券投资实务》一书的内容更适应未来经济发展的需要，我们对该书再次进行了修订。具体来看，各项目主要修订内容如下：

项目一“证券市场基础知识”，更新了关于“多层次资本市场”“证券市场主体”的内容。

项目二“证券投资工具”，更新了部分概念、案例、知识链接、延伸阅读材料等内容。

项目三“证券交易的基本知识”，更新了有关“证券交易规则”的内容。

项目四“宏观经济分析”，更新了部分案例的数据以及知识链接和延伸阅读材料等内容，增加了“沪港通、深港通”内容。

项目五“行业分析”和项目六“上市公司分析”，更新了部分案例的数据。

项目七“证券投资技术分析”，更新了部分案例的图片。

项目八“证券投资策略分析”，更新了部分知识链接和延伸阅读材料的内容。

全书修订工作由内蒙古财经大学职业学院王妍副教授主持，具体分工如下：内蒙古财经大学职业学院王妍修订项目一、项目二；山西省财政税务专科学校张茜副教授修订项目三；内蒙古财经大学职业学院王永成副教授修订项目四、项目五；太原学院杨凡讲师修订项目六、项目八；太原学院张永刚副教授修订项目七。

本书既可作为高职院校经济管理类专业的教材，也适用于金融证券从业人员、科研人员与企业领导者、财会人员、机关公务员，特别是股市、债市、基金市场等证券市场实际投资者使用。

本着对读者负责和精益求精的态度，修订时，我们对上一版教材通篇进行字斟句酌的思考、研究，力求消除一切瑕疵和错误。但由于水平所限，书中难免会出现缺漏和错误之处，敬请读者批评指正。同时借此机会，对东北财经大学出版社的张晓鹏编辑和相关人员表示感谢，向使用本教材的广大师生，向给予我们关心、鼓励和帮助的同行、专家学者致以由衷的感谢。

编　者

2020年9月

目 录

项目一

证券市场基础知识

本项目学习目标

核心知识：了解证券市场的结构；熟悉证券的含义及分类；理解证券市场的特征与功能；掌握证券的特征及证券市场主体；掌握证券投资的过程。

核心技能：能准确描述有价证券的含义、分类和基本特征；能准确描述我国证券市场的基本情况；能准确描述证券投资的过程。

案例导入

我国多层次资本市场的建立

2003年，中央提出建立多层次资本市场体系，经过十多年的发展，我国逐渐建立起包含沪深证券交易所的主板市场、科创板市场、深圳证券交易所的创业板市场、全国中小企业股份转让系统、区域股权交易市场、券商柜台市场、机构间私募产品报价与服务系统、私募基金市场等多层次资本市场体系。其中，主板市场、科创板市场、创业板市场和全国中小企业股份转让系统属于场内市场，区域股权交易市场、券商柜台市场、机构间私募产品报价与服务系统和私募基金市场属于场外市场。

我国的资本市场就像一个金字塔，顶层是主板市场，一般以规模大、实力强的国企和蓝筹为主。往下是中小板和创业板，以民营企业为主，流通盘小一些。创业板针对的是新兴行业企业或创新高科技企业，不需要像主板或中小板那样实现连续盈利，但必须保持业绩高速增长。而新三板属于场外市场，企业总体体量偏小，投资者风险大。新设立的科创板主要是为创新型科技企业服务，特别是为初创但未达到盈利等硬性指标的企业提供一个上市渠道。

科创板市场开市之后，我国多层次资本市场结构趋于完善。科创板市场也是主板、中小板和创业板市场改革的试验田，其发行端和退市端的市场化改革成果将对股市的其他板块有较好借鉴意义。在未来A股市场化改革进程中，真正被低估且有前景的头部公司才能得到更多资金的青睐，市场最终会做出理性选择。

资料来源　证券业从业人员一般从业资格考试辅导教材编委会. 金融市场基础知识［M］. 北京：中国财政经济出版社，2019.

任务一　认识证券与证券投资

任务描述

本任务的主要学习内容是认知证券的含义、分类和特征，掌握证券投资的要素，并能理解证券投资的功能。

知识准备

一、认知证券

（一）证券的含义

证券是指各类记载并代表一定权利的法律凭证，它用以证明持有人有权依其所持凭证记载的内容而取得应有的权益。证券是用以证明或设定权利所做成的书面凭证，表明证券持有人或第三者有权取得该证券拥有的特定权益或证明其曾经发生过的行为。证券可以采取纸质形式或其他形式。

（二）证券的分类

按照票面价值，证券可以分为无价证券和有价证券，如图1-1所示。

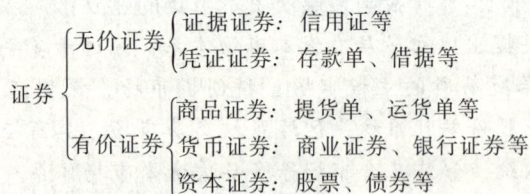

- 证券
  - 无价证券
    - 证据证券：信用证等
    - 凭证证券：存款单、借据等
  - 有价证券
    - 商品证券：提货单、运货单等
    - 货币证券：商业证券、银行证券等
    - 资本证券：股票、债券等

图1-1　证券的分类

1.无价证券

无价证券是法律和政府规定的不能够通过流通来增值的证券，所以在经济上缺乏实际的投资价值。无价证券主要包括证据证券和凭证证券。证据证券是指单纯证明事实的文件，主要有信用证等。凭证证券是指认定持证人是某种私权的合法权利者、证明持证人所履行的义务是有效的文件，如存款单、借据等。

2.有价证券

（1）有价证券的含义。有价证券是一种具有一定票面金额，证明持券人有权按期取得一定的收入，并可以自由转让和买卖的所有权或债权证书。邮票、印花税票、股票、债券、国库券、商业票据、银行定期存单等都是有价证券。这类证券本身没有价值，但代表着一定的财产权利，持有人可以凭借证券的所有权取得相应的商品、货币或利息收入等，因而它可以在市场上流通转让，客观上具有了交易价格。人们通常所说的证券就是指这类证券，本书主要讨论的也是有价证券。

（2）有价证券的分类。有价证券有广义与狭义之分。广义的有价证券包括商品证券、货币证券和资本证券三种；狭义的有价证券即资本证券。

商品证券是证明持有人有商品所有权或使用权的凭证，如提货单、运货单等。货币证券是指本身能使持有人或第三者取得货币索取权的有价证券，包括商业证券和银行证券两大类。商业证券包括商业汇票和商业本票；银行证券包括银行汇票、银行本票和银行支票。资本证券是证明持有人或第三者享有特定财产的所有权、债权及其滋生利益的证券。资本证券由金融投资或与金融投资有直接联系的活动产生，持有人有一定的收益请求权，如债券的持有人有权获得利息和到期时获得本金。本教材以下内容中涉及的证券指的都是资本证券。

（3）资本证券的分类。资本证券是有价证券的主要形式，也是狭义的有价证券。所以，下面重点了解资本证券的分类，如图1–2所示。

- 资本证券
  - 按募集方式划分
    - 公募证券
    - 私募证券
  - 按证券发行主体划分
    - 政府证券
    - 金融证券
    - 公司证券
  - 按证券所代表的权利性质划分
    - 股票
    - 债券
    - 基金
    - 证券衍生品
  - 按是否在证券交易所挂牌交易划分
    - 上市证券
    - 非上市证券

图1–2　资本证券的分类

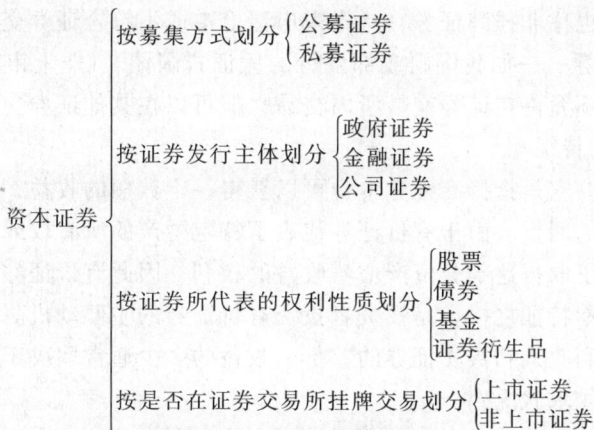

①按募集方式划分，资本证券可以分为公募证券和私募证券。公募证券是指发行人向不特定的社会公众投资者公开发行的证券，审核较严格，并采取公示制度。私募证券是指向特定的投资者发行的证券，其审查条件相对宽松，投资者也较少，不采取公示制度。目前，我国信托投资公司发行的信托计划以及商业银行和证券公司发行的理财计划均属私募证券。

②按证券发行主体划分，资本证券可以分为政府证券、金融证券和公司证券。政府证券是指政府发行的证券，一般指政府债券，包括中央政府债券和地方政府债券等。金融证券是指银行及非银行金融机构为筹集资金而发行的股票、金融债券等，其中以金融债券为主。公司证券是指公司发行的各种有价证券，通常包括股票、债券、商业票据等。

③按证券所代表的权利性质划分，资本证券可以分为股票、债券、证券投资基金和证券衍生品。

股票是指股份有限公司签发的证明股东所持股份的凭证，具有收益性、风险性、流动性、永久性和参与性等特征。股票是证券市场最主要、最基本的投资工具之一。

债券是指发行主体为筹集资金而向债券投资者出具的，承诺按一定利率定期支付利息并到期偿还本金的债权债务凭证，具有偿还性、流动性、安全性、收益性等特征。债券也是证券市场最主要、最基本的投资工具之一。

证券投资基金是指通过公开发售基金份额募集资金，由基金托管人托管，由基金管理人管理和运作资金，为基金份额持有人的利益，以资产组合方式进行证券投资的一种利益共享、风险共担的集合投资方式。

证券衍生品也称金融衍生品（工具），是指建立在基础产品或基础变量之上的，其价格取决于基础金融产品价格（或数值）变动的派生金融产品，如金融远期合约、金融期货、金融期权等。

④按是否在证券交易所挂牌交易划分，资本证券可以分为上市证券和非上市证券。

上市证券又称挂牌证券，是指公司提出申请，经证券监督管理机构或证券交易所依法审核同意，并与证券交易所签订上市协议，以获得在交易所内公开买卖资格的证券。

非上市证券也称非挂牌证券，是指未申请上市或不符合证券交易所挂牌交易条件的证券。非上市证券——如我国财政部发行的凭证式国债、（非上市交易的）开放式证券投资基金等——不允许在证券交易所内交易，但可以在其他证券交易市场交易。

（三）证券的特征

（1）收益性。它是指持有证券本身可以获得一定数额的收益，这是投资者转让资本所有权或使用权的回报。由于有价证券代表了特定财产的所有权或债权，投资者持有证券也就同时拥有了取得这部分资产增值收益的权利，因此有价证券具有收益性。收益性是有价证券的基本特征之一，是投资者投资有价证券的主要动机。有价证券的收益表现为利息收入、红利收入和买卖证券的差价。收益的多少通常取决于该资产增值数额的多少和证券市场的供求状况。

（2）风险性。它也是有价证券的最基本特征之一，任何投资者在进入证券市场时，都必须对有价证券的风险性有清醒的认识。有价证券的风险性是指持有者面临着预期投资收益不能实现，甚至连本金也受到损失的可能性。这是由证券的期限性和未来经济状况的不确定性导致的。在现有的社会生产条件下，未来经济的发展变化有些是投资者可以预测的，而有些则是无法预测的，因此投资者难以确定其所持有的证券将来能否取得收益和能获得多少收益，因此其持有的证券具有风险性。对有价证券来说，风险性与收益性就像一对孪生兄弟，在正常情况下，有价证券的风险与其收益成正比。预期收益越高的有价证券，其风险越大；预期收益越低的有价证券，其风险越小。

（3）流动性。它也称变现能力，是指资产在受到重大损失的情况下快速转变为现金的能力。有价证券的流动性满足了投资者对现金的随机需要，因而是有价证券的生命力所在，保持资产的流动性也是投资者投资于有价证券的主要动机之一。一般来说，有价证券的流动性要强于实物资产的流动性。不同的有价证券，其流动性也是不同的。就我国当前而言，股票的流动性要强于债券的流动性。

（4）期限性。它是指投资者获得投资回报的时间跨度。不同的有价证券，其期限是不同的。债券一般有明确的还本付息期限，以满足不同投资者和筹资者对投（融）资期限以及与此相关的收益率的需求。债券的期限具有法律约束力，是对投融资双方权益的保护。股票投资一般没有还本期限，因此被视为无期证券。

二、认知证券投资

(一) 证券投资的含义

证券投资是一种金融投资或间接投资，是指个人、企业、金融机构及其他社会团体等经济主体通过购买股票、债券等有价证券以获取预期投资收益的投资行为。这表明证券投资是投资者对有价证券的买卖行为。投资者自愿承担风险，并有权获得一定的收益。证券投资也是一种风险自担、收益自享的经济行为。证券投资的目的是获得预期经济收益。

实物投资与证券投资的根本区别是：实物投资是投资者对现实的有形资产（实物资产）进行的收购和扩建活动；证券投资是投资者对有价证券（虚拟资产）进行的买卖活动。

延伸阅读材料 1-1　投资者如何正确看待证券投资

生活中有不少人对证券投资存在三大认识误区：一是博彩主义，视股票为彩票，视投资为博彩；二是享乐主义，把证券投资作为一种不劳而获的手段，作为脱离繁重劳动的手段；三是拜神主义，不断探索和发现股市里所谓的“神”，不断塑造“股神”。对“股神”顶礼膜拜，造就了一批又一批的黑嘴、骗子。因此，作为一名投资者，要正确认识证券投资。

首先，要认识到投资是一个在起伏波动中不断发展的过程。涨市比跌市更要强调风险。投资者应该意识到：股市中经常出现股票处于上涨的旺势时突然跌停板，或一直跌停板的股票突然快速上涨，此时需要投资者找出原因并分析市场，谨慎投资。

其次，投资要注重证券资产的配置及修正。要纵观板块、行业或证券类型进行分析，然后确定投资方向，比如金融、地产、钢铁，中小企业板、创业板，股票、债券和基金等，最后选择哪些板块的个股来建仓，以及确定每个板块具体的投资资产和投资者的资金对各种资产的投资比例的问题。当然，证券资产配置也是个动态的过程，不是一成不变的，随着时间的推移，或投资者改变投资目标，或投资对象发生变化，证券资产在仓位中的配置要随着证券市场的变动而做出调整。

再次，要清楚自己交易的理由。在每一次交易之前，都要仔细想想：这只股票的基本面如何？这只股票的技术面如何？买入后盈利和亏损的风险有多大？预期的目标价位是多少？如果大盘出现调整该如何处理？这样就不会盲目进行投资了。没有充足的理由及对市场进行充分的分析不要进入市场建立新仓。

最后，要有良好的投资心态。有些时候，技术层面的因素不是决定投资人成败得失的主要因素，而一些内在的、更深层次的东西，比如个人的心态、定力、修为、性格，则成为投资者行为的关键因素。投资的成功与否关键要看投资者能否战胜贪婪、幻想、恐惧、犹豫、急于求成、见异思迁等这些与生俱来的人性的弱点。

简而言之，投资是一个需要不断学习、不断战胜自己且充满挑战的过程，在投资中要学会不断培养自己的战略眼光，不断地调整心态。只有这样，投资才有意义，才能获得利益，才能改善和提高生活水平。

（二）证券投资的要素

投资主体、投资客体、投资目的和投资方式构成了证券投资的四要素。其中，投资主体指投资活动的参加者；投资客体指交易买卖的对象；投资目的指投资者的意图及所要达到的效果；投资方式指资金运用的形式和方法。对于任何一项投资活动，这四要素都缺一不可。投资主体说明谁来投资，投资客体说明投资于什么，投资目的说明为什么投资，投资方式则说明怎样投资。

（1）投资主体。在证券市场上，投资主体是资金的所有者，也是投资的决策者和风险的承担者。进入证券市场的投资主体包括：①社会公众，即以家庭资产进行投资的散户；②政府，包括中央政府和各级地方政府；③金融机构，包括商业银行、保险公司、证券公司及各种投资基金组织等；④企业，即各种工商企业。

社会公众称为个人投资者，金融机构和企业通常称为机构投资者。以下所说的投资主体仅指个人投资者和有代表性的机构投资者。

（2）投资客体。投资客体即投资对象，既包括股票、债券、投资基金，也包括认股权证、指数期货、期权等金融衍生品。这些内容将在项目二中进行详细阐述。

（3）投资目的。它是投资者投资所要达到的预期目标，无论是个人投资者还是机构投资者，证券投资的最终目的都是获利。但是，由于投资者的投资会受到各种因素的影响，如资金来源的不同、经济活动内容的不同等，因此其具体的投资目标也不能一概而论。例如，社会公众的投资目的可以概括为追求财富增值、分散风险、抵补通货膨胀的损失、体现个人价值等；商业银行作为机构投资者，其投资目的既有与社会公众相同之处，也有区别，主要表现为获取收益、增强资产流动性、分散风险等；保险公司的投资活动由于受其资金来源和政府有关法令的制约，因此其投资目的有别于社会公众投资者和其他机构投资者，主要表现为资产增值、提高竞争力等；非金融企业的经营目标是实现企业价值最大化，企业的所有活动都要围绕这一目标进行并为之服务，证券投资也不例外，因受其业务性质、投资方式等因素的影响，非金融企业的投资目的也有所不同，主要表现为提高资产的利用效率、获取规模效应、取得对其他企业的控制权、实现多元化经营以分散企业经营风险等。

（4）投资方式。它是指投资的具体形式和方法。投资方式可以按投资对象来阐述，如投资于股票，或者投资于债券；也可以按金融市场来阐述，如投资于货币市场，或者投资于资本市场；还可以按投资者投资的思想动机来阐述，如以追求长期资产增值为目的的证券投资方式，或者以追求短期差价收益为目的的证券投机方式。

（三）证券投资的功能

（1）实现价值增值。对证券投资的行为主体来说，进行证券投资能够实现价值增值，即投入一定数量的货币或其他财富后，投资主体有可能在将来获得超过投入价值量的增值收益。在现代经济社会中，一定时期内总是存在着大量未用于现实消费的资金，这些闲置的资金可以以银行存款的方式获得储蓄利息，但就价值增值目标的多样性而言，仅通过银行储蓄方式显然不能满足，还需要在银行存款和实物投资之外寻找投资渠道，而证券投资正是满足这种需求的投资渠道。证券投资可以在社会资金相对充裕，而储蓄利率等其他获利渠道的收益水平不理想，实物投资又缺乏有吸引力的方向或不能被普遍采用时，为投资者提供投资获利途径，以满足闲置货币资金的价值增值要求，从而使社会总体收入水平有效提高。

（2）支撑社会融资。在现代经济社会中，任何一个生产经营单位的正常运转，都经常会面临融资需求。不仅是企业，作为全社会组织者与管理者的国家，包括各级政府，要有效履行其职能，也会面临巨大的资金需求，而这仅靠国家的常规性收入（税收）是不够的，还需要不断向社会融资，即在证券市场上发行有价证券。在证券市场上大规模发行有价证券的前提是这一市场存在着大量的证券投资者，没有活跃的投资活动，有价证券的发行就无法实现。不仅如此，有价证券发行后还必须实现流通，即能够自由地、无限次地流通转让，否则就会使原始认购者面临巨大的持有风险，从而使发行活动难以维系，而这又要求存在大量的对已流通有价证券的投资行为。因此，尽管证券投资者的行为本身只是为了追逐个体的获利目标，但客观上却起着支撑社会融资的重要作用。

（3）化解供求压力。证券投资作为一种经济活动，本身也是一个资金运动过程。在一定时期内，社会中总是会存在一定的闲置资金，当这部分资金缺乏实物投资方向时，常常会转化为消费资金。当经济具有短缺特征或存在结构性供给缺陷时，就会构成某种程度的消费压力，甚至会导致通货膨胀加剧。而通过证券市场引导这部分资金进行证券投资，则可以有效缓解消费需求压力。同时，在二级市场上流动的资金也有助于在实物投资规模膨胀时压缩其需求。此外，证券投资对社会融资的支撑作用不仅体现在扩大融资数量上，也体现在通过这种公众选择的过程促进融资结构的优化上。

（4）传递经济信息。证券投资活动还可以有效增加经济信息的供给渠道，扩大经济信息的流量，并加速经济信息的传递。从某种意义上说，证券投资就是一个不断处理各种相关信息的过程。这一特征决定了围绕证券投资需求并通过证券投资过程而逐步形成的经济信息系统格外发达，信息流量极为庞大，信息内容十分全面和深入，信息流动的速度也格外快捷。利用和处理好证券投资过程中集中传递的这些经济信息，有助于人们对企业、行业、部门、市场乃至整个国民经济的发展态势进行及时、准确的估价与判断，进而为各类经济主体包括政府进行决策提供重要的依据。证券投资中所传递的信息主要来自证券市场。而在证券市场流动的信息中，最有价值的信息是上市公司等企业及其所代表的国民经济各部门的经营信息，以及证券市场的交易信息。同时，在证券投资过程中，各种交易信息的发布十分频繁，这些随时传递和变化着的交易信息本身就在一定程度上显示经济运行情况。例如，股票价格指数的升跌、证券交易数量的增减等，无不反映经济运行的景气程度，反映不同部门的发展态势，反映不同企业、行业的投资价值，体现着人们对经济运行前景信心的强弱。而在证券投资过程中，人们在追逐对象上体现的差别，作为一个公众选择过程，本身也反映着经济体系中不同部分的发展态势。总之，证券投资过程需要且必然会产生其他经济过程难以比拟的、巨大而快捷的信息流。仅从这个意义上说，其存在和发展的价值也相当突出。

（四）证券投资的过程

证券投资是比较复杂的经济活动。在这一过程中，风险和收益共存，证券投资者将面对多种风险，风险越大，收益越多。为了做到在风险最小化的同时使收益最大化，投资者必须对投资过程的各个阶段进行正确的决策、选择和动态管理。

1.证券投资过程的含义

证券投资过程是指投资者为了取得理想的投资回报而必须进行投资决策的动态管理过程。其首要问题是投资者的投资目标——获得理想的投资回报。投资过程是一个动态的、连续的过程。证券投资分析工作也是一个动态的、连续的、永无止境的工作。

无论是实物投资还是证券投资，都需要将投资过程划分为几个阶段，这样才能做出恰当的选择。

2.证券投资过程的五个阶段

人们通常把证券投资过程划分为以下五个阶段：

（1）投资准备阶段。其包括投资心理准备、投资知识准备、投资现金准备。

（2）投资了解阶段。其包括：①了解投资目的，即投资收益率。一般来说，平均收益率应界定在10%左右。②了解投资环境。投资环境按性质的不同可以分为投资软环境和投资硬环境。投资软环境包括政策法规、公司信誉、券商服务、市场运行周期等；投资硬环境包括投资工具及其收益与风险、券商的场地和设备等。③了解证券开户程序。

（3）投资分析阶段。其包括：①基本分析。运用基本分析方法分析国家宏观经济状况与政策状况；分析宏观经济政策对证券价格的影响；分析中观行业的优势状况、行业的竞争与垄断状况；分析微观公司的经营状况、财务状况、盈利能力、发展潜力等；判断目前市场运行的大趋势是牛市还是熊市，是处于上升阶段还是下降阶段。②技术分析。运用技术分析理论和技术分析方法，分析目前证券市场涨跌的原因；分析证券价格的运行周期；分析介入买卖证券的时机。

（4）制订投资方案阶段。其包括：①投资原则。要分散投资，减少风险。“不要把鸡蛋放到一个篮子里”就是指投资要注意分散风险。②构建投资组合。优化资本配置，回避投资风险，提高投资效益。③投资操作策略灵活。投资操作策略要符合市场实际情况，并且根据市场价格的变化情况适时改变或修正投资操作策略，使操作策略更加符合实际情况的变化。这种根据市场行情变化改变策略的方式叫作“按照实际情况决定工作方针”。

（5）投资监控管理阶段。其包括：①采取逐日盯市制，跟踪、监视行情的变化趋势。②把握行情趋势，修正投资目标。如果遇到持续上升行情，则投资目标定高一点；反之，投资目标定低一点。③控制投资比例。各类证券由于具有相关性和联动效应，因此将会产生证券价格趋向一致的波动，有的向上波动，有的向下波动。投资者需要适时调整各类证券的投资比例，使资金分配更加合理，保持长期投资和短期投资的比例，保持自有资金与贷款资金的比例，此外还要保留一部分资金以备急需。④评价投资绩效。投资绩效的评价即投资效能的评价，主要包括证券投资收益与风险两个方面。评价的方法是把目前投资组合的收益与风险和投资方案中的基准收益与风险相比较，看目前的操作策略是否良好、投资组合是否最佳。

任务二　认识多层次的证券市场

任务描述

本任务的主要学习内容是认知证券市场的含义、特征，掌握证券市场的主要功能和市场主体，熟悉证券市场的结构。

知识准备

证券市场的形成与发展有着悠久的历史。随着经济的发展，证券市场也在不断完善，并且在社会经济生活中发挥着越来越重要的作用。

一、证券市场的含义及特点

证券市场是股票、债券、证券投资基金等有价证券发行和交易的场所。它是融通长期资金的市场，是各国资本市场的主体和基础。与商品交易市场和资金借贷市场相比，证券市场具有自己的特点。

首先，证券市场是价值直接交换的场所。股票、债券、投资基金等有价证券都是价值凭证，是价值的直接代表，是价值的表现形式。所以，证券市场上各种证券的交易，本质上是价值的直接交换。

其次，证券市场是财产权利直接交换的场所。在证券市场上交易的股票、债券、投资基金等有价证券，其本身并无价值，但它们都代表着一定量的财产权利，表明持有者对一定数额财产的所有权、债权和相应的收益权。所以，证券市场实际上是财产权利直接交换的场所。

最后，证券市场是风险直接交换的场所。证券市场是一个高风险的市场，证券投资尤其是股票投资，受各种因素的影响，价格波动极大，投资者要承担极大的风险。证券在通过交易转让收益权的同时，投资风险也随之转让。所以，证券市场也是风险直接交换的场所。这与货币市场不同，在货币市场上，投资者以存款形式，通过银行向筹资者投资，投资风险由银行承担。

二、证券市场的结构

证券市场的结构是指证券市场的构成及其各部分之间的量比关系。证券市场的结构有许多种，较为重要的有：

（1）纵向结构。这是按证券进入市场的顺序而形成的结构。按这种顺序关系划分，证券市场可分为发行市场和交易市场。

证券发行市场又称“一级市场”或“初级市场”，是发行人以筹集资金为目的，按照一定的法律规定和发行程序，向投资者出售新证券所形成的市场。证券交易市场又称“二级市场”或“次级市场”，是已发行的证券通过交易实现流通转让的市场。

小思考1-1

证券发行市场与交易市场是否相互独立，二者之间有什么样的关系？

小思考1-1

分析提示

（2）横向结构。这是按有价证券的不同品种而形成的结构。按这种结构关系划分，证券市场可分为股票市场、债券市场、基金市场以及衍生证券市场等子市场，并且各个子市场之间是相互联系的。

股票市场是股票发行和交易的场所。股票的发行人一般为股份有限公司。股份有限公司通过发行股票募集公司的股本，或者在公司营运过程中通过发行股票扩大公司的股本。股票市场交易的对象是股票，股票的市场价格除了与股份有限公司的经营状况和盈利水平有关外，还会受到政治、社会、经济等多方面因素的综合影响。因此，股票价格经常处于波动之中。

债券市场是债券发行和交易的场所。债券的发行人有中央政府、地方政府、金融机构、公司和企业。债券发行人通过发行债券筹集的资金一般都有期限，债券到期时，债务人必须归还本金并支付约定的利息。债券市场交易的对象是债券。由于债券有固定的票面利率和期限，因此其市场价格相对于股票价格而言比较稳定。

基金市场是基金发行和流通的市场。封闭式基金在证券交易所挂牌交易；开放式基金则通过投资者向基金管理公司申购和赎回来实现流通转让。

（3）交易市场结构。这是按交易活动是否在固定场所进行而形成的结构。按这种结构关系划分，证券市场可分为有形市场和无形市场。

通常人们把有形市场称为“场内市场”，即有固定交易场所的市场。该市场是有组织的、制度化的市场。有形市场的诞生是证券市场走向集中化的重要标志之一。一般而言，证券必须达到证券交易所规定的上市标准才能够在场内交易。

无形市场也被称为“场外市场”，即没有固定交易场所的市场。随着现代通信技术的发展和电子计算机网络的广泛应用，越来越多的证券交易不在有形市场进行，而是通过经纪人或交易商的电话、网络等洽谈成交。

延伸阅读材料1-2

中国多层次的资本市场

我国资本市场从20世纪90年代发展至今，已经形成场内市场和场外市场两部分。其中，场内市场的主板（含中小板）、科创板、创业板（俗称“二板”）、全国中小企业股份转让系统（俗称“新三板”）、区域性股权交易市场、券商柜台市场、机构间私募产品报价与服务系统、私募基金市场共同组成了我国多层次资本市场体系。

（1）主板市场（包含中小板市场）。主板市场是一个国家或地区证券发行上市及交易的主要场所，一般而言，各国主要的证券交易所代表着国内主板市场。主板市场对发行人的营业期限、股本大小、盈利水平、最低市值等方面的要求标准较高，上市企业多为大型成熟企业，具有较大的资本规模以及稳定的盈利能力。相对于创业板市场而言，主板市场是资本市场中最重要的组成部分，很大程度上能够反映国家或地区的经济发展状况，有“宏观经济晴雨表”之称。上海、深圳证券交易所是我国证券市场的主板市场。上海证券交易所于1990年12月19日正式营业；深圳证券交易所于1991年7月3日正式营业。

2004年5月，经国务院批准，中国证监会批复同意深圳证券交易所在主板市场内设立中小企业板块。设立中小企业板块的宗旨是为主业突出、具有成长性和科技含量的中小企业提供直接融资平台，是我国多层次资本市场体系建设的一项重要内容。

（2）科创板市场。2018年11月5日，国家主席习近平在首届中国国际进口博览会开幕式上宣布，将在上海证券交易所设立科创板并试点注册制，支持上海国际金融中心和科技创新中心建设。2019年1月23日，中央全面深化改革委员会第六次会议审议通过了《在上海证券交易所设立科创板并试点注册制总体实施方案》《关于在上海证券交易所设立科创板并试点注册制的实施意见》。2019年3月1日，中国证监会、上交所关于设立科创板并试点注册制主要制度、规则正式发布，证券发行上市注册制时代正式来临。2019年3月22日，上海证券交易所做出首批9家企业的受理决定。2019年6月13日，在第十一届陆家嘴论坛开幕式上，中国证监会和上海市人民政府联合举办了上海证券交易所科创板开板仪式。

科创板是独立于现有主板市场的新设板块，并在该板块内进行注册制试点。在上海证券交易所设立科创板并试点注册制，对于完善多层次资本市场体系，提升资本市场服务实体经济的能力，促进上海国际金融中心、科创中心建设，具有重要意义，为上海证券交易所发挥市场功能、弥补制度短板、增强包容性提供了至关重要的突破口和实现路径。

（3）创业板市场。创业板市场又被称为二板市场，是为具有高成长性的中小企业和高科技企业融资服务的资本市场。创业板市场是不同于主板市场的独特的资本市场，具有前瞻性、高风险、监管要求严格以及明显的高技术产业导向的特点。与主板市场相比，在创业板市场上市的企业规模较小、上市条件相对较低，中小企业更容易上市募集发展所需资金。

经国务院同意、中国证监会批准，我国创业板市场于2009年10月23日在深圳证券交易所正式启动。我国创业板市场主要面向成长型创业企业，重点支持自主创新企业，支持市场前景好、带动能力强、就业机会多的成长型创业企业，特别是新能源、新材料、电子信息、生物医药、环保节能、现代服务等新兴产业的发展。

（4）全国中小企业股份转让系统，又被称为“新三板”，是经国务院批准设立的全国性的证券交易场所，成立于2012年9月20日，主要为创新型、创业型、成长型中小微企业发展服务。全国中小企业股份转让系统设立创新层和基础层，符合不同标准的挂牌公司分别纳入创新层和基础层管理。2015年7月，中国证券业协会发布的《场外证券业务备案管理办法》中明确指出，全国中小企业股份转让系统不再属于场外交易市场。

（5）区域性股权交易市场，也称“区域股权市场”。区域性股权交易市场是为其所在省级行政区域内中小微企业证券非公开发行、转让及相关活动提供设施与服务的场所。除区域性股权交易市场外，地方其他各类交易场所不得组织证券发行和转让活动。区域性股权交易市场是多层次资本市场体系的重要组成部分，是地方人民政府扶持中小微企业政策措施的综合运用平台，对于促进企业特别是中小微企业股权交易和融资，鼓励科技创新和激活民间资本，加强对实体经济薄弱环节的支持，具有积极作用。

(6) 券商柜台市场。券商柜台市场，是指证券公司为与特定交易对手方在集中交易场所之外进行交易或为投资者在集中交易场所之外进行交易提供服务的场所或平台。

为推动证券行业创新发展，2012年12月10日，中国证监会同意中国证券业协会在遵循“限定私募、先行起步”基本原则的基础上，开展柜台市场试点工作。

(7) 机构间私募产品报价与服务系统。中证机构间报价系统股份有限公司（以下简称“中证报价”），原名中证资本市场发展监测中心有限责任公司，2013年2月27日成立，2015年2月10日更名改制，是经中国证监会批准并由中国证券业协会按照市场化原则管理的金融机构。机构间私募产品报价与服务系统秉承“多元、开放、竞争、包容”的理念，以私募市场、机构间市场、互联互通市场、互联网市场为基础定位，以为参与人提供私募产品报价发行、转让及互联互通、登记结算、信息服务等为核心功能，以私募产品发行转让市场、私募股权发行转让市场、场外衍生品市场、大宗商品市场为主体架构，是多层次资本市场基础金融设施之一。

(8) 私募基金市场。根据《私募投资基金监督管理暂行办法》的规定，私募投资基金（以下简称“私募基金”），是指在中华人民共和国境内，以非公开方式向投资者募集资金设立的投资基金。私募基金财产的投资包括买卖股票、股权、债券、期货、期权、基金份额以及投资合同规定的其他投资标的。

资料来源　证券业从业人员一般从业资格考试辅导教材编委会. 金融市场基础知识［M］. 北京：中国财政经济出版社，2019.

三、证券市场的主要功能

在发达的现代市场经济中，证券市场是完整的金融体系的重要组成部分。证券市场在筹资与投资、资本定价、资本配置等方面有着不可替代的独特功能，以其独特的方式和活力对社会经济生活产生了多方面的影响。

(1) 筹资–投资功能。这是证券市场的首要功能，筹资功能是指证券市场为资金需求者筹集资金的功能，投资功能是指证券市场为资金供给者提供投资对象的功能。在证券市场上交易的任何证券，既是筹资工具，也是投资工具。在经济运行过程中，既有资金盈余者，又有资金短缺者。资金盈余者为了使自己的资金价值增值，就必须寻找投资对象，因此在证券市场上，资金盈余者可以通过买入证券而实现投资。资金短缺者为了发展自己的业务，就要向社会寻找资金，因此在证券市场上，资金短缺者可以通过发行各种证券来达到筹资的目的。

(2) 资本定价功能。证券市场的第二个基本功能就是为资本决定价格。证券是资本的存在形式，所以证券的价格实际上就是证券所代表的资本的价格。证券的价格是证券市场上证券供求双方共同作用的结果。证券市场的运行形成了证券需求者之间和证券供给者之间的竞争关系，这种竞争的结果是：能产生高投资回报的资本，其市场需求就大，相应的证券价格就高；反之，证券价格就低。因此，证券市场提供了资本的合理定价机制。

(3) 资本配置功能。它是指通过证券价格引导资本的流动，从而实现资本合理配置的功能。资本的趋利性决定了社会资金要向经济效益最高的行业和企业集中。在证券市场上，证券价格的高低是由该证券所能提供的预期报酬率的高低来决定的。证券价格的高低实际上是该证券筹资能力的反映，而能提供高报酬率的证券一般来自那些经营好、发展潜力巨大或者新兴行业的企业。由于这些证券的预期报酬率高，因此其市场价格也高，其筹资能力也强，这样，证券市场就引导资本流向能产生高报酬的企业或行业，使资本产生尽可能高的效率，进而实现资本的合理配置。

四、证券市场的主体

证券市场的主体主要由证券发行人、证券投资人、中介机构、自律性组织和证券监管机构几个部分组成。

（一）证券发行人

证券发行人是指为筹措资金而发行债券、股票等证券的发行主体。证券发行人主要有政府和政府机构、公司（企业）、金融机构等。

1.政府和政府机构

随着国家干预经济理论的兴起，政府（中央政府和地方政府）和中央政府直属机构已成为证券发行的重要主体之一，但政府发行的证券品种一般仅限于债券。政府发行债券所筹集资金既可以用于协调财政资金短期周转、弥补财政赤字、兴建政府投资的大型基础性建设项目，也可以用于实施某种特殊的政策，在战争期间还可以用于弥补战争费用的开支。

中央政府拥有税收、货币发行特权，通常情况下，中央政府债券不存在违约风险，因此，这一类证券被视为无风险证券，相对应的证券收益率被称为无风险利率，是金融市场上最重要的价格指标。

中央银行是代表一国政府发行法偿货币、制定和执行货币政策、实施金融监管的重要机构。中央银行作为证券发行主体，主要涉及两类证券：第一类是中央银行股票。在一些国家（如美国），中央银行采取了股份制组织结构，通过发行股票募集资金，但是，中央银行的股东并不享有决定中央银行政策的权利，只能按期收取固定的红利，其股票类似于优先股。第二类是中央银行出于调控货币供给量目的而发行的特殊债券。中国人民银行从2003年起开始发行中央银行票据，期限从3个月到3年不等，主要用于对冲金融体系中过多的流动性。

2.公司（企业）

企业的组织形式可分为独资制、合伙制和公司制。现代公司主要采取股份有限公司和有限责任公司两种形式，其中只有股份有限公司才能发行股票。

公司发行股票所筹集的资本属于自有资本，而通过发行债券所筹集的资本属于借入资本，发行股票和长期公司（企业）债券是公司（企业）筹措长期资本的主要途径，发行短期债券则是补充流动资金的重要手段。随着科学技术的进步和资本有机构成的不断提高，公司（企业）对长期资本的需求将越来越大，所以公司（企业）作为证券发行主体的地位有不断上升的趋势。

3.金融机构

金融机构作为证券市场的发行主体，既发行债券，也发行股票。在公司证券中，通常将银行及非银行金融机构发行的证券称为金融证券。欧美等西方国家能够发行证券的金融机构一般都是股份公司，所以将金融机构发行的证券归入了公司证券。而我国和日本则把金融机构发行的债券定义为金融债券，从而突出了金融机构作为证券市场发行主体的地位，但股份制的金融机构发行的股票并没有被定义为金融证券，而是归类于一般的公司股票，因此这里介绍的金融机构直接融资的方式主要是金融债券。

（二）证券投资人

证券投资人，是指以取得利息、股息或资本收益为目的，购买并持有有价证券，承担证券投资风险并行使证券权利的主体。证券投资人具有分散性和流动性的特点。相应地，证券投资人可分为机构投资者和个人投资者两大类。

1.机构投资者

机构投资者，是指用自有资金或者从分散的公众手中筹集的资金，以获得证券投资收益为主要经营目的的专业团体机构或企业。发达国家的机构投资者主要是以有价证券投资收益为其重要收入来源的投资银行、投资公司、共同基金、养老基金、保险公司、对冲基金、各种福利基金及金融财团等。美国最典型的机构投资者是专门从事有价证券投资的共同基金。我国将机构投资者限定为与个人投资者相对应的一类投资者，只要是在证券市场上从事投资及相关活动的法人机构，均是一般意义上的机构投资者。

（1）政府机构类投资者。政府机构类投资者是指进行证券投资的政府机构。政府机构类投资者的特点是通常很少考虑盈利，参与证券投资的目的主要是调剂资金余缺、实施宏观调控、实行特定产业政策等。各级政府及政府机构出现资金剩余时，可通过购买政府债券、金融债券投资于证券市场。因此，严格地说，政府买卖证券活动不具备完全的投资特征。

政府机构类投资者主要包括以下两个：第一，中央银行以公开市场操作作为政策手段，通过买卖政府债券或金融债券，影响货币供应量从而进行宏观调控；第二，我国国有资产管理部门或其授权部门持有国有股，履行国有资产的保值增值和通过国家控股、参股来支配更多社会资源的职责。从各国具体实践看，出于维护金融稳定的需要，政府还可以成立或指定专门机构参与证券市场交易，平抑市场非理性的巨幅波动。在我国，这类机构投资者包括中央汇金投资有限责任公司（中央汇金）、中国证券金融股份有限公司（证金公司）等。

（2）金融机构类投资者。它是证券市场上重要的机构投资者。参与证券投资的金融机构主要有证券经营机构、银行业金融机构、保险经营机构以及其他金融机构等。

证券经营机构是证券市场上最活跃的投资者，以其自有资本、营运资金和受托投资资金进行证券投资。我国证券经营机构主要为证券公司。按照《中华人民共和国证券法》的规定，证券公司可以通过从事证券自营业务和证券资产管理业务，以自己的名义或代其客户进行证券投资。证券公司从事自营业务，其投资的范围包括股票、基金、认股权证、国债、公司或企业债券等上市证券以及证券监管机构认定的其他证券。经中国证监会批准，证券公司可以为单一投资者设立单一资产管理计划，也可以为多个投资者设立集合资产管理计划。这些业务应与证券公司的自营业务相分离。

银行业金融机构包括商业银行、邮政储蓄银行、城市信用合作社、农村信用合作社等吸收公众存款的金融机构以及政策性银行。根据《中华人民共和国商业银行法》的规定，银行业金融机构可用自有资金买卖政府债券和金融债券，除国家另有规定外，在中华人民共和国境内不得从事信托投资和证券经营业务，不得向非自用不动产投资或者向非银行金融机构和企业投资。《中华人民共和国外资银行管理条例》规定，外商独资银行、中外合资银行可买卖政府债券、金融债券，以及股票以外的其他外币有价证券。银行业金融机构因处置贷款质押资产而被动持有的股票，只能单向卖出。《商业银行个人理财业务管理暂行办法》规定，商业银行可以向个人客户提供综合理财服务，向特定目标客户群销售理财计划，接受客户的委托和授权，按照与客户事先约定的投资计划和方式进行投资和资产管理。

保险经营机构是全球最重要的机构投资者之一，曾一度超过投资基金成为投资规模最大的机构投资者，除大量投资于各类政府债券、高等级公司债券外，还广泛涉足基金和股票投资。《中华人民共和国保险法》规定，债券、股票、证券投资基金份额等有价证券均属保险公司资金运用范围，经国务院保险监督管理机构会同国务院证券监督管理机构批准，保险公司可以设立保险资产管理公司从事证券投资活动，还可运用受托管理的企业年金进行投资。根据2018年1月24日原中国保监会发布的《保险资金运用管理办法》，“保险集团（控股）公司、保险公司从事保险资金运用应当符合中国保监会比例监管要求，具体规定由中国保监会另行制定。中国保监会根据保险资金运用实际情况，可以对保险资产的分类、品种以及相关比例等进行调整”。《保险资金运用管理办法》提及，保险资金投资全国中小企业股份转让系统（即新三板）挂牌的公司股票，由原中国保监会另行规定，同时新增保险资金三大投向，分别是资产证券化产品、创业投资基金、保险私募基金。

其他金融机构包括信托投资公司、企业集团财务公司和金融租赁公司等。

（3）合格境外机构投资者。合格境外机构投资者（QFII）制度，是在一定规定和限制下汇入一定额度的外汇资金，并转换为当地货币，通过严格监管的专门账户投资当地证券市场，其资本利得、股息等经审核后可转为外汇汇出的一种市场开放模式。其实质是一种有限度地引进外资、开放证券市场的过渡性制度。

2002年11月5日，中国人民银行和中国证监会联合发布的《合格境外机构投资者境内证券投资管理暂行办法》，将合格境外机构投资者定义为：符合有关条件，经中国证监会批准投资于中国证券市场，并取得国家外汇管理局额度批准的中国境外基金管理机构、保险公司、证券公司以及其他资产管理机构。这标志着我国正式实施QFII制度，中国证券市场开始有条件地向境外机构投资者开放。

按照《合格境外机构投资者境内证券投资管理办法》，合格境外机构投资者在批准的交易额度内，可以投资于中国证监会批准的人民币金融工具。金融工具包括在证券交易所挂牌交易的股票、债券、证券投资基金、权证，在银行间债券市场交易的固定收益产品、股指期货，以及中国证监会允许的其他金融工具。合格境外机构投资者可以参与新股发行、可转换债券发行、股票增发和配股的申购。

2011年12月16日，中国证监会、中国人民银行、国家外汇管理局联合发布《基金管理公司、证券公司人民币合格境外机构投资者境内证券投资试点办法》，开启了人民币合格境外机构投资者（RQFII）的试点。经审批的境内基金管理公司、证券公司的香港子公司，可以运用在香港募集的人民币资金投资境内证券市场。

小思考1-2

RQFII与QFII有哪些区别？

小思考1-2

分析提示

（4）合格境内机构投资者。合格境内机构投资者（QDII）制度，是指经一国金融管理当局审批通过、获准直接投资境外股票或者债券市场的国内机构投资者，在一定规定下通过基金形式募集一定额度的人民币资金，通过严格监管的专门账户投资国外证券市场，其汇回的资本利得、股息红利等经审核后可转为本币的一种市场开发机制。和QFII制度一样，它也是在货币没有实现完全可自由兑换、资本项目尚未开放的情况下，有限度地允许境内投资者投资境外证券市场的一项过渡性的制度安排。

2006年4月18日，经国务院批准，中国人民银行、原中国银监会和国家外汇管理局共同发布了《商业银行开办代客境外理财业务管理暂行办法》，允许境内机构和居民个人委托境内商业银行在境外进行金融产品投资，标志着我国酝酿已久的QDII制度开始全面推出。

（5）企业和事业法人类机构投资者。企业可以用自己的积累资金或暂时不用的闲置资金进行证券投资。企业可以通过股票投资实现对其他企业的控股或参股，也可以将暂时闲置的资金通过自营或委托专业机构进行证券投资以获取收益。我国现行的规定是，各类企业可参与股票配售，也可投资于股票二级市场；事业法人可用自有资金和有权自行支配的预算外资金进行证券投资。

（6）基金类投资者。基金性质的机构投资者包括证券投资基金、社保基金、企业年金和社会公益基金。

证券投资基金是指通过公开发售基金份额筹集资金，由基金管理人管理、基金托管人托管，为了基金份额持有人的利益，以资产组合方式进行证券投资活动的基金。

在大多数国家，社保基金分为两个层次：一是国家以社会保障税等形式征收的全国性社会保障基金；二是由企业定期向员工支付并委托基金公司管理的企业年金。全国性社会保障基金属于国家控制的财政收入，主要用于支付失业救济金和退休金，是社会福利网的最后一道防线，对资金的安全性和流动性要求非常高。这部分资金的投资方向有严格限制，主要投向国债市场。在我国，社保基金主要由社会保障基金和社会保险基金两部分组成。

企业年金是指企业及其职工在依法参加基本养老保险的基础上，自愿建立的补充养老保险基金。按照我国现行法规，企业年金可由年金受托人或受托人指定的专业投资机构进行证券投资。按照2011年2月12日人力资源和社会保障部联合原中国银监会、中国证监会、原中国保监会发布的《企业年金基金管理办法》（2015年4月30日修订），企业年金基金财产限于境内投资，投资范围包括银行存款、国债、中央银行票据、债券回购、万能保险产品、投资连结保险产品、证券投资基金、股票，以及信用等级在投资级以上的金融债、企业（公司）债、可转换债（含分离交易可转换债）、短期融资券和中期票据等金融产品。

社会公益基金是指将受益用于指定的社会公益事业的基金，如福利基金、科技发展基金、教育发展基金、文学奖励基金等。社会公益基金是一个较为笼统的概念，现行的法律法规中对于各类社会公益基金的投资对象和范围并无明确规定。2016年3月16日出台的《中华人民共和国慈善法》规定，慈善组织为实现财产保值、增值进行投资的，应当遵循合法、安全、有效的原则，投资取得的收益应当全部用于慈善目的。政府资助的财产和捐赠协议约定不得投资的财产，不得用于投资。2016年9月1日施行的《基金会管理条例》规定，基金会开展保值、增值活动，应当遵守合法、安全、有效的原则，确立投资风险控制机制。关于慈善基金，2014年8月21日，中国证监会发布的《私募投资基金监督管理暂行办法》规定，慈善基金等社会公益基金被视为合格投资者。2017年7月1日起施行的《证券期货投资者适当性管理办法》规定，专业投资者包括慈善基金等社会公益基金。

知识链接1-1

机构投资者的特点

与个人投资者相比，机构投资者具有以下特点：

（1）投资资金规模化。机构投资者的资金实力雄厚，与个人投资者相比无论是自有资金还是外部筹集的资金，其资金都达到了一定的规模。在成熟资本市场，机构投资者往往在证券市场中居于主导地位，它们在证券市场上的交易活动往往对市场整体的运行态势产生影响。

（2）投资管理专业化。机构投资者在投资决策与资本运作、信息收集分析、投资工具研究、资金运用方式、大类资产配置等方面都配备有专门部门，统一由证券投资专业人员进行管理。因此，一般来说，机构投资者的投资行为相对理性化，投资成功率及收益水平较个人投资者通常会更高。

（3）投资结构组合化。利用雄厚的资金实力、专业化管理和多方位的市场研判，通过合理有效的投资组合分散投资风险，是机构投资者的另一特点。证券市场是一个风险较高的市场，机构投资者入市资金越多，承受的风险就越大，而合理的投资组合能够有效分散非系统性风险，这也是机构投资者相对于个人投资者的一个突出优势。

（4）投资行为规范化。机构投资者是具有独立法人地位的经济实体，一方面，它们要受到一系列法律法规的约束和政府监管部门、行业自律组织的监管；另一方面，其内部通常也设有董事会、监事会和股东会等组织形式，通过严格的程序对其投资行为进行相应的管理和风险控制。这些约束使得其投资运作过程相对规范。

资料来源　沈乐平，张咏莲. 公司治理学［M］. 2版. 大连：东北财经大学出版社，2015.

2.个人投资者

个人投资者是指从事证券投资的社会自然人，他们是证券市场最广泛的投资者。个人进行证券投资应具备一些基本条件，这些条件包括国家有关法律、法规关于个人投资者投资资格的规定和个人投资者必须具备一定的经济实力。为保护个人投资者利益，对部分高风险证券产品的投资（如衍生产品），监管法规还要求相关个人具有一定的产品知识并签署书面的知情同意书。

知识链接1-2　　个人投资者的特点

个人投资者的特点包括以下四个方面：

（1）资金规模有限。作为个体参与者，他们用于投资的资金主要来源于自有资金。即使在允许进行信用交易的证券市场中，他们可以按一定的保证金比率向证券商融入资金，数量通常也不会太大。

（2）专业知识相对匮乏。个人投资者大多数是在业余时间参与投资，与职业投资机构相比，其在信息渠道、信息收集处理能力、投资分析与操作能力、交易成本与效率等诸多方面均处于劣势。

（3）投资行为具有随意性、分散性和短期性。这使得他们的投资行为往往缺乏战略考虑，投资运作过程中较易出现非理性的操作行为。

（4）投资的灵活性强。个人投资者由于投资规模相对较小，进退较职业投资机构更为容易，在投资决策和实施的时滞上比较短，仅从这个意义上讲，他们较机构投资者有更多的短期投资获利机会。

资料来源　黄磊. 证券投资学［M］. 北京：中国财政经济出版社，2008.

（三）中介机构

证券市场中介机构是指为证券的发行与交易提供服务的各类机构。证券市场中介机构建立起了证券供应者和需求者之间的联系，从而起到了证券投资者与筹资者之间的桥梁作用。证券市场中介机构不仅保证了证券发行和交易活动的正常进行，而且发挥了维持证券市场秩序的作用。

1.证券公司

证券公司又称“证券商”，是指依照我国《公司法》《证券法》的规定并经国务院证券监督管理机构批准经营证券业务的有限责任公司或股份有限公司。

延伸阅读材料1-3　　资本市场30而立，9家券商也先后迎来而立之年

1987—2020年，经历了30多年的成长，中国资本市场从无到有，从小到大，成为全球第二大资本市场，实现了历史性飞跃。一批证券公司从20世纪80年代设立至今，也已陆续度过了自己的30岁生日。

30多年前，中国证券业破土而出，券商数量由最初的少数几家，到现在的超过百家。2019年年末，全国133家券商实现营业收入3 604.83亿元，净利润1 230.95亿元，120家公司实现盈利。形成了头部大型综合性券商领跑，中小型、区域型券商特色化发展的行业格局，证券行业从业人员也已高达34万人。

自1987年诞生第一家券商——深圳特区证券公司到现在，券商行业历经了突飞猛进的大发展。在中国资本市场30而立之时，以下9家券商也先后迎来而立之年。

（1）民生证券：其成立于20世纪80年代末，30多年来历经数次关键变革，承受了

压力和考验，通过增资扩股突破瓶颈，向综合型券商转型，服务实体经济的路径愈加清晰。

（2）海通证券：1988年，海通证券于上海成立，注册和实收资本均为1 000万元人民币，AA级券商。公司前身是交通银行上海分行信贷二部证券交易柜台，由交通银行上海分行全额投资，目前已发展成为上海四大证券公司之一。海通证券当前正以打造百年老店的胸怀全力推进公司发展，力求将公司建成以网上证券、财富管理证券、中小企业证券、机构业务证券四大业务为核心的金融服务集团。在中国证券史上，海通证券也是成立30年来从未更名、从未被政府注资、从未被收购重组的唯一一家证券公司。

（3）华福证券：华福证券的前身为福建省华福证券公司，成立于1988年6月，是我国首批成立的证券公司之一。2011年8月，经批准更名为华福证券有限责任公司，为省属全资国有金融机构。2018年，华福证券向证监会提交在香港设立子公司的申请文件。2020年初，华福证券在香港设立子公司华福国际开展国际业务被证监会核准批复，华福国际注册资本为港币1亿元。加上华福国际，目前华福证券旗下共有4家子公司，另外3家为兴银成长资本管理有限公司（全资子公司）、兴银投资有限公司（全资子公司）和兴银基金管理有限责任公司（控股子公司）。

（4）兴业证券：兴业证券成立于1990年，注册资本金14.9亿元，公司总部设在福建省福州市。2010年10月13日，兴业证券成功上市。2013年实现再融资，资本实力进一步增强。2016年10月，其香港子公司兴证国际顺利在香港联交所上市，公司国际化发展进入新阶段。30年来兴业证券与资本市场同呼吸、共命运，将兴业证券从六尺柜台的小小营业部建设成为全国性的证券金融集团。

（5）华泰证券：1991年，华泰证券正式开业。但在最初的13年中，华泰证券其实是一家典型的区域型券商，业务也大多集中在江苏。2001— 2005年，华泰证券抓住行业调整时机进行了一系列的低成本扩张：2003年参股南方基金，2004年与AIG合资组建了友邦华泰；2005年3月，经中国证券业协会评审通过，华泰证券获得创新试点资格。30年时间，华泰证券业务从一省跨向全国，并走向世界。今天的华泰，241家网点遍布全国；股基交易量、涨乐财富通App月活数、经证监会核准的并购重组交易金额全市场独占鳌头；股权承销金额、资产管理月均规模全市场第三。

（6）招商证券：招商证券与中国资本市场一起成长壮大，其于1991年创建于深圳，迄今已经走过了29年的发展之路。在证券行业发展历程中，招商证券留下了无数个“第一”：第一张证券市场多功能卡——牛卡，第一个专业证券交易网站，第一个多媒体客户服务中心，首家成立慈善捐助基金，首家获得芝加哥商品交易所集团清算会员资格，首家提出一站式主券商服务等。29年来，招商证券核心业务的市场竞争地位显著提高，综合竞争力成功跻身行业第一梯队。截至2020年，有6项核心业务竞争力指标进入行业前五。

（7）广发证券：作为中国最大的非国有控股证券公司之一，广发证券成立于1991年，AA级券商。2019年，广发证券全年实现营业收入228.10亿元，同比增长49.37%；归属于上市公司股东的净利润为75.39亿元，同比大幅增长75.32%。投行和财富管理是广发证券近年来两个最有看点的业务，2019年也双双加快了转型的脚步。

（8）平安证券：平安证券的前身为1991年8月创立的平安保险证券业务部，注册地为北京，公司总部设在深圳。经历数次增资扩股，公司资本金为30亿元人民币。其是中国平安综合金融集团旗下的重要成员。历经29年的稳健经营，已经成长为国内主流券商之一。

（9）方正证券：方正证券的前身为浙江省证券公司，最早成立于1988年，1994年浙江省证券公司按有限责任公司形式进行改造，名称变更为“浙江证券有限责任公司”。近年来，由于股权纠纷，以及由于股权纠纷导致的形象“降级”和信任危机，方正证券现金流持续恶化，生产经营连续亏损，多处资产被查封冻结。

资料来源　陈靖. 资本市场30而立，哪些券商也成立30年？是这9家，还有10家即将步入30岁门槛[EB/OL].（2020-06-16）. https：//www.sohu.com/a/402311593_222256？_trans_=000014_bdss_dkmgkyhd.

2.证券服务机构

证券服务机构是指依法设立的从事证券服务业务的法人机构。证券服务机构包括投资咨询机构、财务顾问机构、资信评级机构、资产评估机构、会计师事务所、律师事务所等从事证券服务业务的机构。

（四）自律性组织

证券行业自律性组织是指通过自愿组织的行会、协会等形式，制定共同遵守的行业规则和管理制度，自我约束会员行为的一种管理组织。我国的证券行业自律性组织主要有证券业协会和证券交易所。

（1）证券业协会。中国证券业协会正式成立于1991年8月28日，是依法注册的具有独立法人地位、由经营证券业务的金融机构自愿组成的行业性自律组织，是社会团体法人。它的设立是为了加强证券业之间的联系、协调、合作和自我控制，以利于证券市场的健康发展。中国证券业协会采取会员制的组织形式，证券公司必须加入中国证券业协会，证券公司以外的其他会员可以自愿入会。中国证券业协会的权力机构为全体会员组成的会员大会，协会章程由会员大会制定，并报中国证监会备案。

（2）证券交易所。它是证券买卖双方公开交易的场所，是一个高度组织化、集中进行证券交易的市场，是整个证券市场的核心。我国《证券法》规定，证券交易所是为证券集中交易提供场所和设施、组织和监督证券交易、实行自律管理的法人。

（五）证券监管机构

证券监管机构是证券市场不可缺少的组成部分。它的主要职能是对证券发行、交易和证券经营机构实施全面监管，以保护投资者的利益。在我国，证券监管机构是指中国证券监督管理委员会及其派出机构。中国证券监督管理委员会是国务院直属的证券监督管理机构，按照国务院授权并依照相关法律、法规对证券市场进行集中、统一的监管。其主要职责是：依法制定有关证券市场监督管理的规章、规则；负责监督有关法律、法规的执行；负责保护投资者的合法权益；对全国的证券发行、证券交易、中介机构的行为依法实施全面监管，保证证券市场的公平有序运行。

工作任务

○ 任务一

1.任务内容：认知我国证券市场。

2.任务步骤：

（1）知识准备：了解我国证券市场参与者、证券市场层次结构。

（2）5名学生一组，分别对其所了解的证券市场进行阐述，互相交流。

（3）自我评价。

3.任务操作提示（具体说明任务完成的步骤和学生应注意的事项）：

（1）学生可登录中国证监会官网（http：//www.csrc.gov.cn），了解我国证券市场参与者的情况。

（2）学生可登录上海证券交易所官网（http：//www.sse.com.cn），深圳证券交易所官网（http：//www.szse.cn），查询我国证券市场的层次结构。

○ 任务二

1.任务内容：认知证券投资基本过程——投资准备阶段。

2.任务步骤：

（1）知识准备：了解投资准备阶段的主要事宜。

（2）5名学生一组，分别对其所了解的证券投资准备阶段的相关事项进行阐述，互相交流。

（3）自我评价。

3.任务操作提示：学生以投资者身份登录上海证券交易所官网（http：//www.sse.com.cn），点击进入投资者教育网站，点击模拟证券交易，选择理财测试，进行在线风险承受能力测试。

项目二

证券投资工具

本项目学习目标

核心知识：理解股票、债券、基金、金融衍生工具的含义、特征；掌握股票、债券、基金、金融衍生工具的分类。

核心技能：能准确区分不同投资工具的投资特点；能准确判断不同因素对股票价格变动的影响；能根据不同投资工具的特性，选择合适的投资工具，树立理性投资的理念。

案例导入

没有最好只有最适合：证券理财工具让你如何选择?

生活中很多人认为理财是富人、高收入家庭的专利，要有足够的资金，才有资格谈投资理财。其实，影响未来财富的关键因素是选择适合自己的理财工具，而不是资金的多寡。在众多的证券理财工具中，究竟哪种才最适合你呢?

（1）开放式基金。它被大多数投资者认为是最新潮的投资方式。它具有专家理财、组合投资、风险分散、回报优厚、套现便利等特点，还有专业的投资团队进行分析操作，不需要投资者投入太多的精力。在投资以前，投资者一定要弄清楚基金的类型，此外还应比较不同基金管理公司、基金经理的管理水平和历史业绩。从长远看，开放式基金不失为一个中长期投资的好渠道。

（2）国债。它被大多数投资者认为是最重要的投资方式。它是财政部代表政府发行的国家债券，由国家财政信誉作担保，历来有“金边债券”之称。许多稳健型投资者，尤其是中老年投资者对它情有独钟。国债的投资风险比股票小，信誉高，利息较高，收益稳健。但相对其他产品而言，国债的投资收益率比较低，尤其是长期固定利率国债，投资期限较长，因而抗通货膨胀的能力差。

（3）股票。它被大多数投资者认为是高风险、高收益的投资方式。由于股市风险的不可预测性，高收益对应的是高风险，投资者需要面对投资失败风险、政策风险、信息不对称风险，而且投资股票对投资者心理因素和逻辑判断能力的要求较高，因此，最好不要进行单一股票投资，小的资产组合应以十余种不同行业的股票为宜，这样的资产组合才具有调整的弹性。

(4) ETF（交易型开放式指数基金）。对中等收入的上班族来说，由于没有时间分析股票情况，因此可采取被动的投资策略，即选择ETF投资。ETF是一种在交易所上市交易的开放式证券投资基金产品，其交易手续与股票完全相同。ETF管理的资产为一揽子股票组合，这一组合中的股票种类与某一特定指数包含的成分股票相同。通过这样的投资方法，忙于工作的上班族可以简单有效地实现财富的长期稳定增值。

资料来源 佚名．七类理财武器 哪种才是你的最爱？[EB/OL]．[2013-01-24]．http：//www.795.com.cn/cy/tzlc/88_1.html.

任务一 认识股票

任务描述

本任务的主要学习内容是认知股票，理解股票的含义与特征，掌握股票的分类，熟悉我国股票的类型，熟悉股票价值和价格的表现形式，掌握影响股票价格变动的主要因素，掌握股票红利分配及除权除息处理。

知识准备

世界上最早出现的股份有限公司是1602年在荷兰成立的东印度公司。伴随着股份有限公司的诞生，以股票形式集资入股的方式逐渐出现，并且产生了买卖、交易和转让股票的需求，客观上带动了股票市场的形成，并促使其不断发展完善。

一、股票的含义、性质和特征

（一）股票的含义

股票是一种有价证券，它是股份有限公司签发的证明股东所持股份和享有权益的凭证。

股份有限公司的资本划分为股份，每一股份的金额相等。公司的股份采取股票的形式。股份的发行实行公平、公正的原则，同种类的每一股份具有同等权利。股票一经发行，购买股票的投资者即成为公司的股东。股票实质上代表了股东对股份公司净资产的所有权，股东凭借股票可以获得公司的股息和红利，参加股东大会并行使自己的权利，同时也承担相应的责任与风险。

股票作为一种所有权凭证，有一定的格式。从股票的发展历史看，最初的股票票面格式既不统一，也不规范，由各发行公司自行决定。随着股份制度的发展和完善，许多国家通过相关法律对股票的票面格式做出规定，明确票面应载明的事项和具体要求。

股东持有的股份可以依法转让。股东转让其股份，应当在依法设立的证券交易场所进行，或按照国家规定的其他方式进行。股东可以通过股票转让收回其投资，但是不能要求股份有限公司返还其出资。因为股东是公司的所有者，所有者以其出资额对股份有限公司负有限责任，承担公司的风险，分享公司的收益。

知识链接 2-1

股票和股份的关系

股份有限公司的全部资本被分割成许多等值的单位，叫作股份，简称股，是股份有限公司的基本单位和股东法律地位的计量单位。股东占有一个等值单位，就称占有一股份或者一股。每一股份代表对公司的资产占有一定的份额。将股份印制成一定的书面形式，记载表明其价值的有关事项及有关股权等条件的说明，就是股票。股票与股份的关系是：股票是形式，股份是内容。

小思考 2-1

小思考 2-1

分析提示

通过证券市场购买股票的投资者是不是公司的股东，是否可以处置公司资产？

（二）股票的性质

（1）股票是有价证券。有价证券是财产价值和财产权利的统一表现形式。持有有价证券，一方面表示有价证券持有人拥有一定价值量的财产；另一方面表示有价证券持有人可以行使该证券所代表的权利。行使股票所代表的财产权必须以持有股票为条件，股东权利的转让应与股票占有的转移同时进行，股票的转让就是股东权利的转让。

（2）股票是要式证券。股票应具备《公司法》规定的有关内容，如果缺少规定的要件，股票就无法律效力。

（3）股票是资本证券。股票是投入股份公司的资本份额的证券化，属于资本证券。但是股票又不是一种现实的资本，股份公司通过发行股票筹措的资金是公司用于营运的真实资本。股票独立于真实资本之外，在股票市场上进行着独立的价值运动，是一种虚拟资本。

（4）股票是证权证券。证券可以分为设权证券和证权证券。设权证券是指证券所代表的权利本来不存在，随着证券的制作而产生，即权利的发生是以证券的存在为条件的。证权证券是指证券是权利的一种物化的外在形式，是权利的载体，权利是已经存在的。证权证券的作用不是创造股东的权利，而是证明股东的权利。

（5）股票是综合权利证券。股票持有人作为公司的股东享有独立的股东权利。这种股东权利是一种综合权利，包括公司决策参与权、投票表决权、利润分配权、优先认股权、剩余资产分配权等。

（三）股票的特征

（1）收益性。它是股票最基本的特征，是指股票可以为持有人带来收益。持有股票的目的主要在于获取收益。股票的收益主要来自两个方面：一方面是从股份公司获得股息和分享公司的红利；另一方面来自股票买卖差价赚取的收益。

（2）风险性。股票的风险性即股票投资收益的不确定性，或者说是实际收益与预期收益之间的偏差。股票的风险性与其收益性是相对应的。认购了股票，投资者就有可能获得较高的投资收益，同时也要承担较大的投资风险。在市场经济活动中，由于多种不确定性因素的影响，股票的收益是一个难以确定的动态数值，它随公司的经营状况和盈利水平而波动，也会受到股票市场行情的影响。股票的风险性是与收益性并存的。

（3）流通性。它是指股票可以通过依法转让而变现的特性，即在本金保持相对稳定、变现的交易成本极小的条件下，很容易变现的特性。股票转让意味着转让者将其出资金额以股价的形式收回，而将股票所代表的股东身份及各种权益让渡给了受让者。股票的流通性是商品交换的特殊形式，持有股票类似于持有货币，持有者可以随时在股票交易市场上将股票兑现。通常，判断股票的流动性强弱要分析三个方面：一是市场深度；二是报价紧密度；三是股票的价格弹性或者恢复能力。

（4）永久性。股票投资者购买了股票就不能退股。股票是一种无期限的法律凭证，它反映的是股东与股份公司之间比较稳定的经济关系。股票代表着股东的永久性投资。对股份公司来说，由于股东不能要求退股，因此通过发行股票募集到的资金，在公司存续期间是一笔稳定的自有资本。

（5）参与性。根据有关法律的规定，股票持有者即发行股票的公司的股东，其有权出席股东大会、选举公司的董事会成员、参与公司的经营决策。股东参与公司经营的决策权力的大小，取决于其所持有股份的多少。从实践来看，只有股东持有的股票数额达到决策所需的实际多数时，该股东才能真正成为公司的实际决策者。

二、股票的分类

（一）按股东享有权利的不同，股票可以分为普通股票和特别股票

（1）普通股票。它是指秉持“一股一权”规则之下收益权与表决权无差别、等比例配置的股票。普通股票是最基本、最常见的一种股票，其持有者享有股东的基本权利和义务。

（2）特别股票。它是指设有特别权利或特别限制的股票。优先股就是一种最常见的特别股票，持有人优先于普通股股东分配公司利润和剩余财产，但参与公司决策管理等权利受到限制。除优先股之外，还有很多其他类型的特别股票。

根据表决权与收益权的非等比配置，则有限制或无表决权股票和超级表决权股票，这两种特别股票均不享有经济性的优先权或劣后义务，仍按照投资多寡承担相应的经营风险，但限制或无表决权股票在承受风险的同时被限制或被剥夺了表决权，超级表决权股票则获得了高出持股比例数倍的表决权。流行于海外股票市场的二层/多层股权结构，正是基于普通股票和这类特别股票的区分。在美国上市的百度、京东等公司即采取这种二层股权结构。香港交易所于2018年4月30日生效的修订后的《香港联合交易所有限公司证券上市规则》容许拥有不同投票权架构的公司上市，亦属于此类。

“金股”也属于特别股票的一种，“金股”的表决权主要是赞成、反对或弃权，附着于“金股”之上的“一票否决权”是对表决权本身否定性权利的强化与放大，虽然仅持有象征性的股份（通常仅有一股），但能够直接实现对表决事项的控制。在海外实践中，“金股”常被政府用以保持对私有化国有企业的控制。

特别股票还包括被赋予特别参与性权利的股票。例如在美国上市的阿里巴巴采取的

“合伙人制度”，阿里巴巴合伙人可以提名简单多数的董事候选人，其本质上是对普通股票附加了董事选任权利。

（二）按是否在股票票面上标明金额，股票可以分为有面额股票和无面额股票

（1）有面额股票。它是指在股票票面上记载一定金额的股票。这一记载的金额也被称为票面金额、票面价值或股票面值。股票票面金额的计算方法是用资本总额除以股份数，但实际上很多国家通过法规予以直接规定，而且一般限定了这类股票的最低票面金额，另外，同次发行的有面额股票的每股票面金额是相等的，票面金额一般以国家主币为单位。大多数国家的股票都是有面额股票。我国《公司法》规定，股份有限公司的资本划分为股份，每一股的金额相等。有面额股票具有如下特点：

第一，可以明确表示每一股所代表的股权比例。比如，某股份公司发行1 000万元的股票，每股面额1元，那么每股代表着公司净资产千万分之一的所有权。

第二，为股票发行价格的确定提供依据。我国《公司法》规定，股票发行价格可以和票面金额相等，也可以超过票面金额，但不得低于票面金额。因此有面额股票的票面金额是发行价格的最低限度。

（2）无面额股票。它是指在股票票面上不记载股票面额，只注明它在公司总股本中所占比例的股票。无面额股票也称比例股票或份额股票，价值随股份公司资产的增减而相应增减。公司资产增加，每股价值上升；反之，公司资产减少，每股价值下降。无面额股票淡化了票面价值的概念，但仍然有内在价值，它与有面额股票的差别仅在表现形式上。也就是说，它们都代表着股东对公司资本总额的投资比例，股东享有同等的股东权利。20世纪初，美国纽约州最先通过法律，允许发行无面额股票，之后美国其他州和其他一些国家也相继仿效。但目前世界上包括我国在内的很多国家的公司法都规定，不允许发行这种股票。

无面额股票有如下特点：

第一，发行或转让价格较灵活。无面额股票由于没有票面金额，因此不受不得低于票面金额发行的限制。在转让时，投资者也不易受股票票面金额的影响，而是更注重分析每股的实际价值。

第二，便于股票分割。如果股票有面额，分割时就需要办理面额变更手续。由于无面额股票不受票面金额的约束，因此发行该股票的公司能比较容易地进行股票分割。

（三）按是否记载股东姓名，股票可以分为记名股票和无记名股票

（1）记名股票。它是指在股东名册上登记了持有人的姓名或名称及住址，并在股票上同时注明持有人姓名或名称的股票。很多国家的公司法都对记名股票的有关事项做出了具体规定。我国《公司法》规定，股份有限公司向发起人、法人发行的股票，应当为记名股票，并应当记载该发起人、法人的名称或者姓名，不得另立户名或者以代表人姓名记名。对社会公众发行的股票，可以是记名股票，也可以是不记名股票。

记名股票有如下特点：

第一，股东权利归属于记名股东。对记名股票来说，只有记名股东或其正式委托授权的记名股票代理人，才能行使股东权。除了记名股东以外，其他持有者（非经记名股东转让和股份公司过户的）不具有股东资格。

第二，可以一次或分次缴纳出资。缴纳股款是股东基于认购股票而承担的义务，一般来说，股东应在认购时一次性缴足股款。但是，基于记名股票所确定的股份公司与记名股东之间的特定关系，有些国家也规定允许记名股东在认购股票时不一次性缴足股款。

第三，转让相对复杂或受限制。记名股票不得私自转让，其转让必须依据法律和公司章程规定的程序进行，而且要服从规定的转让条件。一般来说，记名股票的转让都必须由股份公司将受让人的姓名或名称、住所记载于公司的股东名册，办理股票过户登记手续，这样受让人才能取得股东的资格和权利。而且，为了维护股份公司和其他股东的利益，法律对记名股票的转让有时会规定一定的限制条件，如有的国家规定记名股票只能转让给特定的人。

第四，便于挂失，相对安全。记名股票与记名股东的关系是特定的，因此，万一股票遗失，记名股东的资格和权利并不消失，并可依据法定程序向股份公司挂失，要求公司补发新的股票。

目前，在我国证券市场上流通的股票基本上都是记名股票，都应该办理过户手续才能生效。

（2）无记名股票。它是指在股票票面和股份公司股东名册上均不记载股东姓名的股票。无记名股票也称“不记名股票”，其与记名股票的差别不是在股东权利等方面，而是在股票的记载方式上。

无记名股票有如下特点：①股东权利归属股票的持有人。确认不记名股票的股东资格不以特定的姓名记载为根据，而是以占有的事实为根据。②认购股票时要求缴足股款。由于不记名股票上不记载股东姓名，无法催缴未缴付的股款，因此认购者必须缴足股款后才能领取股票。③转让相对简便，易于购买。与记名股票相比，不记名股票的转让较为简单、方便，原持有者只要向受让人交付股票，便产生转让的法律效力，受让人取得股东资格不需要办理过户手续。④安全性较差。因无记载股东姓名的法律依据，所以无记名股票一旦遗失，原股票持有者便丧失股东权利，且无法挂失。

（四）其他分类

（1）蓝筹股。它是指在某一行业中处于支配地位、业绩优良、交投活跃、红利优厚的大公司的股票，又称绩优股。但蓝筹股并不等于具有很高投资价值的股票。“蓝筹”一词源于西方赌场，在赌场中有三种颜色的筹码，其中蓝色筹码最为值钱，红色筹码次之，白色筹码最差。投资者把这些行话套用到股票上，就有了这一称谓。一般来说，蓝筹股的公司在本行业中占有重要的甚至支配性地位，其资本规模庞大、经营业绩优良、信誉卓著、业务处于稳定增长阶段。

（2）成长股。它是指业务蒸蒸日上、管理良好、利润丰厚、产品在市场上有竞争力的公司的股票。发行成长股的公司具有如下特征：①公司有成长动因。这种动因包括产品、技术、管理及企业领导人等重大生产要素的更新以及企业特有的某种重大优势等；②公司规模较小；③公司所处行业具有成长性；④公司每个会计年度税后利润都以30%以上的速度递增；⑤成长股的市盈率可能很高。

（3）收益股。它也称收入股、高息股，即能够支付较高收益的股票。发行这类股票的公司生意稳定、扩展机会不大，所以其净利润可以转化为较高的收益，从而发放股利。

（4）周期股。它有两种情况：一是发行公司的经营状况受整个经济周期变化的影响而波动，如建筑、水泥、钢材、汽车等行业；二是发行公司本身的经营状况有周期变动的特征，如冰箱、饮料、服装等行业。繁荣时期，周期股的收益提高；萧条时期，周期股的收益降低。反映在股票价格上，表现为股票价格波动幅度较大。

（5）防守股。它与周期股相反，也称公用股、基础股，是指经营比较稳定，不受经济周期变动的影响，因而能够持续提供稳定股利的股票。在经济条件恶化时，防守股的股息和红利要高于其他股票的平均收益。这类股票的发行公司大多是经营公用事业及生活必需品的行业，如水、电、交通、食品、医药等行业。

（6）投机股。它是指那些从事开发性或冒险性活动的公司的股票，或指那些价格很不稳定或公司前景很不确定的普通股。由于这种股票的价格易暴涨暴跌，投资风险很大，投机者通过经营和操纵这种股票可以在短时间内赚取相当可观的利润，因此投机股通常是内行的投机者进行买卖的主要对象。投机股也指股价因人为因素造成涨跌幅度很大的股票，或指那些易被投机者操纵而使其价格暴涨暴跌的股票。

延伸阅读材料 2-1　南海公司泡沫案

18世纪初，随着英国殖民主义的扩张，其海外贸易有了很大的发展。英国政府发行中奖债券，并用发行债券所募集到的资金于1710年创立了南海公司。该公司以发展南大西洋贸易为目的，获得了专卖非洲黑奴给西班牙、美洲的30年垄断权。其中，公司最大的特权是可以自由地从事海外贸易活动。南海公司经过近10年的惨淡经营，其业绩依然平平。1719年，英国政府允许中奖债券总额的70%（约1 000万英镑）与南海公司股票进行转换。1719年年底，一方面，英国政府扫除了殖民地贸易的障碍；另一方面，南海公司的董事们开始对外散布各种所谓的好消息，即南海公司在年底将有大量利润可实现，并煞有介事地预计，在1720年的圣诞节，南海公司可能要按面值的60%支付股利。这一消息的宣布，加上公众对股价上扬的预期，促进了债券转换，进而带动了股价上升。1719年年中，南海公司股价为114英镑，到了1720年3月，股价劲升至300英镑以上。1720年4月，南海公司股价更是节节攀高。到了1720年6月，股价已高达1 050英镑。此时，南海公司老板布伦特又想出了一个新主意：以数倍于面额的价格，发行可分期付款的新股。同时，南海公司将获取的现金转贷给购买股票的公众。这样，随着南海公司股价的扶摇直上，一场投机浪潮席卷全国。由此，170多家新成立的股份公司的股票以及原有的公司股票，都成了投机对象，股价暴涨51倍，从事各种职业的人，包括军人和家庭妇女都卷入了这场漩涡。美国经济学家加尔布雷斯在其所著的《大恐慌》一书中这样描绘当时人们购买股票的情形："政治家忘记了政治，律师放弃了官司，医生丢弃了病人，店主关闭了铺子，教父离开了圣坛，甚至连高贵的夫人也忘了高傲和虚荣。"

自1720年7月开始，外国投资者首先抛出南海公司股票，撤回资金。随着投机热潮的冷却，南海公司的股价一落千丈。从1720年8月25日到9月28日，南海公司的股价从900英镑下跌到190英镑，到12月份，股价仅为124英镑。1720年年底，英国政府对南海公司的资产进行清理，发现其实际资本已所剩无几。那些高价买进南海公司股票的投资者遭受了巨大损失，政府逮捕了布伦特等人，另有一些董事自杀。"南海泡沫"事件使许多地主、商人失去了资产。此后较长一段时间，民众对参股新兴股份公司闻之色变，对股票交易心存疑虑。

三、我国股票的类型

（一）按投资主体的性质分类

在我国，按投资主体的性质不同，股票可以分为国家股、法人股、社会公众股、外资股等。

（1）国家股。它是指有权代表国家投资的部门或机构以国有资产向公司投资所形成的股份，包括公司现有国有资产折算成的股份。国家股从资金来源上看，主要有三个方面：第一，现有国有企业改组为股份公司时所拥有的净资产。第二，现阶段有权代表国家投资的政府部门向新组建的股份公司的投资。第三，经授权代表国家投资的投资公司、资产经营公司、经济实体性总公司等机构向新组建的股份公司的投资。

国家股和国有法人股是国有股权的组成部分。国有资产管理部门是国有股权行政管理的专职机构。国有股权可由国家授权投资的机构持有，也可由国有资产管理部门持有，或由国有资产管理部门代政府委托其他机构或部门持有。国有股股利收入由国有资产管理部门监督收缴，依法纳入国有资产经营预算，并根据国家有关规定安排使用。国家股股权可以转让，但应符合国家的有关规定。

（2）法人股。它是指企业法人或具有法人资格的事业单位和社会团体以其依法可支配的资产投入公司形成的股份。法人持股所形成的也是所有权关系，是法人经营自身财产的一种投资行为。

法人股是国有法人股和社会法人股的总称。如果法人是国有企业、事业及其他单位，那么该法人股为国有法人股；非国有法人资产投资于上市公司形成的股份，则为社会法人股。

（3）社会公众股。它是指社会公众依法以其拥有的财产投入公司时形成的可上市流通的股份。在社会募集方式下，股份公司发行的股份，除了由发起人认购一部分外，其余部分应该向社会公众公开发行。

（4）外资股。它是指股份有限公司向外国和我国香港、澳门、台湾地区投资者发行的股票。这是我国股份有限公司吸收外资的一种方式。外资股按上市地域不同，可以分为境内上市外资股和境外上市外资股。

第一，境内上市外资股，又称B股，是以人民币标明面值，用外币认购、买卖的股票，所以B股的正式名称是人民币特种股票。B股是在我国境内注册的股份有限公司向境外投资者募集资金，并在我国境内证券交易所上市。所以B股上市公司的注册地和上市地域都在我国境内，发行的股票是在上海证券交易所和深圳证券交易所上市交易的普通股票。

B股在设立之初，其投资者仅限于外国自然人、法人、其他组织和我国香港、澳门、台湾地区的社会自然人、法人、其他组织，以及定居在国外的中国公民、证券管理部门规定的其他投资者。后经国务院批准，中国证监会于2001年2月19日发布通知，允许我国境内居民以合法持有的外汇开立B股账户、交易B股股票。我国境内居民个人可以用现汇存款、外币现钞存款及从境外汇入的外汇资金从事B股交易。自此，B股吸引投资的性质也发生了变化，由外资股演变为内资股，境内投资者逐渐成为B股的投资主体。公司向境内上市外资股的股东支付股利及其他款项，以人民币计价和宣告，以外币支付。

第二，境外上市外资股，是指我国股份有限公司向境外投资者募集资金并且在境外上市的股份。它也采取记名股票形式，以人民币标明面值，以外币认购。在境外上市时，可以采取境外存托凭证形式或者其他派生形式。在境外上市的外资股除了应符合我国的有关法规外，还须符合上市所在地国家或者地区证券交易所制定的上市条件。

我国境外上市外资股主要有H股、N股、S股等。H股是指注册地在我国内地、上市地在我国香港的外资股。“香港”的英文是HONGKONG，取其首字母，在香港上市的外资股被称为“H股”。依此类推，“纽约”的第一个英文字母是N，“新加坡”的第一个英文字母是S，“伦敦”的第一个英文字母是L，因此在纽约、新加坡、伦敦上市的外资股分别称为“N股”“S股”“L股”。

需要说明的是，红筹股不属于外资股。红筹股是指在中国境外注册、在香港上市，但主要业务在中国内地或大部分股东权益来自中国内地的股票。

延伸阅读材料2-2　我国股票市场上的一些特殊股票

在我国的股票市场上，有一些股票的简称前面带“N”“S”“XD”“XR”“DR”“ST”“*ST”等字样，它们有什么特殊含义吗？

（1）股票简称前加“N”，表示这只股票是当日新上市的股票，N是New（新）的缩写。在我国沪深证券交易所，新上市股票的股价当日在市场上是不受涨跌幅限制的，涨幅可以高于10%，跌幅也可深于10%。

（2）股票简称前加“S”，表示这只股票尚未完成股权分置改革。2005年4月底，我国启动股权分置改革。截至2020年8月，仅有一家尚未完成股改的上市公司——佳通轮胎股份有限公司，其公司股票前加S，以示区别。

（3）股票简称前加“XD”，表示当日是这只股票的除息日。XD是Exclude（除去）和Dividend（利息）的缩写。在除息日当天，股票的基准价比前一个交易日的收盘价要低，因为从中扣除了利息这一部分的差价。

（4）股票简称前加“XR”，表示当日是这只股票的除权日。XR是Exclude（除去）和Right（权利）的缩写。在除权日当天，股价也比前一个交易日的收盘价要低，股数的扩大，使得股价被摊薄了。

（5）股票简称前加“DR”，表示当天是这只股票的除息、除权日。D是Dividend（利息）的缩写，R是Right（权利）的缩写。有些上市公司在分配利润时，不仅派发现金股息，还送红股或者配股，所以在这种情况下会出现既除息又除权的现象。

（6）股票简称前加“ST”，表示公司经营连续两年亏损，该股票需要进行特别处理

(Special Treatment)。也就是说，该公司在某些方面存在较严重的问题，由证交所强制或上市公司自己申请，对该股票进行特别处理。ST股票报价的日涨跌幅限制为上一交易日收盘价的5%。

(7) 股票简称前加“*ST”，表示由证券交易所对存在终止上市风险的股票实行“警示存在终止上市风险的特别处理”，即在原有“特别处理”的基础上增加另一种类别的特别处理。在交易方面，被实施退市风险警示处理的股票日涨跌幅限制为前一交易日收盘价的5%。证券交易所对上市公司的股票实行退市风险警示，是为了充分揭示其终止上市风险，上市公司在上述特别处理期间的权利和义务不变，这不是对上市公司的处罚。

资料来源 根据百度百科的资料整理.

(二) 已完成股权分置改革的公司，按股份流通受限与否分类

1.有限售条件股份

有限售条件股份是指股份持有人依照法律、法规规定或按承诺有转让限制的股份，包括因股权分置改革暂时锁定的股份、内部职工股、机构投资者配售股份，以及董事、监事、高级管理人员持有的股份等，具体包括国家持股、国有法人持股、其他内资持股、外资持股。

2.无限售条件股份

无限售条件股份是指流通转让不受限制的股份，具体包括人民币普通股（A股)、境内上市外资股（B股)、境外上市外资股等。

知识链接2-2

我国的股权分置改革

股权分置是指A股市场上的上市公司股份按能否在证券交易所上市交易，被区分为非流通股和流通股，这是我国经济体制转轨过程中形成的特殊问题。股权分置不能适应资本市场改革开放和稳定发展的要求，必须通过改革消除非流通股和流通股的流通制度差异。

2005年4月29日，经国务院批准，中国证监会发布《关于上市公司股权分置改革试点有关问题的通知》，启动了股权分置改革试点工作。2005年5月10日至14日，三一重工、紫江企业、金牛能源和清华同方相继披露股权分置改革说明书，并成为第一批股权分置改革试点公司。经过两批试点，我国的股权分置改革取得了一定经验，总体上具备了转入积极稳妥推进阶段的基础和条件。经国务院批准，2005年8月23日，中国证监会、国务院国有资产监督管理委员会、财政部、中国人民银行、商务部联合发布《关于上市公司股权分置改革的指导意见》。2005年9月4日，中国证监会发布《上市公司股权分置改革管理办法》。我国的股权分置改革进入全面铺开阶段。

股权分置改革是为了解决A股市场相关股东之间的利益不平衡问题而采取的举措，对于同时存在H股或B股的A股上市公司，由A股市场的相关股东协商解决股权分置问题。证券监督管理机构将根据股权分置改革的进程和市场整体情况，择机实行“新老划断”，即对公司首次公开发行的股票不再区分流通股和非流通股。

股权分置改革的基本完成和其他市场化改革措施的实施，解决了长期影响我国资本

市场健康发展的重大历史遗留问题，理顺了市场机制，释放了市场潜能，使资本市场的融资和资源配置功能得以恢复，并引领资本市场活跃向上。更为重要的是，资本市场已经开始对中国经济社会产生重要影响，中国的资本市场不仅使中国社会的各个层面感受到了其给经济发展带来的活力，而且成为全球投资者关注的焦点。

资料来源 证券业从业人员一般从业资格考试辅导教材编委会. 金融市场基础知识［M］. 北京：中国财政经济出版社，2015.

延伸阅读材料 2-3　S佳通股改再折戟，回看股权分置改革历程

佳通轮胎股份有限公司在A股市场有一个特立独行的名字——S佳通，唯一一家公司简称前带有“S”字母标志的公司，这是它至今未能完成股权分置改革的标志。

此前，S佳通和SST前锋合称为“A股股改的钉子户”，但自从2018年9月27日SST前锋“脱帽”化身为北汽蓝谷，终于完成股改成为正常上市公司后，只剩下了S佳通在未完成股改的跑道上默默坚守。2020年6月12日，“股改钉子户”S佳通接到控股股东正式发函通知，佳通中国筹划与公司股权分置改革有关的重大事项。公司股票于6月12日紧急停牌一天，且自6月15日起停牌，原计划停牌时间不超过一个月，将于7月15日复牌。但7月8日晚，S佳通发布关于终止筹划股改暨公司股票复牌的公告称：公司在停牌后，与相关各方进行了交流，目前仍无法形成相对成熟的股改方案，继续推进股改的困难较大，现公司决定终止本次股改筹划。公司股票自7月9日起恢复交易。这预示着此次股改再折戟，而这已经是S佳通第三次股改宣告失败。

时至今日，A股市场的股权分置改革启动已有15年之久。2005年4月29日，证监会发布《关于上市公司股权分置改革试点有关问题的通知》，宣布启动股权分置改革试点工作。抱着“不惜代价，只许成功”的思路，2005年6月10日，首批试点的三一重工、紫江企业、金牛能源改革方案均通过了股东大会的表决，宣告试点工作取得初步成功。三一重工作为中国证券市场首家通过股权分置改革的企业，其董事长梁稳根曾对媒体表示“股改试点企业的成败，是股改的关键一役。中国可以没有三一，但不能没有一个健康的证券市场”。经过一年多时间的接连奋战，到2006年年底，在沪深两市已完成或者进入改革程序的上市公司共1 301家，占应改革上市公司的97%，对应市值占比98%，股权分置改革任务基本完成。

股权分置改革通过非流通股股东和流通股股东之间的利益平衡协商机制，消除了A股市场股份转让制度性差异，成为全流通市场，并在其他热点信息的共同推动下，创造出中国股市迄今为止最为波澜壮阔的一轮大牛市，为中国股市带来了春天。

资料来源 河马财经. 努力拔掉最后一颗钉子！回看股权分置改革历程［EB/OL］.（2020-06-30）. http：//caifuhao.eastmoney.com/news/20200629150735462610990.

刘凤茹. 难达共识 “钉子户”S佳通股改再折戟［N］. 北京商报，2020-07-10.

四、股票的价值与价格

（一）股票的价值

有关股票的价值有多种说法，它们在不同场合含义不同，需要加以区分。

1.股票的票面价值

股票的票面价值又称面值，即在股票票面上标明的金额。股票在初次发行时，其票面价值具有一定的参考意义。如果以面值作为发行价格，则称为“平价发行”，此时公司发行股票募集的资金等于股本总和，也等于面值总和；如果发行价格高于面值，则称为“溢价发行”，募集的资金中等于面值总和的部分记入资本账户，溢价部分为公司资本公积金。随着时间的推移，公司的净资产会发生变化，股票面值与每股净资产逐渐背离，与股票的投资价值之间也没有必然的联系。尽管如此，票面价值代表了每一股份占总股份的比例，在确定股东权益时仍有一定的意义。

2.股票的账面价值

股票的账面价值又称股票净值或每股净资产，在没有优先股的条件下每股账面价值等于公司净资产除以发行在外的普通股股票的股数。公司净资产是公司资产总额减去负债总额后的净值，从会计角度说，等于股东权益价值。股票账面价值的高低对股票交易价格有重要影响，但是，通常情况下，股票账面价值并不等于股票的市场价格。主要原因有两点：一是会计价值通常反映的是历史成本或者按某种规则计算的公允价值，并不等于公司资产的实际价格；二是账面价值并不反映公司的未来发展前景。

3.股票的清算价值

股票的清算价值是公司清算时每一股份所代表的实际价值。从理论上说，股票的清算价值应与账面价值一致，但实际上并非如此。只有当清算时公司资产实际出售价款与财务报表上的账面价值一致，每一股份的清算价值才与账面价值一致。但在公司清算时，其资产往往只能压低价格出售，再加上必要的清算费用，所以大多数公司的实际清算价值低于其账面价值。

4.股票的内在价值

股票的内在价值即理论价值，也即股票未来收益的现值。股票的内在价值决定了股票的市场价格，股票的市场价格总是围绕其内在价值波动。研究和发现股票的内在价值，并将内在价值与市场价格相比较，进而决定投资策略，是证券研究人员和投资管理者的主要任务。但要真正发现股票的内在价值是非常困难的，因为未来收益及市场利率具有不确定性，根据各种价值模型计算出来的“内在价值”只是股票真实的内在价值的估计值。经济形势的变化、宏观经济政策的调整、供求关系的变化等都会影响股票未来的收益，引起股票内在价值的变化。

（二）股票的价格

股票的价格是指股票在证券市场上买卖的价格。从理论上说，股票的价格应由其价值决定，但股票本身并没有价值，不是在生产过程中发挥职能作用的现实资本，只是一张资本凭证。股票之所以有价格，是因为它代表收益的价值，即能给它的持有者带来股息、红利。股票交易实际上是对未来收益权的转让，股票价格就是对未来收益的判定。

1.股票的理论价格

股票及其他有价证券的理论价格是根据现值理论得出的，现值理论认为，人们之所以愿意购买股票和其他证券，是因为它能够为持有人带来预期收益，因此，它的价值取决于未来收益的大小。可以认为，股票的股息收入、资本利得收入是股票的未来收益，亦可称为“期值”。将股票的期值按必要收益率和有效期限折算成今天的价值，即股票的现值。股票的现值就是股票未来收益的当前价值，也就是人们为了得到股票的未来收益愿意付出的代价。可见，股票及其他有价证券的理论价格就是以一定的必要收益率计算出来的未来收益的现值。

2.股票的市场价格

它一般是指股票在二级市场上交易的价格。股票的内在价值决定股票的市场价格，股票的市场价格总是围绕其内在价值波动，但同时受许多其他因素的影响。其中，供求关系是最直接的影响因素，其他因素都是通过作用于供求关系来影响股票价格的。由于影响股票价格的因素复杂多变，因此股票的市场价格呈现出高低起伏的波动性特征。股票在二级市场上交易的价格经常处于变动之中，比较重要的包括开盘价、最高价、最低价和收盘价，其中一般认为最重要的是收盘价。通常人们所说的股票价格如果不加特殊说明，指的就是收盘价。

（三）股票价格变动的影响因素

1.宏观经济与政策因素

宏观经济发展水平和状况是影响股票价格的重要因素。证券市场常被称为“经济晴雨表”，证券市场价格走势是宏观经济的先行指标，而宏观经济发展情况决定了证券市场的长期走势。宏观经济与政策因素主要有：

（1）经济增长。一个国家或地区的社会经济是否能持续稳定地保持一定的发展速度，是影响股票价格稳定上升的重要因素。当一国或地区的经济运行态势良好时，一般来说大多数企业的经营状况也较好，它们的股价会上升；反之，股价会下降。

（2）经济周期循环。社会经济运行经常表现为扩张与收缩的周期性交替，每个周期一般都要经过高涨、衰退、萧条、复苏四个阶段，即所谓的景气循环。经济周期循环对股票市场的影响非常显著，可以这么说，是景气循环从根本上决定了股票价格的长期变动趋势。

（3）货币政策。中央银行的货币政策对股票价格有直接影响。货币政策是政府重要的宏观经济政策，中央银行通常采用存款准备金制度、再贴现政策、公开市场业务等货币政策手段调控货币供应量，从而实现发展经济、稳定货币等政策目标。中央银行如果采取宽松的货币政策，会增加货币供给，使得资金面较为宽松，市场利率下降，股票内在价值因利率下降而增加，股票成为理想的投资对象，引发投资者对股票的大规模需求，促使股价上升；反之，中央银行如采取紧缩的货币政策，会减少货币供应，资金普遍吃紧，投资者纷纷卖出股票离场，使得股票的需求减少，交易萎缩，股价下跌。

（4）财政政策。它是政府的重要宏观经济政策，对股票价格的影响效果比货币政策要显著得多，具体表现在四个方面：①通过扩大财政赤字、发行国债筹集资金，增加财政支出，刺激经济发展；或通过增加财政盈余或降低赤字，减少财政支出，抑制经济增长，调整社会经济发展速度，改变企业生产的外部环境，进而影响企业利润水平和股息派发。②通过调节税率影响企业利润和股息。提高税率，企业税负增加，税后利润下降，股息减少；反之，企业税后利润和股息增加。③干预资本市场各类交易适用的税率，直接影响市场交易和价格。④国债发行量会改变证券市场的证券供应和资金需求，从而间接影响股票价格。

（5）市场利率。利率是资本的价格，市场利率提高，股价会下降，主要原因是：①绝大部分公司都负有债务，利率提高，利息负担加重，公司净利润和股息相应减少，股票价格下降。②在市场资金量一定的条件下，利率提高，其他投资工具收益相应增加，一部分资金会流向储蓄、债券等收益固定的金融工具中，对股票需求减少，股价下降。③利率提高，一部分投资者要负担较高的利息才能借到所需资金进行证券投资，如果允许进行融资融券交易，买空者的融资成本相应提高，投资者会减少融资和对股票的需求，股票价格下降。

（6）通货膨胀。它对股票价格的影响较复杂，既有刺激股票市场的作用，又有抑制股票市场的作用。通货膨胀是因货币供应过多造成货币贬值、物价上涨的经济现象。在通货膨胀之初，公司会因产品价格的提升和存货的增值而增加利润，从而增加可以分派的股息，并使股票价格上涨。在物价上涨时，股东实际股息收入下降，股份公司为股东利益着想，会增加股息派发，使股息名义收入增加，也会促使股价上涨。通货膨胀给收益固定的证券带来了不可回避的通货膨胀风险，投资者为了保值，增加购买收益不固定的股票，对股票的需求增加，股价也会上涨。但是，当通货膨胀严重、物价居高不下时，企业的原材料、工资、费用、利息等各项支出增加，就会使利润减少，从而引起股价下降。严重的通货膨胀会使社会经济秩序紊乱，使企业无法正常地开展经营活动，同时政府也会采取治理通货膨胀的紧缩政策和相应的措施，此时对股票价格的负面影响更大。

（7）汇率变化。汇率是国际贸易中最重要的调节杠杆，汇率的调整对证券市场的影响是多方面的。一国经济越开放，证券市场的国际化程度越高，证券市场受汇率的影响就越大。传统理论认为，直接汇率下降，即本币升值，不利于出口而有利于进口，出口型企业和依赖进口的企业股价表现自然就不同，同时本币升值会引起境外资本流入，国内资本市场流动性增强；直接汇率上升，即本币贬值，不利于进口而有利于出口，同时会导致境内资本流出，国内资本市场流动性下降。汇率变化对股价的影响要视对整个经济的影响而定。若汇率变化趋势对本国经济发展影响较为有利，股价会上升；反之，股价会下降。

（8）国际收支状况。一般来说，若一国国际收支连续出现逆差，政府为平衡国际收支会采取提高国内利率和汇率的措施，以鼓励出口、减少进口，此时就会引起股价下跌；反之，股价会上涨。

2.行业与部门因素

股票市场中，某一行业或者板块的股票在特定时期会出现齐涨共跌的情况，这说明在这些股票中，存在着某种行业性的共同影响因素，对这些因素的分析称为行业/部门分析。在国民经济中具有不同地位、处于不同生命周期和不同发展阶段的行业/部门，其投资价值存在明显的差异，所以，行业/部门因素也是影响股票价格波动的重要因素。

3.公司经营状况

股份公司自身的经营现状和未来发展是股票价格的基石。从理论上分析，公司经营状况与股票价格正相关，公司经营状况好，股价上升；反之，股价下跌。公司经营状况的好坏可以从公司治理水平与经营能力、公司竞争力、公司财务状况、公司重大事项等方面分析。

4.影响股票价格变动的其他因素

（1）政治及其他不可抗力的影响。如战争、政权更迭、领袖更替等政治事件，政府重大经济政策的出台，社会经济发展规划的制定，重要法规的颁布，国际社会政治、经济的变化等对股票价格的影响很大，往往很难预料。

（2）心理因素。投资者的心理变化对股价变动影响很大。在大多数投资者对股市抱乐观态度时，会有意无意地夸大市场有利因素的影响，并忽视一些潜在的不利因素，从而脱离上市公司的实际业绩而纷纷买进股票，促使股价上涨；反之，在大多数投资者对股市前景抱悲观态度时，会对潜在的有利因素视而不见，而对不利因素特别敏感，甚至不顾发行公司的优良业绩大量抛售股票，致使股价下跌。当大多数投资者对股市持观望态度时，市场交易量就会减少，股价往往呈现盘整格局。股票市场中的中小投资者由于信息不灵，缺乏必要的专业知识和投资技巧，往往有严重的盲从心理，而有的人就利用这一心理故意制造假象、渲染气氛，诱使中小投资者在股价上涨时盲目追涨，或者在股价下跌时恐慌抛售，从而加大了股价涨跌的程度。

（3）政策及制度因素。为保证证券市场的稳定，各国的证券监管机构和证券交易所会制定相应的政策措施和做出一定的制度安排。我国《证券法》规定，证券交易所依照证券法律、行政法规制定的上市规则、交易规则、会员管理规则，需经国务院证券监督管理机构批准。因突发事件而影响证券交易的正常进行时，证券交易所可以采取技术性停牌的措施；因不可抗力引起的突发性事件或者为维护证券交易的正常秩序，证券交易所可以决定临时停市。证券交易所根据需要，可以对出现重大异常交易情况的证券账户限制交易。有的证券交易所对每日股票价格的涨跌幅度有一定限制，即涨跌停板规定，这使股价的涨跌幅度大大平缓。另外，当股票市场投机过度或出现严重违法行为时，证券监督管理机构也会采取一定的措施以平抑股价波动。

（4）人为操纵因素。其往往会引起股票价格短期的剧烈波动。因大多数投资者不明真相，操纵者乘机浑水摸鱼，非法牟利。人为操纵会影响股票市场的健康发展，违背公开、公平、公正的原则，一旦查明，操纵者将受到行政处罚或法律制裁。

五、股票红利分配及除权除息处理

股份有限公司发行的股票，不仅是股东投资入股、取得股东身份的所有权凭证，而且代表着股东可以定期从股份有限公司取得一定的投资利益，这就是股息和红利。

（一）股息、红利的含义

1.股息

股息是股份有限公司定期按照股票份额的一定比例支付给股东的收益。一般来说，优先股股东按照固定的股息率优先取得股息，优先股的股息是固定的，不因公司盈利的多少而改变。普通股的股息一般是在支付完优先股的股息之后，根据剩余的利润数额确定和支付，因而是不固定的，甚至在公司发生亏损时，普通股股东很可能分不到股息。

2.红利

红利是股份有限公司按规定分配完优先股的股息之后，将剩余的利润再分配给普通股股东的部分。股份有限公司只有在有剩余利润时才能发放红利，而不得将公司的财产作为红利发放给股东。

股息和红利这两个概念在使用过程中的区别变得越来越模糊。在股票市场上，股息往往指优先股股东所获得的收益，红利指给普通股股东分配的收益，也可以将两者统称为股利。

（二）股息、红利的来源

股息、红利来源于股份有限公司的净利润。如前所述，净利润是股份有限公司的总利润做出各项扣除之后的利润部分，因此，净利润是股份有限公司分配股息、红利的基础和最高限额。实际上，股份有限公司分配股息、红利的总额一般要少于公司的净利润，因为公司要保留一部分盈余用于增加公司资本，或者保证未来股息分配的稳定。通常情况下，股息、红利应从公司本年度净利润中分配，不能从公司资本中支付，以防止公司的核定资本减少，这一规定是各国法律的通例。由上可见，股份有限公司分配的股息和红利与其净利润正相关。净利润增加，则股息、红利增加；净利润减少，则股息、红利减少；没有净利润，则不得分配股息、红利。但是，股份有限公司为了维护自己的信誉，保持股票市场价格的稳定，会尽量将股息、红利维持在不低于公司历年水平以及同行业其他公司的水平上；甚至在公司无盈余分配时，根据法律规定，法定盈余公积超过公司资本总额50%的部分，可以作为股息、红利进行分配。

知识链接2-3　股利政策中有关的概念和几个重要日期

股利政策是指股份有限公司对公司经营获得的盈余公积和应付利润采取现金分红或派息、发放红股等方式回馈股东的制度与政策，体现了公司的发展战略和经营思路。稳定可预测的股利政策有利于股东利益最大化，是股份公司稳健经营的重要指标。在股份公司的股利政策中，有几个重要概念和日期：

（1）派现，也称“现金股利”，指股份公司以现金分红的方式将盈余公积和当期应付利润的部分或全部发放给股东，股东为此应支付个人所得税。

（2）送股，也称“股票股利”，是指股份有限公司对原有股东无偿派发股票的行为。

（3）资本公积金转增股本，是指在股东权益内部，把公积金转到“实收资本”或“股本”账户，并按照投资者所持有的股份份额比例的大小分到各个投资者的账户中，以此增加每个投资者的投入资本。

（4）股利宣告日，即公司董事会将分红派息的消息公布于众的时间。

（5）股权登记日，即统计和确认参加本期股利分配的股东的日期，在此日期持有公司股票的股东方能享受股利发放。

（6）除息除权日，通常为股权登记日之后的1个工作日，本日之后（含本日买入）的股票不再享有本期股利。

（7）股利派发日，即股利正式发放给股东的日期。根据证券存管和资金划转的效率不同，通常会在几个工作日之内到达股东账户。

几个重要日期见图 2-1。

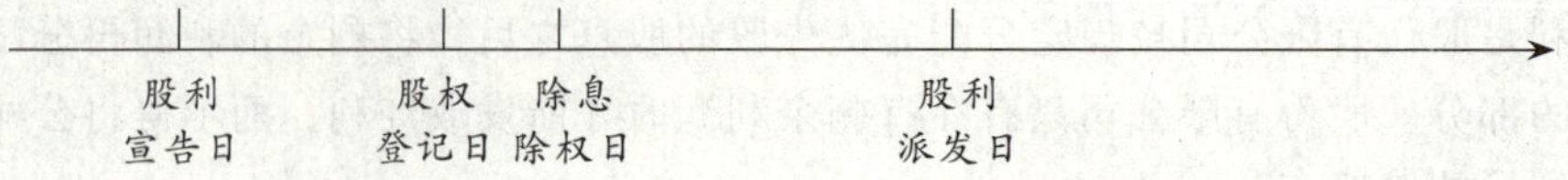

图 2-1　4个重要日期

任务二　认识债券

任务描述

本任务的主要学习内容是认知债券，理解债券的含义与特征，掌握债券的分类。

知识准备

一、债券的定义、票面要素及特征

（一）债券的定义

债券是一种有价证券，是社会各类经济主体如政府、金融机构或工商企业等为筹集资金而向投资人出具的，并且承诺按一定利率定期支付利息和到期偿还本金的债权债务凭证。债券所规定的借贷双方的权利和义务关系主要包括四个方面的含义：第一，发行人是借入资金的经济主体；第二，投资者是出借资金的经济主体；第三，发行人必须在约定的时间还本付息；第四，债券反映了发行人和投资者之间的债权债务关系，是债权债务关系的法律凭证。

（二）债券的票面要素

债券作为证明债权债务关系的凭证，一般通过具有一定格式的票面形式来表现。通常，债券票面上有以下四个基本要素：

（1）债券的票面价值。它是债券票面标明的货币价值，是债券发行人承诺在债券到期日偿还给债券持有人的金额。在债券的票面价值中，首先要规定票面价值的币种，即以何种货币作为债券价值的计量标准。币种确定后，还要规定债券的票面金额。不同大小的票面金额，可以适应不同的投资对象，同时也会产生不同的发行成本。因此，债券票面金额的确定也要根据债券的发行对象、市场资金的供给情况及债券发行费用等因素综合考虑。

（2）债券的偿还期限。它是指债券从发行之日起至偿清本息之日止的时间，也是债券发行人承诺履行合同义务的全部时间。不同的债券有不同的偿还期限，短则几个月，长则几十年，习惯上有短期债券、中期债券和长期债券之分。发行人在确定债券期限时，要考虑多种因素的影响，如资金使用方向、市场利率变化、债券变现能力等。

（3）债券的票面利率。它也称名义利率，是债券年利息与债券票面价值的比率。票面利率是债券票面要素中不可缺少的内容。在实际经济生活中，债券的票面利率有多种形式，如单利、复利和贴现利率等。债券的票面利率亦受很多因素的影响，主要有借贷资金市场利率水平、筹资者的资信、债券期限的长短等。

（4）债券发行者名称。它指明了该债券的债务主体，既明确了债券发行人应履行的对债权人偿还本息的义务，也为债权人到期追索本金和利息提供了依据。

还要说明的是，上述四个要素虽然是债券票面的基本要素，但它们也并非一定要在债券上印制出来。在许多情况下，债券发行者以条例或公告的形式向社会公开宣布某债券的期限与利率，只要发行人具备良好的信誉，投资者也会认可接受。此外，债券票面上有时还包含一些其他要素。例如，有的债券具有分期偿还的特征，在债券的票面上或发行公告中附有分期偿还时间表；有的债券附有一定的选择权，即发行契约中赋予债券发行人或持有人某种选择的权利等。

（三）债券的特征

债券作为一种债权债务凭证，与其他有价证券一样，也是一种虚拟资本。从投资者的角度看，债券具有以下四个特征：

（1）偿还性。它是指债券必须规定到期期限，由债务人按期向债权人支付利息并偿还本金。债券的偿还性使得资金筹措者不能无限期地占用债券购买者的资金，这一特征与股票的永久性有很大的区别。当然，历史上也曾有过例外，如无期公债或永久性公债。这种公债不规定到期时间，债权人也不能要求偿还，而只能按期收取利息。

（2）流动性。它是指债券能够迅速转变为货币，而又不会在价值上蒙受损失的能力。一般来说，如果一种债券在持有期内不能任意转换成货币，或者在转换成货币时需要付出较高的成本，如较高的交易成本或较大的资本损失，那么这种债券的流动性就较低。高流动性的债券一般具有以下特点：一是发行人具有及时履行各种义务的信誉；二是偿还期短，市场利率的上升只能轻微地减少其价值。

（3）安全性。它是相对于债券价格下跌的风险性而言的。一般来说，具有高流动性的债券，其安全性较高。导致债券价格下跌的风险有两类：一是信用风险，它是指债务人不能按时支付利息和偿还本金的风险。这主要与发行者的资信情况和经营状况有关。信用风险对任何一个投资者来说都是存在的。二是流通市场风险，它是指债券的市场价格因市场利率的上升而跌落的风险。债券的市场价格与市场利率呈反方向变化。

（4）收益性。它是指债券能为投资者带来一定的收入，即债券投资的报酬。在实际经济活动中，债券的收益可以表现为三种形式：一种是利息收入，即债权人在持有债券期间按约定的条件分期、分次取得利息或者到期一次性取得利息。二是资本损益，即债权人到期收回或中途卖出债券与买入债券之间的价差收入。从理论上说，如果市场利率在持有债券期间一直不变，这价差就是自买入债券或自上次付息至卖出债券这段时间的利息收益表现形式。但是，由于市场利率会不断变化，债券在市场上的转让价格将随市场利率的升降而上下波动。债券持有者能否获得转让价差及转让价差有多少，要视市场情况而定。三是再投资收益，即投资债券所获现金流量再投资的利息收入。

受市场收益率变化的影响，债券的偿还性、流动性、安全性与收益性之间存在一定的矛盾，一种债券很难同时具备以上四个特征。如果某种债券流动性强、安全性高，人们便会争相购买，于是该种债券的价格将上涨，收益率会降低；反之，如果某种债券的风险大、流动性差，则购买者会减少，债券价格将下降，收益率会提高。

二、债券的分类

在债券的发展过程中，曾经出现过许多不同类型的债券，各种债券共同构成了一个完整的债券体系。债券可以依据不同的标准进行分类。

（一）按发行主体分类

按发行主体的不同，债券可分为政府债券、金融债券和公司债券。

（1）政府债券。它是指政府财政部门或其他代理机构为筹集资金，以政府名义发行的债券，发行主体是政府。政府债券的主要用途是解决由政府投资的公共设施或重点建设项目的资金需要和弥补国家财政赤字。中央政府发行的债券被称为“中央政府债券”，也叫“国债”；市、县、镇等地方政府发行的债券称为“地方政府债券”，也叫“地方公债”或“地方债”。中央政府债券由国家承担偿还本息的责任，可以全部在证券交易所上市，也可以在到期前作为抵押贷款的担保品，而且不征收债券收益的所得税。中央政府债券的发行量和交易量在证券市场上一般占有相当大的比重，不但起着重要的融资作用，而且是各国中央银行进行公开市场业务的重要手段。地方政府债券的发行目的是筹措一定数量的资金，以满足市政建设、文化发展、公共安全、自然资源保护等方面的资金需要。

（2）金融债券。它是指金融机构为了筹集资金而发行的债券，发行主体是银行或非银行金融机构。一般来讲，银行等金融机构的资金来源除了发行债券，还有吸收存款和向其他机构借款。存款资金的特点之一是在经济发生动荡的时候，易发生储户争相提款的现象，从而造成资金来源不稳定；向其他机构借款所得的资金主要是短期资金，而金融机构往往需要进行一些期限较长的投融资，这就出现了资金来源和资金运用在期限上的矛盾。发行金融债券就可以比较有效地解决这个问题。债券在到期之前一般不能提前兑换，只能在市场上转让，这就保证了所筹集资金的稳定性。同时，金融机构发行债券时可以灵活规定期限，比如为了一些长期项目投资，可以发行期限较长的债券。因此，发行金融债券可以使金融机构筹措到稳定且期限灵活的资金，有利于优化资产结构，扩大长期投资业务。金融机构一般有雄厚的资金实力，信用度较高，因此，金融债券往往有良好的信誉。

（3）公司债券。它是指由股份有限公司或有限责任公司依照法定程序发行，并约定在一定时期内还本付息的债券。发行主体一般是股份有限公司或有限责任公司，有些国家也允许非股份制企业发行债券，归类时，可将公司债券和企业发行的债券合在一起，称为“公司（企业）债券”。公司债券根据公司经营运作的具体需要而发行，主要用途是固定资产投资、技术更新改造、改善公司资金来源的结构、调整公司资产结构、降低公司财务成本、支持公司并购和资产重组等。

（二）按付息方式分类

根据债券发行条款中是否规定在约定期限内向债券持有人支付利息，债券可分为零息债券、附息债券、息票累积债券三类。

（1）零息债券。它也被称为零息票债券，指债券合约未规定利息支付的债券。通常，这类债券以低于面值的价格发行和交易，债券持有人实际上是以买卖（到期赎回）

价差的方式取得债券利息。

(2) 附息债券。它的合约中明确规定，在债券存续期内，对持有人定期支付利息(通常每半年或每年支付一次)。按照计息方式的不同，这类债券还可细分为固定利率债券和浮动利率债券两大类。有些附息债券可以根据合约条款推迟支付定期利率，故被称为缓息债券。

(3) 息票累积债券。与附息债券相似，这类债券也规定了票面利率，但是，债券持有人必须在债券到期时一次性获得本息，存续期间没有利息支付。

(三) 按债券形态分类

按债券形态的不同，债券可分为以下三种：

(1) 实物债券。它是一种具有标准格式实物券面的债券。在标准格式的债券券面上，一般印有债券面额、债券利率、债券期限、债券发行人全称、还本付息方式等各种债券票面要素。债券利率、债券期限等要素也可以通过公告向社会公布，而不需要在债券券面上注明。不记名国债就属于实物债券，它不记名、不挂失，可上市流通。实物债券是一般意义上的债券，很多国家通过法律或者法规对实物债券的格式予以明确规定。

(2) 凭证式债券。它是债权人认购债券的一种收款凭证，而不是债券发行人制定的标准格式的债券。我国近年来通过银行系统发行的凭证式国债，其券面上不印制票面金额，而是根据认购者的认购额填写实际的缴款金额，是一种国家储蓄债券，它以“凭证式国债收款凭证”记录债权，可记名、挂失，但不能上市流通，从购买之日起计息。在持有期内，持券人如遇特殊情况需要提取现金，可以到原购买网点提前兑取。提前兑取时，除偿还本金外，利息按实际持有天数及相应的利率档次计算，办理机构按兑付本金的标准收取手续费。

(3) 记账式债券。它是没有实物形态的债券，只在电脑账户中做记录。在我国，上海证券交易所和深圳证券交易所已建立了电脑证券账户，利用证券交易所的交易系统也可以发行债券。投资者进行记账式债券买卖，必须在证券交易所设立账户。由于记账式债券的发行和交易均无纸化，因此效率高、成本低、交易安全。

(四) 按利率是否固定分类

按利率是否固定，债券可分为以下三种：

(1) 固定利率债券。它是指债券利率在偿还期内不会发生改变的债券，其筹资成本和投资收益可以事先预计，不确定性较小，但债券发行人和投资者必须承担市场利率波动的风险。

(2) 浮动利率债券。它是指发行时规定债券利率随市场利率定期调整的债券。由于与市场利率挂钩，市场利率又考虑了通货膨胀的影响，浮动利率债券可以较好地抵御通货膨胀风险。这种债券的利率通常根据市场基准利率加上一定的利差来确定。采用浮动利率形式可以减少债券持有人的利率风险，同时也有利于债券发行人按短期利率筹集中长期的资金，降低筹资成本。

(3) 可调利率债券。它也被称为可变利率债券，是指在债券存续期内允许根据一些事先选定的参考利率指数的变化，对利率进行定期调整的债券。调整间隔往往事先设定，包括1个月、6个月、1年、2年、3年或5年。可调利率债券的具体形式千差万别，名称也多种多样，但都有一个基本特征，就是利率可变，只是变的基础、幅度、条件等不一致。

（五）按期限长短分类

根据偿还期限的不同，债券可分为长期债券、短期债券和中期债券。一般说来，偿还期限在1年以下的为短期债券；偿还期限在10年以上的为长期债券；偿还期限在1年或1年以上10年以下（包括10年）的为中期债券。不过，我国债券按照期限划分的标准并不固定。我国国债的期限划分与上述标准相同，但企业债券的期限划分与上述标准有所不同。我国短期企业债券的偿还期限在1年以内，偿还期限在1年以上5年以下的为中期企业债券，偿还期限在5年以上的为长期企业债券。

（六）按发行方式分类

按发行方式不同，债券可分为公募债券和私募债券。

（1）公募债券。它是指按法定手续，经证券主管机构批准在市场上公开发行的债券。这种债券的认购者可以是社会上的任何人。发行者一般有较高的信誉，而发行公募债券又有助于提高发行者的信用度。除政府机构、地方公共团体外，一般私营企业必须符合规定的条件才能发行公募债券。

（2）私募债券。它是指向与发行者有特定关系的少数投资者募集的债券，私募债券的发行和转让均有一定的局限性。募集对象为有限数量的专业投资机构，如银行信托公司、保险公司和各种基金会等。这些专业投资机构一般都拥有经验丰富的专家，对债券及其发行者具有充分调查研究的能力，加上发行人与投资者相互都比较熟悉，所以没有公开展示的要求，即私募发行不采取公开制度。购买私募债券一般不是为了交易，只是作为金融资产而保留。在我国，私募公司债券的发行对象为合格投资者，每次发行对象不得超过200人。

（七）按信用状况分类

按信用状况不同，债券可分为利率债券和信用债券。

（1）利率债券。它是指直接以政府信用为基础或以政府提供偿债支持为基础而发行的债券。由于有政府信用背书，正常情况下利率债券的信用风险很小，影响其内在价值的因素主要是市场利率或资金的机会成本，故名“利率债券”。在我国，狭义的利率债券包括国债和地方政府债。国债由财政部代表中央政府发行，以中央财政收入作为偿债保障，其主要目的是解决由政府投资的公共设施或重点建设项目的资金需要和弥补国家财政赤字，其特征是安全性高、流动性强、收益稳定、享受免税待遇。地方政府债是指地方政府发行的债券，以地方财政收入为本息偿还资金来源，目前只有省级政府和计划单列市可发行地方政府债券。市场机构一般认为，广义的利率债券除了国债、地方政府债，还可包括中央银行发行的票据、国家开发银行等政策性银行发行的金融债、铁路总公司等政府支持机构发行的债券。利率债券信用风险小，但不一定对信用违约绝对“免疫”，也有可能出现本息兑付延期乃至实质性违约的情况。例如，欧洲债务危机期间，希腊等国家的主权债务就曾出现过违约情况。

（2）信用债券。它是指以企业的商业信用为基础而发行的债券，除了利率，发行人的信用是影响该类债券的重要因素，故名“信用债券”。我国债券市场上的信用债券包括非金融企业发行的债券和商业性金融机构发行的债券。非金融企业发行的信用债券具体包括中期票据、短期融资券、超短期融资券、企业债、普通公司债（包括可交换公司债）、可转换公司债等。商业性金融机构发行的信用债券包括商业银行、保险公司、证券公司等金融机构发行的债券。信用债券与政府债券相比，最显著的差异就是存在信用风险，所以信用债券比国债有着更高的收益，某些情况下收益率甚至高达百分之几十。

三、我国目前的债券类型

同发达资本市场国家相比，我国债券种类繁多，各债券品种分类与定位不够明确。如果根据国外通常采用的按发债主体进行分类，则我国的金融债券、公司债券和企业债券的外延存在交叉重叠。由于我国债券市场的多头管理体制，业界习惯根据监管机关的不同，将我国目前的债券品种划分为五种类型：财政部负责监管的国债及地方政府债券、中国人民银行会同中国银保监会监管的金融债券、国家发改委监管的企业债券、中国证监会监管的公司债券、中国人民银行监管的银行间市场非金融企业债务融资工具。

小思考 2-2

债券与股票有何异同点？

小思考 2-2

分析提示

任务三　认识证券投资基金

任务描述

本任务的主要学习内容是认识证券投资基金，理解证券投资基金的含义与特征，熟悉证券投资基金的产生与发展过程，掌握证券投资基金的主要类型，掌握证券投资基金运作中的相关当事人。

知识准备

一、证券投资基金概述

（一）证券投资基金的含义

投资基金是指通过向投资者募集资金，形成独立基金财产，由专业投资机构（基金管理人）进行基金投资与管理，由基金托管人进行资产托管，由基金投资人共享投资收益、共担投资风险的一种集合投资方式。基金份额，也被称为基金单位，是指基金发起人向不特定的投资者发行的，表示持有人对基金享有资产所有权、收益分配权和其他相关权利，并承担相应义务的凭证。基金份额就是投资人购买基金时得到或持有的数量单位。

根据基金投资对象的不同，可以将投资基金分为证券投资基金与另类投资基金。证券投资基金主要以股票、债券等具有较好流动性的金融证券为投资对象；另类投资基金则主要以未上市公司股权、不动产、黄金、大宗商品、衍生品等金融与非金融资产为投资对象。常见的另类投资基金包括对冲基金、股权投资基金、创业投资基金（风险投资基金）、不动产投资基金等。

证券投资基金在不同国家和地区的称谓不尽相同，如证券投资基金在美国主要指共同基金（Mutual Fund），在英国和我国香港地区被称为单位信托基金（Unit Trust），在欧洲一些国家被称为集合投资基金或集合投资计划（Collective Investment Scheme），在日本和我国台湾地区被称为证券投资信托基金（Securities Investment Trust）等。

（二）证券投资基金的产生与发展

（1）证券投资基金的产生。证券投资基金作为社会化的理财工具，起源于英国的投资信托公司。1868年，英国成立“海外及殖民地政府信托基金”，并在《泰晤士报》上刊登招募说明书，向社会公众公开发售认股凭证，投资于美国、埃及等国的17种政府债券。金融史学家将之视为证券投资基金的雏形。1879年，英国《股份有限公司法》公布，投资基金脱离原来的契约形态，发展成为股份有限公司式的组织形式。证券投资基金在初创阶段主要投资于海外的实业和债券，在类型上主要是封闭式基金。

（2）证券投资基金的发展。投资基金起源于英国，发展于美国。第一次世界大战后，投资基金这种投资方式进入美国，投资公司开始在美国出现并迅速发展起来。1924年3月21日，“马萨诸塞投资信托基金”在美国波士顿成立，成为世界上第一只公司型开放式基金。1940年，美国颁布《投资公司法》和《投资顾问法》，以法律形式明确基金的运作规范，严格限制各种投机活动，从而为投资者提供了完整的法律保护，并为其他国家制定相关基金法律树立了典范。

延伸阅读材料2-4　证券投资基金业在我国的产生和发展

我国证券投资基金业的发展可以分为三个阶段：

（1）早期探索阶段。20世纪80年代末至1997年11月14日，在《证券投资基金管理暂行办法》颁布之前为证券投资基金的早期探索阶段。中国国内第一家比较规范的投资基金——“淄博乡镇企业投资基金”（简称“淄博基金”），于1992年11月经中国人民银行总行批准正式设立。该基金为公司型封闭式基金，募集规模为1亿元人民币，60%资金投向淄博乡镇企业，40%资金投向上市公司，并于1993年8月在上海证券交易所上市交易。

（2）试点发展阶段。1997年11月14日颁布的《证券投资基金管理暂行办法》是我国首次颁布的规范证券投资基金运作的行政法规，为我国基金业的规范发展奠定了规制基础。由此，中国基金业的发展进入了规范化的试点发展阶段。1998年3月27日，经中国证监会批准，新成立的南方基金管理公司和国泰基金管理公司分别发起设立了两只规模均为20亿元的封闭式基金——“基金开元”和“基金金泰”，由此拉开了中国证券投资基金试点的序幕。在封闭式基金成功试点的基础上，2000年10月8日，中国证监会发布了《开放式证券投资基金试点办法》。2001年9月，我国第一只开放式基金——“华安创新”诞生，我国基金业的发展实现了从封闭式基金到开放式基金的历史性跨越。

2002年以后，我国开放式基金的品种不断丰富：2002年8月推出了我国第一只以债券投资为主的债券基金——“南方宝元债券基金”；2003年3月推出了我国第一只系列基金——“招商安泰系列基金”；2003年5月推出了我国第一只具有保本特色的基金——“南方避险增值基金”；2003年12月推出了我国第一只货币型基金——“华安现金富利基金”。

（3）快速发展阶段。自2004年6月1日开始实施的《中华人民共和国证券投资基金法》为我国基金业的发展奠定了重要的法律基础，标志着我国基金业进入了一个新的发展阶段。这一阶段我国基金业的发展特点如下：①基金业监管的法律体系日益完善。②基金规模快速增长，基金品种日益丰富，开放式基金逐渐成为基金设立的主流形式。③基金公司业务开始走向多元化，出现了一批规模较大的基金管理公司。④基金业对外开放的程度不断提高。基金业的对外开放主要体现在两个方面：一是合资基金管理公司的数量不断增加；二是合格境内机构投资者（QDII）的推出，使我国的基金业开始进入国际投资市场。⑤基金业的市场营销和服务创新日益活跃。⑥基金投资者队伍迅速壮大，个人投资者取代机构投资者成为基金的主要持有者。此外，基金产品的差异化日益明显，基金的投资风格也趋于多样化。目前除传统的成长型基金、混合型基金外，债券基金、收益型基金、价值型基金、指数基金、行业基金、保本基金、货币市场基金等纷纷问世。

资料来源　中国证券业协会. 证券投资基金［M］. 北京：中国金融出版社，2012.

（三）证券投资基金的特点

1.集合理财、专业管理

证券投资基金通过汇集众多投资者的资金进行共同投资，表现出一种集合理财的特点。集中众多投资者的资金，积少成多，有利于发挥资金的规模优势，降低投资成本。证券投资基金由专业机构进行管理与运作，它们一般拥有专业的投资研究人员和强大的信息网络，能够更好地对证券市场进行动态跟踪与深入分析。因此，通过购买基金进行投资，相当于聘请了一个专业的投资经理，中小投资者也能享受到专业化的投资管理服务。

2.组合投资、分散风险

对中小投资者而言，由于资金有限，很难通过购买多种证券达到有效分散投资风险的目的。为降低投资风险，可以进行基金组合投资，投资者购买基金就相当于用很少的投资购买了一篮子股票，从而享受到组合投资、分散风险的好处。

3.利益共享、风险共担

证券投资基金实行利益共享、风险共担的原则，基金收益在扣除基金费用后由基金投资者按其所持基金份额享受盈利和承担亏损。

4.严格监管、信息透明

为切实保护基金投资者的利益，增强投资者对基金投资的信心，各国（地区）的基金监管机构都对证券投资基金实行严格监管，并强制对基金进行信息披露。

5.独立托管、保障安全

基金财产独立于基金管理人、基金托管人的固有财产。基金管理人负责基金的投资操作，本身并不参与基金财产的保管，基金财产的保管由独立于基金管理人的基金托管人负责。这种相互制约、相互监督的制衡机制为投资者的利益保护提供了主要的制度保障。

小思考 2-3

分析提示

小思考 2-3

证券投资基金与股票、债券的区别有哪些?

二、证券投资基金的主要类型

证券投资基金因各国的历史、社会、经济、文化等环境不同而有所不同，并呈现出各种各样的形态。世界各国的基金虽然形式多样，但仍然可以根据不同的标准对它们进行分类。

（一）根据基金运作方式不同，可分为封闭式基金和开放式基金

1.封闭式基金

封闭式基金是指经核准的基金份额总额在基金合同期限内固定不变，基金份额可以在依法设立的证券交易场所交易，但基金份额持有人不得申请赎回的基金。由于封闭式基金在封闭期内不能追加认购或赎回，投资者只能通过证券经纪商在二级市场上进行基金的买卖。

2.开放式基金

开放式基金是指基金份额总额不固定，基金份额可以在基金合同约定的时间和场所申购或者赎回的基金。为了满足投资者赎回资金、实现变现的要求，开放式基金一般都从所筹资金中拨出一定比例，以现金形式保持这部分资产。这虽然会影响基金的盈利水平，但作为开放式基金来说是必需的。

3.封闭式基金和开放式基金的主要区别

（1）期限不同。封闭式基金有固定的存续期，通常在5年以上，一般为10年或15年，经受益人大会通过并经监管机构同意后可以适当延长期限。开放式基金没有固定期限，投资者可随时向基金管理人赎回基金份额，若大量赎回甚至会导致基金清盘。

（2）发行规模限制不同。封闭式基金的基金规模是固定的，在封闭期限内未经法定程序审批不能增加发行。开放式基金没有发行规模限制，投资者可随时提出申购或赎回申请，基金规模随之增加或减少。

（3）基金份额交易方式不同。封闭式基金的基金份额在封闭期限内不能赎回，持有人只能在证券交易场所出售给第三者，交易在基金投资者之间完成。开放式基金的投资者则可以在首次发行结束一段时间后，随时向基金管理人或其销售代理人提出申购或赎回申请，绝大多数开放式基金不上市交易，交易在投资者与基金管理人或其销售代理人之间进行。

（4）基金份额的交易价格计算标准不同。封闭式基金与开放式基金的基金份额除了首次发行价都是按面值加一定百分比的购买费计算外，以后的交易计价方式不同。封闭式基金的买卖价格受市场供求关系的影响，常出现溢价或折价现象，并不必然反映单位基金份额的净资产值。开放式基金的交易价格则取决于每一基金份额净资产值的大小，

其申购价一般是基金份额净资产值加上一定的购买费，赎回价是基金份额净资产值减去一定的赎回费，不直接受市场供求影响。

（5）基金份额资产净值公布的时间不同。封闭式基金一般每周或更长时间公布一次。开放式基金一般在每个交易日连续公布。

（6）交易费用不同。投资者在买卖封闭式基金时，需要支付手续费。投资者在买卖开放式基金时，则要支付申购费和赎回费。

（7）投资策略不同。封闭式基金在封闭期内基金规模不会减少，因此可进行长期投资，基金资产的投资组合能有效地在预定计划内进行。开放式基金因基金份额可随时赎回，为应对投资者随时赎回兑现的要求，所募集的资金不能全部用来投资，更不能把全部资金用于长期投资，必须保持基金资产的流动性，在投资组合上须保留一部分现金和高流动性的金融工具。

（二）根据基金的组织形式不同，可分为契约型基金和公司型基金

1.契约型基金

它又被称为单位信托基金，是指将投资者、管理人、托管人三者作为信托关系的当事人，通过签订基金契约的形式发行受益凭证而设立的一种基金。契约型基金起源于英国，后来在中国香港、新加坡、印度尼西亚等国家和地区十分流行。契约型基金是基于信托原理而组织起来的代理投资方式，没有基金章程，也没有公司董事会，而是通过基金契约来规范三方当事人的行为。基金管理人负责基金的管理操作；基金托管人作为基金资产的名义持有人，负责基金资产的保管和处置，对基金管理人的运作实行监督。

2.公司型基金

它是依据基金公司章程设立，在法律上具有独立法人地位的股份投资公司发行的基金。公司型基金以发行股份的方式募集资金，投资者购买基金公司的股份后，以基金持有人的身份成为基金公司的股东，凭其持有的股份依法享有投资收益。公司型基金在组织形式上与股份有限公司类似，由股东选举董事会，由董事会选聘基金管理公司，基金管理公司负责管理基金的投资业务。

3.契约型基金与公司型基金的区别

（1）资金的性质不同。契约型基金的资金是通过发行基金份额筹集起来的信托财产；公司型基金的资金是通过发行普通股票筹集的公司法人的资本。

（2）投资者的地位不同。契约型基金的投资者购买基金份额后成为基金契约的当事人之一，投资者既是基金的委托人，又是基金的受益人；公司型基金的投资者购买基金公司的基金后成为该公司的股东，因此，公司型基金的投资者对基金运作的影响比契约型基金的投资者大。

（3）基金的营运依据不同。契约型基金依据基金契约营运基金；公司型基金依据基金公司章程营运基金。

由此可见，契约型基金和公司型基金在法律依据、组织形式以及有关当事人的地位等方面是不同的，但它们都是把投资者的资金集中起来，按照基金设立时所规定的投资目标和策略，将基金资产分散投资于众多的金融产品上，获取收益后再分配给投资者的投资方式。目前，我国的基金全部是契约型基金。

（三）根据基金的投资标的不同，可分为股票基金、债券基金、混合型基金、货币市场基金等

1.股票基金

股票基金是指以股票为主要投资对象的证券投资基金。在我国，根据中国证监会对基金类别的分类标准，80%以上的基金资产投资于股票的，为股票基金。股票基金的风险较高，但预期收益也较高，其投资目标侧重于追求资本利得和长期资本增值，比较适合长期投资。

股票基金根据所投资股票性质的不同，可作进一步分类。按投资市场分类，股票基金可分为国内股票基金、国外股票基金。按所持股票性质分类，可分为价值型股票基金、成长型股票基金和平衡型股票基金等。价值型股票基金主要投资于收益稳定、价值被低估、安全性较高的股票；成长型股票基金主要投资于收益增长速度快、未来发展潜力大的股票；同时投资于价值型股票和成长型股票的基金是平衡型股票基金。

2.债券基金

债券基金是一种以债券为主要投资对象的证券投资基金。在我国，根据中国证监会对基金类别的分类标准，80%以上的基金资产投资于债券的，为债券基金。由于债券的年利率固定，这类基金的风险较低，适合于稳健型投资者。债券基金的收益会受市场利率的影响，当市场利率下调时，其收益会上升；反之，若市场利率上调，其收益将下降。

3.混合型基金

混合型基金是指同时投资于股票与债券的基金，该类基金由于资产配置比例不同，风险收益差异较大。一般根据资产配置的不同，可以将混合型基金分为偏股型基金、偏债型基金、股债平衡型基金、灵活配置型基金等。偏股型基金中股票配置比例较高，债券配置比例较低；相反，偏债型基金中债券配置比例较高，股票配置比例较低；股债平衡型基金中股票与债券的配置比例较为均衡；灵活配置型基金在股票、债券上的配置比例则会根据市场情况进行灵活调整，有时股票的配置比例较高，有时债券的配置比例较高。

4.货币市场基金

货币市场基金是仅以货币市场工具为投资对象的一种基金，其投资对象期限较短，一般在1年以内，包括银行短期存款、国库券、公司短期债券、银行承兑票据及商业票据等货币市场工具。货币市场基金的优点是资本安全性高，因此，货币市场基金通常被认为是低风险的投资工具。

（四）根据基金的投资目标不同，可分为成长型基金、收入型基金、平衡型基金

1.成长型基金

成长型基金是基金中最常见的一种，它追求的是基金资产的长期增值。为了达到这一目标，基金管理人通常将基金资产投资于信誉度较高、有长期成长前景或长期盈余的所谓成长型公司的股票。成长型基金又可分为稳健成长型基金和积极成长型基金。

2.收入型基金

收入型基金主要投资于可带来现金收入的有价证券，以获取当期的最大收入为目的。收入型基金资产成长的潜力较小，损失本金的风险也相对较低，一般可分为固定收

入型基金和股票收入型基金。固定收入型基金的主要投资对象是债券和优先股，因而尽管收益率较高，但长期成长的潜力很小，而且当市场利率波动时，基金净值容易受到影响。股票收入型基金的成长潜力比较大，但易受股市波动的影响。

3.平衡型基金

平衡型基金将资产分别投资于两种特性的证券上，并在以取得收入为目的的债券以及优先股和以资本增值为目的的普通股之间进行平衡。平衡型基金的主要目的是从其投资组织的债券中得到适当的利息收益，与此同时又可以获得普通股的升值收益。平衡型基金的特点是风险比较低，缺点是成长的潜力不大。

（五）根据基金的投资理念不同，可分为主动型基金和被动型基金

1.主动型基金

主动型基金是指通过积极地选股和择时，力图取得超越基准组合表现的基金。

2.被动型基金

被动型基金被称为指数基金，是指以特定指数作为跟踪对象，力图复制指数表现的一类基金。指数基金是20世纪70年代以来出现的新的基金品种。由于其投资组合模仿某一股价指数或债券指数，收益随着即期的价格指数上下波动，因此当价格指数上升时，基金收益增加；反之，收益减少。基金因始终保持即期的市场平均收益水平，所以收益不会太高，也不会太低。

指数基金的优点是：管理费、交易费低廉；风险较小；在以机构投资者为主的市场中，可获得市场平均收益率，可以为股票投资者提供比较稳定的投资回报；可以作为避险套利的工具。由于指数基金收益率的稳定性、投资的分散性以及高流动性，特别适合于社保基金等数额较大、风险承受能力较低的资金投资。

（六）根据基金的募集方式不同，可分为公募基金和私募基金

1.公募基金

公募基金是指面向社会公众公开发售的基金。公募基金可以向社会公众公开发售基金份额和宣传推广，基金募集对象不固定；对基金份额的投资金额要求较低，适合中小投资者参与；基金必须遵守有关的法律法规，接受监管机构的监管并定期公开相关信息。

2.私募基金

私募基金是指向特定合格投资者发售基金份额、募集资金而设立的基金。私募基金不能进行公开发售和宣传推广，只能采取非公开方式发行；基金份额的投资金额较高，风险较大，监管机构对投资者的资格和人数会加以限制；基金的投资范围较广，在基金运作和信息披露方面所受的限制和约束较少。

（七）特殊类型的基金

1.交易所交易基金（ETF）

ETF是英文“Exchange Traded Funds”的缩写，常被译为“交易所交易基金”，上海证券交易所将其定名为“交易型开放式指数基金”。ETF采用一种在交易所上市交易、基金份额可变的基金运作方式。ETF结合了封闭式基金与开放式基金的运作特点，一方面可以像封闭式基金一样在交易所二级市场进行买卖，另一方面又可以像开放式基金一样申购、赎回。不同的是，它的申购是用一篮子股票换取ETF份额，赎回时也是换回一

篮子股票而不是现金。

这种交易方式使该类基金存在在一、二级市场之间的套利机制，可有效防止类似封闭式基金的大幅折价现象。

ETF出现于20世纪90年代初期。加拿大多伦多证券交易所于1991年推出的指数参与份额（简称“TIPs”）是严格意义上最早出现的ETF，但于2000年终止。现存最早的ETF是美国证券交易所（简称“AMEX”）于1993年推出的标准普尔存托凭证（简称“SPDRs”）。

ETF是以某一选定的指数所包含的成分证券为投资对象，依据构成指数的证券种类和比例，采用完全复制或抽样复制的方法进行被动投资的指数型基金。根据所选择指数的不同，可分为股票型ETF、债券型ETF等，并且还可以进一步细分。ETF最大的特点是实物申购、赎回机制，即它的申购是用一篮子股票换取ETF份额，赎回时是以基金份额换回一篮子股票而不是现金。ETF有“最小申购、赎回份额”的规定，通常最小申购、赎回单位是50万份或100万份，申购、赎回必须以最小申购、赎回单位的整数倍进行，一般只有机构投资者才有实力参与一级市场的实物申购与赎回交易。ETF实行一级市场和二级市场并存的交易制度。

2.上市开放式基金（LOF）

上市开放式基金（Listed Open-ended Funds，LOF），是一种可以同时在场外市场进行基金份额申购、赎回，又可以在交易所进行基金份额交易和基金份额申购或赎回，并通过份额转托管机制将场外市场与场内市场有机地联系在一起的一种开放式基金。

与ETF相区别，LOF不一定采用指数基金模式，也可以是主动管理型基金；同时，申购和赎回均以现金进行，对申购和赎回没有规模上的限制，可以在交易所申购、赎回，也可以在代销网点进行。LOF所具有的可以在场内外申购、赎回，以及场内外转托管的制度安排，使其不会出现大幅度折价交易的现象。

3.避险策略基金

避险策略基金是指通过一定的避险投资策略进行运作，同时引入相关保障机制，以便在避险策略周期到期时，力求避免基金份额持有人投资本金出现亏损的公开募集证券投资基金。避险策略基金在极端情况下仍然存在本金损失的风险。避险策略基金的前身是“保本基金”。2017年1月24日，中国证监会发布《关于避险策略基金的指导意见》，将“保本基金”正式更名为“避险策略基金”，取消连带责任担保机制。保本基金只是运用保本投资策略以实现保本或收益保证，在极端情况下仍存在本金损失的风险，此次更名是为避免对投资者形成误导。

4.QDII基金

QDII是 Qualified Domestic Institutional Investors（合格境内机构投资者）的首字母缩写。QDII基金是指在一国境内设立，经该国有关部门批准从事境外证券市场的股票、债券等有价证券投资的基金。它为境内投资者参与国际市场投资提供了便利。因为境外证券市场和境内证券市场在走势上常常存在较大的差异，所以配置一定比例的QDII基金可以分散风险，在一定程度上规避单一市场的系统性风险。

根据中国证监会的规定，QDII基金投资目的地为与中国证监会签署了双边监管合作谅解备忘录的国家或地区，投资工具为股票、基金、债券、金融衍生品等。

5.分级基金

分级基金又被称为结构型基金、可分离交易基金，是指在一只基金内部通过结构化的设计或安排，将普通基金份额拆分为具有不同预期收益与风险的两类（级）或多类（级）份额并可分离上市交易的一种基金产品。分级基金的基础份额被称为母基金份额，预期风险收益较低的子份额被称为A类份额（或优先份额），预期风险收益较高的子份额被称为B类份额（或进取份额）。

分级基金涉及收益分配权的分割与收益保障等结构性条款的设置，具有内含衍生工具与杠杆的特征，同时不同的份额又可按约定进行拆分、合并、交易，增加了收益实现方式。其复杂程度远远超过普通类型基金。

6.基金中基金（FOF）

基金中基金是以其他基金为投资对象的基金。在中国，根据中国证监会对基金类别的分类标准，80%以上的基金资产投资于其他基金份额的，为基金中基金。

7.伞形基金

伞形基金又被称为系列基金，是指多个基金共用一个基金合同，子基金独立运作并直接可以相互转换的一种基金结构形式。不同子基金隶属于一个总契约和总体管理框架，可以降低新基金设立的成本，形成品牌优势，便利在不同国家或地区销售。目前，我国暂无伞形基金。

8.养老目标基金

根据2018年3月中国证监会发布的《养老目标证券投资基金指引（试行）》，养老目标基金是指以追求养老资产的长期稳健增值为目的，鼓励投资人长期持有，采用成熟的资产配置策略，合理控制投资组合波动风险的公开募集证券投资基金。养老目标基金应当采用基金中基金形式或中国证监会认可的其他形式运作。

三、证券投资基金运作的相关当事人

证券投资基金运作的相关当事人主要包括基金份额持有人、基金管理人、基金托管人。

（一）基金份额持有人

基金份额持有人即基金投资者，是基金的出资人、基金资产的所有者和基金投资收益的受益人，基金份额持有人是基金一切活动的中心。

按照《证券投资基金法》的规定，我国基金份额持有人享有以下权利：分享基金财产收益；参与分配清算后的剩余基金财产；依法转让或者申请赎回其持有的基金份额；按照规定要求召开基金份额持有人大会；对基金份额持有人大会审议事项行使表决权；查阅或者复制公开披露的基金信息资料；对基金管理人、基金托管人、基金销售机构损害其合法权益的行为依法提起诉讼等。

（二）基金管理人

基金管理人是基金的募集者和管理者，在整个基金的运作中起着核心的作用。它不仅负责基金的投资管理，还承担着产品设计、基金营销、基金注册登记、基金估值、会计核算等多方面的职责。在我国，基金管理人只能由依法设立的基金管理公司承担。

（三）基金托管人

为了保证基金资产的安全，《证券投资基金法》规定，基金资产必须由独立于基金管理人的基金托管人保管，从而使得基金托管人的职责主要体现在资产保管、资金清算、会计复核以及对投资运作的监督等方面。在我国，基金托管人只能由依法设立并取得基金托管资格的商业银行或其他金融机构承担。

小思考2-4

基金三个当事人之间是何种关系？

小思考2-4

分析提示

任务四 认识金融衍生工具

任务描述

本任务的主要学习内容是认知金融衍生工具，理解金融衍生工具的含义与特征，掌握金融衍生工具的分类，掌握金融期货、金融期权、可转换债券和可交换债券的含义与特征。

知识准备

一、金融衍生工具的含义和特征

（一）金融衍生工具的含义

金融衍生工具又被称为金融衍生产品，是与基础金融产品相对应的一个概念，指建立在基础产品或基础变量之上，其价格取决于基础金融产品价格（或数值）变动的派生金融产品。这里所说的基础产品是一个相对的概念，不仅包括现货金融产品（如债券、股票、银行定期存款单等），也包括金融衍生工具。金融衍生工具的基础变量种类繁多，主要是各类资产价格、价格指数、利率、汇率、费率、通货膨胀率以及信用等级等，近些年来，某些自然现象（如极端气温、暴雪、霜冻、飓风）甚至人类行为（如选举、温室气体排放）也逐渐成为金融衍生工具的基础变量。

1998年，美国财务会计准则委员会（简称“FASB”）发布的第133号会计准则——《衍生工具与避险业务会计准则》是首个对金融衍生工具具有重要影响的文件，该准则将金融衍生工具划分为独立衍生工具和嵌入式衍生工具两大类，并给出了较为明确的识别标准和计量依据，尤其是所谓公允价值的应用，对后来各类机构制定衍生工具计量标准具有重大影响。2014年国际会计准则理事会发布的《国际财务报告准则第9号——金融工具》（IFRS9）和2017年我国财政部重新修订的《企业会计准则第22号——金融工具确认和计量》均基本沿用了FASB133号的金融衍生工具定义。

金融衍生工具的分类很复杂，根据其交易方法和特点的不同，金融衍生工具大致可以分为金融远期合约、金融期货、金融期权、金融互换和结构化金融衍生工具等。

（二）金融衍生工具的特征

由金融衍生工具的定义可以看出，它们具有下列4个显著特性：

（1）跨期性。金融衍生工具是交易双方通过对利率、汇率、股价等因素变动趋势的预测，约定在未来某一时间按照一定条件进行交易或选择是否交易。无论哪一种金融衍生工具，都会影响交易者在未来一段时间内或未来某时点上的现金流，跨期交易的特点十分突出。这就要求交易双方对利率、汇率、股价等因素的未来变动趋势做出判断，而判断的准确与否直接决定了交易者的交易盈亏。

（2）杠杆性。金融衍生工具交易一般只需要支付少量的保证金或权利金就可签订远期大额合约或互换不同的金融工具。例如，若期货交易保证金为合约金额的5%，则期货交易者可以控制20倍于所投资金额的合约资产，实现以小搏大的效果。在收益可能成倍放大的同时，投资者所承担的风险与损失也会成倍放大，基础金融产品价格的轻微变动也许就会带来投资者的大盈或大亏。金融衍生工具的杠杆效应在一定程度上也决定了它的高投机性和高风险性。

（3）联动性。金融衍生工具的价值与基础金融产品或基础变量紧密联系，并规则变动。通常，金融衍生工具与基础变量相联系的支付特征由金融衍生工具合约规定，其联动关系既可以是简单的线性关系，也可以表达为非线性函数或者分段函数。

（4）不确定性或高风险性。金融衍生工具的交易结果取决于交易者对基础金融产品或基础变量未来价格（数值）的预测和判断的准确程度。基础金融产品价格的变幻莫测决定了金融衍生工具交易受益的不稳定性，这是金融衍生工具高风险性的重要诱因。基础金融工具价格的不确定性仅仅是金融衍生工具风险性的一个方面，国际证监会组织在1994年7月公布的一份报告（IOSCOPD35）中认为，金融衍生工具还伴随着以下几种风险：①交易中对方违约，没有履行承诺造成损失的信用风险。②因资产或指数价格不利变动可能带来损失的市场风险。③因市场缺乏交易对手而导致投资者不能平仓或变现所带来的流动性风险。④因交易对手无法按时付款或交割可能带来的结算风险。⑤因交易或管理人员的人为错误或系统故障、控制失灵而造成的操作风险。⑥因合约不符合所在国法律，无法履行或合约条款遗漏及模糊导致的法律风险。基础金融产品价格的不确定性仅仅是金融衍生工具风险性的一个方面。

二、金融衍生工具的分类

金融衍生工具可以按照产品形态、自身交易方式、基础工具的种类以及交易场所的不同来划分。

（一）按产品形态的不同划分

根据产品形态，金融衍生工具可分为独立衍生工具和嵌入式衍生工具。

1.独立衍生工具

它是指本身即独立存在的金融合约，如期权合约、期货合约或者互换交易合约等，具有以下特征：

（1）其价值随特定利率、金融工具价格、商品价格、汇率、价格指数、费率指数、信用等级、信用指数或其他类似变量的变动而变动。变量为非金融变量的，该变量与合同任一方均不存在特定关系。

（2）不要求初始净投资，或与对市场情况变化有类似反应的其他类型合同相比，要求很少的初始净投资。

（3）在未来某一日期结算。

2.嵌入式衍生工具

它是指嵌入非衍生工具（即主合同）中，使混合工具的全部或部分现金流量随特定利率、金融工具价格、商品价格、汇率、价格指数、费率指数、信用等级、信用指数或其他类似变量的变动而变动的衍生工具。嵌入式衍生工具与主合同构成混合工具，如可转换公司债券等。

对衍生产品的定义不仅仅是单纯的学术问题，之所以要详细讨论它，更重要的原因还在于，根据金融资产确认和计量的会计准则，一旦被确认为衍生产品或可分离的嵌入式衍生产品，相关机构就要把这一部分资产归入交易性资产类别，按照公允价格计价。特别地，若该产品存在活跃的交易市场，就要按照市场价格记账，还要将浮动盈亏计入当期损益。

（二）按金融衍生工具自身交易的方法及特点的不同划分

金融衍生工具按照交易的方法和特点可以分为金融远期合约、金融期货、金融期权、金融互换和结构化金融衍生工具。

1.金融远期合约

金融远期合约是指交易双方在场外市场上通过协商，按约定价格（称为“远期价格”）在约定的未来日期（交割日）买卖某种标的金融资产（或金融变量）的合约。金融远期合约规定了将来交割的资产、交割的日期、交割的价格和数量，合约条款根据双方需求协商确定。金融远期合约主要包括远期利率协议、远期外汇合约和远期股票合约。

2.金融期货

金融期货是指交易双方在集中的交易场所以公开竞价方式进行的标准化金融期货合约的交易。金融期货是以金融工具（或金融变量）为基础工具的期货交易，主要包括货币期货、利率期货、股票指数期货和股票期货四种。近年来，不少交易所陆续推出更多新型的期货品种，例如房地产价格指数期货、通货膨胀指数期货等。

3.金融期权

金融期权是指合约买方向卖方支付一定费用（称为期权费或期权价格），在约定日期内（或约定日期）享有按事先确定的价格向合约卖方买卖某种金融工具的权利的契约，包括现货期权和期货期权两大类。除交易所的标准化期权、权证之外，还存在大量场外交易的期权。

4.金融互换

金融互换是指两个或两个以上的当事人按共同商定的条件，在约定的时间内定期交换现金流的金融交易，可分为货币互换、利率互换、股权互换、信用违约互换等类别。

5.结构化金融衍生工具

前述四种常见的金融衍生工具通常也被称作“建构模块工具”，它们是最简单和最基础的金融衍生工具，而利用其结构化特性，通过相互结合或者与基础金融工具相结合，能开发设计出更多具有复杂特性的金融衍生产品，通常被称为“结构化金融衍生工具”，或简称“结构化产品”。例如，在股票交易所交易的各类结构化票据、目前我国各家证券公司发行的挂钩收益凭证、商业银行推广的挂钩不同标的资产的理财产品等都是其典型代表。

（三）按基础工具种类的不同划分

金融衍生工具从基础工具分类角度，可以分为以下几种：

1.股权类产品的衍生工具

股权类产品的衍生工具是指以股票或股票指数为基础工具的金融衍生工具，主要包括股票期货、股票期权、股票指数期货、股票指数期权以及上述合约的混合交易合约。

2.货币衍生工具

货币衍生工具是指以各种货币作为基础工具的金融衍生工具，主要包括远期外汇合约、货币期货、货币期权、货币互换以及上述合约的混合交易合约。

3.利率衍生工具

利率衍生工具是指以利率或利率的载体为基础工具的金融衍生工具，主要包括远期利率协议、利率期货、利率期权、利率互换以及上述合约的混合交易合约。

4.信用衍生工具

信用衍生工具是指以基础产品所蕴含的信用风险或违约风险为基础变量的金融衍生工具，用于转移或防范信用风险。它是20世纪90年代以来发展最为迅速的金融衍生产品，主要包括信用互换、信用联结票据等。

5.其他衍生工具

除以上四类金融衍生工具之外，还有相当数量的金融衍生工具是在非金融变量的基础上开发的，例如用于管理气温变化风险的天气期货、管理政治风险的政治期货、管理巨灾风险的巨灾衍生产品等。

（四）按交易场所的不同划分

金融衍生工具按交易场所不同可以分为两类：

1.交易所交易的衍生工具

交易所交易的衍生工具是指在有组织的交易所上市交易的衍生工具，例如在股票交易所交易的股票期权产品，在期货交易所和专门的期权交易所交易的各类期货合约、期权合约等。

2.场外交易市场（OTC）交易的衍生工具

场外交易市场交易的衍生工具是指通过各种通信方式，而不通过集中的交易所，实行分散的、一对一交易的衍生工具，如金融机构之间、金融机构与大规模交易者之间进行的各类互换交易和信用衍生品交易。

三、金融期货与金融期权

（一）金融期货的含义与特征

1.金融期货的含义

金融期货是期货交易的一种。期货交易是指交易双方在集中性的市场以公开竞价的方式所进行的标准化期货合约的交易。而期货合约是由交易双方订立的，约定在未来某日期按成交时约定的价格交割一定数量的某种商品的标准化协议。

金融期货合约的基础工具是各种金融工具（或金融变量），如外汇、债券、股票、股价指数等。换言之，金融期货是以金融工具（或金融变量）为基础工具的期货交易。

2.金融期货的特征

金融期货具有以下特征：

（1）交易的间接性。金融期货合约均在交易所进行，交易双方不直接接触，而是各自同交易所清算部或专设的清算公司结算。清算公司充当所有期货的买者和所有期货的卖者，因此交易双方无须担心对方违约。由于交易集中在交易所进行，因此克服了远期交易存在的信息不对称和违约风险高的缺陷。

（2）具有提前平仓机制。金融期货合约的买者或卖者可在交割日之前采取对冲交易以结束其期货头寸（即平仓），而不需要进行最后的实物交割，从而克服了远期交易流动性差的问题。由于通过平仓结束期货头寸与实物交割相比既省事又灵活，因此目前大多数期货交易都是通过平仓结束头寸。据统计，最终进行实物交割的期货合约不到2%。

（3）标准化的交易。金融期货合约的规模、交割日期、交割地点等都是标准化的，唯一需要协商的就是价格，从而增加了期货合约的流动性。交易双方要做的唯一工作就是选择适合自己的期货合约。同种金融工具的期货合约可以有不同的交割月份，但这是由交易所事先规定的，并在合约中事先载明，而不是由交易双方协商后载入的。

延伸阅读材料2-5　　我国股指期货推出的历史意义

中国证监会有关部门负责人于2010年2月20日宣布，证监会已正式批复中国金融期货交易所沪深300股指期货合约和业务规则，至此股指期货市场的主要制度已全部发布。自2010年2月22日9时起，中国金融期货交易所正式接受投资者的开户申请。沪深300股指期货合约自2010年4月16日起正式上市交易。

回顾历史，我国股指期货的发展可以说是历经曲折艰辛。早在1993年3月，海南证券交易中心就曾推出深圳综合指数和深圳A股指数两种股指期货合约。但海南证券开设股指期货交易并没有经过国家相关部门批准，属于地方越权审批。同时，1993年9月初，深圳证券市场出现了收市前15分钟大户联手打压股指行为，有关方面认为股指期货加大了市场投机性，而且当时国内并不具备开设股指期货的条件，于是股指期货交易在不久后被关闭。

随后，1997年推出的香港红筹股指数期货为国内股指期货的推出提供了宝贵经验；1999年开始的对股指期货标的指数（即沪深300指数的原型）的研究则为股指期货的推出奠定了坚实的基础；2003年12月8日，香港H股指数期货的推出及随后取得的巨大成功，让市场看到了我国成功推出股指期货的潜在希望；2006年股权分置改革的推进与深入，加上我国资本市场多年来的飞速发展，使得推出股指期货的历史条件逐渐成熟；2006年9月5日，新加坡推出新华富时A50股指期货，争夺证券市场定价权的要求加速了我国股指期货的推出进程。

虽然2008年的金融危机，即“金融衍生品泡沫危机”延迟了我国股指期货推出的进程，全球衍生品市场的规模也因此一度严重收缩，国内反对股指期货的声音也明显增强，但时隔一年之后，即2010年年初，中国金融业的管理层就表现出了推出股指期货的坚定态度。这充分表现了高层对期货在国民经济中功能的准确认识，以及发展现代化金融产业的信心和魄力。

资料来源　佚名. 我国股指期货推出的历史意义［EB/OL］.（2010-03-05）. http：//qizhi.hexun.com/2010-03-05/1228 76346.html.

（二）金融期权的含义与特征

1.金融期权的含义

期权又称选择权，是指其持有者能在规定的期限内按交易双方商定的价格购买或出售一定数量的某种特定商品的权利。期权交易就是对这种选择权的买卖。所谓金融期权，是指以金融商品或金融期货合约为标的物的期权交易形式。具体地说，购买者在向出售者支付一定的费用后，就获得了能在规定的期限内以某一特定价格向出售者买进或卖出一定数量的某种金融商品或金融期货合约的权利。

2.金融期权的特征

与金融期货相比，金融期权的主要特征在于：

（1）期权交易的对象是一种权利。商品交易的对象是商品，金融期货交易的对象是期货合约。期权交易由于是一种权利买卖，即当期权的买方选择行使权利时，卖方必须无条件履行合约规定的义务，而没有选择的权利。期权交易实际上是一种权利的单方面有偿让渡。这是期权交易的一个显著特征。

（2）期权的买卖双方权利和义务不对称。这是期权交易的基本特征之一，表现为期权购买者拥有履约的权利而不承担义务，期权的出售者只有义务而无权利。同时在风险与收益上也具有不对称性，期权的购买者承担的风险是有限的，其收益可能是无限的，期权的出售者收益是有限的，其风险可能是无限的。

（3）期权交易具有很强的时间性。期权只有在规定的时间内才有效，持有者或执行期权，或放弃转让期权，超过规定的有效期，期权合约自动失效，期权持有者所拥有的权利随之消失。

（4）期权投资具有杠杆效应。期权投资可以以小博大，即以支付一定的权利金为代价购买到无限盈利的机会。因此，购买期权具有杠杆效应。

（5）期权的购买者具有选择权。这也是期权的又一特点，期权购买者购买的权利是可以选择的，即可以选择执行、转让或放弃。

四、可转换债券

（一）可转换债券的含义

可转换债券是指其持有者可以在一定时期内按一定比例或价格将之转换成一定数量的另一种证券的证券。可转换债券通常是转换成普通股票，当股票价格上涨时，可转换债券的持有者行使转换权比较有利。因此，可转换债券实质上嵌入了普通股票的看涨期权，正是从这个意义上说，我们将其列为期权类衍生产品。

在国际市场上，证券按照发行时的性质不同，可分为可转换债券和可转换优先股票两种。

（二）可转换债券的特征

1.可转换公司债券是一种附有转股权的特殊债券

在转换之前，其属于公司债券，具备债券的一切特征，体现的是债权债务关系，持有者是债权人；在转换之后，其属于股票，具备股票的一般特征，体现所有权关系，持有者由债权人变成了股权所有者。

2.可转换公司债券具有双重选择权的特征

双重选择权体现在：一方面，投资者可自行选择是否转股，并为此承担转债利率较低的机会成本；另一方面，转债发行人拥有是否实施赎回条款的选择权，并为此要支付比没有赎回条款的转债更高的利率。双重选择权是可转换公司债券最主要的金融特征，它的存在使投资者和发行人的风险、收益限定在一定的范围以内，并可以利用这一特点对股票进行套期保值，获得更加确定的收益。

（三）可转换债券的发行条件

公开发行可转换债券的公司除应当符合组织机构健全、运行良好、盈利能力具有可持续性、上市公司的财务状况良好等条件外，还应当符合下列规定：

第一，最近3个会计年度加权平均净资产收益率平均不低于6%。扣除非经常性损益后的净利润与扣除前的净利润相比，以低者作为加权平均净资产收益率的计算依据。

第二，本次发行后累计公司债券余额不超过最近一期期末净资产额的40%。

第三，最近3个会计年度实现的年均可分配利润不少于公司债券1年的利息。

2014年2月颁布的《创业板上市公司证券发行管理暂行办法》，对创业板上市公司发行可转换债券在公司负债率、委托评级等方面提出了要求。

（四）可转换债券的要素

可转换债券有若干要素，这些要素基本决定了可转换债券的转换条件、转换价值、市场价格等总体特征。

1.有效期限和转换期限

就可转换债券而言，其有效期限与一般债券相同，指债券从发行之日起至偿清本息之日止的存续时间。转换期限是指可转换债券转换为普通股票的起始日至结束日的期间。在大多数情况下，发行人都规定一个特定的转换期限，在该期限内，允许可转换债券的持有人按转换比例或转换价格转换成发行人的股票。我国《上市公司证券发行管理办法》规定，可转换债券的期限最短为1年，最长为6年，自发行结束之日起6个月后方可转换为公司股票。

2.票面利率或股息率

可转换债券的票面利率（或可转换优先股票的股息率）是指可转换债券作为一种债券的票面年利率（或优先股票股息率），由发行人根据当前市场利率水平、公司债券资信等级和发行条款确定，一般低于相同条件的不可转换债券（或不可转换优先股票）。可转换债券应半年或1年付息1次，到期后5个工作日内应偿还未转股债券的本金及最后1期利息。

3.转换比例或转换价格

转换比例是指一定面额可转换债券可转换成普通股票的股数。用公式表示为：

转换比例=可转换债券面值/转换价格

转换价格是指可转换债券转换为每股普通股份所支付的价格。用公式表示为：

转换价格=可转换债券面值/转换比例

4.赎回条款与回售条款

赎回是指发行人在发行一段时间后，可以提前购回未到期的发行在外的可转换债券。赎回条件一般是当公司股票价格在一段时间内连续高于转换价格达到一定幅度时，公司可按照事先约定的赎回价格买回发行在外尚未转股的可转换债券。回售是指公司股票在一段时间内连续低于转换价格达到某一幅度时，可转换债券持有人按事先约定的价格将所持可转换债券卖给发行人的行为。

赎回条款和回售条款是可转换债券在发行时规定的赎回行为和回售行为发生的具体市场条件。

5.转换价格修正条款

转换价格修正是指发行公司在发行可转换债券后，由于公司的送股、配股、增发股票、分立、合并、拆细及其他原因导致发行人股份发生变动，引起公司股票名义价格下降时而对转换价格所进行的必要调整。

五、可交换债券

（一）可交换债券的含义

可交换债券是指上市公司的股东依法发行，在一定期限内依据约定的条件可以交换成该股东所持有的上市公司股份的公司债券。

与可转换债券类似，可交换债券同样具有转股权利、双重选择权等特征。根据中国证监会发布的《上市公司股东发行可交换公司债券试行规定》，可交换债券的期限最短为1年，最长为6年；自发行结束之日起12个月后方可交换为预备交换的股票；公司债券交换为每股股份的价格应当不低于公告募集说明书日前20个交易日公司股票均价和前一个交易日的均价。

（二）可交换债券发行条件

申请发行可交换债券，应当符合下列规定：①申请人应当是符合我国《公司法》《证券法》规定的有限责任公司或者股份有限公司；②公司组织机构健全，运行良好，内部控制制度不存在重大缺陷；③公司最近一期期末的净资产额不少于人民币3亿元；④公司最近3个会计年度实现的年均可分配利润不少于公司债券一年的利息；⑤本次发行后累计公司债券余额不超过最近一期期末净资产额的40%；⑥本次发行债券的金额不超过预备用于交换的股票按募集说明书公告日前20个交易日均价计算的市值的70%，且应当将预备用于交换的股票设定为本次发行的公司债券的担保物；⑦经资信评级机构评级，债券信用级别良好；⑧不存在《公司债券发行试点办法》第八条规定的不得发行公司债券的情形。

（三）可交换债券与可转换债券的区别

可交换债券与可转换债券具有类似的特征，也有以下明显的区别：

（1）发行主体不同。可交换债券的发行主体是上市公司的股东，而可转换债券的发行主体是上市公司本身。

（2）用于转股的股份来源不同。可交换债券的股份来源是发行人持有的其他公司已发行在外的股份，而可转换债券的股份来源通常是发行人本身未来将发行的新股。

（3）转股对公司股本的影响不同。可转换债券的转股会使标的股票总股本扩大，而可交换债券的转股不会影响标的股票总股本的数量。

工作任务

○ 任务一

1.任务内容：认知我国证券市场的各类投资工具。

2.任务步骤：

（1）知识准备：了解我国证券交易所的上市品种。

（2）5名学生一组，分别对你所了解的证券交易所上市品种进行阐述，互相交流。

（3）自我评价。

3.任务操作提示（具体说明任务完成的步骤和学生应注意事项）：

学生可登录上海证券交易所官网（http：//www.sse.com.cn）、深圳证券交易所官网（http：//www.szse.cn），查询我国证券市场主要上市品种。

○ 任务二

1.任务内容：收集影响股票价格变动的相关信息。

2.任务步骤：

（1）知识准备：掌握影响股票市场价格的主要因素。

（2）由3~5名学生组成小组，讨论影响证券市场供给、需求变动的因素有哪些。

（3）自我评价。

3.任务操作提示：学生可以登录证券监管机构、证券交易所和证券行业协会网站、证券报纸的网站、证券公司或投资咨询公司网站、综合性的专业财经网站、中国统计信息网（由中国国家统计局主办，提供权威的宏观经济统计数据）、中国宏观经济信息网（由中国宏观经济学会、中宏基金等机构共同主办）、国研网（国务院发展研究中心主办）等查找相关信息。

○ 任务三

1.任务内容：收集某一开放式基金的净值信息及有关信息。

2.任务步骤：

（1）知识准备：掌握开放式基金的特点。

（2）由3~5名学生组成小组，收集某一开放式基金的净值信息及有关信息。

（3）自我评价。

3.任务操作提示：学生通过登录专业性的基金网站，如中国基金网（http：//www.cnfund.cn），或综合财经网站的基金专栏，如和讯网（http：//www.hexun.com）的“和讯基金”专栏，可获得所有基金（开放式、封闭式）的净值（价格）及有关信息；或登录基金管理公司网站，如易方达基金管理公司网站、南方基金管理公司网站等，可以获得该公司旗下所属各基金的净值和价格信息及有关信息。

项目三

证券交易的基本知识

本项目学习目标

核心知识：熟悉证券交易的流程，掌握我国证券交易所的交易规则、证券行情软件的基本信息和行情信息的含义。

核心技能：能利用实训教学软件完成证券交易，能遵守证券交易规则并顺利进行交易，能熟练使用行情软件，能准确分析行情信息。

案例导入

新股民的入市准备

作为一名新股民，我们在入市之前到底应该做好哪些准备工作，才能尽量缩短磨合期，尽量减少“学费”支出呢？

第一，证券基础和交易基础

有些股民连交易时间、股票代码、除权除息、每股收益、上市公司什么时候公布定期报告、在哪些权威媒体可以查到公司公告等最基本的信息都还没弄清楚，就贸然入市，无异于赌博。

此外，近年来我国证券市场正处于大力发展之中，创新的金融产品不断涌现。很多投资者还没搞清楚状况，就一头扎进去了，这才会出现武钢权证、机场权证到期时才有投资者发现手里的票据已经成了废纸一张；才会出现股指期货仿真交易中，投资者把新合约当作新股来炒作的笑话。

在您准备下第一份单子之前，请务必先把您要买的股票、它的交易规则等问题搞清楚。

第二，基本技能

首先您得学会看行情，弄明白量比、委比等常用名词的含义，然后就得去简单学习一下股市常用的投资技巧。

一般来说股市投资自下而上分3个层次：技术分析、博弈分析和价值分析。单独掌握任何一层的技巧都能增加您投资的胜算。

由于我国证券市场正处于培育期向成熟期转型的过渡期，机构投资者引领的投资思路将在市场中发挥越来越大的作用，而我们惊喜地发现机构投资者的投资思路越来越趋向国际化，因此作为中小股民的投资思路也必须要与时俱进。简单地说，以价值分析为主挑选投资品种，以技术分析、博弈分析为辅选择买卖时机，是最理想、最有效的投资方法。

课前思考

1.新入市的股民应该做好哪些准备呢？

2.为什么说了解证券交易基本知识是投资者进入证券市场的前提？

任务一 认识证券交易

任务描述

本任务的主要学习内容是认识证券交易，熟悉证券交易的含义、特征及原则，掌握证券交易的规则，熟悉证券交易的程序，了解证券交易的费用。

知识准备

一、证券交易的含义、特征及原则

（一）证券交易的含义及特征

1.证券交易的含义

证券交易是指已发行的证券在证券市场上买卖或转让的活动。证券交易在证券发行之后，两者相互促进、相互制约。一方面，证券发行为证券交易提供了对象，决定了证券交易的规模，是证券交易的前提；另一方面，证券交易使证券的流动性特征显示出来，从而有利于证券的顺利发行。

2.证券交易的特征

其包括流动性、收益性和风险性。证券只有流动，才具有较强的变现能力，这体现了证券交易的流动性。而证券之所以能够流动，是因为它可能为持有者带来一定的收益，这体现了证券交易的收益性。同时，证券在流动中由于价格等的变化，也会给持有者带来不确定的风险，这体现了证券交易的风险性。

（二）证券交易的原则

证券交易的原则是反映证券交易宗旨的一般法则，它贯穿于证券交易的全过程。为了保障证券交易功能的发挥，以利于证券交易的正常运行，根据我国《证券法》的规定，证券交易必须遵循“公开、公平、公正”三个原则：

1.公开原则

它又称信息公开原则，是指证券交易是一种面向社会的、公开的交易活动，其核心要求是实现市场信息的公开化，使证券市场具有充分的透明度。证券市场的信息是投资者做出合理预期的基础，对证券投资活动有决定性的影响。只有信息公开，投资者才能公平地做出投资决策，才能防止各种证券欺诈和舞弊行为。

2.公平原则

它是指证券发行、交易活动中的所有参与者都有平等的法律地位，各自的合法权益能够得到公平的保护。公平原则的核心目的是创造一个所有市场参与者公平竞争的环境。按照公平原则，证券市场的所有参与者，无论其身份、地位、经济实力、市场职能有何差异，都应按照公平统一的市场规则进行筹资、投资或中介服务活动，而不应受到任何不公平的待遇。只有证券市场有关各方都遵守公平原则，投资者的利益才能真正得到保护。

3.公正原则

它是指应当公正地对待证券交易的参与各方，以及公正地处理证券交易事务。公正原则要求证券监管机构在公开、公平原则的基础上，给予一切被监管对象以公正的待遇。公正原则是实现公开、公平原则的保障。根据公正原则，证券立法机构应当制定体现公平精神的法律、法规和政策，证券监管部门应当根据法律授予的权限公正地履行监管职责，要在法律的基础上给予一切证券市场参与者以公正的待遇。

二、证券交易规则

交易规则看似平常，但正是这些交易规则组织起每日巨额的证券交易，保证了证券交易高效有序地进行。尤其是公开集中竞价规则，不仅能形成公平价格，而且表达了市场对上市公司的客观评价以及显示了投资者对宏观经济运行前景的预测。正因为如此，证券交易所克服了个别交易、局部市场的缺陷，成为资本市场的核心，成为市场体系中高级形态的市场。我国上海证券交易所和深圳证券交易所的主要交易规则有：

（一）交易时间

上海证券交易所和深圳证券交易所都规定，交易日为每周一至周五。国家法定假日和证券交易所公告的休市日，证券交易所市场休市。

关于申报时间，上海证券交易所规定交易时间为：9：15—9：25、9：30—11：30、13：00—15：00；每个交易日9：20—9：25的开盘集合竞价阶段，上海证券交易所交易主机不接受撤单申报。深圳证券交易所则规定：接受会员竞价交易申报的时间为每个交易日9：15—11：30、13：00—15：00；每个交易日9：20—9：25、14：57—15：00，深圳证券交易所交易主机不接受参与竞价交易的撤销申报；每个交易日9：25—9：30，交易主机只接受申报，不对买卖申报或撤销申报做处理。另外，上海证券交易所和深圳证券交易所认为必要时，都可以调整接受申报时间。

（二）涨跌幅限制

涨跌幅限制，又称涨跌停板制，指一种股价或整个股价指数涨跌到一定幅度就暂停该种股票或整个股市的交易的规定。

1.主板、中小板涨跌幅限制

我国主板市场A股、中小板股票的单日涨跌幅限制均为10%，其中ST股票和*ST股票价格涨跌幅比例为5%。ST股票是指财务状况和其他状况出现异常的上市公司的股票；*ST股票是指有退市风险的上市公司股票。涨跌幅价格的计算公式为：

涨跌幅价格=前收盘价×（1±涨跌幅比例）

注：计算结果按照四舍五入的原则取至价格最小变动单位。

主板、中小板新股上市首个交易日有涨跌幅限制，股价最高涨幅为发行价的44%。

2.科创板、创业板涨跌幅度限制

我国上海证券交易所对科创板股票的竞价交易实行价格涨跌幅限制，涨跌幅比例为20%。首次公开发行上市的股票，上市后的前5个交易日不设价格涨跌幅限制。

我国深圳证券交易所对创业板股票的竞价交易实行价格涨跌幅限制，涨跌幅比例为20%，首次公开发行上市的股票，上市后的前5个交易日不设涨跌停幅限制。

（三）交易单位

交易所规定每次申报和成交的交易数量单位，一个交易单位俗称“一手”，委托买卖的数量通常为一手或它的整倍数，数量不足一手的证券称为零股。不同的交易所对交易单位和零股交易有不同的规定，我国上海、深圳证券交易所规定A股、B股、基金、权证为每100股或100份基金份额为一手，零股可一次性卖出，但不得买入。债券以100元面值为一张，10张即1 000元面值为一手。规定交易单位不仅为了便于计算，而且可以提高成交概率和成交速度。

（四）报价单位、最小变动单位

我国上海、深圳证券交易所规定，股票报价单位为“股”；基金和权证报价单位为“份”；债券报价单位为“百元面值”。A股、债券的价格最小变动单位为0.01元人民币，基金、权证交易为0.001元人民币；上海证券交易所的B股最小变动单位为0.001美元，深圳证券交易所为0.01港元。

（五）竞价成交原则

1.“价格优先、时间优先”原则

它是指价格较高的买进委托优先于价格较低的买进委托，价格较低的卖出委托优先于较高的卖出委托；同价位委托，则按时间顺序优先。时间先后顺序按证券交易所接受申报的时间确定。

2.竞价方式

目前，我国上海、深圳证券交易所一般采用两种竞价方式，即在每日开盘时采用集合竞价方式和在日常交易中采用连续竞价方式。上海证券交易所规定，采用竞价交易方式的，每个交易日的9：15—9：25为开盘集合竞价时间，9：30—11：30、13：00—15：00为连续竞价时间。深圳证券交易所规定，采用竞价交易方式的，每个交易日的9：15—9：25为开盘集合竞价时间，9：30—11：30、13：00—14：57为连续竞价时间，14：57—15：00为收盘集合竞价时间。

集合竞价，是指对一段时间内接受的买卖申报一次性集中撮合的竞价方式。在集合竞价方式下只有一个成交价格，集合竞价的所有交易以同一价格成交。

根据我国证券交易所的相关规定，集合竞价确定成交价的原则为：①可实现最大成交量；②高于该价格的买入申报与低于该价格的卖出申报全部成交；③与该价格相同的买方或卖方至少有一方全部成交。

如有两个以上申报价格符合上述条件的，上海证券交易所规定使未成交量最小的申报价格为成交价格；若仍有两个以上使未成交量最小的申报价格符合上述条件的，其中间价为成交价格。深圳证券交易所则取在该价格以上的买入申报累计数量与在该价格以下的卖出申报累计数量之差最小的价格为成交价；买卖申报累计数量之差仍存在相等情况的，开盘集合竞价时取最接近即时行情显示的前收盘价为成交价，盘中、收盘集合竞价时取最接近最近成交价的价格为成交价。

集合竞价中未能成交的委托，自动进入连续竞价。

小思考 3-1

开盘价是如何确定的？

小思考 3-1

分析提示

连续竞价，是指对买卖申报逐笔连续撮合的竞价方式。连续竞价过程中，当新进入一笔买进委托时，若委托价大于等于已有的卖出委托价，则按卖出委托价成交；当新进入一笔卖出委托时，若委托价小于等于已有的买进委托价时，则按买进委托价成交。

按照我国证券交易所的有关规定，在无撤单的情况下，委托当日有效。在开盘集合竞价期间未成交的买卖申报，自动进入连续竞价。深交所还规定，连续竞价期间未成交的买卖申报，自动进入收盘集合竞价。

连续竞价成交价格确定的原则是：①最高买入申报与最低卖出申报价位相同，以该价格为成交价；②买入申报价格高于即时揭示的最低卖出申报价格时，以即时揭示的最低卖出申报价格为成交价；③卖出申报价格低于即时揭示的最高买入申报价格时，以即时揭示的最高买入申报价格为成交价。

（六）“T+1”交收制度

目前，我国A股交易采用“T+1”交收制度。“T”表示交易当天，“T+1”表示交易日当天的第二天。“T+1”交收制度指投资者当天买入的证券不能在当天卖出，需待第二天进行自动交割过户后方可卖出。资金使用上，当天卖出股票的资金回到投资者账户上可以用来买入股票，但不能当天提取，必须到交收后才能提款。

延伸阅读材料 3-1 《深圳证券交易所创业板交易特别规定》中交易规则要点

为积极稳妥推进创业板改革并试点注册制，保障市场平稳运行，保护投资者合法权益，2020年6月12日，深圳证券交易所正式发布《深圳证券交易所创业板交易特别规定》。下面了解一下其中的交易规则内容。

一、竞价交易

（1）涨跌幅限制。涨跌幅限制为20%，首次公开发行上市的股票，上市后的前5个交易日不设涨跌停幅限制。

（2）竞价范围。对连续竞价期间限价申报设置上下2%的有效竞价范围：①买入申报价格不得高于买入基准价格的102%；②卖出申报价格不得低于卖出基准价格的98%。

举例说明：投资者小李想买入创业板股票，如果此时即时揭示的最低卖出价格为10元/股，则小李的买入申报价格就不得高于10.2元/股（10×102%）。

（3）单笔申报数量：①限价申报：单笔申报数量为100股及其整数倍，且不超过30万股。②市价申报：单笔申报数量为100股及其整数倍，且不超过15万股。

（4）异常波动及临时停牌。无价格涨跌幅限制的股票盘中交易价格较当日开盘价格首次上涨或下跌达到或超过30%、60%属于异常波动，各临时停牌10分钟。

盘中临时停牌期间，可以申报，也可以撤销申报，复牌时对已接受的申报实行盘中集合竞价。

二、盘后定价交易

（1）定义。在创业板股票交易收盘后按照时间优先的原则，以当日收盘价对盘后定价买卖申报逐笔连续撮合的交易方式。

（2）盘后定价交易时间。每个交易日的15：05—15：30为盘后定价交易时间。盘后定价交易申报的时间为每个交易日的9：15—11：30、13：00—15：30。

开市期间停牌的，停牌期间可以继续申报。当日15：00仍处于停牌状态的，不进行盘后定价交易。

（3）无效申报。买入限价低于收盘价或卖出限价高于收盘价的盘后定价申报无效。

（4）单笔申报数量。盘后定价申报的单笔申报数量不得超过100万股。

（5）撮合顺序。盘后定价交易期间，深交所以收盘价为成交价、按照时间优先原则对盘后定价申报进行逐笔连续撮合。

资料来源　根据深圳证券交易所《深圳证券交易所创业板交易特别规定》整理.

三、证券交易的程序

所谓证券交易的程序，就是指投资者在二级市场上买卖上市证券应遵循的规定过程。在现行的技术条件下，许多国家的证券交易已采用电子化形式。在电子化交易的情况下，我国沪、深两市证券交易的基本程序包括开户、委托、成交、结算等几个阶段。以上海证券交易所为例，证券交易的基本流程如图3-1所示。

（一）开户

目前，证券交易已经实现无纸化交易，以账户转账的方式完成，因此投资者买卖证券必须首先开户，建立自己的账户。而开户又分开立证券账户和资金账户两种，只有两种账户均开齐了才能进行证券的买卖。

1.开立证券账户

证券账户又叫股东账户、股东卡，它是证券登记机构为投资者设立的，用于准确记载投资者所持有的证券种类、名称、数量及其相应权益和变动情况的一种账册。根据《中国证券登记结算有限责任公司证券账户管理规则》，中国证券登记结算有限责任公司设置投资者证券总账户（一码通账户）及子账户，投资者的证券账户由一码通账户及关

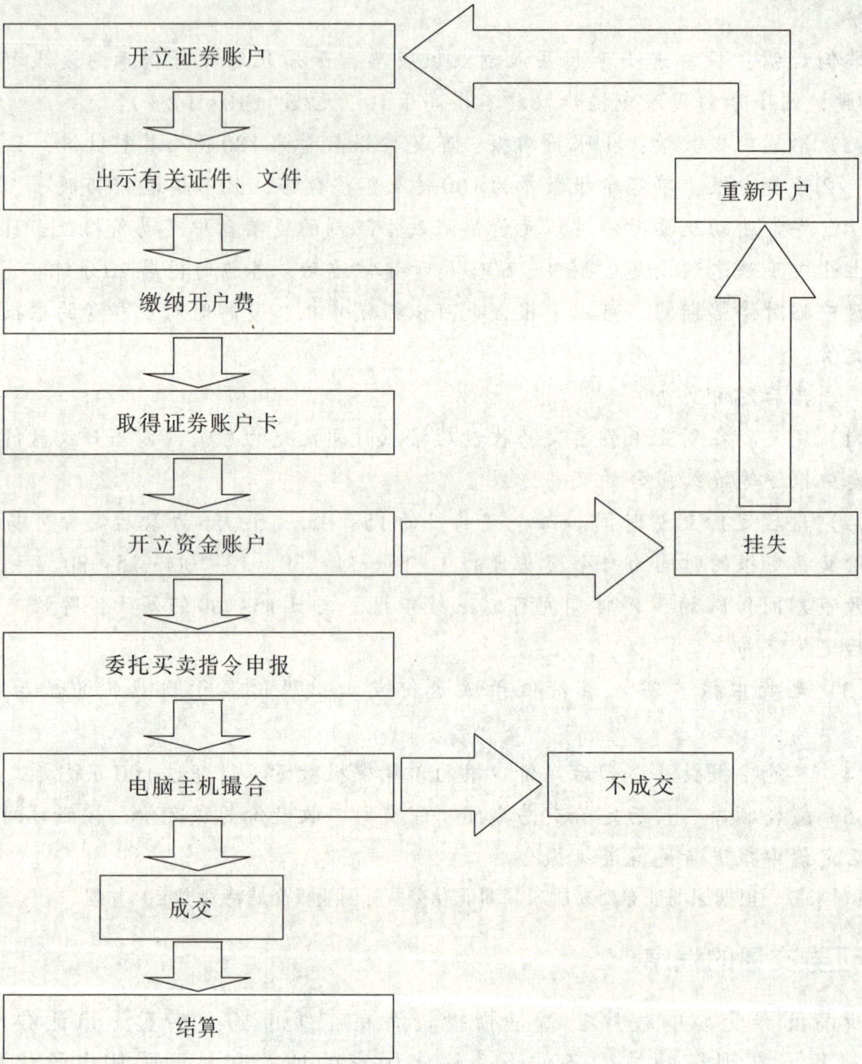

图3-1　证券交易所交易流程

联的子账户共同组成。一码通账户用于汇总记载投资者各个子账户下证券持有及变动的情况；子账户用于记载投资者参与特定交易场所或用于投资特定证券品种的证券持有及变动的具体情况。

子账户包括人民币普通股票账户、人民币特种股票账户、全国中小企业股份转让系统账户、封闭式基金账户、开放式基金账户以及其他证券账户。

延伸阅读材料3-2　中国银河证券手机开户流程

1.打开“中国银河证券”APP，点击“银河开户”进入开户流程（如图3-2所示）。

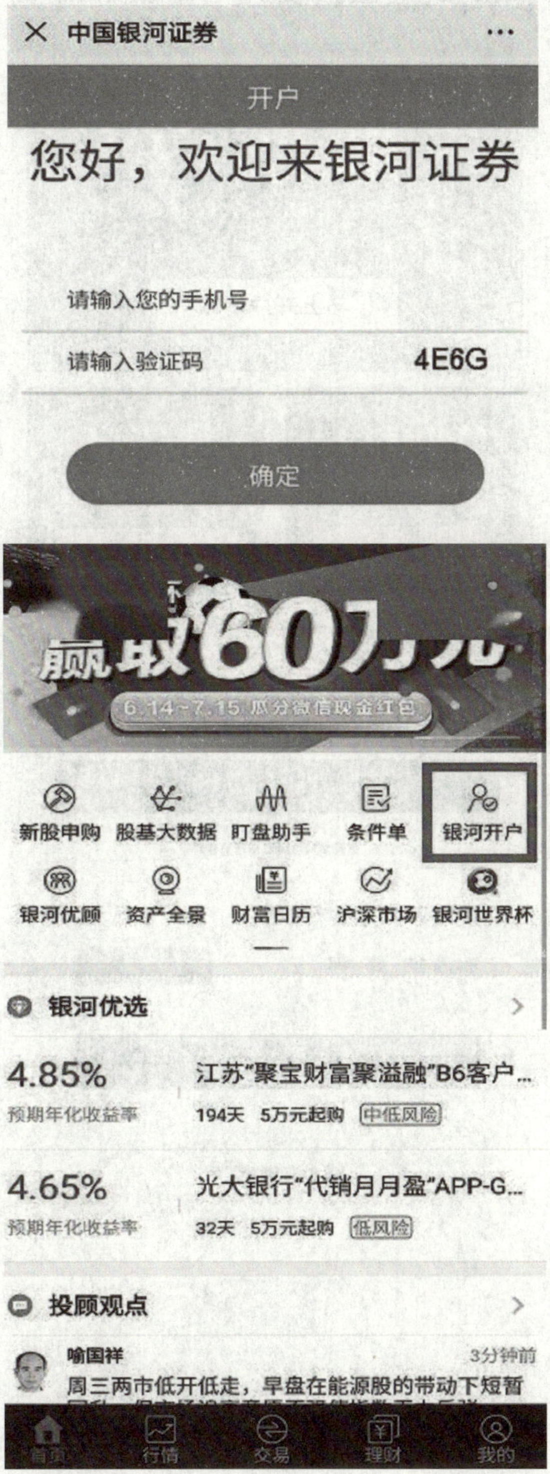

图3-2　进入开户流程

2.请备好有效身份证件和银行卡，点击“马上开户炒股”（如图3-3所示）。

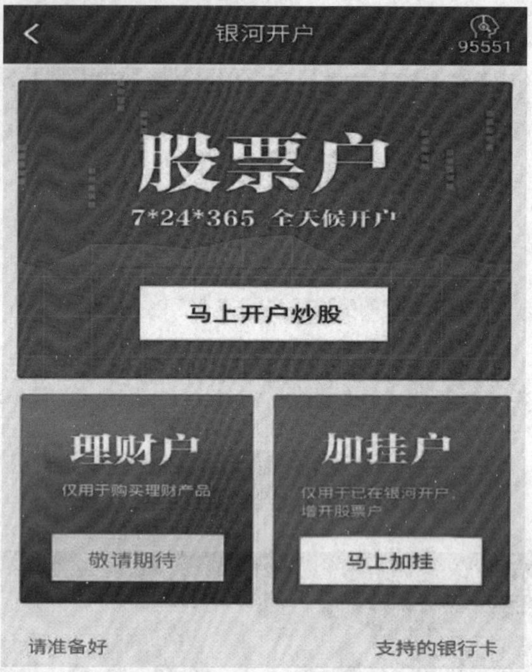

图3-3 马上开户炒股

3.输入手机号码进行验证（如图3-4所示）。

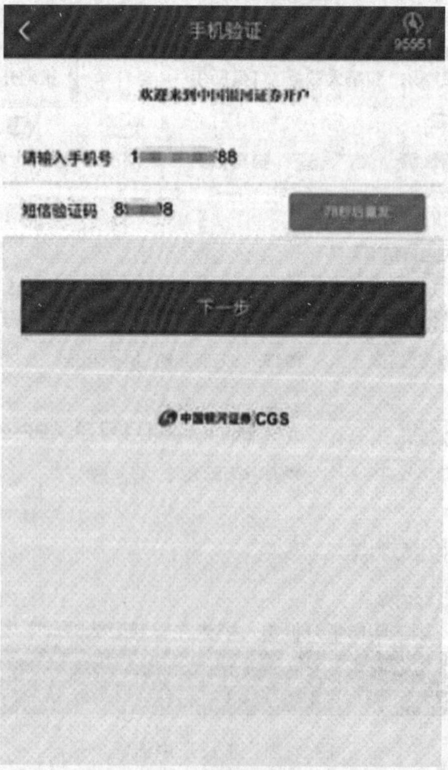

图3-4 手机验证

4.点击“手动选择”，选择“×省-×市-×营业部”（如图3-5所示）。

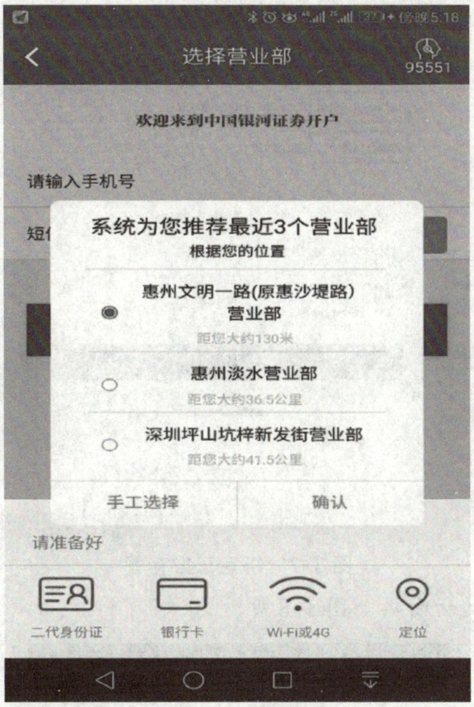

图3-5　选择营业部

5.签署协议和设置密码（如图3-6所示）。

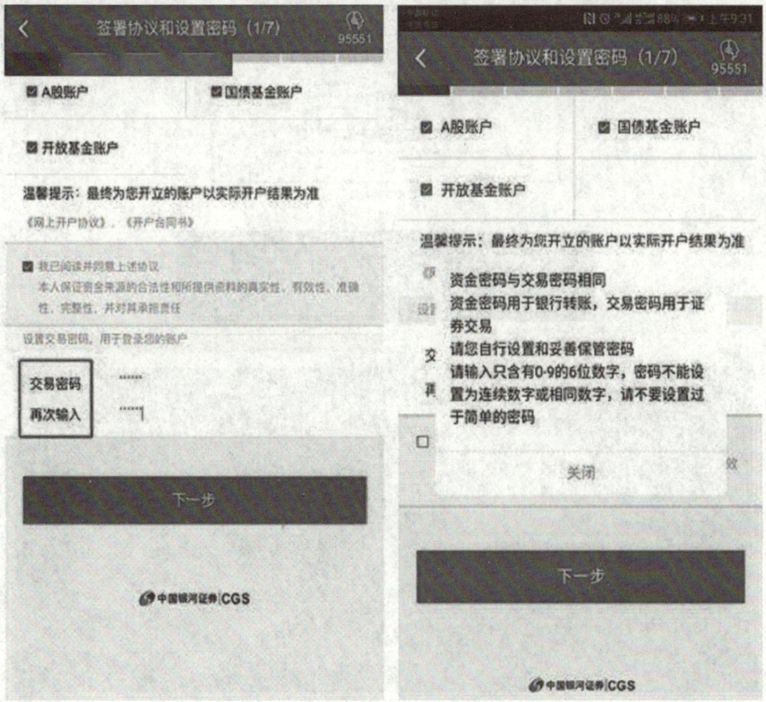

图3-6　签署协议和设置密码

6.绑定三方存管，选择银行并输入银行卡卡号（如图3-7所示）。

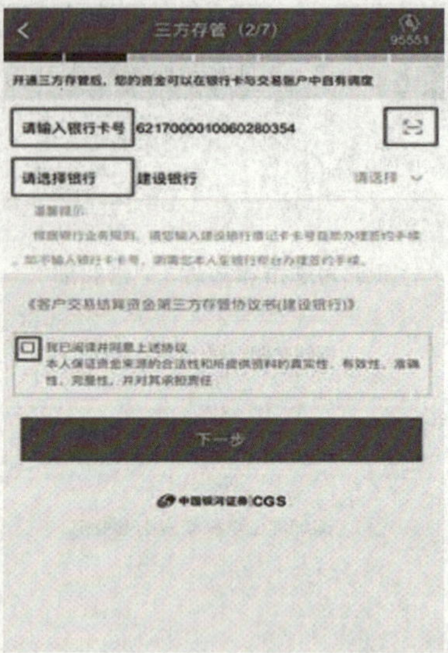

图3-7　绑定三方存管

7.上传身份证正、反两面（如图3-8所示）。

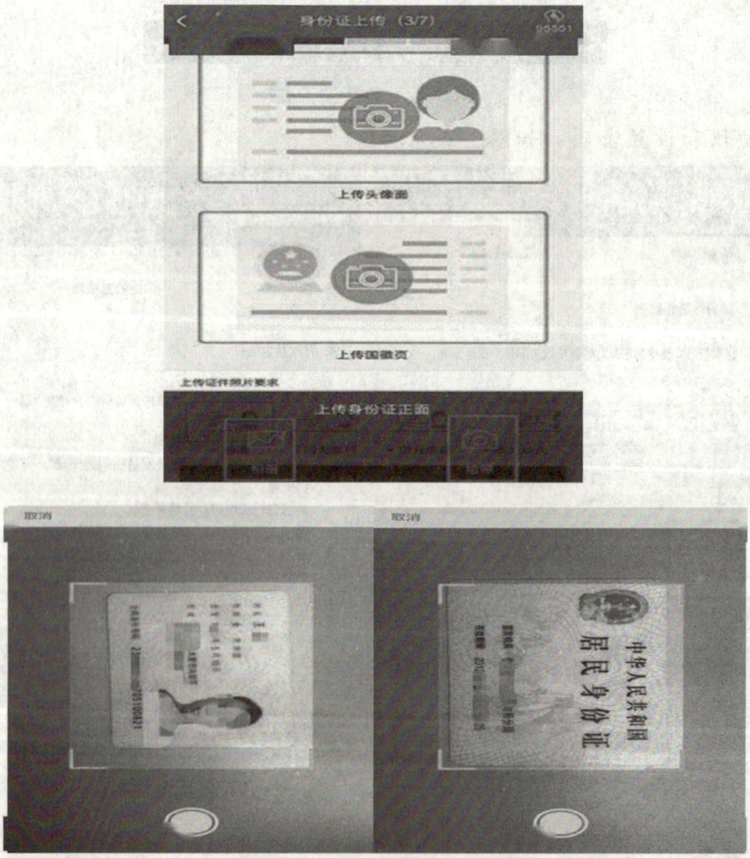

图3-8　上传身份证正、反两面

8.进行视频认证（如图3-9所示）。

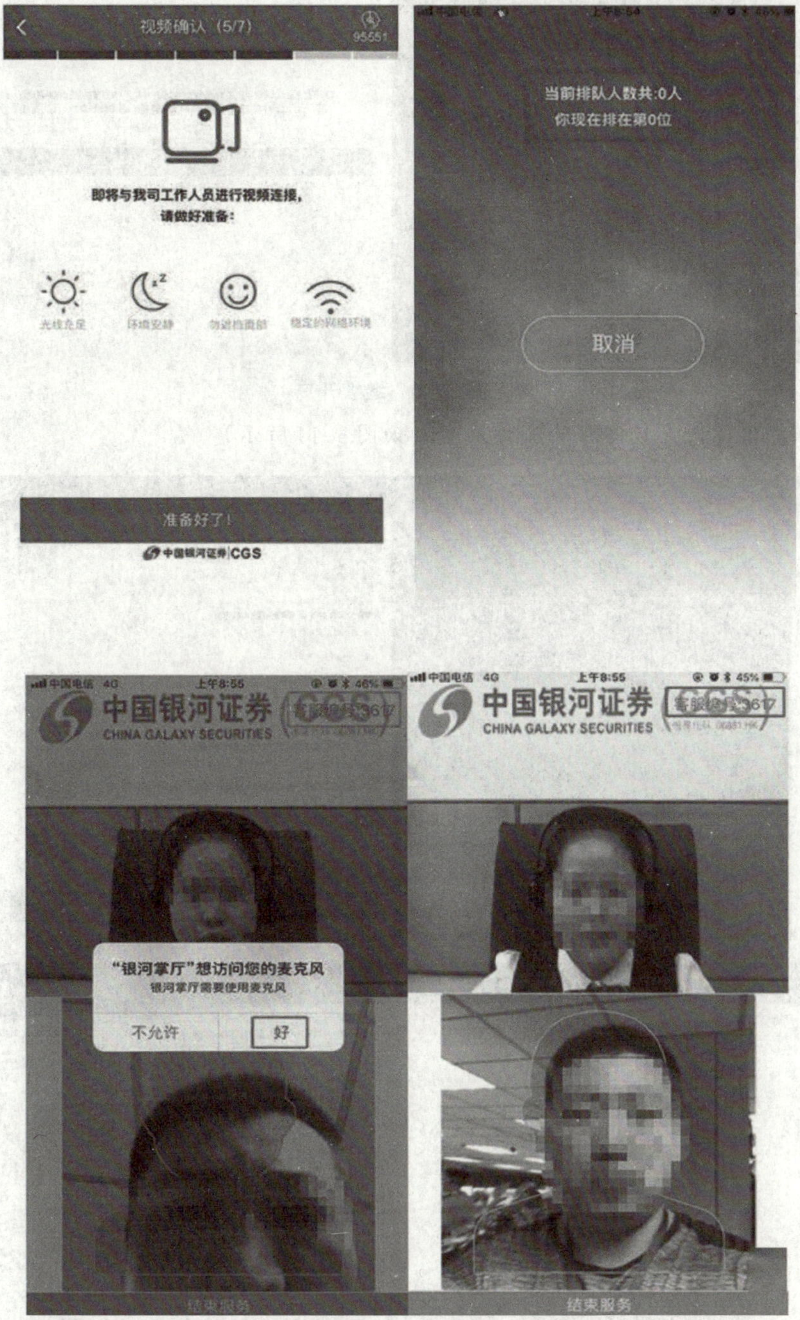

图3-9　进行视频认证

9.数字证书自动安装，点击“继续开户”（如图3-10所示）。

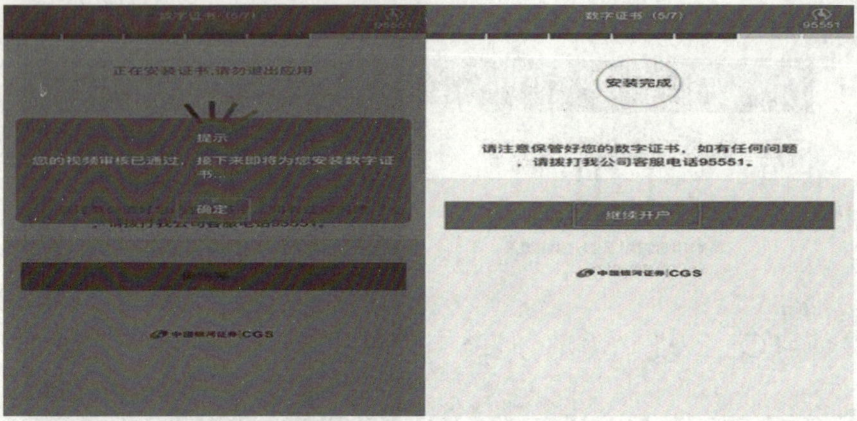

图3-10　继续开户

10.根据实际情况填写风险测评问卷（如图3-11所示）。

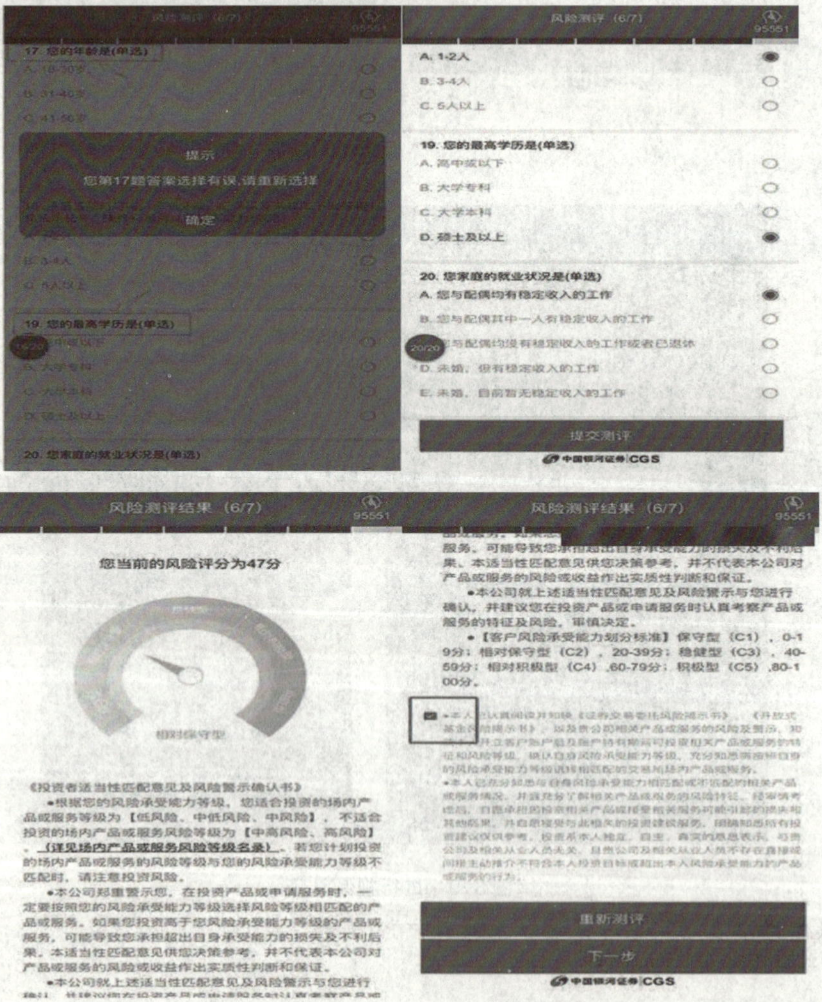

图3-11　填写风险测评问卷

11. 完成开户（如图3-12所示）。

图3-12　完成开户

资料来源　中国银河证券惠州营业部．中国银河证券新版手机开户流程图（2020）[EB/OL]．[2020-05-22]．https：//mp.weixin.qq.com/s?src=11&timestamp=1597902984&ver=2533&signature=u1-QmbYDVcCzVDxrj86NJCJgy52Lfo4oX6HQUOrQ6vRDU3kxoHRJZbf0E6FyHN-wfUABLOAtZh Dce8eMs MM 2xuce LVsMLpsU8NccVOAtUx1ufJMW*TuKjAwQfmNg0yS1&new=1.

2. 开设资金账户

投资者还须向具体的证券公司申请开设资金账户，存入交易资金，委托其代理买卖。资金账户用于记录证券交易资金的币种、余额和变动情况，投资者可以随时查询资金变动情况。目前我国实行“客户交易结算资金第三方存管制度”，投资者在证券营业部开设资金账户后，要选择一家与该证券公司合作的商业银行开立一个与证券营业部资金账户相对应的“客户银行结算账户”，用于证券资金账户中资金的存取和划转业务。

知识链接3-1　　客户交易结算资金第三方存管制度

客户交易结算资金第三方存管制度是2008年中国证监会制定的一项为了保护客户资金安全的制度，已在证券行业全面实施，并得到有效执行。

所谓客户交易结算资金第三方存管制度是指证券公司负责客户的证券交易以及根据证券交易所和中国证券登记结算有限责任公司的交易结算数据清算客户的资金和证券；而由存管银行负责管理客户交易结算资金账户，向客户提供交易结算资金存取业务，并为证券公司完成与登记结算公司和场外交收主体之间的资金结算交易提供服务的一种客户资金存管制度。

（二）证券委托交易

在证券交易所市场，投资者买卖证券是不能直接进入交易所办理的，而必须通过证券交易所的会员来进行。换而言之，投资者需要通过经纪商的代理才能在证券交易所买卖证券。在这种情况下，投资者向经纪商下达买进或卖出证券的指令，称为“委托”。

1.证券委托的形式

证券委托可以分为柜台委托和非柜台委托两大类。柜台委托是指委托人亲自或由其代理人到证券营业部交易柜台，根据委托程序和必需的证件采用书面方式表达委托意向，由本人填写委托单并签章的形式。非柜台委托主要有人工电话委托或传真委托、自助和电话自动委托、网上委托等形式。

2.委托指令的基本内容

委托指令是指投资者要求证券经纪商代理买卖证券的指示。委托指令的基本内容主要有证券账号、证券代码、买卖方向、委托数量、委托价格等。

3.委托价格的种类

在沪深股市的股票交易中，投资者的委托价格一共有两种：一种是市价委托；另一种是限价委托。

市价委托是指投资者向证券经纪商发出买卖某种证券的委托指令时，要求证券经纪商按证券交易所内当时的市场价格买进或卖出证券。其优点是：没有价格上的限制，证券经纪商执行委托指令比较容易，成交迅速且成交率高。其缺点是：只有在委托执行后才知道实际的执行价格。尽管场内交易员有义务以最有利的价格为客户买进或卖出证券，但成交价格有时会不尽如人意，尤其是当市场价格变动较快时。

限价委托必须按限定的价格或比限定价格更有利的价格买卖证券，即必须以限价或低于限价买进证券，以限价或高于限价卖出证券。其优点是：证券可以以客户预期的价格或更有利的价格成交，有利于投资者实现预期投资计划，谋求最大利益。其缺点是：限价委托成交速度慢，有时甚至无法成交。

4.委托受理和委托执行

（1）委托受理。委托通常应在规定的交易营业时间内办理。委托一般当天有效，即委托有效期从委托申报开始至当天闭市结束。

（2）委托执行。如果委托没有全部成交，仍可继续执行，直到有效期结束。按照委托要求已经成交的委托，应该对成交结果给予承认，并按期履行交割手续，否则便违约。

5.委托撤单

（1）撤单的条件。在委托成交前，委托人有权变更和撤销委托。但一旦成交，买卖即告成立，成交部分不得撤销。对于委托人撤销的委托，证券经营机构须及时将冻结的资金或证券解冻。

（2）不能撤单的委托。根据交易所的规定，以下三种情况不能撤单：①申购新股；②将可转换债券转换成股票；③集合竞价时间。

（三）场内竞价成交

我国的证券交易市场为竞价市场，证券交易的中心环节就是竞价成交。委托人的交易指令通过证券商的代理按时间序号输入交易所计算机主机后，按照“价格优先、时间优先”原则通过场内竞价撮合成交。

竞价结果有全部成交、部分成交和不成交三种。全部成交的委托，证券公司应及时通知委托人按规定的时间办理交割手续，对部分成交和不成交的委托，证券公司可在委托有效期内继续执行，直到有效期结束。

投资者委托成交后，证券经营机构应给投资者打印和提供交割单或对账单。

小思考3-2

竞价成交原则

小思考3-2

分析提示

有甲、乙、丙、丁投资者四人，均申报卖出X股票，申报价格和申报时间分别为：甲的卖出价格10.70元，时间是13：35；乙的卖出价格10.40元，时间是13：40；丙的卖出价格10.75元，时间是13：25；丁的卖出价格10.40元，时间是13：38。那么这四位投资者交易的优先顺序是什么？

（四）结算

在证券交易中，清算和交收两个过程统称为“结算”。

1.清算和交收的概念

股票交易的清算本质上是对一定经济行为引起的货币资金关系应收、应付的计算，具体是指在每一营业日中每个结算参与人对股票和资金的应收、应付数量或金额进行计算的处理过程。

股票交易的交收，是指根据清算的结果在事先约定的时间内履行股票交易合约的行为，一般指买方支付一定款项以获得所购股票，卖方交付其持有的股票以获得相应价款。交收的实质是依据清算结果实现股票与价款的收付，从而结束整个交易过程。

清算和交收两个过程统称为结算。

2.清算和交收的联系和区别

（1）清算和交收的联系。从时间发生及运作的次序来看，清算是交收的基础和保证，交收是清算的后续与完成。清算结果正确才能确保交收顺利进行，而只有通过交收，才能最终完成证券或资金收付，结束整个交易过程。

（2）清算与交收两者最根本的区别。清算是对应收、应付证券及价款的计算，其结果是确定应收、应付数量或金额，并不发生财产实际转移；交收则是根据清算结果办理证券和价款的收付，财产发生了实际转移。

3.我国证券交易的清算和交收

证券交易从结算的时间安排来看，可以分为滚动交收和会计日交收。滚动交收要求某一交易日成交的所有交易有计划地安排距成交日相同营业日天数的某一营业日进行交收。至于会计日交收，则是在一段时间内的所有交易集中在一个特定日期进行交收。我国内地市场目前存在两种滚动交收周期，即T+1与T+3。T+1滚动交收适用于我国内地市场的A股；T+3滚动交收适用于B股。

四、证券交易的费用

投资者在委托买卖证券时需支付多项费用，如佣金、过户费、印花税等。

（1）佣金。它是投资者在委托买卖证券成交后按成交金额的一定比例支付的费用，是证券经纪商为客户提供证券代理买卖服务收取的费用。此项费用由证券公司经纪佣金、证券交易所交易经手费及管理机构的监管费等组成，其中证券交易所交易经手费及管理机构的监管费由证券公司代收后上交给交易所，交易所再将证券交易监管费交付给中国证监会。

佣金的收费标准因交易品种、交易场所的不同而有所差异。我国自2002年5月1日开始，A股、B股、证券投资基金的交易佣金实行最高上限向下浮动制度。证券公司向客户收取的佣金（包括代收的证券交易经手费及管理机构的监管费等）不得高于证券交易金额的3‰，也不得低于代收的证券交易经手费及管理机构的监管费等。A股每笔交易佣金不足5元的，按5元收取；B股每笔交易佣金不足1美元或5港币的，按1美元或5港币收取。

（2）过户费。它是委托买卖的股票、基金成交后，买卖双方为变更证券登记所支付的费用。这笔收入属于中央结算公司的收入，由证券经纪商在同投资者清算、交收时代为扣收。

（3）印花税。它是根据国家税法的规定，在A股和B股成交后对买卖双方投资者按照规定的税率分别征收的税金。我国税收制度规定，股票成交后，国家税务机关应向成交双方分别收取印花税。为保证税源，简化缴款手续，现行的做法是由证券经纪商在同投资者办理交收过程中代为扣收；然后，在证券经纪商同中央结算公司的清算、交收中集中结算；最后，由中央结算公司统一向征税机关缴纳。

延伸阅读材料3-3

中国证券交易印花税调整历史

证券交易印花税是从普通印花税发展而来的，专门针对股票交易发生额征收的一种税。对于中国证券市场，证券交易印花税是政府增加税收收入的一个手段，也是政府调控股市的重要工具。

证券交易印花税的征税对象是企业股权转让书据和股份转让书据，纳税义务人是股份转让双方，并由证券交易所代扣代缴。计税依据是双方持有的成交过户交割单。对有关印花税的违章行为，按照《中华人民共和国税收征收管理法》有关规定办理。过去25年来，中国证券交易印花税税率有过数次调整：

1990年6月，深市开征股票交易印花税，由卖出者缴纳，税率6‰。

1991年10月，深市将印花税税率调低到3‰，沪市开征3‰交易印花税，由买卖双方缴纳。

1992年6月，股票交易双方按3‰缴纳印花税。

1997年5月，证券交易印花税税率由3‰提高到5‰。

1998年6月，证券交易印花税税率从5‰下调至4‰。

1999年6月，B股交易印花税税率降低为3‰。

2001年11月，A股和B股交易印花税税率统一降至2‰。

2005年1月，证券交易印花税税率由2‰调整为1‰。

2007年5月30日起，证券交易印花税税率由1‰调整为3‰。

2008年4月24日起，调整证券（股票）交易印花税税率，由现行3‰调整至1‰。

2008年9月19日起，由双边征收改为单边征收，税率保持1‰。由出让方按1‰的税率缴纳股票交易印花税，受让方不再征收。

资料来源　根据百度百科整理.

任务二　认识证券行情分析软件

任务描述

本任务的主要学习内容是认识证券行情分析软件，下载和安装行情分析软件，掌握行情分析软件的基本操作。

知识准备

证券行情分析软件所提供的股票行情信息和指标参数，已成为投资者交易买卖时的重要依据，而实时交易的便利也使网上证券行情分析软件深受广大投资者喜爱。

一、认识证券行情分析软件

（一）我国证券行情分析软件的介绍

证券行情分析软件更准确的称谓应该是证券分析软件或证券决策系统，它的基本功能是信息的实时揭示（包括行情信息和资讯信息），所以早期的软件会被叫作行情软件。

现在的证券行情分析软件包括证券公司现场行情分析软件、网上证券行情分析软件和手机炒股软件（本质上属于网上证券行情分析软件）三种，本任务主要探讨网上证券行情分析软件的情况。投资者通过网络平台可以进行证券行情分析，也可以进行网上证券交易，一般来说网上交易系统都是集成在网上证券行情分析系统中的，但也有网上证券交易系统和网上证券行情分析系统是分开的。

目前，证券公司提供给交易者免费使用的网上证券行情分析软件主要有以下四种：浙江核新同花顺网络信息股份有限公司出品的“同花顺”、深圳财富趋势科技股份有限公司出品的“通达信”、上海大智慧股份有限公司出品的“大智慧”、上海乾隆高科技有限公司出品的“钱龙”。这四种软件广泛应用于各大证券公司，各有特色，但总体功能大同小异。下面我们就对这几种主流行情分析软件进行简要介绍。

（1）钱龙证券分析系统[①]。它是我国最早出现的证券分析软件之一，是老股民最为熟悉的股票分析软件，而后出现的很多股票分析软件的许多功能都沿袭了钱龙软件的界面和操作习惯。

钱龙附带港股行情，对判断A股、H股价格的联动走势大有好处。在处理港股行情上，钱龙原汁原味地提供了经济排位的功能。此外，钱龙系统还有内置视频播放功能，为广大投资者提供包括央视一套、央视二套、第一财经、交易日等在内的权威财经电视节目，帮助投资者拓宽视野和收获更多财富。其流畅稳定的播放性能是多媒体证券分析软件的典范。

钱龙软件特别针对传统客户的使用习惯和功能需求设计，行情刷新实时迅捷，界面操作家喻户晓，分析功能与时俱进，并且安装程序小巧，下载和运行都非常流畅。

（2）大智慧证券信息平台[②]。它是由上海大智慧股份有限公司开发的一套用来进行行情显示、行情分析并同时进行信息即时接收的软件系统。大智慧软件的界面基本延续了钱龙经典的黑底黄字设置，满足了大多数老股民的习惯。软件本身也提供了自定义界面背景、字体、图形的功能，用户可以在自己喜欢的色彩环境下参看行情，进行操作。

大智慧独有的“信息地雷”功能使得盘中出现的重要市场评论及预测、买卖参考等内容，都会在相应的分时走势图上以地雷标志显现，用户只要点击便可查看，同时能接收到分析师对于个股做出的最新评价。同时，大智慧还具有个股区间统计功能，可以帮助用户迅速统计选定的阶段内的累计涨幅、跌幅、金额、换手率、均价等，从中了解到个股的压力支撑力度，掌握主力资金运作规律。而个人理财功能不仅能够实时计算盈亏，更能从不同角度汇总每笔交易，让用户可以结合市场实际迅速调整资金比例和持仓结构，理性操作，从容进出。

此外，大智慧软件的信息是通过卫星直接传输，因此速度比同类软件快3~12秒。软件公司会定期或不定期地举行一系列免费路演或咨询会活动，股民还可以通过声讯电

① 该软件可以登录研发公司网站下载安装，公司网址：http：//www.qianlong.com.cn/。
② 该软件可以登录研发公司网站下载安装，公司网址：http：//www.gw.com.cn/。

话、网上交流、下载电子期刊了解软件以及个股行情的相关信息。

(3) 同花顺证券分析系统[①]。它是由国内最大证券交易方案供应商——浙江核新同花顺网络信息股份有限公司精心打造的专业的证券行情资讯平台，主打行情、数据、交易、社区、资讯等投资者最需要的五大金融证券交易客户端核心功能，还可边看盘边与股友即时互动，免费查看29个国家的股指和港股。因此，同花顺是一个强大的资讯平台，能为投资者提供文本、超文本（HTML）、信息地雷、财务图示、紧急公告、滚动信息等多种形式的资讯信息，能同时提供多种不同的资讯产品（如港澳资讯、巨灵资讯等），能与券商网站紧密衔接，向用户提供券商网站的各种资讯，而且个股资料、交易所新闻等资讯都经过预处理，让用户可以轻松浏览、快速查找。

丰富的资讯信息与股票的行情走势密切地结合，使用户能方便、及时、全面地享受到券商全方位的资讯服务。同花顺软件速度快、功能强大、资讯丰富、操作人性化，是国内目前功能最强大的行情分析软件之一。

(4) 通达信证券分析系统[②]。它是由深圳财富趋势科技股份有限公司推出的一款优秀的证券分析软件，是2002年以后网上交易领域市场份额上升最快的厂商之一。通达信自2002年进入网上交易领域以来，被多家证券公司所采用，并受到了广大投资者以及证券从业人员的欢迎。

通达信证券分析系统能够进行各种证券品种的分析，功能强大，操作方便，界面简洁，支持互联网实时接收行情，适合各类证券投资者使用，一直是网上证券交易系统业务创新和技术性能指标领先的软件供应商之一。我国南方地区最主要的几家证券公司均采用通达信的网上证券行情分析软件。

通达信证券分析系统允许用户自由划分屏幕，并规定每一块对应哪个内容。比如我们可以设定，左边一栏是自选股和十大权重股的行情报表，右边上方是某股票走势图和大盘走势图，下方是这个股票的K线图和行情信息，这样的屏幕布局是其他很多软件难以提供的。

至于快捷键，也是通达信的特色之一。最简单的周期分析切换，在很多软件中需要按F5键，而在通达信中却可以利用快捷键切换到特定周期，比如按下F6键及回车键，就能直接切换到小时线，按下W键及回车键直接切换到周线，非常方便。

通达信还有一个有用的功能，就是“在线人气”，可以了解哪些是当前关注，哪些是持续关注，又有哪些是当前冷门，可以直接了解各个股票的关注度。

（二）网上证券行情分析软件的下载与安装

目前，我国各家证券公司都已经推出网上证券行情分析软件。由于网络环境的逐步完善和家庭宽带网络的普及，网上证券交易显示出强大的生命力。一般来说，下载和安装网上证券行情分析软件包括以下几个步骤：

第一步，选择一家证券公司开户。选择证券公司要看该公司的信用、实力、网点分布和交易系统的快捷程度。

① 该软件可以登录研发公司网站下载安装，公司网址：http：//www.10jqka.com.cn/。
② 该软件可以登录研发公司网站下载安装，公司网址：http：//www.tdx.com.cn/。

第二步，登录该证券公司的网站。每家证券公司都有自己的网站，开户时可以拿到该公司的网址，按照网址正常上网找到下载窗口并选择适合自己的软件下载。

第三步，下载后的安装。软件下载到电脑后，点击安装软件图标，按照安装提示进行安装。安装完成后，联网登录就可以进行网上证券行情分析和网上证券交易了。

延伸阅读材料 3-4　网上交易软件安全使用注意事项

网上证券交易作为一种新的委托方式，多数人对其缺乏较深层次的了解，防范风险意识相对较弱，有时因使用操作不当等原因会使股票买卖出现失误。因此，掌握一些必要注意事项，对于确保网上证券交易和资金安全是非常重要的。

第一，要到官方网站去下载软件。一般投资者在证券公司开户后，就会获得该证券公司官方网站，投资者登录后即可下载并安装。

第二，要正确设置交易密码。为保证个人资金和股票的安全，对网上交易来说，必须高度重视网上证券交易密码的保管，密码忌用出生年月、电话号码等易猜数字，并应定期修改、更换。

第三，要谨慎操作。证券公司网上证券交易开通协议中明确说明：要求客户在输入交易信息时必须准确无误，否则造成的损失，证券公司概不负责。因此，在输入网上买入或卖出信息时，一定要在仔细核对相关选项后，方可单击确认。

第四，及时退出交易系统。交易系统使用完毕后如不及时退出，有时可能会因为家人或同事错误操作，造成交易指令的误发。尤其是在网吧等公共场所登录交易系统时，使用完毕后更要立即退出，以免造成损失。

第五，注意做好防黑、防病毒工作。目前网络黑客猖獗，各种病毒泛滥，为保证交易的安全，要防止股票交易密码等个人资料的泄露。安装必要的防黑、防病毒软件是确保网上证券交易安全的重要手段。

二、证券行情分析软件的应用

目前，大多数证券公司网站免费提供网上证券行情分析软件和交易软件的下载，它们的操作方法和主要功能基本相同，以同花顺行情分析软件为例，简单介绍证券行情分析软件的应用。

（一）同花顺行情分析软件主界面

投资者打开同花顺软件，首先出现的是上证指数实时走势图，如图 3-13 所示。主界面由主菜单栏、工具栏、主窗口、状态栏和信息栏等组成。

（1）主菜单栏。打开“同花顺”，可以看见系统、报价、分析、扩展行情、委托、智能、工具、资讯、帮助等菜单（如图 3-14 所示），在这里您能找到几乎所有的功能。单击主菜单栏上的各个功能项目，即可使用相应的功能。

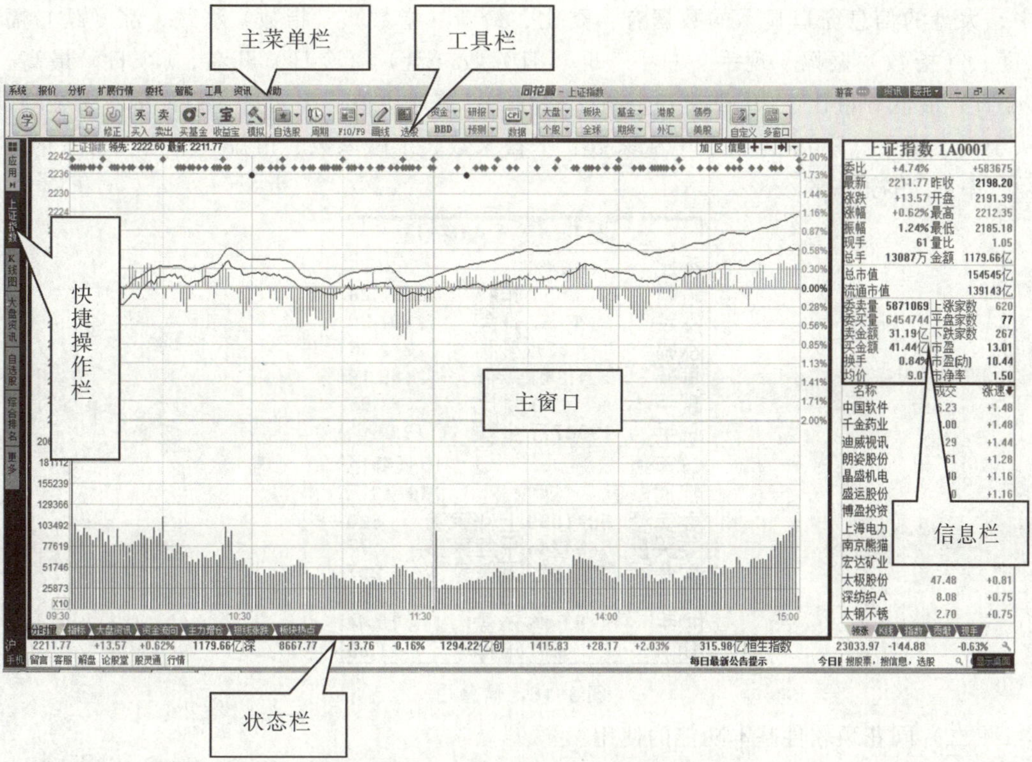

图 3-13　同花顺软件主界面

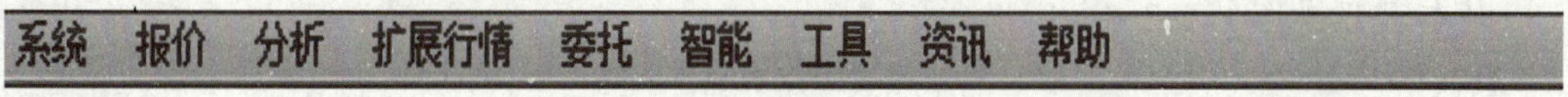

图 3-14　主菜单栏

（2）工具栏。其聚集了菜单中的一些最常用功能，点一下图标就可以直接调用功能（如图 3-15 所示）。在“工具”菜单下面的“工具栏设置”选项里汇集了有关工具栏的一些常用功能，可以在这里修改工具栏的内容、显示方式。另外，在工具栏上点击鼠标右键同样可以调用这些功能。“自动隐藏”时，只有当鼠标移动到主菜单下方时才会弹出工具栏。在“定制工具栏”里，你可以选中希望显示的工具栏名称，点击添加按钮。你想删除某个已使用的工具栏按钮，同样先选中，再点击删除按钮。要是你想变换工具栏按钮顺序的话，点击上移、下移按钮即可。

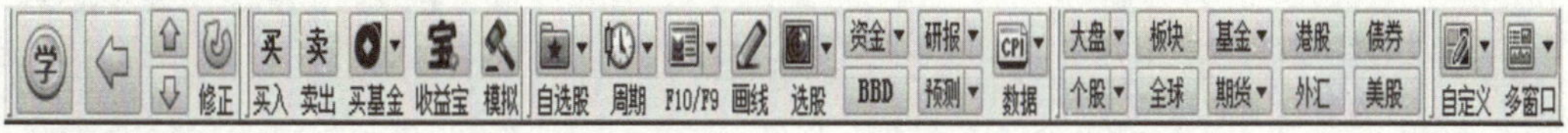

图 3-15　工具栏

（3）状态栏。在软件主窗口下方，状态栏中有指数条、滚动栏等信息。指数条用来显示上证指数、深证指数、沪深 300 指数、中小板指数、创业板指数及其涨跌、成交金额。滚动栏用来显示证券公司或合作资讯厂商发布的消息，文字会以滚动的形式播出。

（4）信息栏。它在主窗口的右方。显示了当天的各种信息，几乎所有的数据都要看这个地方。大盘指数和个股画面中的信息窗口所显示的数据信息是不一样的。图 3-16

中，大盘的信息窗口显示的数据有：委比、最新（指数）、（指数）涨跌、涨（跌）幅（度）、（指数）振幅、现手、总手、昨（日）收（盘）、（今日）开盘、（今日）最高、（今日）最低、量比、（总成交）金额、总市值、流通市值、委卖量、委买量、卖金额、买金额、换手（率）、均价、上涨家数、平盘家数、下跌家数、市盈（率）、（动态）市盈（率）、市净率等。

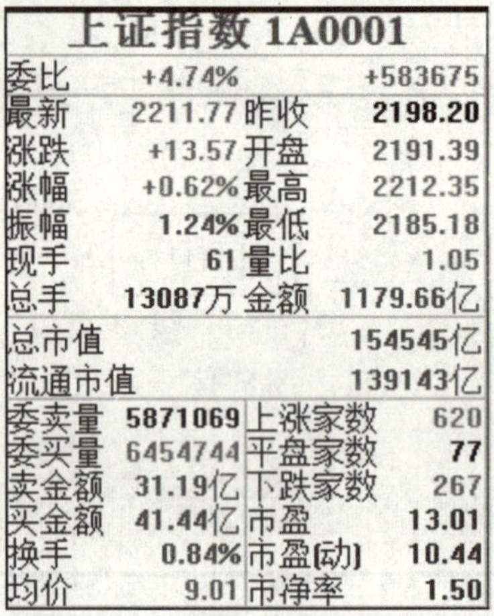

上证指数 1A0001			
委比	+4.74%		+583675
最新	2211.77	昨收	2198.20
涨跌	+13.57	开盘	2191.39
涨幅	+0.62%	最高	2212.35
振幅	1.24%	最低	2185.18
现手	61	量比	1.05
总手	13087万	金额	1179.66亿
总市值			154545亿
流通市值			139143亿
委卖量	5871069	上涨家数	620
委买量	6454744	平盘家数	77
卖金额	31.19亿	下跌家数	267
买金额	41.44亿	市盈	13.01
换手	0.84%	市盈(动)	10.44
均价	9.01	市净率	1.50

图 3-16　信息栏

（二）同花顺软件基本功能的使用

1.基本键盘操作

基本键盘操作见表 3-1。

表 3-1　基本键盘操作功能一览表

操作热键	热键功能	备注
Ctrl-P、Ctrl-N	切至前一天、后一天 在以天为单位的画面中（例如涨跌幅排名等），按这两个组合键，就可以把画面往前或往后切一天	
—	自动翻页开关 如果在某一个画面中按了自动翻页开关“—”，这个画面就会开始每隔若干秒翻一页，再按一下开关“—”，它就会停止翻页。其实，它就相当于系统每隔若干秒按一下 PageDown	自动翻页时间可在系统工具 / 系统配置工具中进行设置
↑、↓	技术分析画面中放大、缩小图形	
←、→	左右移动游标	
Home、End	游标移至最前、最后	
PageUp、PageDown	上一只股票、下一只股票或者上一页、下一页	
*、/	技术分析画面中上一个指标、下一个指标	

续表

操作热键	热键功能	备注
Esc	关闭当前窗口，一般情况下都是指关闭整个画面窗口。不过也有例外：在技术分析画面中，如果曾经单击鼠标，显示出明细小窗口，在这种情况下按Esc键，就是把这个明细小窗口隐藏起来	
+	通过“+”可以切换子功能窗口的显示内容	
Tab	在个股分析画面和智能报表画面，通过Tab依次切换画面下方的标签	
01+Enter（F1）	即时分析画面切换至分笔成交明细 技术分析画面切换至每日成交明细	
02+Enter（F2）	即时分析画面切换至价量分布图	
03+Enter（F3）	画面切换至上证领先分时走势图	
04+Enter（F4）	画面切换至深证领先分时走势图	
05+Enter（F5）	即时走势画面、技术分析画面、多周期同列画面间循环切换	
06+Enter（F6）	画面切换至自选股	
07+Enter（F7）	画面切换至恒生指数分时走势图	
08+Enter（F8）	在技术分析画面切换至周期类型	
12+Enter（F12）	启动网上委托程序	

2.键盘精灵

当投资者按下键盘上任意一个数字、字母或符号的时候，都会弹出“键盘精灵”。投资者可以在这里面输入中英文和数字搜索其想要的内容，如图3-17所示。

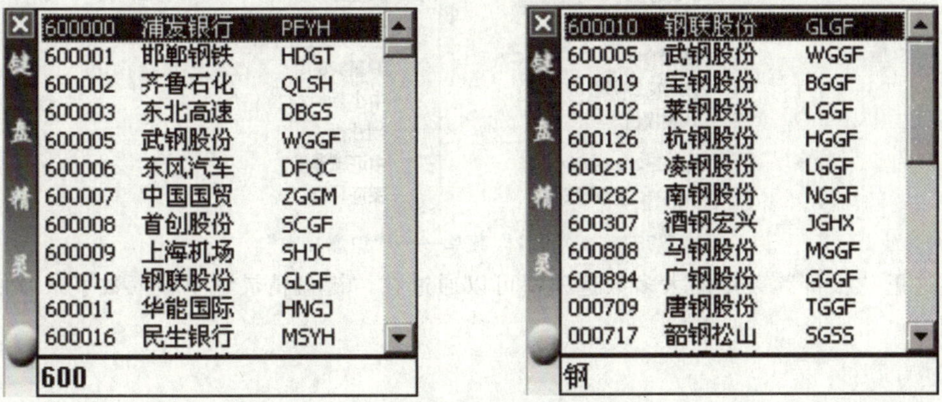

图3-17　键盘精灵

投资者可以通过输入代码、名称或名称的汉语拼音首字母来搜索对应的商品（股票、基金、债券、指数等），按Enter键进入相关页面；也可以通过输入指标（如：KDJ）的中英文名称，来利用键盘精灵方便地更换指标窗口里的指标；还可以通过拼音来调出板块，如“北京”“房地产”等板块。

该软件支持汉字输入和模糊查找，不仅可以用键盘精灵实现股票的输入，还可以用来做股票的快速搜索，例如，输入“钢”字，就会看到所有名称中包含“钢”字的股票（如图3-17所示），然后用上下键就可以选择查看了。

在搜索商品时，键盘精灵会把所有符合的词都找出来。不管字母是在商品名称的什么位置。例如，输入“MS”时，不仅会找到“民生银行MSYH”“模塑科技MSKJ”，还能找到“西安民生XAMS”等股票。这样即使投资者不记得股票的全名，也能方便地找到所需要的股票。

3.“报价”菜单

在主菜单栏里的“报价”菜单中，可以调用各种报价分析的页面：在“沪深指数”里包含了沪深两市各类股价指数（如图3-18所示）；“涨幅排名”里是各种商品的涨跌幅排名（如图3-19所示）；“综合排名”里是同时包含12项排名的页面（如图3-20所示）；“分时同列”里是同时列出多个股票的分时走势页面；“K线同列”里是同时列出多个股票的技术走势页面；“多窗看盘”是为实时看盘特制的页面，同时提供个股列表和个股走势、报价、成交等数据，点击个股列表的分类标签选择板块，然后选中股票即可查看相关数据；“主力大单”记录了每笔成交金额在100万元以上的成交，帮助投资者准确捕捉市场主力的活动状况。

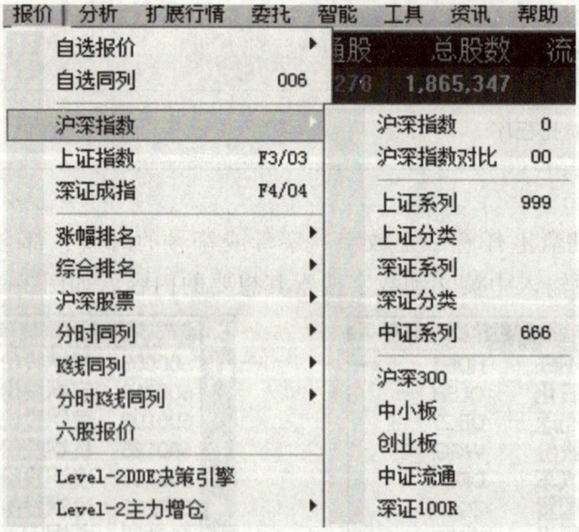

图3-18 “报价”菜单——“沪深指数”

这里“报价”菜单的大多数选项都可以通过在“键盘精灵”里输入数字来方便地调用。

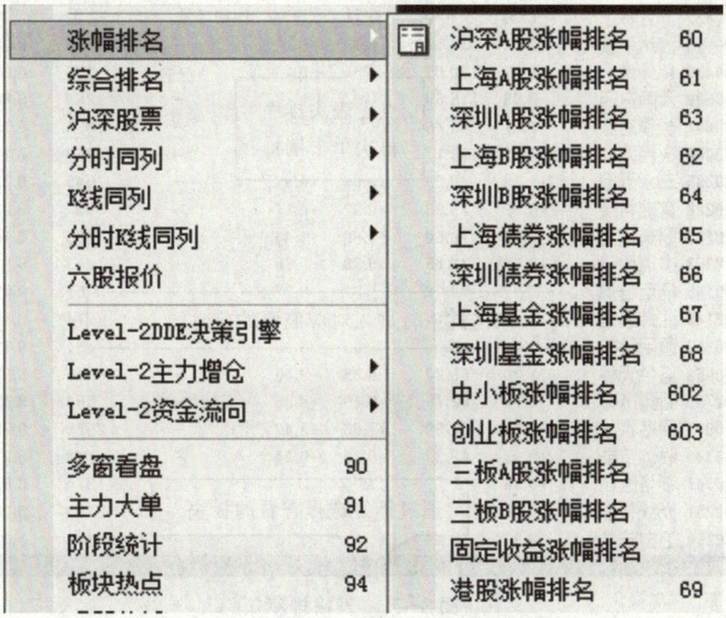

图 3-19 “报价”菜单——“涨幅排名”

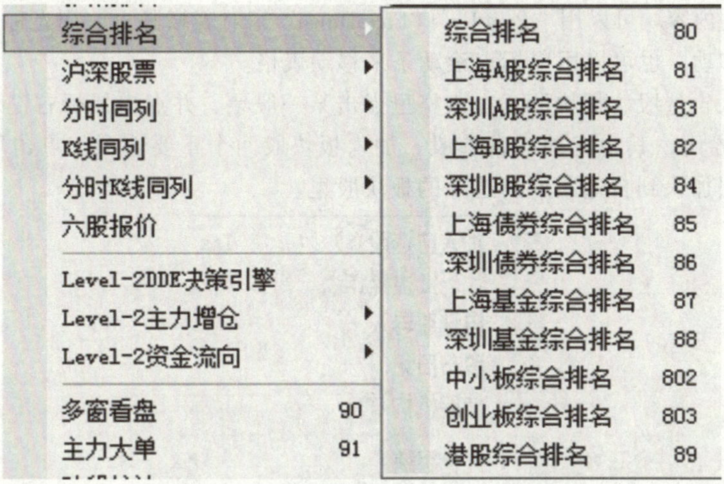

图 3-20 “报价”菜单——“综合排名”

4.使用表格

表格是软件中显示各种数据的最基本形式，对于某一只股票来说，表格虽然不如实时走势、技术分析页面丰富和直观，但它可以实现同时浏览多只股票。下面以综合行情报价表为例说明怎样使用表格。点击“报价”菜单下的沪深股票，选择沪深 A 股，显示界面就是沪深 A 股综合行情报价情况。

（1）排序。单击表格中栏目的名称，表格将按此栏目的降序排列表格，再次单击则按升序排列（在栏目名称旁有箭头表示状态），具体操作如图 3-21 所示。

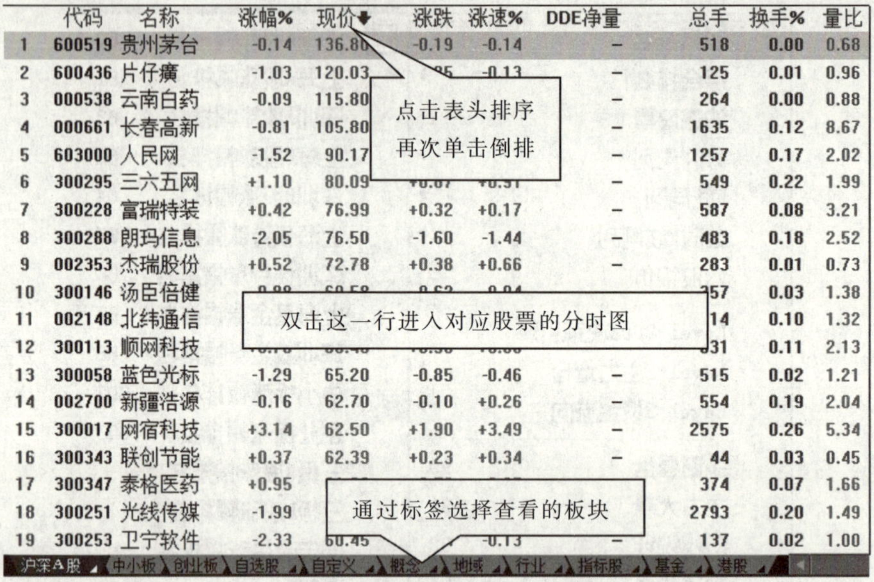

图3-21　表格排序

（2）移动表格。由于表格往往显示较多的股票和各种数据，所以往往难以在一个屏幕里显示所有的内容。可以用“PageUp”“PageDown”来对表格翻页，用光标键“←”“→”对表格左右移动，也可以用鼠标点滚动条来移动表格。

（3）加入自选股、板块股。在表格里点击某一股票，并点击鼠标右键，会出现如图3-22所示的界面，其中有加入自选股、加入板块股两个重要选项。点击可以将这一行所对应的股票加入到自选股或所选择的板块股里。

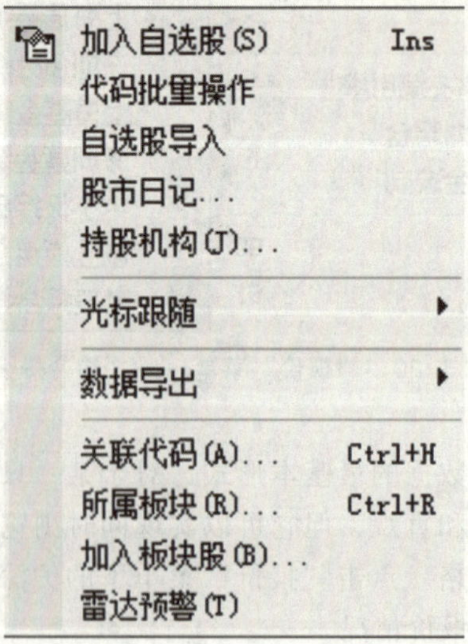

图3-22　加入自选股、板块股

（4）直接查看商品走势。在表格里双击鼠标或者按“Enter”键，就可以进入这一行对应商品的分时走势页面。

（5）选择查看的板块。软件根据一定的标准（如概念、地域、行业等）设置了相关板块。投资者可以根据自己的喜好选择所要查看的板块，点击标签旁的“◢”展开标签，选择需要的板块；如果没有“◢”，则直接点击标签。

5.F10的应用

在分时走势或技术分析页面下点击F10键，可以查看个股资料，有“最新动态”“公司资料”“财务概况”“行业分析”等。图3-23所示的是浦发银行（600000）的个股资料截面图。

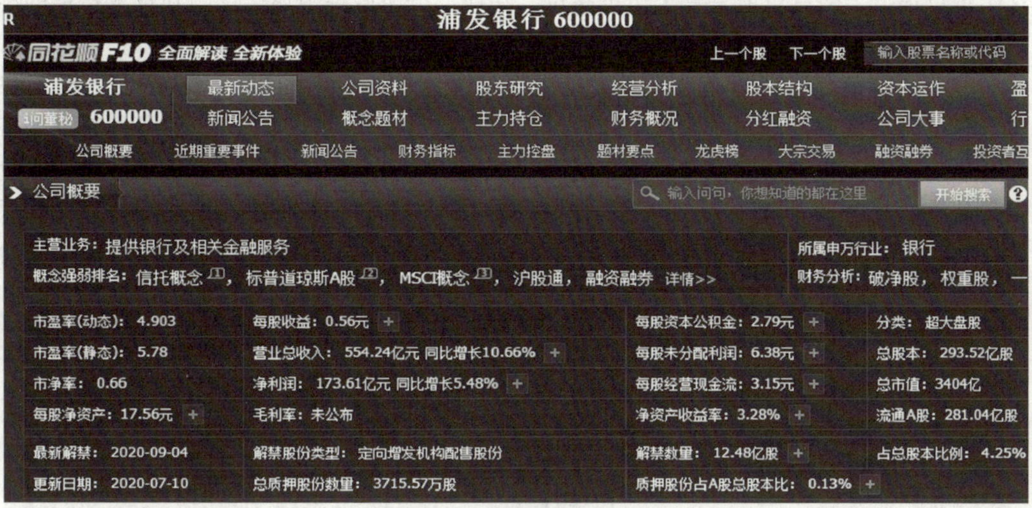

图3-23　浦发银行个股资料

6.K线复权功能

当上市证券发生权益分派、公积金转增股本、配股等情况时，交易所会在股权登记日下一交易日对该证券做除权、除息处理。在K线图上往往表现为向下的缺口，如图3-24所示。

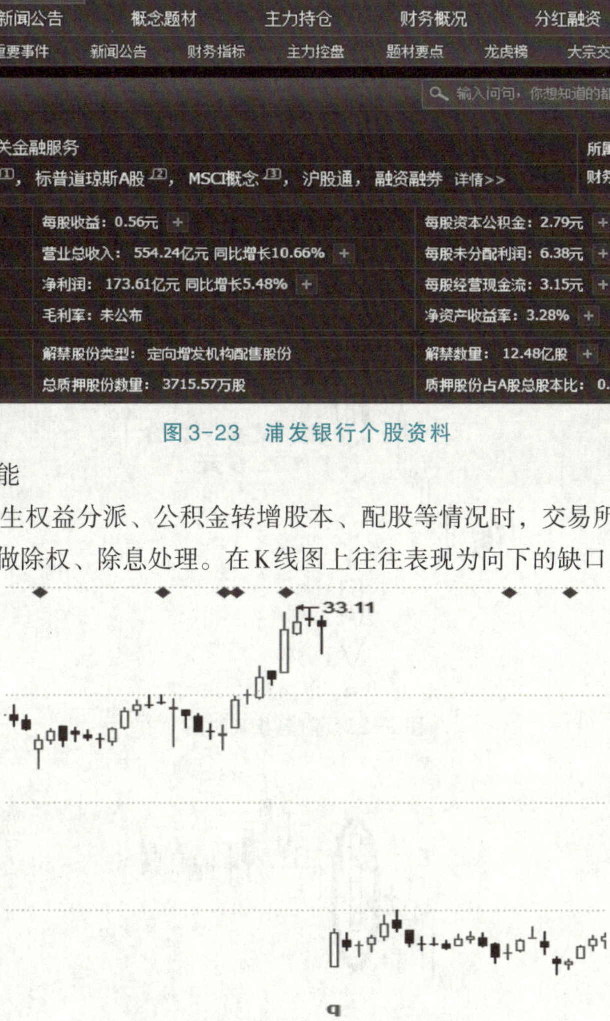

图3-24　除权、除息缺口

除权、除息的基本思想就是“股东财富不变”原则，即分红事项不应影响股东财富总额，这是符合基本财务原理的。依据此原则，交易所在除权前后提供具有权威性的参照价格，作为证券交易的价格基准即除权、除息报价。在除权、除息日交易所公布的前收盘价是除权、除息报价而非上一交易日收盘价，当日的涨跌幅以除权、除息参考报价为基准计算，所以能够真实反映投资者相对于上一交易日的盈亏状况。

目前沪深交易所除权、除息报价的基本公式如下：

$$除权（息）参考价=\frac{(前收盘价-现金红利)+配(新)股价格\times 流通股份变动比例}{1+流通股份变动比例}$$

除权、除息之后，股价随之产生了变化，往往在股价走势图上出现向下的跳空缺口，但股东的实际资产并没有变化。这种情况可能会影响部分投资者的正确判断，看似这个价位很低，但有可能是一个历史高位，在股票分析软件中还会影响到技术指标的准确性。因此，行情分析软件一般都提供了复权功能。

所谓复权就是对股价和成交量进行权息修复，按照股票的实际涨跌绘制股价走势图，并把成交量调整为相同的股本口径。复权有前复权和后复权之分。前复权就是保持现有价位不变，将以前的价格缩减，将除权前的K线向下平移，使图形吻合，保持股价走势的连续性。图3-25为宇通客车（600066）前复权的K线，对照图3-24，日K线保持连续，除权当日开盘价为除权参考价17.5元。如图3-26所示的后复权就是保持先前的价格不变，而将以后的价格增加。两者最明显的区别在于，前复权的当前周期报价和K线显示价格完全一致，而后复权的报价大多低于K线显示价格。

图3-25　前复权K线图

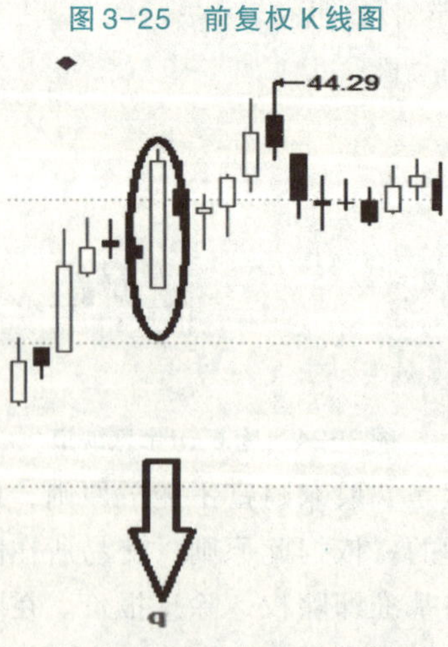

图3-26　后复权K线图

投资者如果需要在软件中对K线进行“复权”和“除权”的切换，可以在K线画面右键点击“复权”。

7.键盘操作热键

很多投资者都有一些经常习惯查看的画面，比如上证A股涨跌幅排名、自选股报价分析等。为了解决这个问题，可以用画面热键寻找，只要在智能键盘中敲几个数字，按Enter键后就可以直接跳到想去的画面。记住这些常用的快捷键，可以使投资看盘时能够更灵活地切换各种分析界面，提高投资分析的效率。表3-2是网上证券行情分析软件的部分键盘操作热键。

表3-2　常用画面操作热键一览表

	快捷热键	热键的含义
报价分析	1+Enter	上证A股报价分析
	2+Enter	上证B股报价分析
	3+Enter	深证A股报价分析
	4+Enter	深证B股报价分析
	5+Enter	上证债券报价分析
	6+Enter	深证债券报价分析
	7+Enter	上证基金报价分析
	8+Enter	深证基金报价分析
	9+Enter	中小板块报价分析
大盘涨跌幅排名	03+Enter（F3）	上证领先指标分时走势画面
	04+Enter（F4）	深证领先指标分时走势画面
	61+Enter	上证A股涨跌幅排名
	62+Enter	上证B股涨跌幅排名
	63+Enter	深证A股涨跌幅排名
	64+Enter	深证B股涨跌幅排名
	65+Enter	上证债券涨跌幅排名
	66+Enter	深证债券涨跌幅排名
	67+Enter	上证基金涨跌幅排名
	68+Enter	深证基金涨跌幅排名
	69+Enter	中小企业板涨跌幅排名
公告信息	71+Enter	沪市证券信息
	72+Enter	深市证券信息
	73+Enter	股份转让公告
	74+Enter	券商信息
	75+Enter	上海证交所公告
	76+Enter	深圳证交所公告
综合指标排名	81+Enter	上证A股综合指标排名
	82+Enter	上证B股综合指标排名
	83+Enter	深证A股综合指标排名
	84+Enter	深证B股综合指标排名
	85+Enter	上证债券综合指标排名
	86+Enter	深证债券综合指标排名
	87+Enter	上证基金综合指标排名
	88+Enter	深证基金综合指标排名
	89+Enter	中小企业板综合指标排名
个股信息操作	10+Enter（F10）	上市公司资讯
	11+Enter（F11）	当前商品的基本资料（财务数据简表）
	15+Enter	个股公告信息
	Alt-F10	权息校正
	Alt-Z	将当前商品加入到自选股板块
	Ctrl-Z	将当前商品加入到板块

任务三 认识股票价格指数

任务描述

本任务的主要学习内容是认知股票价格指数，掌握股票价格指数的含义及作用，了解国内外主要的股票价格指数的编制特点，掌握股票价格指数的编制方法。

知识准备

大盘指数即一个股票市场的股票价格指数，简称股价指数，它是由证券交易所或金融服务机构编制的表明股票行市变动的一种供参考的指示数字。为了帮助投资者了解多种股票的价格变动情况，一些金融服务机构利用自己的业务知识和熟悉市场的优势，编制出股票价格指数，并公开发布，作为衡量市场价格变动的指标。

一、股票价格指数的含义及作用

（一）股票价格指数的含义

股票价格指数即股票指数，它是由证券交易所或金融服务机构编制的用以反映整个市场上各种股票市场价格的总体水平及其变动情况的指标。它是通过选取有代表性的一组股票，把它们的价格进行加权平均计算得到的。股价指数是用来反映不同时点上股价变动情况的相对指标。各种指数具体的股票选取和计算方法都是不同的。

（二）股票价格指数的作用

股票价格指数是衡量股票市场股票价格水平及其变化的综合性指标。投资者根据股价指数可以检验自己投资的效果，用以预测股票市场的动向，同时，股价指数还可以用来观察、预测社会政治、经济发展形势。股票价格指数的作用具体表现为：

（1）股价指数能综合地反映一国经济发展的状况。影响股票价格变动的经济、政治等各方面的因素，也会影响股价指数的波动。股价指数的变动反映了股票市场所在国的政治、经济、社会及其他各方面的变化，所以，人们把股票价格指数称作是国民经济发展的“晴雨表”。

（2）股价指数能反映股票市场价格总水平。股价指数的计算方法能够比较全面地反映股市成千上万种股票的价格总水平及其变化的方向和幅度，有助于我们把握整个股票市场的动态。

（3）股价指数是分析股市动态的重要参数。投资者根据股价指数的变化，把握市场行情，预测股价走势，选择自己的股票买卖行为。社会公众可以从股价指数的变化，研究该国经济发展的状况和前景。

（4）股价指数也是分析观察上市公司经营业绩的重要技术指标。一般说来，股市活跃，股价指数上升，表明上市公司经营业绩良好；股市清淡，股价指数下降，表明上市公司经营状况不佳。

总之，股票价格指数能够从一个侧面灵敏地反映一个国家经济、政治的发展变化与前景。

二、股票价格指数的编制要求和方法

（一）股票价格指数的编制要求

要使股票价格指数符合客观性、代表性、敏感性的要求，在编制过程中，必须要求：

（1）样本股票必须具有典型性、普遍性。为此，选择样本应综合考虑其行业分布、市场影响力、股票等级、适当数量等因素。

（2）计算方法应具有高度的适应性，能对不断变化的股市行情做出相应的调整或修正，使股价指数或平均数有较好的敏感性。

（3）要有科学的计算依据和手段。计算依据的口径必须统一，一般均以收盘价为计算依据，但随着计算频率的增加，有的以每小时价格甚至更短的时间价格计算。

（4）选好基期。基期应有较好的均衡性和代表性，即能够代表正常情况下股票市场的均衡水平。

（二）股票价格指数的编制方法

1.股票价格指数的编制步骤

股票价格指数的编制分为四个步骤：

第一步，选择样本股。样本股的选择主要考虑两条标准：一是样本股的市价总值要占交易所上市的全部股票市价总值的大部分；二是样本股票价格变动趋势必须能反映股票市场价格变动的总趋势。

第二步，选定基期，并以一定方法计算基期平均股价或市值。

第三步，计算报告期平均股价或市值，并做必要的修正。

第四步，将报告期平均股价或市值指数化。如果计算股价指数，需要将报告期的平均股价或市值转化为指数值，即将基期平均股价或市值定为某一常数（通常为100或1 000），并据此计算报告期股价的指数。

2.股票价格平均数的计算

股票价格平均数反映一定时点上市股票价格的绝对水平，通常以算术平均数表示。人们通过对不同时期股票价格平均数的比较，可以认识多种股票价格变动水平。它可以分为简单算术股票价格平均数、修正的股票价格平均数、加权股票价格平均数三类。人们通过对不同时点股票价格平均数的比较，可以看出股票价格的变动情况及趋势。

（1）简单算术股票价格平均数。世界上第一个股票价格平均数——道·琼斯股票价格平均数——在1928年10月1日前就使用简单算术平均法计算。简单算术股票价格平均数是将样本股票每日收盘价之和除以样本数得出的，计算公式为：

$$\bar{P} = \frac{1}{n}\sum_{i=1}^{n} P_i$$

式中：$\bar{P}$为股票价格平均数；P_i为样本股收盘价；n为样本股票种数。

小思考3-3　　简单算术股票价格平均数的计算

小思考3-3

分析提示

现假设从某一股市采样的股票为A、B、C、D四种，在某一交易日的收盘价分别为10元、16元、24元和30元，计算该市场股价平均数。

算术股价平均数虽然计算较简便，但它有两个缺点：一是它未考虑各种样本股票的权数，从而不能区分重要性不同的样本股票对股价平均数的不同影响。二是当样本股票发生股票分割派发红股、增资等情况时，股价平均数会产生断层而失去连续性，使时间序列前后的比较发生困难。比如，在【小思考3-3】中D股票发生以1股分割为3股时，股价势必从30元下调为10元，这时平均数就不是按答案中计算得出的20元，而是（10 + 16 + 24 + 10）÷4=15（元）。这就是说，由于D股股票分割技术上的变化，导致股价平均数从20元下跌为15元（这还未考虑其他影响股价变动的因素），显然不符合平均数作为反映股价变动指标的要求。

（2）修正的股票价格平均数。其包括以下两种：

一是除数修正法，又称道式修正法。这是美国道·琼斯公司在1928年创造的一种计算股票价格平均数的方法。该法的核心是求出一个道氏除数，以修正由于股票分割、增资、发放红股等因素造成股票价格平均数的变化，以保持股票价格平均数的连续性和可比性。

具体做法是以新股票价格总额除以旧股票价格平均数，求出道氏除数，再以计算期的股票价格总额除以道氏除数，这就得出修正的股票价格平均数，即：

道氏除数=变动后的新股票价格总额÷旧的股票价格平均数

修正的股票价格平均数=报告期股票价格总额÷道氏除数

在上面的应用实例中，若D股发生以1股分割为3股时，股价势必从30元下调为10元。除数是4，经过调整后新的除数即道氏除数为：

道氏除数=（10+16+24+10）÷20=3

将新的除数代入下列式中，则：

修正的股票价格平均数=（10+16+24+10）÷3=20（元）

得出的平均数与未分割时计算的一样，股票价格水平也不会因为股票分割而变动。

二是股票价格修正法。就是将股票分割等变动后的股票价格还原为变动前的股票价格，使股票价格平均数不会因此变动。美国《纽约时报》编制的500种股票价格平均数就采用股票价格修正法来计算股票价格平均数。

（3）加权股票价格平均数。它又称加权平均股价，是根据各种样本股票的相对重要性进行加权平均计算得到的股票价格平均数，其权数可以是成交股数、股票总市值和股票发行量等。其计算公式为：

$$\bar{P} = \frac{\sum_{i=1}^{n} P_i W_i}{\sum_{i=1}^{r} W_i}$$

式中：W_i为样本股的发行量或成交量。

加权平均法权数的选择，可以是股票的成交金额，也可以是它的上市股数。与前两种方法相比，加权平均股价指数能更真实地反映市场整体走势，因此，加权平均法更适合用于开发股票指数期货合约的标的指数。

小思考 3-4　　加权股票价格平均数计算

小思考 3-4

分析提示

在【小思考3-3】中，4只采样股票的发行量分别为1亿股、2亿股、3亿股和4亿股，则股价平均数是多少？

3.股票价格指数的计算

股票价格指数是将计算期的股价或市值与某一基期的股价或市值相比较的相对变化指数，用以反映市场股票价格的相对水平。股价指数的编制方法有简单算术股价指数和加权股价指数两类。

（1）简单算术股价指数。它有相对法和综合法之分。相对法是先计算各样本股的个别指数，再加总求出算术平均数。若设股价指数为P′，基期第i种股票价格为P_{0i}，计算期第i种股票价格为P_{1i}，样本数为n，计算公式为：

$$P' = \frac{1}{n}\sum_{i=1}^{n}\frac{P_{1i}}{P_{0i}}$$

综合法是将样本股票基期价格和计算期价格分别加总，然后再求出股价指数。其计算公式为：

$$P' = \frac{\sum_{i=1}^{n} P_{1i}}{\sum_{i=1}^{n} P_{0i}}$$

（2）加权股价指数。它以样本股票发行量或成交量为权数加以计算，有基期加权、计算期加权和几何加权之分。

基期加权股价指数又称拉斯贝尔加权指数，采用基期发行量或成交量作为权数，其计算公式为：

$$P' = \frac{\sum_{i=1}^{n} P_{1i}Q_{0i}}{\sum_{i=1}^{n} P_{0i}Q_{0i}}$$

式中：Q_{0i}为第i种股票基期发行量或成交量。

计算期加权股价指数又称派许加权指数，采用计算期发行量或成交量作为权数。其适用性较强，使用较广泛，很多著名股价指数，如标准普尔指数等都使用这一方法。其计算公式为：

$$P' = \frac{\sum_{i=1}^{n} P_{1i}Q_{1i}}{\sum_{i=1}^{n} P_{0i}Q_{1i}}$$

式中：Q_{1i}为计算期第i种股票发行量或成交量。

几何加权股价指数又称费雪理想式，是对两种指数做几何平均，由于计算复杂，很少被实际应用。其计算公式为：

$$P' = \sqrt{\frac{\sum_{i=1}^{n} P_1 Q_0}{\sum_{i=1}^{n} P_0 Q_0} \times \frac{\sum_{i=1}^{n} P_1 Q_1}{\sum_{i=1}^{n} P_0 Q_1}}$$

三、国际证券市场主要股票价格指数

(一)道·琼斯股价指数

道·琼斯股价指数是世界上历史最为悠久的股票指数，它是在1884年由道·琼斯公司的创始人查理斯·道编制的。最初的道·琼斯股票价格平均指数是根据11种具有代表性的铁路公司的股票，采用算术平均法进行计算编制而成，发表在查理斯·道自己编辑出版的《每日通讯》上。其计算公式为：

股票价格平均指数=入选股票的价格之和÷入选股票的数量

自1897年起，道·琼斯股票价格平均指数开始分成工业与运输业两大类，其中工业股票价格平均指数包括12种股票，运输业股票价格平均指数则包括20种股票，并且开始在道·琼斯公司出版的《华尔街日报》上公布。1929年，道·琼斯股票价格平均指数又增加了公用事业类股票，使其所包含的股票达到65种，并一直延续至今。

现在的道·琼斯股票价格平均指数是以1928年10月1日为基期，因为这一天收盘时的道·琼斯股票价格平均指数恰好约为100美元，所以将其定为基准日。而以后股票价格同基期相比计算出的百分数，就成为各期的股票价格指数，所以现在的股票指数普遍用点来做单位，而股票指数每一点的涨跌就是相对于基准日的涨跌百分数。道·琼斯股票价格平均指数最初的计算方法是用简单算术平均法求得，当遇到股票的除权、除息时，股票指数将发生不连续的现象。1928年后，道·琼斯股票价格平均指数就改用新的计算方法，即在样本股除权或除息时采用连接技术，以保证股票指数的连续，从而使股票指数得到了完善，并被逐渐推广到全世界。

目前，道·琼斯股票价格平均指数共分为四组：第一组是工业股票价格平均指数，以美国埃克森石油公司、通用汽车公司和美国钢铁公司等30家有代表性的大工业公司的股票为编制对象，能灵敏反映经济发展水平和变化趋势；第二组是运输业股票价格平均指数，它以美国泛美航空公司、环球航空公司、国际联运公司等20家有代表性的运输业公司的股票为编制对象；第三组是公用事业股票价格平均指数，以美国电力公司、煤气公司等15家具有代表性的公用事业大公司股票为编制对象；第四组是平均价格综合指数，它是综合前三组股票价格平均指数65种股票而得出的综合指数，这组综合指数虽然为优等股票提供了直接的股票市场状况，但现在通常引用的是第一组工业股票价格平均指数。

知识链接3-2 **道·琼斯股价指数**

道·琼斯股价指数，既是美国最重要、最典型的股票价格平均指数，也是世界金融市场上影响最大、久负盛名的一种股价指数。其原因在于：第一，道·琼斯股价指数编制最早，并且，从1884年开始编制和公布以来从未间断，具有很好的连续性、可比性和参考性，便于研究股价指数运动的规律性；第二，它所采样的股票均是美国经济实力雄厚的大垄断公司的股票，这些股票价格的变动对美国乃至对世界股市具有举足轻重的影响作用；第三，道·琼斯股票价格平均指数的运动变化，是对道·琼斯股市理论的解释和说明。道·琼斯理论经受了事实的长期考验。它对股市价格变动趋势的预测，成功的居多，自称10次中有7次，当然也有失灵的时候。道·琼斯股价指数的不足之处有：一是采样的股票种数太少，不能全面反映纽约证券交易所上市股票的价格变动；二是计算方法上没有加权，容易发生少数几种股票价格的大幅涨跌对平均值产生影响的情况，其指数同实际经济状况的变化会有偏差；三是采样的大垄断公司如发生股票分割，致使每股价格大降，自然影响道·琼斯股价指数的科学性和准确性。由于这些原因致使道·琼斯股价指数的权威性近年来有所下降。

（二）标准普尔股票价格指数

除了道·琼斯股票价格指数外，标准普尔股票价格指数在美国也有很大的影响，它是美国最大的证券研究机构——标准普尔公司编制的股票价格指数。该公司于1923年开始编制并发表股票价格指数。最初采选了230种股票，编制两种股票价格指数。到1957年，这一股票价格指数的范围扩大到500种股票，分成95种组合。其中最重要的4种组合是工业股票组、铁路股票组、公用事业股票组和500种股票混合组。从1976年7月1日开始，改为400种工业股票、20种运输业股票、40种公用事业股票和40种金融业股票。几十年来，虽然有股票更迭，但始终保持为500种。标准普尔公司股票价格指数以1941年至1943年抽样股票的平均市场价格为基期，以上市股票数为权数，按照基期进行加权计算，其基点数为10。其计算公式为：

$$\text{标准普尔股票价格指数}=\frac{\sum（\text{每种成分股价格}\times\text{发行数量}）}{\text{基期的市价总值（三年的平均数）}}\times 10$$

知识链接 3-3　标准普尔股价指数

由于加权因素，标准普尔股票价格指数一般偏向于交易量较大的股票。它的优点在于：一是包括的股票多，采样股票覆盖面广，可以较全面地反映股票市场价格的变动；二是它是随机抽样，所选股票包括了上、中、下各种类型的股票，具有较充分的代表性和敏感性；三是由于它以加权方法计算股票市价总值，对于股票分割不需要调整；四是这种指数能反映较长时期的股价走势，但对于每日股市行情的变化不能很灵敏地反映。标准普尔股价指数包括的股票多（市价总值占纽约证交所上市股票总值的75%）、权数明确、指数精确，具有高度连贯性，分类指数多，便于不同类型的投资者使用，所以，标准普尔股价指数是反映美国股票市场价格变动全貌的综合性股价指数。

（三）日经225指数

日经225指数是由日本经济新闻社编制并公布的，反映日本股票市场价格变动的股票价格平均数。该指数从1950年9月开始编制。最初根据东京证券交易所第一市场上市的225家公司的股票算出修正平均股价，当时称为“东证修正平均股价”。1975年5月1日，日本经济新闻社向道·琼斯公司买进商标，采用美国道·琼斯公司的修正法计算，这种股票指数也就改称“日经道·琼斯平均股价”。1985年5月1日在合同期满10年时，经两家商议，将名称改为“日经平均股价”。

按照计算对象的采样数目不同，该指数分为两种。一种是日经225种平均股价。其所选样本均为在东京证券交易所第一市场上市的225种股票，样本选定后，原则上不再更改，包括150家制造业、15家金融业、14家运输业和46家其他行业，以1950年算出的平均股价176.21元为基数。由于日经225种平均股价从1950年一直延续下来，因而其连续性和可比性较好，成为考察和分析日本股票市场长期演变趋势及动态的最常用和最可靠的指标。该指数的另一种是日经500种平均股价。这是从1982年1月4日起开始编制的。由于其采样包括500种股票，约占东京证券交易所第一市场上市股票的一半，所以其代表性相对更为广泛，但它的样本是不固定的，每年4月份要根据上市公司的经营状况、成交量、成交金额和市价总值等因素对样本进行更换。

（四）金融时报股票价格指数

英国金融时报指数全称为“伦敦金融时报工商业普通股股票价格指数”，用以反映伦敦证券交易所行情变动的一种股票价格指数，由伦敦证券交易所编制，并在《金融时报》上发布。根据样本股票的种数，金融时报股票价格指数分为30种股票指数、100种股票指数和500种股票指数三种指数，反映伦敦证券交易所工业和其他行业股票价格变动情况。

通常所讲的英国金融时报指数指的是第一种，即由30种有代表性的工商业股票组成并采用加权算术平均法计算出来的价格指数。该指数以1935年7月1日为基期日，以该日股价指数为100点，以后各期股价与其比较，所得数值即为各期指数，该指数也是国际上公认的重要股价指数之一。

由于1888年创刊的英国《金融时报》每天都详细登载伦敦金融市场，特别是证券交易所的行情变化、市场动向及国内外的政治、经济动态，发行量很大，因此，该指数不仅是英国股票市场，而且是世界金融市场上颇有影响力的股价指数。

（五）香港恒生指数

香港恒生指数是中国香港股票市场上历史最久、影响最大的股票价格指数，由香港恒生银行于1969年11月24日开始发布。恒生股票价格指数包括从香港500多家上市公司中挑选出来的33家有代表性且经济实力雄厚的大公司股票作为成分股，分为四大类：4种金融业股票、6种公用事业股票、9种地产业股票和14种其他工商业（包括航空和酒店）股票。这些股票市值占香港股票市值的63.8%，因该股票指数涉及香港的各个行业，具有较强的代表性，因此，恒生指数是目前香港股票市场最具权威性和代表性的股票价格指数。

恒生股票价格指数的编制以1964年7月31日为基期，因为这一天香港股票市场运行正常，成交值均匀，可以反映整个香港股票市场的基本情况，基点确定为100点。其计算方法是将33种股票按照每天的收盘价乘以各自的发行股数作为计算日的市值，再与基期的市值相比较，乘以100，就得出当天的股票价格指数。为了进一步反映市场上各类股票的价格走势，恒生指数于1985年开始公布四个分类指数，把33种成分股分别纳入工商、金融、地产和公共事业四个分类指数中。恒生指数计算公式为：

现时指数=现时成分股的总市值÷上日收市时成分股的总市值×上日收市指数

恒生指数成分股的选取主要根据以下三个标准：第一，按照股票市值大小选择，必须居于占联交所所有上市普通股份总市值90%的排榜股票之列（市值指过去12个月的平均值）。第二，按照成交额大小选择，必须居于占联交所所有上市普通股股份成交额90%的排榜股票之列（成交额指过去24个月的成交总额）。第三，必须在联交所上市满24个月以上。根据以上标准初选出合格股票后，再按照以下准则最终选定样本股：第一，公司市值及成交额的排名。第二，四个分类指数在恒生指数内各占的比重需大体反映市场情况。第三，公司在香港有庞大业务。第四，公司的财政状况。

恒生指数任何一只指数成分股如连续停牌一个月，该成分股将会从指数中剔除。在非常特殊情况下，例如，该成分股被认为极有可能在短时间内复牌，才有可能保留在指数内。截至2020年8月，有50只恒生指数成分股。

四、国内主要股票价格指数

（一）上海证券交易所股票价格指数

1.上证综合指数

其全称为上海证券交易所股票价格综合指数，是以上海证券交易所挂牌的全部股票为计算范围，以发行量为权数的加权综合股价指数，它反映上海证券交易所上市的全部A股和全部B股的股份走势。该指数是在吸取国际重要股价指数编制经验，对原有上海静安指数进行分析的基础上，依据当时在交易所上市的所有股票为样本，以1990年12月19日为基期，以100点为基期指数进行编制的。该指数自1991年7月15日起开始实时发布。其计算公式为：

$$股价指数=本日市价总值\div基期市价总值\times100$$

其中：

$$本日市价总值=\sum 本日收盘价\times发行股数$$

$$基期市价总值=\sum 基期收盘价\times发行股数$$

在遇到不同情况时，上述计算公式需做调整。当股票增资扩股时，公式变为：

$$修正后本日股价指数=本日市价总值\div新基期市价总值\times100$$

$$新基期市价总值=\frac{修正前基期}{市价总值}\times（修正前市价总值+市价总值变动额）\div修正前市价总值$$

随着上海股市的发展，上海证券交易所决定从1993年5月3日起发布上海证券交易所分类股价指数。将分类股价指数编制的基期日从原定的1990年12月19日改为1993年4月30日，并以这天上证综合指数收盘点位1 358.78点作为计算基准。同时，上证综合指数仍照常编制。

根据上海证券交易所的规定，上证综合指数自2002年9月23日起新股上市首日即计入指数。新股计入指数的基准价格是以发行价来计算的。这次新股计入指数基准日的调整，对证券市场产生了积极的影响。

2.上证180指数

它又称上证成分指数，是对原上证30指数进行调整和更名后产生的指数，目的在于通过科学客观的方法挑选出最具代表性的样本股票，建立一个反映上海证券市场概貌和运行状况，能够作为投资评价尺度及金融衍生产品基础的基准指数。上证180指数挑选样本的标准是股票在行业内有代表性、规模大、流动性好，具体过程为：①根据总市值、流通市值、成交金额和换手率对股票进行综合排名；②按照各行业的流通市值比例分配样本支数；③按照行业的样本分配支数，在行业内选取排名靠前的股票；④对各行业选取的样本做进一步调整，使成分股总数为180家。在指数的权数及计算公式方面，上证成分指数采用派许加权综合价格指数公式计算，以样本股的调整股本数为权数。

3.上证50指数

上海证券交易所宣布2004年1月2日发布上证50指数。它是从上证180指数样本中挑选出规模大、流动性好的50只股票组成样本股，综合反映上海证券市场最具市场影响力的一批优质大盘股的整体状况，指数基期日为2003年12月31日，基点为1 000点，采用派许加权方法计算。

国外及中国香港证券市场上著名指数所选样本股的总流通市值和成交金额都较大，这是成分股选择中最基本和最核心的标准，也是样本股选择的主流标准。而上证50指数正是从这两个角度来选择样本股的，反映了上证50指数编制方法的国际先进性和科学性。上证50指数依据样本稳定性和动态跟踪相结合的原则，每半年调整一次成分股。调整时间与上证180指数一致。每次调整的比例一般情况下不超过10%。

（二）深圳证券交易所股票价格指数

1.深证综合指数

其全称为深圳证券交易所股票价格综合指数，是深圳证券交易所编制的，以深圳证券交易所挂牌上市的全部股票为计算范围，以发行量为权数的加权综合股价指数。该指数以1991年4月3日为基期，基期指数定为100点。深证综合指数综合反映深交所全部A股和B股上市股票的股价走势。此外还分别编制了反映全部A股和全部B股股价走势的深证A股指数和深证B股指数。

每当有新股在深圳证券交易所上市时，从上市的第二天开始列入样本股。当某一股票暂停买卖时，便将其从计算中剔除。当某股票的数量与结构发生变化时，则以变动之日为新基期数计算，并用“连锁”方法将计算得到的指数追溯到原有基期，以保持指数的连续性。“连锁”追溯计算公式如下：

当日即时指数=上一营业日收市指数×当日现时总市值÷上一营业日收市总市值

式中：当日现时总市值为各样本股市值与该股发行股数乘积的总和。上一营业日收市总市值是根据上一营业日样本股的股本或样本股的变动做调整后计算的总市值。

2.深证成分指数

它是深圳证券交易所从上市的所有股票中抽取具有市场代表性的40家上市公司的股票作为计算对象，并以流通股为权数计算得出的加权股价指数，综合反映深交所上市A股和B股的股价走势。该指数以1994年7月20日为基期，基期指数定为1 000点。成分股指数于1995年1月23日开始试发布，1995年5月5日正式启用。成分股指数计算公式为：

即日成分股指数=即日成分股可流通总市值÷基期成分股可流通总市值×1 000

深圳证券交易所选取成分股的一般原则是：有一定的上市交易时间；有一定的上市

规模，以每家公司一段时期内的平均可流通股市值和平均总市值作为衡量标准；交易活跃，以每家公司一段时期内的总成交金额和换手率作为衡量标准。根据以上标准再结合下列各项因素评选出成分股：公司股票在一段时间内的平均市盈率；公司的行业代表性及所属行业的发展前景；公司近年来的财务状况、盈利记录、发展前景及管理素质等；公司的地区、板块代表性等。

3.深证100指数

深证100指数又称深证100总收益指数，是中国证券市场第一只定位投资功能和代表多层次市场体系的指数，由深圳证券交易所委托深圳证券信息公司编制，并于2003年1月3日正式对外发布，该指数以2002年12月31日为基期，基期指数为1 000点。

深证100指数是以深圳市场全部正常交易的股票（包括中小企业板）作为选样范围，选取100只A股作为样本编制而成的成分股指数，并保证中小企业成分股数量不少于10只。成分股按照下列原则选取：①有一定上市交易日期（一般为6个月）；②非ST、PT股票；③公司最近一年无重大违规，财务报告无重大问题；④一段时期内股价无异常波动。成分股样本选样指标为一段时期（一般为前6个月）平均流通市值的比重和平均成交金额的比重。选样时先计算入围个股平均流通市值占市场比重和平均成交金额占市场比重，再将上述指标按2∶1的权重加权平均，然后将计算结果从高到低排序，选取排名在前100名的股票，构成深证100指数初始成分股。深证100指数包含了深圳市场A股中流通市值最大、成交最活跃的100只成分股，代表了深圳A股市场的核心优质资产，成长性强，估值水平低，具有很高的投资价值，属于描述深市多层次市场指数体系的核心指数。

深证100指数的功能定位主要就是向市场投资者（特别是机构投资者）提供客观的投资业绩基准和指数化投资标的，自发布以来该指数一直表现出良好的市场特性，并且在近三年跌宕起伏的股市中得到验证。深证100指数每半年调整一次，合理的调整幅度和科学的调整方法保证成分股普遍质地优良，盈利能力强，业绩良好，不断提高指数组合的投资价值。

知识链接3-4　　**沪深300指数**

沪深300指数于2005年4月8日正式发布，是沪深交易所联合发布的第一只跨市场指数。2005年9月中证指数公司成立后，沪深300指数移交中证指数公司进行管理运行。沪深300指数由沪深A股中规模大、流动性好、最具代表性的300只股票组成，以综合反映沪深A股市场整体表现。沪深300指数是内地首只股指期货的标的指数，被境内外多家机构开发为指数基金和ETF产品，跟踪资产在A股股票指数中高居首位。

在确定沪深300指数样本空间时，剔除了ST、*ST股票，股价波动异常或被市场操纵、有重大违法违规的股票，较高程度地保证了样本公司的质量。在选样时，沪深300指数选择成交金额位于前50%的上市公司中总市值排名前300名的股票组成样本股。因此，沪深300指数的样本股代表了沪深两市A股市场的核心优质资产，成长性强，估值水平低，其在整体经营业绩和估值水平方面对投资者具有很强的吸引力。

沪深300指数以自由流通股本分级靠档后的调整股本作为权重。分级靠档技术的采用确保样本公司的股本发生微小变动时用于指数计算的股本数相对稳定，以有效降低股本频繁变动带来的跟踪成本。以调整后的自由流通股本而非全部股本为权重，沪深300指数更能真实反映市场中实际可供交易股份的股价变动情况，从而有效避免通过操纵大盘股来操纵指数的情况发生。

任务四　解读即时行情信息

任务描述

本任务的主要学习内容是认知证券即时行情信息，掌握大盘和个股即时行情数据的基本含义，了解股票交易的一些常用术语。

知识准备

证券即时行情是证券交易所实时对外公布（包括交易价格、成交量等）的各种证券的交易信息。证券即时行情包括大盘即时行情和个股即时行情。大盘即时行情是反映整个证券市场总体交易情况的有关信息；个股（单个证券）即时行情是反映具体的股票（证券）交易情况的有关信息。证券即时行情是投资者研判证券价格走势、选择买卖时机的重要依据，因此，准确、客观地解读证券即时行情是每一位投资者进行证券交易的前提。

一、大盘即时行情解读

投资者进行证券投资应首先读懂大盘行情。大盘行情只是一种通俗的说法，就是指股票市场价格的总体走势。目前，我国沪、深证券交易所分别从不同角度编制并公布了多个反映市场价格总体走势的股票价格指数，其中最有代表性的分别是上证指数（000001）、上证180指数（000010）、深证成指（399001）和深证综指（399106）。下面以上证指数为例，解读大盘即时行情。

很多行情软件登录后，在主界面状态下即是上证指数分时走势图，如图3-27所示。在分时走势图中，坐标的横轴是开市的时间，纵轴上半部分是股价或指数，属于主图；下半部分是成交量及技术指标，属于辅图。

（一）粗横线

位于分时走势图中间的粗横线（如图3-27所示）表示上一交易日指数的收盘点数，它是当日大盘上涨和下跌的分界线。它的上方是大盘的上涨区域；下方是大盘的下跌区域。

（二）红、绿柱状线

在图3-27的中间，以昨日收盘价的水平线为基准，在其上显示的是红色柱状线，在其下显示的是绿色柱状线，这些红、绿色柱状线反映了上证指数当时上涨或下跌的强弱度。

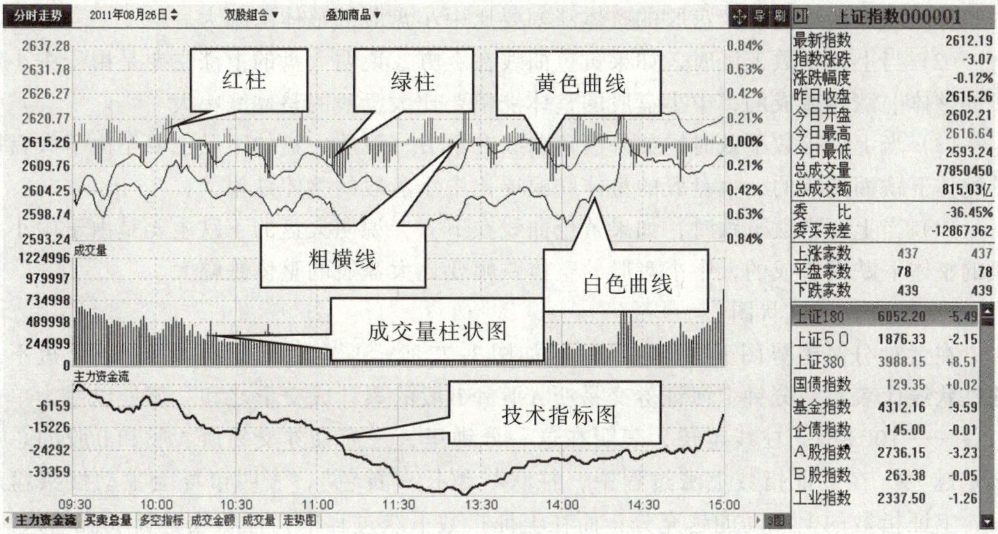

图 3-27　大盘分时走势图

当红色柱状线的长度在往上延伸时，表示此时上证指数上涨的力量在逐渐增强；当红色柱状线的长度在往下缩短时，表示此时上证指数上涨的力量在逐渐减弱；当绿色柱状线的长度在往下延伸时，表示此时上证指数下跌的力量在逐渐增强；当绿色柱状线的长度在往上缩短时，表示此时上证指数下跌的力量在逐渐减弱。

如果绿色柱状线的长度在往上缩短后，还没来得及翻红就又开始成为绿色柱状线并往下延伸，则意味着连绵的下跌开始来临；反之，当红色柱状线的长度在往下缩短后，还没来得及翻绿就又开始成为红色柱状线并往上延伸，则意味着连绵的上涨开始来临。

上证指数在上涨过程中，红色柱状线越长，表示上涨的动能越充分，大盘越容易往上走；在下跌过程中，绿色柱状线越长，表示下跌的动能越强，大盘越容易往下跌。

（三）白、黄色曲线

1. 白、黄色曲线的含义

图 3-27 中有白色和黄色两条曲线，表示上证指数的分时走势。白色曲线是指加权的上证指数走势图，由上海证券交易所发布并编制，在计算时采取加权算术平均法。当交易者听到媒体报上证指数时，所报的点数就是白线所处位置的点数；黄色曲线是指不含加权的上证指数走势图，由各大行情分析软件自行编制，在计算时采取简单算术平均法。黄色曲线仅对白色曲线的走势有对比参考的作用，不具备其他的意义。

采取简单算术平均法计算出来的黄色曲线，因为各股票的权重都相等，所以可以很好地体现小盘股的价格变动痕迹；采取加权算术平均法计算出来的白色曲线，因为各股票的权重不一样，而各大指数基本上是以总股本来计算权重的，所以总股本大的股票，其涨跌幅度对指数的影响就比较大。因此，一般认为白色曲线代表的是大盘股，黄色曲线代表的是小盘股。

2. 白、黄色曲线位置关系

参考白、黄色曲线的位置关系，投资者可以得到如下信息：

（1）当上证指数上涨时，如果白色曲线在上方，说明大盘的上涨主要是由于大盘股的整体上涨而造成的，大盘股的整体涨幅要比中小盘股的整体涨幅大。

（2）当上证指数上涨时，如果黄色曲线在上方，说明大盘的上涨主要是由于中小盘股的整体上涨而造成的，中小盘股的整体涨幅要比大盘股的整体涨幅大。

（3）当上证指数下跌时，如果白色曲线在下方，说明大盘的下跌主要是由于大盘股的整体下跌而造成的，大盘股的整体跌幅要比中小盘股的整体跌幅大。

（4）当上证指数下跌时，如果黄色曲线在下方，说明大盘的下跌主要是由于中小盘股的整体下跌而造成的，中小盘股的整体跌幅要比大盘股的整体跌幅大。

（四）成交量柱状图

在大盘分时走势图下方的柱状线（如图3-27所示）表示成交量，每一条长短不一的柱状线代表每一分钟上海证券交易所A股和B股的累计成交量之和。该处以手为单位（1手——100股），柱线越长，表明在这一分钟里，上海证券交易所A股和B股的总成交量越大。在上证指数上涨过程中，柱状线越长（黄色），表明市场上主动性买盘越大，上证指数的上涨动能越充分；而在上证指数下跌过程中，柱状线越长（蓝色），表明市场上主动性抛盘越大，上证指数下跌的动能越大。

（五）行情数据

在大盘分时走势图的右侧信息栏（如图3-27所示）是大盘行情的有关数据，从上往下依次排列的主要数据有以下内容：

最新指数：即当前上证指数的最新点位。在图3-27中，最新指数为收盘时点位，“最新指数2 612.19”表示上证指数以2 612.19点收盘。

指数涨跌：即当前上证指数比前一个交易日收盘点位上涨或下跌的绝对数。在图3 27中，指数涨跌=2 612.19-2 615.26=-3.07。

涨跌幅度：即当前上证指数涨跌与前一交易日收盘点位的比值。在图3-27中，涨跌幅度=-3.07÷2 615.26=-0.12%。

昨日收盘：表示前一交易日上证指数的收盘点位。

今日开盘：表示当天上证指数的开盘点位。

今日最高：表示上证指数当天曾达到的最高点位。

今日最低：表示上证指数当天曾达到的最低点位。

总成交量（总手）：表示当日上海证券交易所从交易开始累积到目前的总成交量。图3-27中显示的是当天收盘后的大盘分时走势图，故总手是77 850 450手，是当天累计成交量。

总成交额：表示当日上海证券交易所从交易开始累积到目前的总成交金额。图3-27中显示的总成交额815.03亿元，是当日累计总成交额。

委比：委比是委买手数、委卖手数之差与之和的比值，它是衡量一段时间内场内买、卖强弱的一种技术指标，其计算公式是：

委比=（委买手数-委卖手数）÷（委买手数+委卖手数）×100%

委比值的变化范围为-100%～+100%。一般而言，当委比数值正值很大的时候，表示买方比卖方力量强，指数上涨概率大；当委比为负值的时候，表示卖方比买方力量强，指数下跌概率大。

上涨家数：表示当前上海证券交易所上市公司股价高于前一交易日其收盘价的家数。图3-27中显示的是当日收盘时的上涨家数为437家。

平盘家数：表示当前上海证券交易所上市公司股价与前一交易日其收盘价相等的家数。图3-27中显示的是当日收盘时的平盘家数为78家。

下跌家数：表示当前上海证券交易所上市公司股价低于前一交易日其收盘价的家数。图3-27中显示的是当日收盘时的下跌家数为439家。

二、个股即时行情解读

运行行情软件，在主界面状态下，输入股票代码或股票简称拼音的第一个字母，即可查看到相应的个股行情。

（一）分时价位线和分时均价线

分时价位线就是个股分时走势图（图3-28）中的白色曲线，表示该只股票的分时成交价格。分时均价线就是个股分时走势图（图3-28）中的黄色曲线，表示该只股票的分时平均价格。它是从当日开盘到现在按平均交易价格画成的曲线，其作用类似移动平均线。

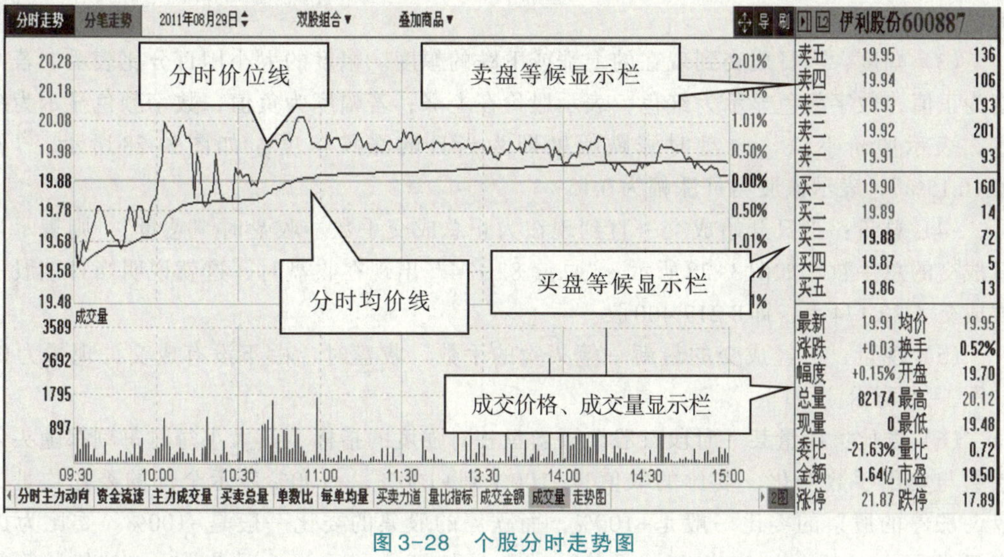

图3-28　个股分时走势图

（二）个股信息栏

1.卖盘等候显示栏

在个股分时走势图右边的信息栏中的“卖一、卖二、卖三、卖四、卖五”表示该个股当前时刻委托卖出的最低／次低／第三低／第四低／第五低价格。按照“价格优先，时间优先”的原则，谁卖出的报价低谁就排在前面，如果卖出的报价相同，谁先报价谁就排在前面，而这一切都由电脑自动计算，绝对公平，不存在营私舞弊现象。其中卖一是出价最低，也是最易成交的一笔卖出委托。卖一、卖二、卖三、卖四、卖五后面的数字为价格，再后面的数字为等候卖出的股票手数。图3-28中伊利股份卖盘等候显示栏“卖一 19.91 93”表示第一排等候卖出的报价是19.91元，共有93手股票，即有9 300股在这个价位等候卖出。

2.买盘等候显示栏

在个股分时走势图右边的信息栏中的“买一、买二、买三、买四、买五”表示该个股当前时刻委托买入的最高/次高/第三高/第四高/第五高价格。依次等候买进，与等候卖出相反，谁买进的报价高谁就排在前面，如果买进的报价相同，谁先报价谁就排在前面。如图3-28所示的伊利股份买盘等候显示栏：“买一 19.90 160”表示在第一排等候买入的报价为19.90元，共有160手股票，即有16 000股在这个价位等候买进。

3.成交价格、成交量显示栏

图3-28中，成交价格、成交量显示栏有16个内容，下面对其中的事项加以说明(不同的股票分析软件有可能显示的内容不同)。

（1）最新：买卖双方的最新一笔成交价。当日收盘时的最后一笔成交价为当日收盘价，如图3-28所示：“最新 19.91”，则这个即时成交价是发生在15：00的最后一笔交易，因此，19.91元就是该股当日的收盘价。

（2）涨跌：当日该股最新价与前一交易日收盘价相比上涨和下跌的绝对值，以元为单位。如图3-28显示：“涨跌 +0.03”，表示当日该股与前一交易日19.88元相比上涨了0.03元。

（3）幅度：当日成交到现在的上涨或下跌的幅度。幅度的大小用百分比表示。若幅度为正值，数字颜色显示为红色，表示股价在上涨；若幅度为负值，数字颜色显示为绿色，表示股价下跌。收盘时涨跌幅度即为当日的涨跌幅度，如图3-28所示：“幅度+0.15%”，表示该股当日涨幅为0.15%。

（4）总量：当日开始成交一直到现在为止总成交手数。收盘时“总量”，则表示当日成交的总手数。如图3-28所示：“总量 82 174”出现在收盘时，这就说明当日该股一共成交了82 174手，即8 217 400股。

（5）现量：已经成交的最新一笔买卖的手数。收盘时，由于没有成交，现量为0，如图3-28所示。

（6）委比：衡量某一时段某股票买卖盘相对强度的指标，其大小每时每刻都随买入手数与卖出手数变化。委比的取值自-100%到+100%，+100%表示全部的委托均是买盘，涨停的股票的委比一般是+100%，而跌停的股票的委比一般是-100%。委比为0，意思是买入（托单）和卖出（压单）的数量相等，即委买：委卖=5：5。其计算公式为：

$$委比=（A-B）\div（A+B）\times 100\%$$

其中：A为该股票当前委托买入五档（买一、买二、买三、买四、买五）手数之和；B为该股票当前委托卖出五档（卖一、卖二、卖三、卖四、卖五）手数之和。当委比数为正值时，表示委托买入手数大于委托卖出手数，买方力量较强，股价上涨的概率大；当委比值为负值时，表示委托卖出手数大于委托买入手数，卖方的力量较强，股价下跌的概率大。如图3-28显示，“委比 -21.63%”出现在收盘时，说明该股收盘时卖出手数增加，股价在收盘时出现下跌。

（7）金额：成交金额。对个股来说，成交金额表示到最近一笔成交为止该股的累计成交金额，单位为元。如图3-28所示："金额 1.64亿"出现在收盘时，这就说明该股当日共成交了1.64亿元。其计算公式为：

成交金额=$\sum$ 成交价格×成交量

（8）均价：开盘到现在买卖双方成交的平均价格。其计算公式是：

成交均价=该股当日成交金额÷该股当日成交量

收盘时的均价为当日交易均价。如图3-28所示："均价 19.95"出现在收盘时，所以，当日该股交易均价为19.95元。

（9）换手：换手率，也称周转率，指在一定时间内股票转手买卖的频率，是反映股票流通性强弱的指标之一。其计算公式为：

换手=成交股数÷流通股数×100%

股票的换手率越高，意味着该只股票的交投越活跃，人们购买该只股票的意愿越高，属于热门股；反之，股票的换手率越低，则表明该只股票很少人关注，属于冷门股。

知识链接3-5　换手率指标运用六大原则

1.选股唯一准则是趋势为王。如果在大牛市中，空头绝迹，短暂的回调都是新的建仓机会，分批买入，逐渐建仓。不同板块的大趋势都会带动板块内个股趋势性涨跌。这时换手率将只有辅助功能。

2.低位换手率非常高，并不意味着主力在吸货，特别是股价还在下跌趋势里的时候，常常是继续派发的表现。而且换手率还要结合一段时间内平均换手率和筹码集中价格来看，如果没有扰动主力筹码价格，那么洗盘的可能性极大。

3.股价翻了一倍或两倍，某一段时间又开始换手率增加，看起来好像充分换手洗盘，而有时其实的确是主力在拉高出货，这往往更多需要依靠盘口下单和成交详情来观察，如果明显大单挂卖和高卖委比，那么要警惕主力出货。

4.拉升时如果一只股票当天换手率超过10%（新股或刚上市不久的股票除外），通常表明主力在盘中开始动作。当然还要根据之前2周之内平均换手率来看，如果突破平均换手率2倍以上，那么主力资金再出入是准确无误的。

5.低位主力通常拿不到多少筹码，所以散户最容易上当的就是一只股票突破长期下降趋势后的回调中，股价不阴不阳，换手率低下，散户一卖，主力照单全收，这一阶段换手率比上涨时小得多，但是主力能拿到的筹码却不少。因此，密切关注不合理的回调，如果大单成交少，散单成交多，那么很明显主力在压低吸筹。

6.行情初始阶段某只股票连续三天以上换手率大得吓人，平均一天10%以上，股价连连狂升，请注意，这将是板块中领涨股，如果这一情况发生在大盘回调期间，那么更要加仓这类抗跌且量价持续飙升的股票。如果连续5天、7天量价成交都在不断飙升，那么这注定是一只黑马牛股。

资料来源　佚名．换手率六大原则［EB/OL］．［2019-07-15］．http://t.10jqka.com.cn/pid_109378655.shtml.

（10）开盘：当日的开盘价。开盘价是每个交易日的第一笔成交价。按上海证券交易所的规定，如开市后某只股票半小时内无成交，则以该股上一个交易日的收盘价为当日开盘价。

（11）最高：开盘到现在买卖双方成交的最高价格。收盘时“最高”后面显示的价格为当日成交的最高价格。

（12）最低：开盘到现在买卖双方成交的最低价格。收盘时“最低”后面显示的价格为当日成交的最低价格。

（13）量比：衡量相对成交量的指标。它是开市后每分钟平均成交量与过去5个交易日每分钟平均成交量之比。其计算公式为：

$$量比=\frac{现成交总手数}{现累计开市分钟}\times过去5日平均每分钟成交量$$

量比是投资者分析行情短期趋势的重要依据之一。若量比数值大于1，且越来越大时，表示现在这时刻的成交总手数较多，即成交量在放大；若量比数值小于1，且越来越小时，表示现在这时刻的成交总手数较少，即成交量在萎缩。这里要注意的是，并非量比大于1，且越来越大，就一定对买方有利。通常，若股价上涨，价升量增，这当然是好事，投资者可积极看多、做多，但此时如果股价在往下走，价跌量增，这就不一定是好事了。总之，量比要同股价涨跌联系起来分析，这样才会减少失误，提高投资成功率。

（14）市盈：市盈率，又称本益比，是某种股票每股市价与每股盈利的比值。市盈率反映投资者为每股股票愿意付出的成本。市盈率是估计普通股价值的最基本、最重要的指标之一。一般认为该比率保持在20～30倍是正常的，数值小说明股价低、风险小，值得购买；过大则说明股价高、风险大，购买时应谨慎。高市盈率股票多为热门股，低市盈率股票可能为冷门股。市场广泛谈及的市盈率通常指的是静态市盈率。

（15）涨停和跌停：为抑制投机行为，证监会对每个交易日中每只股票的成交价格，相对于前一交易日收盘价的最大涨跌幅度做了一个限制，即涨跌幅限制。普通股票的涨跌幅度限制是10%，ST股票和S股票的涨跌幅度限制是5%，创业板股票涨跌幅度限制是20%，科创板股票涨跌幅度限制是20%。例如，普通股票的涨跌幅度限制是10%，即当日成交价只能在前一交易日收市价±10%内，当成交价为前一交易日收市价+10%时，此成交价即为涨停板，亦即涨停；当成交价为前一交易日收市价-10%时，此成交价即为跌停板，亦即跌停。新股上市当日股票无涨跌幅限制。

工作任务

○ 任务一

1.任务内容：下载，并安装证券行情分析软件。

2.任务步骤：

（1）选择一款适合自己的证券行情分析软件。

（2）登录其官方网站下载，并安装。

（3）自我评价。

3.任务操作提示：学生通过登录证券公司网站，了解各家证券公司服务宗旨和内容，掌握行情分析软件特点，从中选择适合自己的软件下载、安装。

○ 任务二

1.任务内容：查看上证指数、深证成指分时走势图。

2.任务步骤：

（1）知识准备：掌握证券行情分析软件键盘操作热键。

（2）登录行情分析软件，查看当日上证指数、深证成指分时走势图，并根据当前界面上的数据进行盘面分析。

（3）自我评价。

3.任务操作提示：通过键盘操作热键F3、F4，学生可以调阅大盘分时走势，根据盘面特征和行情数据反映的内容，对盘面进行分析。

○ 任务三

1.任务内容：查找家乡上市公司的基本情况（上市公司家数，某一上市公司基本情况）。

2.任务步骤：

（1）知识准备：掌握证券行情分析软件基本功能。

（2）登录行情分析软件，按地域板块查看某一地域上市股票，并根据当前界面上的数据统计上市股票数量、上市公司家数。

（3）点击某一股票，调阅其公司基本资料。

（4）自我评价。

3.任务操作提示：掌握选择板块的方法与F10键的应用。

○ 任务四

1.任务内容：查看大盘即时行情和个股即时行情。

2.任务步骤：

（1）知识准备：掌握证券行情分析软件中分时走势图的内容。

（2）登录行情分析软件，打开大盘分时走势图和个股分时走势图。

（3）自我评价。

3.任务提作提示：通过大盘分时走势图和个股分时走势图解读证券即时行情。

项目四

宏观经济分析

本项目学习目标

核心知识：熟悉宏观经济各项指标，掌握宏观经济运行和证券市场的关系，掌握宏观经济政策对证券市场的影响规律，熟悉国际金融市场对证券市场的影响规律，理解股票市场供给和需求的决定因素和变动特点，了解影响我国证券市场供求关系的基本制度的变革。

核心技能：能够运用宏观经济的基本变量研判整体宏观经济状况，会通过搜集和分析宏观经济数据评价和判断对当前证券市场走势的影响，能从宏观经济政策的调整变化中判断对证券市场的影响，会根据国际经济环境的变化评价对国内证券市场的影响，能够根据我国股票的市场供求现状分析股票的交易价格的变化走势。

案例导入

2019年宏观经济数据

2020年1月17日，国家统计局发布的宏观经济数据显示，2019年全年我国国内生产总值（GDP）为990 865亿元，按可比价格计算比上年增长6.1%，符合6%~6.5%的预期目标。分产业看，第一产业增加值70 467亿元，比上年增长3.1%；第二产业增加值386 165亿元，增长5.7%；第三产业增加值534 233亿元，增长6.9%。

2019年末，城镇登记失业率为3.62%，比上年末降低0.18个百分点，符合4.5%以内的预期目标。年末全国就业人员77 471万人，其中城镇就业人员44 247万人。全年农民工总量29 077万人，比上年增加241万人，增长0.8%。其中，本地农民工11 652万人，增长0.7%；外出农民工17 425万人，增长0.9%。农民工月均收入3 962元，比上年增长6.5%。

2019年末，CPI同比上涨2.9%，涨幅较2018年扩大了0.8个百分点，创下了自2012年以来的物价涨幅新高。

2019年1—12月，全国固定资产投资增长5.4%，增速比1—11个月加快0.2个百分点；民间固定资产投资增长4.7%，增速比1—11个月加快0.2个百分点。

2019年12月M2同比增长8.7%（预期8.4%，前值8.2%）；12月人民币贷款增加1.14万亿元，同比增加543亿元；12月份社会融资规模增量为2.1万亿元，比上年同期多1 719亿元。

资料来源 根据国家统计局官网资料整理.

课前思考

案例中有哪些宏观经济指标，反映出2019年我国的宏观经济运行状况有哪些特点？

任务一 宏观经济运行分析

任务描述

本任务的主要学习内容是认知宏观经济运行和证券市场的关系，掌握宏观经济分析的基本变量。

知识准备

一、宏观经济分析的基本变量

（一）国内生产总值与经济增长率

1.国内生产总值（GDP）

国内生产总值是指一个国家（或地区）的所有常住居民在一定时期内（一般按年统计）生产活动的最终成果。统计时，要将出口计算在内，但不计算进口。区分国内生产和国外生产一般以“常住居民”为标准，只有常住居民在一年内生产的产品和提供劳务所得到的收入才计算在本国的国内生产总值之内。常住居民是指居住在本国的公民、暂居外国的本国公民和长期居住在本国但未加入本国国籍的居民。因此，一国的国内生产总值是指在一国的领土范围内，本国居民和外国居民在一定时期内所生产的、以市场价格表示的产品和劳务的总值。也就是在一国的国民生产总值（GNP）中减去“国外要素收入净额”后的社会最终产值（或增加值）以及劳务价值的总和。计算公式为：

GDP=GNP-本国居民在国外的收入+外国居民在本国的收入

=GNP-国外要素收入净额

在宏观经济分析中，国内生产总值指标占有非常重要的地位，具有十分广泛的用途。国内生产总值的持续、稳定增长是政府着意追求的目标。

2.经济增长率

它也称经济增长速度，是反映一定时期经济发展水平变化程度的动态指标，也是反映一个国家经济是否具有活力的基本指标。

GDP的增长速度一般用来衡量经济增长率，这是反映一定时期经济发展水平变化程度的动态指标，也是反映一个国家经济是否具有活力的基本指标。

（二）失业率

失业率是指劳动力人口中失业人数所占的百分比，并不包括有劳动能力却不寻找工作的自愿失业情况。其中，劳动力人口是指年龄在16岁以上具有劳动能力的人的全体。当失业率很高时，资源被浪费，人们收入减少，同时经济上的困难还会影响到人们的情绪和家庭生活，进而引发一系列的社会问题。因此，低失业率是经济社会追求的一个重要目标。

（三）通货膨胀率

通货膨胀是指用某种价格指数衡量的一般价格水平的持续上涨。一般来说，常用的指标有三种：零售物价指数、批发物价指数、国民生产总值物价平均指数。这三种指标在衡量通货膨胀时各有优缺点，且所涉及商品和劳务的范围不同，计算口径不同，即使在同一国家的同一时期，各种指数所反映的通货膨胀程度也不尽相同。一般来说，零售物价指数使用得最多、最普遍。

通货膨胀常被视为经济发展的头号大敌，各国政府都曾为控制通货膨胀采取过猛烈的行动。通货膨胀对社会经济会产生的影响主要有：影响收入和财富的再分配，扭曲商品相对价格，降低资源配置效率，促发泡沫经济，乃至损害一国的经济基础和政权基础。

通货膨胀有被预期和未被预期之分，从程度上则有温和的、严重的和恶性的三种。温和的通货膨胀是指年通胀率低于10%的通货膨胀；严重的通货膨胀是指年通胀率为两位数的通货膨胀；恶性通货膨胀则是指年通胀率为三位数以上的通货膨胀。为抑制通货膨胀而采取的货币政策和财政政策通常会导致高失业和GDP的低增长。

（四）利率

利率或称利息率，是指在借贷期内所形成的利息额与所贷资金额的比率。利率直接反映的是信用关系中债务人使用资金的代价，也是债权人出让资金使用权的报酬。

从宏观经济分析的角度看，利率的波动反映出市场资金供求的变动状况。在经济发展的不同阶段，市场利率有不同的表现。在经济持续繁荣增长时期，资金供不应求，利率上升；当经济萧条市场疲软时，利率会随着资金需求的减少而下降。

除了与整体经济状况密切相关之外，利率影响着人们的储蓄、投资和消费行为，利率结构也影响着居民金融资产的选择，影响着证券的持有结构。随着市场经济的不断发展和政府宏观调控能力的不断加强，利率，特别是基准利率已经成为中央银行一项行之有效的货币政策工具。

（五）汇率

汇率是外汇市场上一国货币与他国货币相互交换的比率，实质上可以将汇率看作是以本国货币表示的外国货币的价格。一方面，一国的汇率会因该国的国际收支状况、通货膨胀水平、利率水平、经济增长率等因素的变化而波动；另一方面，汇率及其适当波动又会对一国的经济发展发挥重要作用。特别是在当前国与国之间经济联系日益密切的情况下，汇率的变动对一国的国内经济、对外经济以及国际经济联系都会产生重大影响。

（六）国际收支

国际收支一般是一国居民在一定时期内与非居民在政治、经济、军事、文化及其他往来中所产生的全部交易的系统记录。这里的“居民”是指在国内居住一年以上的自然人和法人。

国际收支包括经常项目和资本项目。经常项目主要反映一国的贸易和劳务往来状况；资本项目则集中反映一国同国外资金往来的情况，反映着一国利用外资和偿还本金的执行情况。全面了解和掌握国际收支状况，有利于从宏观上对国家的开放规模和开放速度进行规划、预测和控制。

（七）固定资产投资规模

固定资产投资规模是指一定时期在国民经济各部门、各行业固定资产再生产中投入资金的数量。投资规模是否适度，是影响经济稳定与增长的一个决定因素。投资规模过小，不利于为经济的进一步发展奠定物质技术基础；投资规模过大，超出了一定时期人力、物力和财力的承受能力，又会造成国民经济比例的失调，导致经济大起大落。

在经济增长时期，尤其要注意控制固定资产投资规模，防止投资规模的膨胀。我国曾多次出现固定资产投资领域盲目建设、重复建设现象，各地方盲目扩大投资规模，导致社会总需求的膨胀，物价大幅度上涨，影响经济的协调发展，最终又不得不回过头来压缩投资规模，从而造成资源的巨大浪费。因此，适度安排固定资产投资规模是宏观经济得以合理、高效运行的必要前提。

知识链接4-1　经济软着陆

国民经济运行是一个动态的过程，各年度间经济增长率的运动轨迹不是一条直线，而是围绕潜在增长能力上下波动，形成扩张与回落相交替的一条曲线。

一般来说，当经济增长速度过快，出现了严重的通货膨胀时，一国就要利用紧缩性政策来压制通胀，但是这时社会总需求会下降，从而使经济增长速度变缓或者出现负增长，这就可以形象地称为经济“着陆”。“软着陆”即是一种回落方式。

经济软着陆是指国民经济的运行经过一段过度扩张之后，平稳地回落到适度增长区间。“软着陆”是相对于“硬着陆”即“大起大落”方式而言的。“大落”由过度的“大起”而造成。国民经济的过度扩张，导致极大地超越了其潜在增长能力，严重地破坏了经济生活中的各种均衡关系，于是用“急刹车”的办法进行“全面紧缩”，最终导致经济增长率的大幅度降落。

二、宏观经济运行对证券市场的影响

宏观经济运行是影响证券市场长期走势的唯一因素，其他因素可以暂时改变证券市场的中期和短期走势，但改变不了证券市场的长期走势。宏观经济运行对证券市场的影响主要表现在以下几个方面：

1.企业经济效益

它会随着宏观经济运行周期、宏观经济政策、利率水平和物价水平等宏观经济因素的变动而变动。如果宏观经济运行趋好，企业总体盈利水平也会提高，证券市场市值自然上涨；如果政府采取紧缩银根的宏观调控政策，企业的投资和经营会受到影响，盈利下降，市值缩水。

2.居民收入水平

在经济周期处于上升阶段或在提高居民收入政策的作用下，居民收入水平提高会在一定程度上拉动消费需求，从而增加相关企业的经济效益。另外，居民收入水平的提高也会直接促进证券市场投资需求。

3.投资者对股价的预期

当宏观经济趋好时，投资者预期公司效益和自身收入水平会上升，证券市场自然人气旺盛，从而推动市场平均价格走高；反之，则会令投资者对证券市场信心下降。

4.资金成本

国家经济政策发生变化，居民、单位的资金持有成本将随之变化。如利率水平降低和利息税的征收，会促使部分资金由银行储蓄变为投资，从而影响证券市场的走向。

三、宏观经济变动与证券市场波动的关系

（一）国内生产总值（GDP）变动对证券市场的影响

证券市场作为经济的“晴雨表”如何对GDP的变动做出反应呢？我们必须将GDP与经济形势结合起来进行考察，不能简单地以为GDP增长，证券市场就将随之有上升的走势，实际上有时恰恰相反；关键是看GDP的变动是否将导致各种经济因素（或经济条件）的恶化。下面对几种基本情况进行具体分析：

（1）持续、稳定、高速的GDP增长。在这种情况下，社会总需求与总供给协调增长，经济结构逐步合理并趋于平衡，经济增长来源于需求刺激并使得闲置的或利用率不高的资源得到更充分的利用，从而表明经济发展的良好势头，这时证券市场将基于以下原因而呈现上升走势。

一是伴随总体经济成长，上市公司利润持续上升，股息和红利不断增长，企业经营环境不断改善，产销两旺，投资风险也越来越小，从而使公司的股票和债券得到全面升值，价格上扬。

二是人们对经济形势形成了良好的预期，投资积极性得以提高，从而增加了对证券的需求，促使证券价格上涨。

三是随着GDP的持续增长，国民收入和个人收入都不断得以提高，收入增加也将增加证券投资的需求，从而使证券价格上涨。

（2）高通货膨胀下的GDP持续增长。当经济处于严重失衡下的高速增长时，总需求大大超过总供给，将表现为高的通货膨胀率，这是经济形势恶化的征兆，如不采取调控措施，必将导致未来的“滞胀”（即通货膨胀与增长停滞并存）。这时经济中的矛盾会突出地表现出来，企业经营将面临困境，居民实际收入也将降低，因而失衡的经济增长必将导致证券市场呈下跌趋势。

（3）宏观调控下的GDP增长。当GDP呈失衡的高速增长时，政府可能采取宏观调控措施以维持经济的稳定增长，这样必然减缓GDP的增长速度。如果调控目标得以顺利实现，而GDP仍以适当的速度增长，而未导致GDP的负增长或低增长，则说明宏观调控措施十分有效，经济矛盾逐步得以缓解，为进一步增长创造了有利条件，这时证券市场也将反映这种好的形势而呈现出稳中渐升的态势。

（4）转折性的GDP变动。如果GDP一定时期以来一直负增长，当负增长速度逐渐减缓并呈现向正增长转变的趋势时，表明恶化的经济环境逐步得以改善，证券市场走势也将由下跌转为上升。

（二）经济周期与股价波动的关系

所谓经济周期是指宏观经济的周期性波动，它形成一种规律性的模式，每一个周期一般要经历四个阶段，即萧条、复苏、繁荣和衰退，因此，经济周期对证券市场走势的影响可以从它的四个阶段的运行轨迹来分析（见表4-1）。

表4-1　不同经济周期阶段的市场表现

周期阶段	市场表现
萧条时期	经济衰退至尾声，百业不振，投资者已远离股票市场，每日成交寥寥无几；有识之士默默吸纳股票，股价渐升
复苏时期	经济渐复苏时，股价已升至一定水平，股价不停攀升
繁荣时期	有识之士悄然抛出股票，虽还涨，但供需渐渐转变
衰退时期	投资者认清经济形势，股价开始下跌

1.萧条阶段

在萧条阶段，经济下滑至谷底，百业不振，公司经营情况不佳，证券价格持续低位徘徊。由于预期未来经济状况不佳，公司业绩得不到改善，大部分投资者都已离场观望，只有那些不断地搜集和分析有关经济形势并合理判断经济形势即将好转的投资者在默默吸纳股票。

2.复苏阶段

当经济走出萧条，步入复苏阶段时，公司经营状况开始好转，业绩上升，资信提高。此时，由于那些有预见的投资者的不断吸纳，证券价格实际上已经回升至一定水平，初步形成底部反转的态势。随着各种媒体开始传播萧条已经过去、经济日渐复苏的消息，投资者的认同感不断增强，投资者自身的境遇也在不断改善，从而推动证券价格不断走高，完成对底部反转趋势的确认。

3.繁荣阶段

随着经济的日渐活跃，繁荣阶段就会来临，公司的经营业绩也在不断提升，并通过增资扩大生产规模，占有市场。由于经济的好转和证券市场上升趋势的形成得到了大多数投资者的认同，投资者的投资回报也在不断增加，因此，投资者的投资热情高涨，推动证券市场价格大幅上扬，并屡创新高，整个经济和证券市场均呈现一派欣欣向荣的景象。此时，一些有识之士在充分分析宏观经济形势的基础上认为经济高速增长的繁荣阶段即将过去，经济将不会再创高潮，因而悄悄地卖出所持有的证券。证券价格仍在不断上扬，但多空双方的力量在逐渐发生变化，因此，价格的上扬已成强弩之末。

4.衰退阶段

由于繁荣阶段的过度扩张，社会总供给开始超过总需求，经济增长减速，存货增加，同时经济过热造成工资、利率等大幅上升，使公司营运成本上升，公司业绩开始出现停滞甚至下降趋势，繁荣之后衰退的来临不可避免。在衰退阶段，更多的投资者基于对衰退来临的共同认识加入抛出证券的行列，从而使整个证券市场完成中长期筑顶，形成向下的趋势。

证券市场价格的变动周期虽然大体上与经济周期一致，但在时间上并不与经济周期完全相同。从实证方面看，证券市场走势一般会提前于经济周期几个月到半年时间，也就是说，证券市场走势对宏观经济运行具有预警作用。这就是通常所说“证券市场是经济的‘晴雨表’”的原因所在，也是在经济指标分析中证券价格指数作为先行指标的理由。当然，证券市场的“晴雨表”功能是就其长期趋势而言的，证券市场的每一次波动，特别是短期波动，并不表示宏观经济状况的变好或趋坏。

应该注意的是，不同行业受经济周期的影响程度是不一样的。对某种具体证券的行情进行分析时，应深入细致地探究该波动周期的起因及政府控制经济周期采取的各种政策措施，并结合行业特征及发行公司的“公司分析”综合地进行。

（三）通货膨胀对证券市场的影响

通货膨胀一直是困扰各国政府的主要经济问题。通货膨胀存在的原因以及它对经济的影响，是一个十分复杂的问题，而政府对通货膨胀进行控制的宏观经济政策往往只能以一定的代价（比如增加失业率）来实现。

首先来看通货膨胀对股票市场的影响。通货膨胀对股价特别是个股的影响，并无永恒的定势，它完全可能同时产生相反方向的影响，对这些影响做具体分析和比较必须从该时期通货膨胀的原因和程度，并结合当时的经济结构和形势以及政府可能采取的干预措施等的分析入手，其复杂程度可想而知，这里，我们只能就一般性的原则做如下几点说明：

（1）温和的、稳定的通货膨胀对股价的影响较小。

（2）如果通货膨胀在一定的可容忍范围内增长，而经济处于景气（扩张）阶段，产量和就业都持续增长，那么股价也将持续上升。

（3）严重的通货膨胀是很危险的，经济将被严重扭曲，货币每年以超常的速度贬值，这时人们将会囤积商品、购买房屋以期对资金保值。这可能从两个方面影响股价：其一，资金流出金融市场，引起股价下跌；其二，经济扭曲且失去效率，企业筹集不到必需的生产资金，同时，原材料、劳务价格等成本飞涨，使企业经营严重受挫，盈利水平下降，甚至破产倒闭。

（4）政府往往不会长期容忍通货膨胀的存在，因而必然会动用某些宏观经济工具来抑制通货膨胀，这些政策必然对经济运行造成影响，这种影响将改变资金流向和企业的经营利润，从而影响股价。

（5）通货膨胀时期，并不是所有价格和工资都按同一比率变动，也就是说，相对价格会发生变化。这种相对价格的变化可引致财富和收入的再分配，以及产量和就业的扭曲，因而某些公司可能从中获利，而另一些公司可能蒙受损失。与之相对应的是获利公司的股价上涨；相反，受损公司的股价下跌。

（6）通货膨胀不仅对经济产生影响，还可能对社会产生影响，并影响公众的心理和预期，从而对股价产生影响。

（7）通货膨胀使得各种商品价格具有更大的不确定性，也使得企业未来经营状况具有更大的不确定性，从而影响市场对股息的预期，并增大获得预期股息的风险，从而导致股价下跌。

（8）通货膨胀对企业的微观影响可以从税收效应、负债效应和存货效应等方面做具体的分析。但长期的通货膨胀必然使经济环境和社会环境恶化，股价必受大环境的影响而下跌，短期效应的表现便不复存在。

综合来看，适度的通货膨胀下，人们为避免损失，将资金投向股市。在通货膨胀初期，物价上涨，生产受到刺激，企业利润增加，股价因此看涨。但在持续增长的通货膨胀下，企业成本增加，而高价格下需求下降，企业经营状况恶化。特别是政府此时不得已采取严厉的紧缩政策，犹如雪上加霜，企业资金周转失灵，一些企业甚至倒闭，股市在恐慌中狂跌。

其次是通货膨胀对债券市场的影响。

（1）通货膨胀提高了投资者对债券收益率的要求，从而引起债券价格的下跌。

（2）未预期到的通货膨胀增加了企业经营的不确定性，提高了还本付息的风险，从而导致债券价格的下跌。

（3）过度的通货膨胀将使企业经营困难甚至倒闭；同时投资者将资金转移到实物资产和交易上以寻求保值，从而导致债券的需求减少，价格下跌。

知识链接4-2　　CPI对股市的影响

CPI是居民消费物价指数的简称，它是一种宏观经济指标，反映的是居民家庭购买消费品和服务价格水平的变动情况，是观察物价水平和通货膨胀水平的重要指标，覆盖了包括衣食住行、教育、文化娱乐、医疗保健等用品和服务在内的8大类、262个基本分类的商品与服务价格。一般来说，当CPI大于3%时称为Inflation，即通货膨胀；当CPI超过5%时，称为Serious Inflation，就是严重的通货膨胀。

通俗地说，CPI指数反映了物价水平的高低，人们手中的现金是否值钱。CPI和股市涨跌并没有直接关系，但是它却能通过宏观经济、商品价格、资金面等因素侧面影响股市。

一般而言，当CPI温和上涨时，对股市是利好；当CPI过低或者过高时，对股市是利空。具体来看，当CPI维持在2%～5%之间温和上涨时，货币政策较为宽松，财政政策也比较积极，此时银行对社会流动资金的吸引力就会降低，股市和楼市对社会流动资金的吸引力上升，从而推高股市和房价。此外，CPI温和上涨，商品价格合理上涨，会提振上市公司利润，对股市有正面影响。而当CPI过高时，国家必将加大货币、财政政策调整的力度，出台紧缩性宏观调控政策，比如连续上调存款准备金率和加息，导致流动资金紧缺、社会流动资金加速从楼市和股市中流出。同时，CPI过高，物价快速上涨，会导致上市公司的资金成本增加，企业利润大幅减少，从而影响股市的走势。

资料来源　佚名.CPI指数对股市的影响：CPI指数对股市有什么影响［EB/OL］.［2019-08-30］. http：//www.southmoney.com/zhishi/cgzt/3787354.html.

（四）利率水平对证券市场的影响

对证券市场及证券价格产生影响的种种因素中最直接者莫过于金融因素。在金融因素中，利率水平的变动对证券市场行情的影响最为直接和迅速。一般来说，利率下降时，证券的价格就会上涨；利率上升时，证券的价格就会下跌。因此，利率的高低以及利率与证券市场的关系，势必成为证券投资者据以买进和卖出证券的重要依据。

利率的升降与证券价格的变化呈上述反向变动关系的主要原因有以下三点：

（1）利率上升时，不仅会增加公司的借款成本，而且会使公司难以获得必需的资金，这样，公司就不得不缩小生产规模，而生产规模的缩小又势必会减少公司的未来利润，因此，证券价格就会下降；反之，证券价格就会上涨。

（2）利率上升时，投资者据以评估证券价值的折现率也会上升，证券价值因此会下降，从而也会使证券价格相应下降；反之，利率下降时，证券价格就会上升。

（3）利率上升时，一部分资金从投向证券市场转向到银行储蓄，从而会减少市场上的证券需求，使证券价格下跌；反之，利率下降时，储蓄的获利能力降低，一部分资金就可能回到证券市场中来，从而扩大对证券的需求，使证券价格上涨。

上述利率与证券价格变动呈反向变化是一般情况，不能将此绝对化。在证券市场发展的历史上，也有一些相对特殊的情形。以股市为例，美国在1978年就曾出现过利率和股票价格同时上升的情形。当时出现这种异常现象主要有两个原因：一是许多金融机构对美国政府当时维持美元在世界上的地位和控制通货膨胀的能力没有信心；二是当时股票价格已经下降到极低点，远远偏离了股票的实际价格，从而使大量的外国资金流向了美国股市，引起了股票价格上涨。1981年在中国香港也曾出现过同样的情形。当然，这种利率和股票价格同时上升和同时回落的现象迄今为止还是比较少见的。

（五）价格变动对证券市场的影响

普通商品价格变动对证券市场也有重要影响。一般情况下，物价上涨，证券价格上涨；物价下跌，证券价格也下跌。商品价格对证券市场价格的影响主要表现在以下四个方面：

（1）商品价格出现缓慢上涨，且幅度不是很大，但物价上涨率大于借贷利率的上涨率时，公司库存商品的价值上升。由于产品价格上涨的幅度高于借贷成本的上涨幅度，于是公司利润上升，证券价格也会因此而上升。

（2）商品价格上涨幅度过大，证券价格没有相应上升，反而会下降。这是因为，物价上涨引起公司生产成本上升，而上升的成本又无法通过商品销售完全转嫁出去，从而使公司的利润降低，证券价格也随之降低。

（3）物价上涨，商品市场的交易呈现繁荣兴旺时，有时正是证券陷于低沉的时候，人们热衷于及时消费，从而使证券价格下跌；当商品市场止涨回跌时，反而成了投资证券的最好时机，从而引起证券价格上涨。

（4）物价持续上涨，引起证券投资者的保障意识增强，因此使投资者将资金从证券市场中抽出来，转而投向动产或不动产，如房地产、贵金属等保值性强的物品上，使证券需求量降低，因而证券价格下跌。

（六）国际收支状况对证券市场的影响

（1）贸易顺差的影响。持续的贸易顺差可以增加国内生产总值，公众收入增长，从而带动证券市场的价格上扬。20世纪90年代初期，东南亚出口顺差，经济增长快，收入增长促使证券市场高涨，但1997年亚洲金融危机后，欧美发达国家扩大出口从而改变了这种状况。总之，出口优良的企业，其证券价格会有优异的表现。

（2）贸易逆差的影响。一国出口贸易如为逆差，则生产这些产品的企业收益下降，证券发行受到冷遇，其价格在证券市场上表现差。一国若持续贸易逆差，将造成外汇储备减少，进口支付能力恶化，经济受影响而不景气，证券市场也不景气。

（3）国际收支顺差的影响。国际收支长期大幅顺差，容易引发国内通货膨胀，为收购外币，政府将投放过量本币，其中，国际投机资本的大量流入流出，会引发国内金融市场的动荡，证券价格会直接受到影响。

（七）就业状况的变动对证券市场的影响

证券市场的投资不论是机构投资还是个体投资，都是社会大众的投资，就业状况的好坏不仅反映了经济状况，而且与证券市场资金供给的增减变化有密切关系。在经济增长初期，人们就业收入用于支付个人消费，之后人们手中积累了一定的多余货币而投资于证券，随之证券市场发达兴旺。在经济繁荣期，就业率高，收入普遍增长，证券市场资金源源不断地流入并推高证券价格，而投资者因财富效应增加消费信贷，银行业甘愿承担授信品质低的信贷风险。当一些有远见的获利者抛售证券离场时，证券指数下跌，大多数人会补仓推动证券价格上扬，但后续资金匮乏，证券指数终究跌落下来，随着投资者损失加重，消费投资缩减，就业机会减少，经济危机爆发，人们纷纷出逃证券市场。接着出现持续的经济衰退，失业率上升，证券市值大幅下降，证券指数运行在一个长期的下跌趋势中。

任务二　宏观经济政策分析

任务描述

本任务的主要学习内容是认知宏观经济政策对证券市场的影响。掌握宏观经济政策与证券市场的关系，在股市波动中能做出正确的投资决策。

知识准备

一、财政政策对证券市场的影响分析

财政政策是政府依据客观经济规律制定的指导财政工作和处理财政关系的一系列方针、准则和措施的总称。财政政策主要分为扩张性财政政策和紧缩性财政政策。总的来说，紧缩性财政政策将使得过热的经济受到控制，证券市场也将走弱；而扩张性财政政策将刺激经济发展，使得证券市场走强。具体来看，扩张性财政政策及其对证券市场的影响主要表现在以下几个方面：

一是减少税收，降低税率，扩大减免税范围。其政策的经济效用是：增加微观经济主体的收入，以刺激经济主体的投资需求，从而扩大社会供给。其对证券市场的影响为：增加人们的收入，并同时增加了他们的投资需求和消费支出。前者将直接引起证券市场价格上涨；后者则使得社会总需求增加，总需求增加反过来刺激投资需求，企业扩大生产规模，企业利润增加。同时，企业税后利润增加，也将刺激企业扩大生产规模的积极性，进一步增加利润总额，从而促进证券价格上涨。因市场需求活跃，企业经营环境改善，盈利能力增强，进而降低了还本付息风险，证券价格也将因此而上扬。

二是扩大财政支出，加大财政赤字。其政策效应是：扩大社会总需求，从而刺激投资者信心，证券需求增加，证券市场趋于活跃，证券价格自然上扬。特别是与政府购买和支出相关的企业，将最先、最直接从财政政策中获益，因而有关的证券价格将率先上涨。

三是减少国债发行（或回购部分短期国债）。其政策效应是：通过扩大货币流通量来扩大社会总需求，从而刺激生产。这首先将直接对债券市场特别是国债市场产生影响。由于债券供给规模缩小，价格上扬，继而由于货币供给效应和证券联动效应，整个证券市场价格均会上扬。需要指出的是，对于用于定向支出的国债发行，则应视其支出方向来分析对证券市场的影响。如果发行国债的收入用来引导投资和消费，以刺激经济的增长，则会促使证券价格的上扬。

四是增加财政补贴。财政补贴往往使财政支出扩大，其政策效应是：扩大社会总需求并刺激供给增加，从而导致证券市场价格上扬。

二、货币政策对证券市场的影响分析

货币政策是中央银行为实现一定的宏观经济调控目标而运用各种货币政策工具调节货币供求的方针和策略的总称，是国家宏观经济政策的重要组成部分。就其变动的方向而言，主要有两种：扩张性货币政策和紧缩性货币政策。一般来说，扩张性货币政策将使得证券市场价格上扬，紧缩性货币政策将使得证券市场价格下跌。下面就具体的政策工具对证券市场的影响分别进行阐述。

一是存款准备金对证券市场的影响。这里的存款准备金称为法定存款准备金，是指凡具有吸收存款业务的金融机构都必须将吸收的存款按一定的比率交存到中央银行。交存金额占存款总额的比率就称为存款准备金率。这一货币政策工具通常被认为是最猛烈的宏观调控工具之一。当中央银行上调存款准备金率时，货币乘数变小，会有更多的存款从商业银行流向中央银行，使得商业银行的资金来源减少，放款能力降低，货币供给就会紧缩，社会资金供应紧张，证券市场价格呈下跌趋势；反之，如果中央银行下调存款准备金率，则有利于证券市场价格的上涨。

知识链接4-3　历次存款准备金率调整对股市的影响

2020年1月1日，中国人民银行决定，自2020年1月6日起下调金融机构人民币存款准备金率0.5个百分点。表4-2是2011年1月以来存款准备金率调整对股市的影响：

表4-2　历次存款准备金率调整对股市的影响

公布日	大型金融机构			中小金融机构			股市
	调整前	调整后	幅度	调整前	调整后	幅度	沪指
2020年1月1日	13.00%	12.50%	−0.50%	11.00%	10.50%	−0.50%	1.15%
2019年9月6日	13.50%	13.00%	−0.50%	11.50%	11.00%	−0.50%	0.46%
2019年1月4日	14.50%	13.50%	−1.00%	12.50%	11.50%	−1.00%	2.05%
2018年10月7日	15.50%	14.50%	−1.00%	13.50%	12.50%	−1.00%	0.17%
2018年6月24日	16.00%	15.50%	−0.50%	14.00%	13.50%	−0.50%	−0.52%

续表

公布日	大型金融机构			中小金融机构			股市
	调整前	调整后	幅度	调整前	调整后	幅度	沪指
2018年4月17日	17.00%	16.00%	-1.00%	15.00%	14.00%	-1.00%	-1.41%
2016年2月29日	17.50%	17.00%	-0.50%	15.50%	15.00%	-0.50%	-2.86%
2015年10月23日	18.00%	17.50%	-0.50%	16.00%	15.50%	-0.50%	1.30%
2015年8月25日	18.50%	18.00%	-0.50%	16.50%	16.00%	-0.50%	-1.27%
2015年4月19日	19.50%	18.50%	-1.00%	17.50%	16.50%	-1.00%	-1.64%
2015年2月4日	20.00%	19.50%	-0.50%	18.00%	17.50%	-0.50%	-1.18%
2012年5月12日	20.50%	20.00%	-0.50%	18.50%	18.00%	-0.50%	-0.60%
2012年2月18日	21.00%	20.50%	-0.50%	19.00%	18.50%	-0.50%	0.30%
2011年11月30日	21.50%	21.00%	-0.50%	19.50%	19.00%	-0.50%	2.29%
2011年6月14日	21.00%	21.50%	0.50%	19.00%	19.50%	0.50%	-0.95%
2011年5月12日	20.50%	21.00%	0.50%	18.50%	19.00%	0.50%	0.95%
2011年4月17日	20.00%	20.50%	0.50%	18.00%	18.50%	0.50%	0.22%
2011年3月18日	19.50%	20.00%	0.50%	17.00%	18.00%	1.00%	0.08%
2011年2月18日	19.00%	19.50%	0.50%	15.50%	16.00%	0.50%	1.12%
2011年1月14日	18.50%	19.00%	0.50%	15.00%	15.50%	0.50%	-3.03%

资料来源　根据相关资料整理.

二是再贴现率对证券市场的影响。再贴现是指商业银行将贴现买入的未到期商业票据提交中央银行，由中央银行扣除再贴现利息后支付贴现款项。如果央行提高再贴现率，商业银行的借入资金成本将增大，这将迫使其提高贷款利率，从而起到减少贷款量和货币供给量的作用；反之，就会起到加大贷款量和货币供给量的作用。由此可见，再贴现率对证券市场影响的作用机制与存款准备金率是一样的。

三是公开市场业务对证券市场的影响。政府如果通过公开市场购回债券来增大货币供给量，则一方面减少了国债的供给，从而减少证券市场的总供给，使得证券价格上扬，特别是被政府购买的国债品种（通常是短期国债）首先上扬；另一方面，政府回购国债相当于向证券市场提供了一笔资金，这笔资金最直接的效应是提高对证券的需求，从而使整个证券市场价格上扬，然后增加的货币供给量将对经济产生影响。可见，公开市场业务这种调控工具最先也最直接地对证券市场产生影响。

三、收入政策对证券市场的影响分析

收入政策是国家为实现宏观调控总目标和总任务，针对居民收入水平高低、收入差距大小在分配方面制定的原则和方针。与财政政策、货币政策相比，收入政策具有更高一层次的调节功能。收入政策不仅制约着财政政策和货币政策的作用方向和作用力度，而且最终也要通过财政政策和货币政策来实现。

收入政策目标包括收入总量目标和收入结构目标。收入总量目标着眼于近期的宏观经济总量平衡，着重处理积累和消费、人们近期生活水平改善和国家长远经济发展的关系以及失业和通货膨胀的问题。收入结构目标则着眼于处理各种收入的比例，以解决公共消费、私人消费以及收入差距等问题。

收入总量调控政策主要通过财政、货币机制来实施，还可以通过行政干预和法律调整等机制来实施。收入总量调控政策有紧分配与超分配两种。紧分配政策使社会可分配收入减少，除消费及实业投资外，证券投资比例降低，使流入股市资金减少；同时企业居民收入增长率降低，使人们对未来经济预期不乐观，导致股价下跌。反之，实行超分配政策，可使企业居民收入增加，有更多的资金进入股市，推动股价上涨。但超分配超越了一定界限，会导致严重的通货膨胀，又会对股市产生不利影响。

收入结构政策侧重对积累、公共消费与个人消费以及各种收入比例进行调节。如财政收入、公共消费比例减少，企业居民可支配收入增加，将会有更多的资金流入股市；反之，则产生相反效应。收入拉开差距，使社会游资比重增大，会强化股市投机，有利于股市上涨；反之，收入过于平均化，分散资金入市，则使股价走势相对平稳。

延伸阅读材料4-1　改革开放以来中国收入分配制度改革的演变历程回顾

改革开放以来，我国对收入分配制度进行了全方位改革，从计划分配体制全面转向初次分配以市场为基础、按劳分配为主体、多种分配方式并存的分配制度，同时，也基本形成了以税收、社会保障、转移支付等为主要手段的再分配调节机制。

第一阶段：改革开放开始至党的十四大之前（1978—1992年）。改革开放以后，随着经济体制改革的不断推进，生产组织方式发生了重大变化。这一阶段处于经济体制转型阶段，纯靠政府指令性计划调节的手段逐步得以改变，市场机制被更大范围地引入。相应地，在收入分配制度方面，以打破平均主义为突破口，重新确立了按劳分配原则，否定了收入分配体制的高度集中和平均主义的分配方式。同时，肯定了其他分配方式的合法存在，但是这一时期的其他分配方式只是处于补充地位。

第二阶段：党的十四大至十六大召开之前（1992—2002年）。党的十四大明确提出，“我国经济体制改革的目标是建立社会主义市场经济体制”，标志着中国社会主义改革开放和现代化建设事业进入了新的发展阶段。相应地，收入分配制度改革也进入了一个新的时期，即建立同社会主义市场经济体制相适应的分配制度。在坚持公有制为主体、多种所有制经济共同发展的基本经济制度的前提下，为了适应其他经济成分快速发展的现状，收入分配方面主要实行的是坚持按劳分配为主体、多种分配方式并存的分配制度，同时提出了“把按劳分配和按生产要素分配结合起来”的分配政策，为生产要素在社会主义市场经济条件下参与收入分配提供了政策支持。另外，在公平和效率的选择上，党的十四届三中全会首次提出了效率优先、兼顾公平的原则。

第三阶段：党的十六大至十八大之前（2002—2012年）。随着社会主义市场经济体制的日趋完善，按劳分配与按生产要素分配相结合的分配政策也逐步完善，明确了生产要素参与分配的原则，更加重视收入分配差距问题，逐步强调公平问题。综合来看，这一阶段的收入分配制度，一是明确了生产要素按贡献参与分配的问题，强化非劳动生产要素参与分配的合法性。党的十六大明确提出“确立劳动、资本、技术和管理等生产要素按贡献参与分配的原则，完善按劳分配、多种分配方式并存的分配制度”，既肯定了劳动在财富创造过程中所发挥的决定性作用，又肯定了非劳动生产要素在财富生产中的重要作用，解决了劳动和非劳动生产要素怎样参与收入分配的问题，即按贡献大小参与收入的分配。二是随着收入分配差距的逐步扩大，开始逐步强调分配公平的问题。党的十六届五中全会要求注重社会公平，特别要关注就业机会和分配过程的公平，并且党的十七大首次提出了在初次分配过程中，也要处理好效率和公平的关系。三是政府也重视再分配机制的不断完善，采取了很多缩小收入分配差距的政策。如为缓解城乡差距，政府制定并实施了彻底取消农业税、大幅增加涉农补贴、建立农村新型合作医疗制度和最低生活保障制度等多项支农惠农政策；为缓解不同群体间的收入差距，政府颁布了最低工资标准，出台了《中华人民共和国劳动合同法》和《中华人民共和国就业促进法》，通过法律手段来保障劳动者权益，增加劳动者收入。

第四阶段：党的十八大以后（2012年至今）。注重在提高居民收入的同时，将重视公平放在更加突出的位置，着力让人民共享发展成果。党的十八大指出“实现发展成果由人民共享，必须深化收入分配制度改革”，提出了“两个同步”“两个提高”的目标：“努力实现居民收入增长和经济发展同步、劳动报酬增长和劳动生产率提高同步，提高居民收入在国民收入分配中的比重，提高劳动报酬在初次分配中的比重。”在效率与公平的关系方面，较之以前又将公平放在了更加重要的位置，要求“初次分配和再分配都要兼顾效率和公平，再分配更加注重公平”，并且进一步提出“完善劳动、资本、技术、管理等要素按贡献参与分配的初次分配机制，加快健全以税收、社会保障、转移支付为主要手段的再分配调节机制”。党的十八届三中全会明确提出“健全资本、知识、技术、管理等由要素市场决定的报酬机制”，并进一步要求“清理规范隐性收入，取缔非法收入，增加低收入者收入，扩大中等收入者比重，努力缩小城乡、区域、行业收入分配差距，逐步形成橄榄型分配格局”。党的十八届五中全会通过的《中共中央关于制定国民经济和社会发展第十三个五年规划的建议》提出了共享发展的理念，并要求“坚持共享发展，着力增进人民福祉”，专门就“缩小收入差距”做出了战略部署。党的十九大报告再次明确“坚持在经济增长的同时实现居民收入同步增长、在劳动生产率提高的同时实现劳动报酬同步提高”，提出坚持按劳分配原则，完善按要素分配的体制机制，促进收入分配更合理、更有序，并要求履行好政府再分配调节职能，加快推进基本公共服务均等化，缩小收入分配差距。这些都为未来收入分配领域的改革指明了方向。

资料来源　张亮.改革开放40年中国收入分配制度改革回顾及展望［EB/OL］.［2019-01-17］. http://theory.people.com.cn/n1/2019/0117/c40531-30560974.html.

任务三　国际金融市场环境分析

任务描述

本任务的主要学习内容是认知国际金融市场环境对证券市场的影响；理解汇率变动给证券市场带来的直接和间接影响。

知识准备

国际金融市场按经营业务的种类划分，可以分为货币市场、证券市场、外汇市场、黄金市场和期权期货市场。这些市场是一个整体，各个市场相互影响。证券市场仅仅是国际金融市场的一部分，国际证券市场对一国证券市场的影响是通过该国国内其他金融市场的传导而发生的。

就目前来看，我国证券市场是有限度的开放，同时人民币还没有实现完全自由兑换。因此，我国的证券市场是相对独立的，目前国际金融市场对我国证券市场的直接冲击比较小。但是，由于经济全球化的发展，我国经济与世界经济的联系日趋紧密，因此，国际金融市场的剧烈动荡会通过各种途径间接影响我国的证券市场。

一、国际金融市场动荡通过人民币汇率预期影响我国证券市场

汇率是指单位外币的本币标值。汇率对证券市场的影响是多方面的。一般来讲，一国的经济越开放，证券市场的国际化程度越高，证券市场受汇率的影响越大。

（1）汇率上升，本币贬值，本国产品竞争力强，出口型企业将增加收益，因而企业的股票和债券价格将上涨；相反，依赖于进口的企业成本增加，利润受损，股票和债券价格将下跌。

（2）汇率上升，本币贬值，将导致资本流出本国，资本的流失将使得本国证券市场需求减少，从而导致证券市场价格下跌。

（3）汇率上升时，本币表示的进口商品价格提高，进而带动国内物价水平上涨，引起通货膨胀。通货膨胀对证券市场的影响须根据当时的经济形势和具体企业以及政策行为进行分析。

为维持汇率稳定，政府可能动用外汇储备，抛售外汇，从而将减少本币的供应量，使得证券市场价格下跌，直到汇率回落恢复均衡，反面效应是可能使证券价格回升。如果政府利用债市与汇市联动操作达到既控制汇率的升势又不减少货币供应量，即抛售外汇，同时回购国债，则将使国债市场价格上扬。

由于我国人民币实行经常项目的自由兑换和对资本项目的严格控制，因此，官方的人民币汇率不容易受到国际金融市场的冲击。但由于经常项目的自由兑换、心理恐慌形成汇率预期、人民币“黑市”交易的活跃等，造成实际汇率的波动，从而影响证券市场。

同时，即使人民币汇率保持稳定，但由于国际金融市场的动荡，导致周边国家（地区）或其他重要贸易伙伴国家货币的贬值，使人民币汇率相对这些货币的汇率升值，也会影响我国证券市场。

由此可见，投资者应当充分考虑汇率变动对证券价格的一般影响，同时参考其他因素的变化，以便做出正确的投资选择。

延伸阅读材料4-2 美元暴跌：如何看待美元走势与人民币汇率及股市的关系

2020年7月22日2：30，美元指数呈现单日下跌0.73%，最低95.05点，这是新冠疫情暴发股市熔断以来的最低点。美元针对全球几乎所有国家货币都呈现大幅下跌，与此同时，期货商品（黄金、白银）、美国国债、全球股市都出现了不同程度的上涨。现货白银（纽约银）涨幅高达6.5%，现货黄金（纽约金）甚至创下了2010年以来的历史最高价格，最高报1 843美元/盎司，涨幅达1.4%。

美国疫情长期不能得到控制，使美国实体经济无法走向正常运转。虽然美联储在短短的几个月时间，向市场投放了3万亿美元的基础货币，但这些钱无法进入实体经济的流转环节，只能在资本市场和银行之间“空转”。

随着纳斯达克股票指数屡创新高，标准普尔指数开始超越疫情前指数高点，道·琼斯指数也正在准备创造新高。在没有实际经济数据做支撑的情况下，美国股市的泡沫越积越大。

随着美联储大幅度地降低利率，特别是美国国债的利率，导致手持大量美元的机构投资者没有可投资的产品。与此同时，他们手上的美元却在随着股价上涨和货币超发越来越多。这时候唯一的出路，就是把美元换成其他国家的货币，去冲击世界各国的资本市场，冲击期货商品市场，冲击汇率市场，冲击黄金和白银现货市场。

人民币走势如何？

大家可以看到的现象是，人民币的涨幅（美元兑人民币下跌）并没有其他很多国家的涨幅大，这也就意味着人民币在跟随美元下跌。

在美元此轮连续几天的下跌后，许多国家的货币（例如，巴西雷亚尔涨幅3%、俄罗斯卢布接近2%，印度卢比1%）大幅上涨，而人民币涨幅非常有限，参考7月22日离岸人民币指数也和美国一样下跌了0.25%，报93.88点。

如果注意观察会发现，自3月24日全球股市触底反弹开始，“参考离岸人民币指数”却从97.15点，一路下跌到最低92.76点（6月10日），从这个时点之后，“参考离岸人民币指数”一路上扬，在这个过程中，A股股票指数也一路上扬，而美国股市则在这个时点上遇到高点，随后的日子里，除了纳斯达克，其他两大股指都处在横盘整理的过程中。

很显然，全球国际金融资本是联动的。汇率波动幅度虽然并不如股票，但是汇率波动的节奏，却暴露了资本的运动轨迹。虽然中国资本市场还没有完全向全球资本开放，但是由于存在“离岸人民币市场”，所以外币会在境外转变成人民币，然后直接以人民币投资中国的资本市场。同样，也会通过这种方式逃离中国资本市场。

相对于世界其他国家的货币，人民币跟随美元下跌，很明显是非常明智的。否则，美元洪水就会冲刷人民币汇率市场的大坝，人民币避免了被“美元潮汐”的冲刷。

所以中国的策略是：当美元大幅贬值的时候，人民币跟着美元的节奏走，针对其他国家的货币进行贬值处理；当美元大幅升值（加息回流），人民币则关紧汇率大门，采用人民币升值的方式，拦住美元货币资本外逃。

这种汇率波动对中国资本市场所带来的影响又如何呢？

中国股市在金融市场开放之后，人民币汇率市场与股市呈现出了“正向关联”的关系，这代表中国股市已经融入了世界金融市场，成为全球资本的一个关键“逐鹿场”。

这几天美元的连续下跌，给全球金融市场带来了充足的资金，但是，这些资金是否进入中国市场，那要看人民币汇率的波动情况，而且不能只看人民币兑美元的价格波动，要看人民币兑一篮子货币的波动情况。最直接的参考标的是“参考离岸人民币汇率指数”。因为，进入中国资本市场的货币不仅仅是来自美国的资本，很大一部分是日元资本、欧元资本，当然，也包括美元资本。

世界金融资本秉承“金钱永不眠”的基本原则，货币始终处在快速流动的状态。英国伦敦、美国华尔街、中国香港三大金融市场的操盘手们都是一些具有全球视野的高级人才，只要货币能到达的地方，都是他们的战场。因为从参考离岸人民币汇率指数来判断，人民币出现了针对全球其他主要货币的下跌，这意味着有大量的资本去追逐汇率波动带来的金融获利机会，短时间内不会进场中国股市。

资料来源 佚名.美元暴跌：如何看待美元走势与人民币汇率及股市的关系［EB/OL］.［2020-07-22］. http：//finance.sina.com.cn/money/forex/forexinfo/2020-07-23/doc-iivhuipn4545035.shtml.

二、国际金融市场动荡通过宏观面间接影响我国证券市场

改革开放以来，我国国民经济的对外依存度大大提高，国际金融市场动荡会导致出口增幅下降、外商直接投资下降，从而影响经济增长率。宏观经济环境的恶化导致上市公司业绩下降和投资者信心下降，最终使证券市场行情下跌。其中，国际金融市场的动荡对外向型上市公司和外贸行业上市公司的业绩影响最大，对其股价的冲击也最大。

例如，2008年金融危机直接影响到全球实体经济，美国、欧洲和日本三大经济体经济进入衰退。中国经济2008年第四季度出现大幅度下滑，其中出口出现零增长，A股市场也受到国际金融市场的影响。

三、国际金融市场动荡通过微观面直接影响我国证券市场

随着中国经济实力的不断壮大，国内企业的国际竞争能力也在不断增强。一些大型企业最近几年来通过跨国兼并参与国际竞争。国内主要上市公司通过购买境外企业的股份，以达到参股或控股的目的。另外一些大型上市公司通过购买境外企业债券进行组合投资套期保值，国际金融市场的动荡造成境外企业的股票和债券价格大幅度缩水，严重影响了上述公司的业绩。

例如，2005年股权分置改革以来，包括中国石油在内的许多大型国有企业在我国A股市场上市。该类公司目前在国际上具备较强的竞争力和资本扩张能力，它们在境外的投资直接受到国际市场的影响。2007年年底至2008年年底，该类公司境外投资受国际金融市场的影响导致股价下跌已直接对A股产生巨大影响。这一现象表明，国际金融市场动荡已经从原有的通过宏观层面的间接影响深入到从微观层面直接影响我国A股市场。

此外，国际金融市场动荡会通过H股不断地影响A股市场。中国香港是一个国际化

的金融中心，它与国际金融市场紧密相连。我国内地与香港在经济发展上关系日益密切，从历史数据来看，A股和H股关联度不断加强的趋势也非常明显。在1997年香港回归之前，两地股指的关联度仅为约0.28，其后随着中国加入世界贸易组织、QFII和QDII开通，以及2014年11月和2016年12月沪港通与深港通的开通，至今A股和H股的关联度一度超过了0.9。

在国际金融市场相互影响和日益动荡的今天，政府部门应吸取国际金融市场动荡的教训，采取降低证券市场风险、加强监管等积极措施，促使证券市场稳健发展。

知识链接4-4

沪港通和深港通

沪港通

2014年4月10日，中国证券监督管理委员会和香港证券及期货事务监察委员会发布《中国证券监督管理委员会 香港证券及期货事务监察委员会 联合公告》，决定原则批准上海证券交易所（以下简称上交所）、香港联合交易所有限公司（以下简称联交所）、中国证券登记结算有限责任公司（以下简称中国结算）、香港中央结算有限公司（以下简称香港结算）开展沪港股票市场交易互联互通机制试点（以下简称沪港通）。

沪港通，即沪港股票市场交易互联互通机制，指两地投资者委托上交所会员或者联交所参与者，通过上交所或者联交所在对方所在地设立的证券交易服务公司，买卖规定范围内的对方交易所上市股票。沪港通包括沪股通和港股通两部分。

沪股通，是指投资者委托联交所参与者，通过联交所证券交易服务公司，向上交所进行申报，买卖规定范围内的上交所上市股票。

港股通，是指投资者委托上交所会员，通过上交所证券交易服务公司，向联交所进行申报，买卖规定范围内的联交所上市股票。

中国结算、香港结算相互成为对方的结算参与人，为沪港通提供相应的结算服务。

深港通

深港通是在深圳与香港两地证券市场之间建立一个交易与结算的互联互通机制。在此机制安排下，两地的投资者可以通过委托当地证券商，经当地交易所与结算所买卖、交收对方市场上市的股票。

在深港通机制下，香港投资者通过香港的证券商直接买卖特定范围的A股，其订单会依次经过香港的证券商、香港交易所、香港交易所在内地设立的子公司，最后到达深交所进行订单撮合。

在深港通机制下，香港投资者与香港的证券商进行结算、交收。而香港的证券商则与香港结算进行结算交收。最后，香港结算代表整体香港和国际投资者统一与中国结算完成结算交收。也就是说，对于香港投资者而言，买卖A股的过程与买卖港股相似，并不需要在内地经过任何额外的手续。

对于内地投资者也是同样的道理，他们可以通过内地券商经深交所直接在内地购买试点范围内的港股，并通过中国结算在内地完成结算交收。

深港通与沪港通采用同样的互联互通模式。这一模式最大的特色是以最小的制度成本，以求换取最大的市场成效。通过这一模式，两地投资者都可以尽量沿用自身市场的交易习惯投资对方市场，可以自由进出对方市场，但跨境资金流动又十分可控，引发资金大进大出的机会不大，实现资本市场双向开放，使两地市场共赢。

资料来源　根据上交所和深交所网站资料整理.

延伸阅读材料4-3　宏观分析资料的搜集与处理

在确定分析对象及相应主要指标后，就要下功夫搜集与之有关的历史与现时的数据资料、事实、变革等各种有关的信息。有时资料可能因口径不一致而不可比，或是不反映变量变化规律的异常值，此时还需对数据资料进行处理。

1.数据资料的来源

宏观分析所需的有效资料一般包括政府的重点经济政策与措施、一般生产统计资料、金融物价统计资料、贸易统计资料、每年国民收入统计与景气动向、突发性非经济因素等。这些资料来源主要有：

（1）从电视、广播、报纸、杂志等了解世界经济动态与国内经济大事。

（2）政府部门与经济管理部门，省、市、自治区公布的各种经济政策、计划、统计资料和经济报告，各种统计年鉴等，如《中国统计年鉴》《中国经济年鉴》《经济白皮书》等。

（3）各主管公司、行业管理部门搜集和编制的统计资料。

（4）部门与企业内部的原始记录。

（5）各预测、情报和咨询机构公布的数据资料。

（6）国家和省、市、自治区领导人报告或讲话中的统计数字和信息等。

2.对数据资料的质量要求

（1）准确性。数据资料必须准确可靠，虚假的数据资料将导致得出不准确的结论。

（2）系统性。数据资料要连续和系统，要有历史各期的统计数据资料。连续而系统的信息资料是分析比较、掌握经济运行规律的基础。支离破碎、零零散散的数据资料对于分析价值不大。

（3）时间性。数据资料要新，要有近期和最新的数据资料。某些数据资料的时效性很强，搜集或处理不及时就会失去利用价值。

（4）可比性。由于社会变革、经济变革、统计制度的变化、物价涨落，以及行政区划、企业归属、市场供应范围的改变等原因，常使历史统计数据不可比，直接使用这些数据将造成很大的误差。因此，必须对不可比数据调整口径或进行单位换算，使之具有可比性。

（5）适用性。许多数据资料虽然符合上述四项标准，但与分析目标无关，如果把它们搜集进来，不仅浪费时间和精力，而且不利于提高分析的效率与精确度。

3.数据的处理方法

进行宏观分析时，各项数据必须口径一致，否则就不能用于直接比较，因此必须对这些数据进行处理。另外，由于一些特殊原因，在搜集到的数据中往往包含一些异常数据，如果直接把这些异常数据用于分析，就会影响分析的结果，得出不准确的结论，不能反映在正常情况下经济运行的规律，因而也需要进行处理加工。

资料来源　根据相关资料整理.

工作任务

任务一

1.任务内容：利用宏观经济数据研判证券市场价格走势。

2.任务步骤：

(1) 登录国家统计局、中国人民银行网站或WIND、财汇等金融数据库采集网络数据资源，搜集我国现阶段宏观经济数据。

(2) 结合所学理论分析我国宏观经济运行与证券市场运行的关系。

(3) 自我评价。

3.任务操作提示：通过搜集和分析我国现阶段宏观经济数据，如GDP总量与变动、财政收支状况、货币供应量，通货膨胀率水平、利率、国际收支和就业状况，评价和判断其对当前证券市场走势的影响。

○ 任务二

1.任务内容：我国现行的宏观经济政策对当前证券市场的影响。

2.任务步骤：

(1) 搜集近三年我国的宏观经济政策与股市变动的资料和数据。

(2) 分析二者之间的关系。

(3) 结合理论理解我国证券市场的特殊性。

3.任务操作提示：分析我国现阶段宏观经济政策，评价和判断其对当前证券市场走势的影响。

○ 任务三

1.任务内容：分析目前国际金融环境变化对我国证券市场不同行业的具体影响。

2.任务步骤：

(1) 知识准备：了解国际金融形势，熟悉国际金融市场动荡对证券市场的影响机制。

(2) 成立讨论组（5~8人），选择某一行业，成员对搜集到的资料进行交流分析。

(3) 每组形成一份书面分析报告。

3.任务操作提示：结合目前国际金融市场环境的变化，可以任选有关行业，从汇率、宏观面和微观面具体进行分析。

项目五

行业分析

本项目学习目标

核心知识：理解行业的定义和行业分析的地位、意义，熟悉我国上市公司行业划分的类别，掌握行业市场结构的特点，掌握行业生命周期的发展顺序、表现特征与判断标准，熟悉不同周期阶段的行业在证券市场上的不同表现。

核心技能：认知行业分析的作用和我国上市公司的行业分类，能熟练运用行业市场结构分析判断行业投资价值，能通过行业增长比较分析和行业未来增长预测做出行业的投资选择，会利用各类行业的运行状态与经济周期的关系做出行业的投资选择。

案例导入

2020年新冠肺炎疫情对餐饮行业的影响

中国烹饪协会发布的《2020年新冠肺炎疫情对中国餐饮业影响报告》显示，相比2019年春节，疫情期间，78%的餐饮企业营收损失达100%以上；10%的企业营收损失达到九成以上；7%的企业营收损失在七~九成之间；营收损失在七成以下的仅为5%。疫情让抗风险能力相对较弱的餐饮行业陷入前所未有的困境。对此，国家及各地政府相继出台了针对中小企业减税、减免租金、信贷支持等多项保障措施，互联网平台与金融机构联合伸出援助之手，更体现出各自的优势与效率。譬如阿里、京东、苏宁等互联网巨头发起的“共享员工”行动；美团携手合作金融机构提供不少于100亿元的优惠利率小微贷款。

另外，美团研究院于2020年2月初针对新冠肺炎疫情对我国餐饮商户的影响开展了问卷调查（共回收35 019份问卷，其中有效问卷32 420份，问卷的填写日期是2月2日—2月4日）。调查结果显示，69.3%的餐饮商户表示新冠肺炎疫情造成的营业损失非常大；25.8%的餐饮商户表示损失较大；只有4.9%的餐饮商户认为损失较小或基本没影响。

回顾以往春节期间餐饮行业的消费情况，受益于春节假期加持，消费额屡创新高。据商务部统计，2019年除夕至正月初六，全国零售和餐饮企业实现销售额约10 050亿元，比2018年春节黄金周增长8.5%。黄金周期间，全国商品市场保持平稳较快增长，买年货、吃年夜饭、逛庙会等传统消费活动红红火火，年节礼品、传统食品、新兴电子产品、地方特色产品销售增长较快，网络消费、定制消费、体验消费、智能消费等新兴消费亮点纷呈。2020年受疫情影响，全国餐饮企业或多或少都受到了影响。

资料来源　作者根据相关资料整理.

课前思考

1.行业分析对证券投资有哪些帮助?

2.哪些因素影响了餐饮行业2020年的发展?

任务一　认识行业分析方法

任务描述

本任务的学习内容是认知行业分析的地位和意义，熟悉我国上市公司行业的划分类别，掌握行业分析的主要方法。

知识准备

一、行业的定义

所谓行业，是指从事国民经济中同性质的生产或其他经济社会活动的经营单位和个体等构成的组织结构体系，如林业、汽车业、银行业、房地产业等。行业是一个企业群体，这个企业群体中的成员由于其产品（包括有形的与无形的）在很大程度上的可相互替代性而处于一种彼此紧密联系的状态，并且由于产品可替代性的差异而与其他企业群体相区别。

小思考5-1

行业和产业有哪些不同?

小思考5-1

分析提示

二、上市公司行业的划分

目前，上市公司行业的分类方法有很多种，如道·琼斯分类法、联合国国际标准行业分类法、我国国民经济行业分类法等。这些分类方法一般是适应宏观经济管理的需要，根据行业的技术特点来进行分类的。从证券投资的角度来看，一般的投资者既不可能懂得各种各样的技术，也不实际参与公司的经营管理，他们所关心的只是其证券投资能否保值增值，因此证券市场的行业分类要重点反映行业的盈利前景，而按技术特征进行行业分类对证券投资来说一般意义不大。中国证监会于2012年11月16日公布实施了修订的《上市公司行业分类指引》（以下简称《指引》），将2001年《上市公司行业分类指引》中的13个门类扩展为19个门类、90个大类，具体见表5-1。

表5-1　我国证券市场上市公司行业分类

门类代码	类别名称	包括大类说明
A	农、林、牧、渔业	本门类包括01～05大类
B	采矿业	本门类包括06～12大类
C	制造业	本门类包括13～43大类
D	电力、热力、燃气及水生产和供应业	本门类包括44～46大类
E	建筑业	本门类包括47～50大类
F	批发和零售业	本门类包括51和52大类
G	交通运输、仓储和邮政业	本门类包括53～60大类
H	住宿和餐饮业	本门类包括61和62大类
I	信息传输、软件和信息技术服务业	本门类包括63～65大类
J	金融业	本门类包括66～69大类
K	房地产业	本门类包括70大类
L	租赁和商务服务业	本门类包括71和72大类
M	科学研究和技术服务业	本门类包括73～75大类
N	水利、环境和公共设施管理业	本门类包括76～78大类
O	居民服务、修理和其他服务业	本门类包括79～81大类
P	教育	本门类包括82大类
Q	卫生和社会工作	本门类包括83和84大类
R	文化、体育和娱乐业	本门类包括85～89大类
S	综合	本门类包括90大类

资料来源　中国证监会网站.

知识链接5-1　行业分类标准（主要以GICS为基础）

国内外比较权威的行业分类标准主要有六种。总体来说，这六种分类标准可划分为两种类型：管理型和投资型。联合国国际标准行业分类（ISIC）、北美产业分类体系（NAICS）和国家统计局的行业分类标准属于典型的管理型，而全球行业分类标准（Global Industry Classification Standard，GICS）（由摩根士丹利公司和标准普尔公司联合发布）和富时全球分类系统（FTSE）则属于投资型。中国证监会的《指引》虽然针对上市公司进行行业划分，但由于其以国家统计局的分类标准为主要基础，同时参考了国外主要的管理型分类标准，因此仍属于政府管理型。上证180指数在编制时即采用了投资型的GICS作为行业分类标准。全球行业分类标准见表5-2。

表5-2 全球行业分类标准

行业名称	行业主要类别
能源（Energy）	能源设备与服务，石油与天然气
原材料（Materials）	化学产品，建筑材料，容器与包装，金属与采矿，纸与木材品
工业（Industrials）	宇航与国防，房屋产品，建筑工程，电力设备，综合性工业，机械制造，工业品贸易与销售，商业服务，航空货运与快递，定期航班，海运，公路和铁路，交通基础设施
可选消费（Consumer Discretionary）	汽车零配件，汽车，家庭耐用消费品，休闲设备及产品，纺织品和服饰，餐饮住宿和休闲，媒体，批发，零售，互联网和邮购、直销等清单销售，专业零售
主要消费（Consumer Staples）	食品、药品零售，饮料生产加工，食品生产加工，烟草，家庭用品，个人用品
健康护理（Health Care）	健康护理设备与消耗品生产，健康护理的提供和服务，生物技术，制药
金融（Financials）	银行，保险，房地产，多样化金融
信息技术（Information Technology）	互联网软件及服务，信息技术咨询与服务，软件，计算机和外围设备，电子设备和仪器，办公电子设备，半导体设备和产品
电信（Telecommunication）	多样化电信业务，无线电信业务
公用事业（Utilities）	电力，燃气，水，多种公用事业

三、行业分析的主要方法

（一）历史资料研究法

历史资料研究法是通过对已有资料的深入研究，寻找事实和一般规律，根据这些信息去描述、分析和解释过去，同时揭示当前状况，并对未来进行预测。这种方法的优点是省时、省力并节省费用；缺点是局限于现有资料。当前，各个行业都在不断发展，如果从发展历程方面来认识某一行业，更有助于较为全面深刻地理解该行业，并把握它的发展脉搏。

历史资料的来源包括：①政府部门；②专业研究机构；③行业协会和其他自律组织；④高等院校；⑤相关企业和公司；⑥专业媒介（书籍和报纸、杂志等）；⑦其他机构。比如，国家统计局和各级地方统计部门定期发布的统计公报、定期出版的各类统计年鉴；各种经济信息部门、各行业协会和联合会提供的定期或不定期信息公报；国内外有关报纸、杂志等大众传播媒介，各种国际组织、外国商会等提供的定期或不定期的统计公告或信息；国内外各种研讨会、座谈会、报告会等专业性、学术性会议所发放的正式文件和学术报告；企业资料；各级政府发布的相关政策；研究机构、高等院校、中介机构发表的学术论文和专业报告等。这些资料可以通过图书馆查阅或互联网搜索而获得，或者向政府部门、行业协会、相关中介机构索取，也可以通过学术交流、学术报告等途径获得。

（二）调查研究法

调查研究法是科学研究中一种常用的方法。它采取抽样调查、实地调研、深度访谈等形式，通过对调查对象的问卷调查、访谈获得资讯，并对其进行研究。调查研究法是收集第一手资料用以描述一个难以直接观察的群体的最佳方法。这种方法的优点是可以获得最新的资料和信息，研究者可以主动提出问题并获得解释，适合对一些相对复杂的问题进行研究时采用。其缺点是能否成功取决于研究者和访问者的技巧、经验。在向相关部门咨询行业政策、向特定的企业了解特定事件、与专家学者探讨重大话题时，特别适合采用这种方法。

（1）问卷调查或电话访问。问卷调查涉及问卷的设计、分发（邮寄或传真）、回收和整理，其中问卷的回收率比较重要。回收率偏低，将会导致据此得出的结论不能代表总体属性。同时，还应该注意回收问卷的有效性。回收率低但回收的问卷都经过验证且没有偏差，也许会比回收率高但问卷有较大偏差的情况更令人满意。电话访问的优点在于即时性和互动性，而且在遇到敏感问题的时候，由于受访者不曾露面，可能会得到更真实的答案。这种方法的缺点是电话会被轻易地挂断从而终止访问。

（2）实地调研。它特别适合那些不宜简单定量的研究课题，通过尽可能完全直接的观察与思考对研究课题进行深入和周全的探索。实地调研还特别适合对进行中的重大事件的研究，研究者能够在现场观察并且思考，具有很大的弹性。实地调研前，研究者需要搜索和准备相关资料，然后与研究对象建立联系并保持友善的关系，把一切过程完整真实地记录下来。

（3）深度访谈。它可以较为深入地研究和分析复杂问题，可以得到较为充分和详细的回答。深度访谈的缺点是受访者可能会受到访问者的影响。

（三）归纳法、演绎法

归纳法是从个别出发以达到一般性，从一系列特定的观察中发现一种模式，这种模式在一定程度上代表所有给定事件的秩序。但是值得注意的是，这种模式的发现并不能解释为什么这个模式会存在。演绎法是从一般到个别，从逻辑或者理论上预期的模式到观察检验预期的模式是否确实存在的论证方法。演绎法是先推论后观察，归纳法则是从观察开始。

如果用归纳法来研究问题，首先从观察开始。第一步是搜集相关资料；第二步是根据实际观察结果找出一个最能代表或者描述资料特点的模式。当然，在实际运用中，始终是通过永无止境的“演绎—归纳—演绎”的交替过程来完成的。

在演绎法中，研究的角度就是用经验去检验每一个推论，看看哪一个在现实（研究）中言之有理，从而获得理论验证。而在归纳法中，研究的角度则是通过经验和观察试图得到某种模式或理论。由此可见，逻辑完整性和经验实证性两者都不可或缺。一方面，只有逻辑并不够；另一方面，只有经验观察和资料搜集也不能提供理论或解释。

（四）比较研究法

比较研究法是行业分析中比较常用的方法，包括横向比较和纵向比较两种。横向比较是取某一时点的状态或者某一固定期间（如1年）的指标，在这个横截面上对研究对象和其比较对象进行比较研究，如对不同行业进行比较，研究本行业的成长性。纵向比较主要是利用行业的历史数据，如销售收入、利润、企业规模等，分析过去的增长情况，预测行业的未来发展趋势。

（1）行业增长比较分析。分析某行业是否属于增长型行业，可利用该行业的历年统计资料与国民经济综合指标进行对比。具体做法是取得某行业历年的销售额或营业收入的可靠数据并计算出年变动率，与国内生产总值增长率进行比较。

通过比较，可以做出如下判断：第一，确定该行业是否属于周期性行业。如果国内生产总值连续几年逐年上升，说明国民经济正处于繁荣阶段；反之，则说明国民经济正处于衰退阶段。观察同一时期该行业销售额是否与国民生产总值或国内生产总值同向变化，如果在国民经济繁荣阶段行业的销售额也同步增长，或是在国民经济衰退阶段行业的销售额也同步下降，说明这一行业很可能是周期性行业。第二，确定该行业是否属于增长型行业。比较该行业的年增长率与国内生产总值的年增长率。如果在大多数年份中，该行业的年增长率都国民生产总值、高于国内生产总值的年增长率，说明这一行业是增长型行业；如果该行业的年增长率与国内生产总值的年增长率持平甚至相对较低，则说明这一行业与国民经济增长保持同步或是增长过缓。第三，计算各观察年份该行业销售额在国内生产总值中所占的比重。如果这一比重逐年提高，说明该行业的增长比国民经济平均增长水平快；反之，则较慢。

通过以上分析，基本上可以发现增长型行业，但要注意，分析资料（要素）不可过少，否则可能会引起判断失误。

（2）行业未来增长率的预测。利用行业历年销售额与国内生产总值的周期资料进行对比，只能说明过去的情况，投资者还需要了解和分析行业未来的增长变化，因此还需要对行业未来的发展趋势做出预测。预测使用较多的方法有以下两种：一种方法是将行业历年销售额与国内生产总值标绘在坐标图上，用最小二乘法找出两者的关系曲线，也绘在坐标图上，这一关系曲线即行业增长的趋势线。根据国内生产总值的计划指标或预计值可以预测行业的未来销售额。另一种方法是利用行业历年的增长率计算历史的平均增长率和标准差，以此预计未来增长率。使用这一方法时，要采用行业过去10年或10年以上的历史数据，这样预计的结果才较有说服力。如果某行业是与居民基本生活资料相关的，也可利用历史资料计算人均消费量及人均消费增长率，再利用人口增长预测资料预计行业的未来增长率。

知识链接5-2　　行业分析的意义

分析上市公司所属行业与股票价格变化之间的关系意义重大。

首先，它是国民经济形势分析的具体化。我们在分析国民经济形势时，根据国内生产总值等指标可以知道或预测某一时期整个国民经济的状况。但是整个经济的状况与构成经济总体及各个行业的状况并非完全吻合。当整体经济形势好时，只能说明大部分行业的形势较好，而不是每个行业都好；反之，整体经济形势恶化，只能说明大多数行业面临困境，可能某些行业的发展仍然较好。分析国民经济形势不能了解某个行业的兴衰发展情况，也不能反映产业结构的调整。只有进行行业分析，我们才能更加明确某个行业的发展状况，以及它所处的生命周期，并据此做出正确的投资决策。如果只进行国民经济形势分析，我们只能了解某个行业笼统的、模糊的轮廓。

其次，进行行业分析可以为更好地进行公司分析奠定基础。行业是由许多同类型公司构成的群体。如果我们只进行公司分析，虽然可以知道某个公司的经营（财务）状况，但不能知道其他同类公司的经营状况，无法通过横向比较了解目前公司在同行业中的位置。另外，行业所处生命周期制约或决定着公司的生存和发展。如果某个行业已处于衰退期，则该行业中的公司不管其资产多么雄厚，经营管理能力多么强，都不能摆脱其阴暗的前景。投资者在考虑新投资时，不能投资那些快要没落和快要被淘汰的“夕阳”行业。投资者在选择股票时，不能被眼前的盈利景象所迷惑，而要分析和判断公司所属的行业是处于初创期、成长期还是稳定期、衰退期，绝对不能购买那些属于衰退期的行业股票。

任务二　分析行业的一般特征

任务描述

本任务的学习内容是掌握行业的市场结构类型及行业竞争结构特点，能依据行业市场结构和竞争结构的特点来分析判断行业的投资价值，掌握行业与经济周期变化的关系，能利用各类行业的运行状态与经济周期的关系来做出行业投资选择。

知识准备

一、行业的市场结构分析

（一）行业的市场结构类型

行业分析中一个十分重要的问题是行业的市场结构。行业的市场结构是指一个行业内部买方和卖方的数量及其规模分布、产品差别的程度和新企业进入该行业的难易程度的综合状态，也可以说是某一市场中各种要素之间的内在联系及其特征，包括市场供给者之间、需求者之间、供给者和需求者之间，以及市场上现有的供给者、需求者与正在进入该市场的供给者、需求者之间的关系。

通过对该行业生产企业数量的多少、进入限制和产品差别等的分析，可以确定行业的市场结构。根据西方经济学的研究，行业基本上可分为以下四种市场结构类型：完全竞争、垄断竞争、寡头垄断和完全垄断（见表5-3）。

1.完全竞争

完全竞争型市场是指竞争不受任何阻碍和干扰的市场。其具有以下六个特点：

（1）生产者众多，各种生产资料可以完全流动。

（2）产品不论是有形的还是无形的，都是同质的、无差别的。

（3）没有一家企业能够影响产品的价格，企业永远是价格的接受者。

（4）企业的盈利基本上由市场对产品的需求来决定。

表5-3 行业的市场结构类型

市场类型	厂商数量	产品性质	典型行业	对价格的控制程度	新厂商加入的难易度	超额利润	
						短期	长期
完全竞争	很多	无差别	农产品	无	容易	有	无
垄断竞争	较多	有差异	轻加工业	有一定控制	较容易	有	无
寡头垄断	几家	有差异或同质	石油、钢铁、民航等	有相当控制	难度较大	一般有	一般有
完全垄断	一家	产品独特	公用事业	较高	很难	有	有

（5）生产者可自由地进入或退出这个市场。

（6）市场信息对买卖双方都是畅通的，生产者和消费者对市场情况非常了解。

在现实经济生活中，完全竞争的市场类型几乎不存在，初级产品（如农产品）的市场类型较类似于完全竞争市场。投资处于完全竞争市场结构的行业只能获得市场的平均利润率。

2.垄断竞争

垄断竞争型市场是指既有垄断又有竞争的市场。在垄断竞争型市场上，每个企业都具有一定的垄断力，但它们之间又存在激烈的竞争。其特点是：

（1）生产者众多，各种生产资料可以流动。

（2）生产的产品同种但不同质，即产品之间存在着差异。这种差异既可以是各种产品之间的实际差异，也可以是想象上的差异。这是垄断竞争与完全竞争的主要区别。

（3）由于产品差异性的存在，生产者可以赢得并提高自己产品的信誉，从而对产品的价格有一定的控制能力。

可以看出，垄断竞争型市场中有大量企业，但没有一个企业能有效影响其他企业。在国民经济各行业中，制成品（如纺织、服装等轻工业产品）的市场类型一般都属于垄断竞争。生产者对产品的控制力越强，就越能获得超额利润，就越值得投资。

3.寡头垄断

寡头垄断型市场是指相对少量的生产者在某种产品的生产上占据很大的市场份额，从而控制了这个行业的供给市场结构。该市场结构得以形成的原因有：

（1）这类行业初始投入资本较大，阻碍了大量中小企业的进入。

（2）这类产品只有在大规模生产时才能获得好的效益，这就会在竞争中自然淘汰大量的中小企业。

在寡头垄断型市场上，由于（这些）少数生产者的产品产量非常大，因此它们对产品的市场价格和交易具有一定的垄断能力。在这种市场上，通常存在着一个起领导作用的企业，其他企业跟随该企业定价与经营方式的变化而相应地进行某些调整。资本密集型、技术密集型产品（如钢铁、汽车等）以及少数储量集中的矿产品（如石油）等的市场多属于这种类型。处于寡头垄断市场结构的行业比较适合投资。

4.完全垄断

完全垄断型市场是指独家企业生产某种特质产品的情形，即整个行业的市场完全由一家企业所控制的市场结构。特质产品是指那些没有或缺少相近的替代品的产品。完全垄断型市场结构的特点包括：

（1）市场被独家企业所控制，其他企业不可以或不可能进入该行业。

（2）产品没有或缺少相近的替代品。

（3）垄断者能够根据市场的供需情况制定理想的价格和控制产量，在高价少销和低价多销之间进行选择，以获取最大的利润。

（4）垄断者在制定产品价格与控制生产数量方面的自由性是有限度的，要受到反垄断法和政府管制的约束。

当前的现实生活中没有真正的完全垄断型市场，每个行业都或多或少地引进了竞争。公用事业（如发电厂、煤气公司、自来水公司等）和某些资本、技术高度密集型或稀有金属矿藏的开采等行业接近完全垄断的市场类型。完全垄断的行业适合投资，但要综合考虑其受政府的控制程度。

行业四种市场结构的相互关系可归结为：按照完全竞争—垄断竞争—寡头垄断—完全垄断的顺序，竞争程度是依次递减的。一般说来，竞争程度越高，投资壁垒越少，进入成本越低，其产品价格和企业利润受供求关系影响越大，而且企业倒闭的可能性也越大，因此投资风险也越大；反之，垄断性行业由于企业对产品和价格的控制能力很强，投资获利良好，风险较小，但投资壁垒较多，因此投资机会较少，进入成本较高。

（二）行业的市场竞争结构分析

行业的市场结构差异会从多个方面影响行业的竞争力。哈佛商学院的著名战略管理学者迈克尔·波特教授在20世纪90年代末将传统的产业组织理论与企业战略结合起来，提出了竞争战略与竞争优势的理论。根据他的观点，在一个行业中，存在着五种基本的竞争力量，即潜在进入者、替代品制造商、购买者、供应者以及行业中现有的竞争者，他们彼此之间相互作用。在一个行业中，这五种基本竞争力量的状况及其综合强度，会引发行业内在经济结构的变化，从而决定行业内部竞争的激烈程度和从该行业中获得利润的最终潜力。波特依据这五种竞争力量建立了模型（如图5-1所示），该模型被称为波特模型。

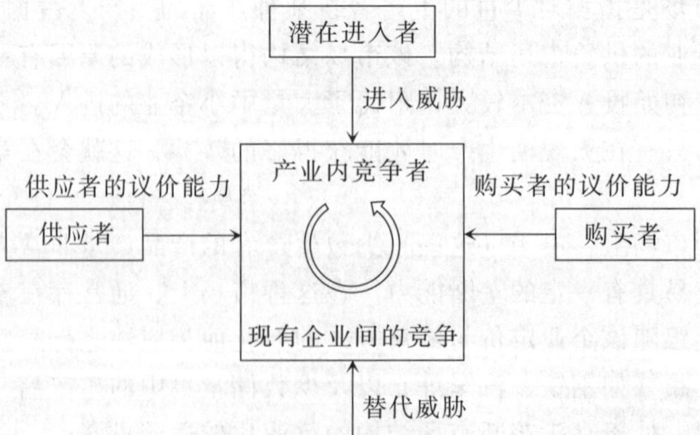

图5-1　波特模型

（1）潜在进入者的威胁。行业的潜在进入者会给该行业的价格和利润造成一定的影响。即使没有企业进入该行业，这种潜在进入者的威胁性也会给该行业的价格和利润造成向下的压力，因为过高的价格和利润会对新竞争者的进入形成引诱效应。行业进入的壁垒是行业竞争力的一个重要影响因素。显然，不同的市场结构在行业进入的壁垒上存在着显著的不同，竞争程度越高的行业，其竞争者进入的威胁越大；反之，垄断程度越高的行业，其竞争者进入的威胁越小。

（2）现有企业间的竞争。如果一个行业内部存在着几个竞争者，那么由于每个竞争者都寻求扩大自身的市场份额，因此行业内部的价格竞争程度会加剧，行业利润率会趋于下降。如果这个行业的扩张速度减慢，处于这个行业中的企业之间的竞争程度会随之加剧，因为每个企业只有通过从其他对手那里夺得市场份额才能扩大自身的规模；如果生产成本中固定成本所占比例较高，企业为能够充分利用生产能力，将会使企业之间价格竞争的程度加剧；如果行业内部企业生产的产品相似程度较高，由于企业无法通过产品的差异性进行竞争，也会使企业之间的价格竞争程度加剧。

（3）替代品对产品价格的压力。替代品是指那些来自不同行业的产品或服务，它们具有的功能与现有产品大致相同。替代品意味着企业面临着来自相关产业产品的竞争。可供选择的替代品会对该产品的价格形成一定程度的约束性，替代品的范围越大，这种约束性的程度就越高。

来自替代品的竞争压力的强度取决于三个方面的因素：一是替代品的价格是否具有吸引力。价格上有吸引力的替代品往往会给现有企业带来很大的竞争压力，会迫使现有企业为保持一定的销售额和留住现有顾客而降低产品价格。如果替代品的价格比现有产品的价格更低，那么市场中的竞争厂商就会遭遇降价的竞争压力。二是购买者在质量、性能、服务等方面是否具有更高的满意度。替代品的易获得性不可避免地会刺激客户去比较彼此产品的质量、性能，这种压力会迫使市场中的厂商加强攻势，努力说服购买者相信它们的产品有着卓越的品质和性能。三是购买者转换成本的高低。

（4）购买者讨价还价的力量。如果某购买者购买了一个行业产出的绝大部分产品，则该购买者就拥有了较大的讨价还价的能力，从而可以压低产品价格，降低该行业的利润率。例如，汽车生产企业是汽车零配件的主要购买者，因此汽车生产企业对所购买的汽车零配件的价格影响较大，从而降低了汽车零配件生产行业的盈利能力。显然，行业产品的专一性越强，其产品价格受购买方的约束力就越大；购买者形成的行业垄断程度越高，它们对所购买产品的价格约束力也越高。

（5）供应者讨价还价的力量。如果产品中某种关键原材料的供应者在这种原材料的生产中处于垄断地位，那么它能够对这种原材料要求较高的价格，从而提高生产这种产品的企业的生产成本，降低产品利润。决定供应者讨价还价力量的关键因素是这种原材料的可替代性。如果这种原材料存在替代品，那么供应者讨价还价的力量就会被大大削弱。

应用实例5-1

啤酒行业市场结构分析

以啤酒行业（以青岛啤酒为代表）为例，总结其竞争特征、产品需求特征、产品技术特征、增长特征、盈利特征，见表5-4。

表5-4　啤酒行业的市场特征

竞争特征	产品需求特征	产品技术特征	增长特征	盈利特征
竞争企业数（多）	需求增长率（高）	技术成熟程度（高）	生产能力增长率（较高）	平均利润率（低于全国工业企业水平）
竞争企业战略（成本）	顾客稳定性（高）	技术复杂性（低）	规模经济程度（高）	平均贡献率（较高）
行业竞争热点（份额）	产品生命周期（成熟）	相关技术的影响（高）	新投资总额（多）	平均收益率（2.02%）
资源的可得性（易）	替代品可接受性（强）	技术的可保护性（弱）	多元化发展速度（强）	
潜在进入者（多）	需求弹性（大）	研究与开发费用（低）		
竞争结构（自由）	互补性（无）	增长率（低）		
产品差异化程度（弱）		技术进步的影响（高）		

第一，潜在进入者的威胁。

（1）新进入者以中低档产品为主，产品差异逐渐显现。

（2）资本需求较高，获得领先地位难度大。

（3）分销渠道以经销商代理为主，其他渠道成本较高。

（4）新进入者会遭遇现有啤酒企业的抵制和阻挠。

（5）专有产品技术上的壁垒不大；原材料存在一定的壁垒，大企业在采购来源、成本方面具有优势。

第二，现有企业间的竞争。目前，青岛啤酒的国内主要竞争对手有燕京、华润、蓝带、百威等。

第三，替代品的威胁。目前，啤酒替代品的威胁主要来自白酒、葡萄酒、茶等。由于国人对啤酒的喜爱程度较高，加上目前啤酒的相对价格较低，替代品的威胁相对较小。

第四，购买方讨价还价的能力。啤酒企业以“生产成本+微利”定位出厂价，将较大的利润空间让渡给经销商，由经销商来操控市场。中间商及零售终端对制造商的影响及砍价能力趋强。代理商对啤酒的价格敏感度较高。

第五，供应方的谈判能力。总体上看，供应方提供的主要原材料是大麦、啤酒花等。原辅材料价格的持续上涨给啤酒行业带来了巨大的成本压力，所以供应方的谈判能力对青岛啤酒的生产成本有比较大的影响。

最后得出结论：

第一，中国啤酒行业整体获利能力一般、行业吸引力中等。

第二，青岛啤酒要不断提高品牌知名度，通过合适的兼并和合作来扩大企业的市场份额。此外，青岛啤酒应尽可能地从自身的利益、需要出发影响行业竞争规则，先占领有利的市场，以提高自己的市场地位与竞争实力。

二、行业对经济周期的敏感性分析

经济周期的变化会对行业的发展产生影响，但影响程度不尽相同，有的行业发展与经济周期的变化同步，有的行业发展则与经济周期关系不大。

（一）行业对经济周期的敏感性

根据行业对经济周期的敏感程度不同，行业可分为以下三类：

（1）增长型行业。其运动状态与经济活动总水平的周期和运行幅度无关。这些行业收入增长的速率相对于经济周期的变动来说，并未出现同步变化，因为它们主要依靠技术进步、新产品的推出及更优质的服务来实现连续性、经常性的增长。

在证券市场上，此类行业上市公司的股票表现为长期走牛，并不受制于大盘的走势，因为大盘是整体经济形势的综合表现。比较典型的如部分应用软件及系统集成行业的上市公司，近几年的整体走势一直领先于大盘，表明该类行业具有不同于经济形势的长期发展性。增长型行业是投资的最佳选择，不过此类行业的持续增长性也使投资者在进行具体投资时很难把握较为精确的购买时机，因为其整体价格很难呈现周期性波动。

（2）周期型行业。它与经济周期的波动紧密相关。当经济处于上升期时，这些行业会紧随其扩张；当经济处于衰退期时，这些行业也相应衰落。出现这种现象的原因是，当经济繁荣时，对这些行业相关产品的购买相应增加；当经济衰退时，对这些行业相关产品的购买被延迟到经济改善之后。

比较典型的周期型行业有消费品业、耐用品制造业及其他需求收入弹性较高的行业。周期型行业适合在经济繁荣时期和复苏时期投资。

（3）防守型行业。其经营状况在经济周期的上升和下降阶段都很稳定。这种运动形态的存在是由于该类型行业的产品需求相对稳定，需求弹性小，经济处于衰退阶段对这种行业的影响也比较小，甚至有些防守型行业在经济衰退时期还会有一定的实际增长。

该类行业的产品往往是生活必需品或必要的公共服务，公众对其有相对稳定的需求，因而行业中有代表性的公司盈利水平相对稳定。例如，食品行业、医药行业和公用事业就属于防守型行业。也正是因为这个原因，投资于防守型行业一般属于收入型投资，而非资本利得型投资。防守型行业适合在经济衰退和萧条时投资。

知识链接 5-3

行业对经济周期的敏感性

为了分析行业和经济周期的关系，研究人员根据行业对经济周期波动的敏感性把行业划分为增长类、周期类、防御类和能源类四个大类。

增长类行业的发展态势与经济活动总体水平的周期性波动的关系并不紧密。这类行业主要依靠技术进步、新产品的推出而获得高于平均水平的增长率。这类行业一直受到投资者的追捧，但是投资者有时对增长前景过度乐观，如果股票的价格已经过高，投资的风险就会增加。

周期类行业与经济周期的波动关系密切。当经济处于上升期时，这类行业就会扩张；当经济衰退时，这类行业的销售也会大幅下降。例如，与固定资产投资密切相关的钢铁业，当经济复苏的时候，对钢铁的需求增加，行业的利润增加；而当经济衰退的时候，固定资产的投资大幅减缓，钢铁业的利润也会受到很大的冲击。这是一个典型的周期类行业。奢侈品行业如珠宝业也是周期类行业。

防御类行业与经济周期的波动关系不大，其销售收入无论处于经济周期的哪一个阶段都比较稳定，甚至在萧条的时候还略有增长。如电影业，人们是否看电影主要取决于对影片是否认同，与收入关系不大，甚至当人们收入减少的时候，会看更多的电影，以减少其他价格高的娱乐消费。可以看出，防御类行业大多是生活必需品行业。公用事业也属于防御类行业，因为人们对水、电等公用事业服务的需求比较稳定，不会因为经济周期的波动而大幅波动。

能源被作为一个单独的类别列示，是因为能源受政治等不确定因素的影响超过经济周期的影响。例如，历史上的几次能源危机，能源价格的大幅上升都是与中东地区的战争和政治危机分不开的。

（二）行业敏感性的决定因素

不同行业对经济周期的敏感程度是不同的。因此，在经济周期的不同阶段，不同行业的业绩表现也存在很大的差别。那么，哪些因素决定了一个行业对经济周期的敏感性呢？

（1）销售量的变化。在经济周期的不同阶段，销售量变化不大的行业，如生活必需品行业，对经济周期的敏感性最低，因为对必需品的需求几乎是刚性的，这些行业包括食品、药物和医疗服务等。此外，烟草的消费主要受公众消费偏好的影响，而不受其收入水平的影响，所以烟草业也是对经济周期敏感性低的行业。而那些在经济周期不同阶段销售量变动很大的行业，如生产机器设备、汽车、钢铁等产品的行业，对经济周期就很敏感。

（2）经营杠杆的大小。经营杠杆是企业固定成本和变动成本的比率。经营杠杆越高，行业对经济周期的变动就越敏感；反之，行业对经济周期的敏感性就越低。因为经营杠杆高，说明行业内的企业固定成本比较高，当经济衰退，企业由于销量降低而被迫降低产量时，因其成本居高不下（固定成本不会减少，而变动成本的下降也有限），不能抵消销售收入的变动，其盈利就会受到极大的打击；当经济景气，企业追加产量时，由于固定成本不变，而变动成本相对来说增加的幅度较小，从而使得企业的盈利能力大大增强。而经营杠杆较低，企业的变动成本相对较高，当经济环境发生变动时，总成本和销售量呈同向变动，企业盈利情况受到的影响就比较小。

经营杠杆可以用公司净利润与销售额这两个变量来进行量化，称为经营杠杆系数（Degree of Operating Leverage，DOL），用公式表示就是：

DOL=净利润变化率÷销售额变化率

如果DOL的值大于1，表明该公司存在某种程度的经营杠杆。例如，DOL=3，就表明销售额变动1%就会引起净利润朝同方向变动3%。另外，如前所述，经营杠杆会与固定成本同方向变动，固定成本越高，经营杠杆就越高。因此，经营杠杆系数也和公司固定成本有关，用公式可以表示为：

DOL=1+固定成本÷利润

（3）财务杠杆的大小。财务杠杆是指公司的债务与资产的比率。由于公司的债务需要支付利息，而利息可以看成是公司的固定成本，因为不管销量如何，公司需要付出的利息数额总是一定的。当经济处于衰退期时，如果资产回报率小于利息率，那么公司资产中债务所占比例越高，公司的亏损额就越大；反之，当经济处于高涨期时，由于资产回报率高于利息率，公司资产中债务所占比例越高，公司股东的股权收益率也就越高。因此，财务杠杆比较高的行业对经济周期变动的敏感性就会比较高，财务杠杆比较低的行业对经济周期变动的敏感性就相对比较低。

延伸阅读材料 5-1

经济周期下的行业投资逻辑

生命周期所处阶段决定了行业自身的周期特性，可采用行业增速的均值-方差统计分析方法，对行业周期进行系统性梳理。增长型（高均值）、防御型（低方差）和周期型（中-高方差）特性使行业周期与宏观周期的联动特征存在差异。

经济周期下的全行业表现：①能源行业：开采业滞后于经济周期，加工业同步于经济周期；②原材料：钢铁、有色、建材、化工业同步于经济周期，化学、纤维业略先行于经济周期；③机械设备：通用设备同步于经济周期，专用设备滞后于经济周期；④可选消费：汽车领先于经济周期，消费升级使可选消费向日常消费转变；⑤日常消费：农副产品与饮料弱于经济周期，食品制造同步于经济周期；⑥医疗消费：医药制造滞后于经济周期，兼具成长性和防御性；⑦金融业：银行、证券先行于经济周期，保险同步于经济周期；⑧建筑业：强于行业周期，同步于宏观经济周期和投资周期；⑨房地产业：先行于经济周期和制造业周期，滞后于金融业周期；⑩信息技术行业：软件业滞后于经济周期，通信服务业弱于经济周期；⑪交通运输业：同步于经济周期，先行于宏观经济周期和投资周期；⑫公用事业：电力同步于经济周期，水与燃气弱于经济周期。行业周期和经济周期的关联使资本市场上存在着行业轮动的投资规律。在经济复苏期，银行、房地产、汽车等可选消费会首先受益；在经济繁荣期，周期性行业如原材料、机械设备等表现较好；在经济放缓期，信贷敏感行业将首先步入衰退，而周期性行业尤其是滞后于经济周期的行业表现仍相对不错；在经济萧条期，兼具成长性和防御性的行业更易受到青睐。

任务三　行业发展趋势分析

任务描述

本任务的学习内容是认知行业生命周期和影响行业兴衰的主要因素，掌握行业各生命周期的投资特点，能通过行业增长比较分析和行业未来增长预测做出行业的投资选择；能通过分析影响行业未来发展的有关因素做出行业的投资选择。

知识准备

一、行业生命周期分析

行业生命周期指行业从出现到完全退出社会经济活动所经历的过程。其主要包括四个发展阶段：幼稚期（也叫初创期）、成长期、成熟期、衰退期。图5-2为行业生命周期曲线。表5-5为行业生命周期特征表。

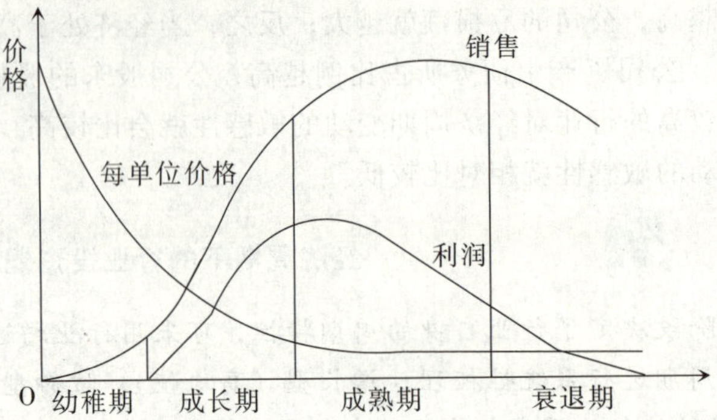

图5-2 行业生命周期曲线

表5-5

行业生命周期特征表

发展阶段	幼稚期	成长期	成熟期	衰退期
公司数量	少	增加	减少	少
产品价格	高	下降	稳定	—
利润	亏损	增加	高	减少→亏损
风险	高	高	降低	增大

（一）幼稚期

幼稚期指行业的产生期，是行业发展的初级阶段。由于社会、经济的发展，科学技术的进步，新技术、新思想、新观念的涌现，产生了新的社会需求，或是新的社会需求激励人们去革新技术或创造新技术，新的行业将不停地代替旧的传统行业。一般来说，在行业发展初期，行业利润较低甚至亏损，并承担巨大的风险，这主要基于以下原因：①产品研制、开发成本高；②企业创设成本高；③开发技术不完善，功能与消费要求存在差距，不能激发人们的普遍需求；④基于技术和生产经营决策上的原因，人们对新技术、新产品的接受有一个过程，需求亦较低；⑤社会对新行业了解不多以及消费习惯的影响，使得人们的需求意识不强烈；⑥新行业的组织、运营机制不完善，尚在摸索阶段，效率可能较低；⑦新行业是否真正反映人们当前的需求取向，是否与人们的消费水平相适应尚待证实。

由于上述原因，在幼稚期，公司在财务上可能不但没有盈利，反而普遍亏损。同时，较高的产品成本和价格与较小的市场需求使这些公司面临很大的投资风险，还可能因财务困难而引发破产的危险，因此，这类企业更适合投机者而非投资者。

针对处于幼稚期的行业，投资者要对其性质和社会、经济发展形势做出综合分析，从而预见该行业未来的发展状况和生命力，不要局限于行业眼前的盈利或亏损。幼稚期行业的股价由于公司暂时的低利润、高风险以及人们极少关注和了解而偏低，此时投资，一旦行业发展到下一阶段，将获得高额的股票差价收益。

（二）成长期

在幼稚期后期，随着生产技术的日趋成熟，市场需求扩大，生产成本不断降低，利润不断上升，新行业逐步转入成长期。处于该阶段的行业被称为朝阳行业。

在成长期的初期，公司的生产技术逐渐成熟，市场认可并接受了行业的产品，产品销量迅速增长。市场逐步扩大，然而公司可能仍然处于亏损或者微利状态，需要外部资金注入以增加设备、人员，并着手下一代产品的开发。进入加速成长期后，公司的产品已为广大消费者所接受，销售收入和利润开始加速增长，新的机会不断出现，但公司仍然需要大量资金来实现高速成长。进入成长期后期，生产厂商不仅依靠扩大产量和提高市场份额来获得竞争优势，同时还需不断提高生产技术水平、降低成本、研制和开发新产品，从而战胜或紧跟竞争对手，维持公司的生存。

在这一时期，公司的利润虽然增长很快，但所面临的竞争风险也非常大，破产率与合并率相当高。在成长期的后期，由于行业中生产厂商与产品优胜劣汰规律的作用，市场上生产厂商的数量在大幅度下降之后便开始稳定下来。由于市场需求基本饱和，产品的销售增长率降低，迅速赚取利润的机会减少，整个行业开始进入成熟期。

处于成长期的行业由于利润快速增长，因而其股票价格也呈现快速上扬趋势。由于股票价格的上涨有业绩作基础，所以这种上涨是明确的，并且具有长期性质。股票价格也会因对未来成长的过度预期和对这种过度预期的纠正而出现中短期波动。另外，由于在行业快速成长的同时，行业内部会出现厂商之间的分化，公司良莠不齐，不能认为所有朝阳行业内的公司都值得投资。股票价格也表现为在某一成长性行业的股票价格快速上涨的同时，个别股票却表现不佳。所以，只有那些资本实力和技术力量雄厚、市场份额不断扩大的优势企业才值得重点关注。

知识链接 5-4

如何判断一个行业的成长能力

行业的成长实际上就是行业的扩大再生产。各个行业成长的能力是有差异的。成长能力主要体现在生产能力和规模的扩张、区域的横向渗透能力以及自身组织结构的变革能力方面。判断一个行业的成长能力，可以从以下几个方面考察：

（1）需求弹性。一般而言，需求弹性较高的行业成长能力也较强。

（2）生产技术。技术进步快的行业，创新能力强，生产率提高快，容易保持优势地位，其成长能力也强。

（3）产业关联度。产业关联度强的行业，成长能力也强。

（4）市场容量与市场潜力。市场容量和市场潜力大的行业，其成长空间也大。

（5）行业在空间的转移活动。行业在空间的转移活动停止，一般可以说明行业成长达到市场需求边界，成长期进入尾声。

（6）产业组织的变化活动。在行业成长的过程中，一般伴随着行业中企业组织不断向集团化、大型化方向发展。

（三）成熟期

一般而言，行业成熟首先表现为生产技术上的成熟，即行业内企业普遍采用的是具有一定适用性且至少有一定先进性、稳定性的技术。其次表现为产品的成熟。产品的成熟是行业成熟的标志，到了成熟期，行业内产品的基本性能、式样、功能、规格、结构都将趋向成熟，且已经被消费者习惯使用。再次是生产工艺成熟。最后是产业组织成熟，即行业内企业间建立了良好的分工协作关系，市场竞争是有效的，市场运作规则合理，市场结构稳定。

行业的成熟期是一个相对较长的时期。在这一时期，在竞争中生存下来的少数大厂商垄断了整个行业的市场，每个厂商都占有一定比例的市场份额。厂商之间的竞争手段逐渐从价格手段转向各种非价格手段，如提高质量、改善性能和加强售后服务等。行业的利润由于一定程度的垄断达到了很高的水平，风险却因市场占有率比较稳定、新企业难以打入成熟期市场而较低。其原因是市场已被原有大企业按比例分割，产品的价格比较低，因而新企业往往会由于创业投资无法很快得到补偿或产品的销路不畅、资金周转困难而倒闭或转产。

成熟期行业的特点主要有：①企业规模空前，地位显赫，产品普及程度高；②行业生产能力接近饱和，市场需求也趋于饱和，买方市场出现；③构成支柱产业地位，其生产要素份额、产值、利税份额在国民经济中占有一席之地。

在行业成熟阶段，行业增长速度降到一个更加适度的水平。在某些情况下，整个行业的增长可能会完全停止，其产出甚至下降。由于丧失资本的增长，行业的发展很难较好地保持与国民生产总值同步增长，当国民生产总值减少时，行业甚至会蒙受更大的损失。但由于技术创新的原因，某些行业或许实际上会有新的增长。在短期内很难识别一个行业何时真正进入成熟期。

在证券市场上，处于成熟期的行业是蓝筹股的集中地。由于处于成熟期的行业垄断已经形成，行业发展的空间已经不大，所以行业快速成长的可能性已经很小，但一般能保持适度成长，而且垄断利润丰厚，所以，其股票价格一般呈现稳步攀升之势，大涨和大跌的可能性都不大，颇具长线持股的价值。

（四）衰退期

衰退期出现在较长的成熟期之后，由于新产品和大量替代品的出现，原行业的市场需求开始减少，产品的销售量也开始下降，某些厂商开始向其他更有利可图的行业转移资金，原行业出现了厂商数目减少、利润下降的萧条景象。至此，整个行业便进入了生命周期的最后阶段。在衰退期，厂商的数目逐步减少，市场逐渐萎缩，利润率停滞或不断下降。当正常利润无法维持或现有投资折旧完毕后，整个行业便逐渐解体。

从衰退的原因来看，可能有四种类型的衰退：①资源型衰退，即由生产所依赖的资源枯竭所导致的衰退；②效率型衰退，即由效率低下的比较劣势而引起的行业衰退；③收入低弹性衰退，即因需求-收入弹性较低而引发的衰退；④聚集过度性衰退，即因经济过度聚集的弊端所引起的行业衰退。

处于衰退期的行业由于已丧失发展空间，所以在证券市场上全无优势，是绩差股、垃圾股的摇篮。一般情况下，这类行业的股票常常是低价股，不引人关注，只具有证券市场的结构性功能，投资者不应选择处于该阶段的企业的证券进行投资。但在我国目前的现实情况下，由于上市资格控制较严，而且向国有企业倾斜，因此衰退型行业的上市股票虽然常常为低价股、绩差股，但往往因买壳、借壳或资产重组而出现飙升行情，这一状况未来将会随着证券发行审核制度的改革而逐步改变。

上述行业生命周期四个阶段的说明只是一个总体状况的描述，并不适用于所有行业。行业的实际生命周期由于受行业性质、政府干预、国外竞争和能源结构的变化等因素的影响而复杂得多。有些行业由于创业投资需要资金较少、产品比较符合消费者的需要，幼稚期可能很短，甚至一开始就可能盈利，如投资少、见效快的轻工业或手工产业。尽管如此，上述有关行业生命周期的说明概括了众多行业的发展形态，便于投资者在选择投资行业时进行慎重的考虑。

知识链接5-5　　行业生命周期的判断标准

行业生命周期实质上就是行业的一个兴衰过程，是行业在整个国家产业体系中地位的变迁。对行业所处的生命周期可以根据以下几个标准加以判断：

一是行业规模。随着行业的兴衰，行业的市场容量有一个"小—大—小"的发展过程。在行业的幼稚期和成长初期，资产总规模较小；在成长末期和成熟期，资产总规模较大；而处在衰退期时，资产总规模会逐步萎缩。

二是产出增长率。行业处于成长期时产出增长率较高，在成熟期以后产出增长率逐渐降低。根据经验数据，一般以15%为界。产出增长率在15%以上，说明行业处于成长期；产出增长率在15%以下，说明行业已经处于成熟期了。到了衰退阶段，行业会处于低速运行状态，有时甚至处于负增速状态。

三是利润率水平。利润率水平是行业兴衰程度的一个综合反映指标，一般都要经历一个"低—高—稳定—低—严重亏损"的过程。

四是技术进步和技术成熟程度。随着行业的兴衰，行业的创新能力有一个强增长到逐步衰减的过程，技术成熟程度有一个"低—高—老化"的过程。

五是开工率。长时期的开工充足反映了行业处在成长期或成熟期的景气状态，衰退期往往伴随着开工不足。

六是从业人员的职业化水平和工资福利水平。随着行业所处生命周期的变化，从业人员的职业化和工资福利水平有一个"低—高—低"的过程。

七是资本进退。行业生命周期中的每个阶段都会有企业的进退发生。在成熟期以前，进入的企业数量及资本量大于退出量，行业规模逐渐扩张；而进入成熟期，进入的企业数量及资本量与退出量有一个均衡的过程；在衰退期，退出量超过进入量，行业规模逐渐萎缩，转产、倒闭的企业经常出现。

延伸阅读材料5-2　　不同生命周期阶段的行业在证券市场上的不同表现

一般来说，在投资决策过程中，投资者应选择增长型行业和在生命周期中处于成长期及成熟期的行业。投资者要仔细研究欲投资公司所处的行业生命周期及行业特征。

处于成长期和成熟期的行业有较大的发展潜力，基础逐渐稳定，盈利逐年增加，股息红利相应提高，有望得到丰厚而稳定的收益。投资者一般应避免初创期的行业，因为这些行业的发展前景尚难预料，投资风险较大；同样，投资者也不应选择处于衰退期的行业。不同生命周期阶段的行业在证券市场上的不同表现如图5-3所示。

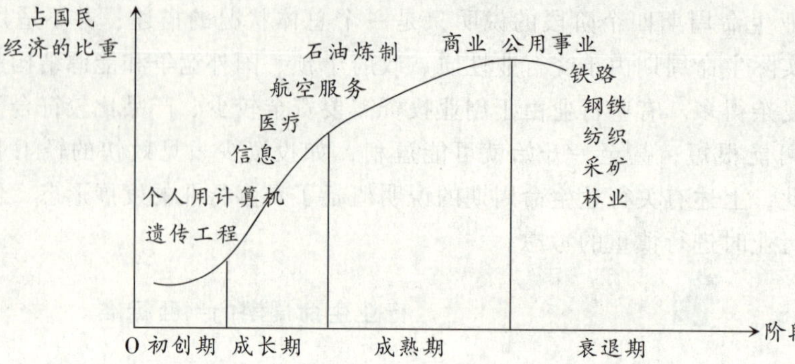

图 5-3 不同生命周期阶段的行业在证券市场上的不同表现

通过图 5-3，我们可以作以下分析：

（1）遗传工程行业正处于行业生命周期的初创阶段，由此可以知道以下投资信息：如果打算对该行业进行投资的话，那么只有为数不多的几家企业可供选择，投资该行业的风险较大，但可能会获得很高的收益。掌握以上信息以后，通过未来风险和未来收益的权衡比较来决定是否投资于该行业。

（2）个人用计算机行业处于成长阶段的初期，信息行业处于成长阶段的中期，医疗和航空服务行业处于成长阶段的后期。由此便可知道个人用计算机行业将会以很快的速度增长，但企业面临的竞争风险也较大；而信息、医疗和航空服务行业在增长速度上要慢于个人用计算机行业，但竞争风险相对较小。因此，投资者需通过收益、风险分析来决定投资于哪个行业。

（3）石油炼制、商业和公用事业等行业已进入成熟期。因此，这些行业将会继续增长，但速度要比前面各阶段的行业慢。成熟期的行业通常是盈利的，而且投资风险相对较小。当然，一般来说盈利不会太高。

（4）纺织和采矿业等已进入衰退期。由此可知，如对这些行业投资，收益较少，而且从长期看，这种投资也是不安全的。

需要说明的是，就处于不同发展水平的不同国家的经济以及处于不同发展阶段的同一国家的经济而言，同一行业可能处于生命周期的不同阶段。

二、影响行业兴衰的主要因素

影响行业兴衰的主要因素包括技术进步、产业政策、产业组织创新、社会习惯改变和经济全球化等。

（一）技术进步

技术进步在行业的发展过程中起着非常重要的作用，其效应可分为两个方面：一方面，技术进步推动行业现有产品的技术升级，从而使现有产品的成本和价格下降，社会需求扩大，生产增长，并促使行业由幼稚期进入快速成长期；另一方面，技术进步将创造新产品，开拓新的市场，从而使新行业不断出现，一些落后的行业进入衰退期。例如，IT技术的发展，使E-mail通信方式被广泛采用，传统的邮政通信行业进入衰退期。在科学技术飞速发展的时代，技术进步不仅为经济发展提供了强大的技术基础，而且促进了行业的结构调整，一些以新兴技术为基础的行业进入快速成长期，而那些落后于时代的行业则被淘汰。

投资者应不断地考察一个行业产品生产线的前途，分析其被优良产品替代的趋势。当然，行业追求技术进步也是时代的要求，一旦科学发明转化为技术，在新的产业中得到应用，新产品将被定型和大批量生产，市场价格将会大幅度下降，从而很快地被消费者使用。因此，投资者充分了解各行业技术发展的状况和趋势是至关重要的。

（二）产业政策

政府实行的产业政策是行业发展必须加以考虑的另一个重要因素。政府对行业的管理和调控主要是通过产业政策来实现的。产业政策是国家干预或参与经济的一种形式，是有关产业发展的政策目标、政策措施的总和。一般认为，产业政策包括产业结构政策、产业组织政策、产业技术政策和产业布局政策。

产业政策通过以下一些作用对投资活动产生直接影响：一是促进和维护一国幼稚产业的发展；二是加快资源配置的优化过程，促使资本向有利于国民经济的产业流动；三是促进市场机制和市场结构的完善；四是给企业提供一个透明度较高的发展环境；五是使产业结构能不断适应世界科学技术的新发展等。产业政策的突出特点是有区别地对待不同行业，因此，了解国家不同时期产业政策的特点对证券投资决策有重要作用。对于国家积极鼓励发展的产业，由于受到政府各种优惠政策的扶持，一定会前途光明，投资者从长远角度考虑，应该向这些产业投资；对于国家限制发展的产业，其前景将是暗淡的，故投资者在对这些产业投资时应十分慎重。

（三）产业组织创新

产业组织是指同一产业内企业的组织形态和企业间的关系，包括市场结构、市场行为、市场绩效三方面内容。产业组织与产业结构息息相关，是连接产业结构与产业政策的纽带。因此，产业组织创新是推动产业结构升级的重要力量之一。

产业组织创新是指同一产业内企业的组织形态和企业间关系的创新。产业组织又与企业组织密切相关，是具有某种同一性的互动范畴。因此，产业组织创新不仅是产业内企业之间垄断抑或竞争关系平衡的结果，还是企业组织创新与产业组织创新协调与互动的结果。

缺乏产业组织创新的行业，如我国20世纪末期的建筑业、纺织业等，由于技术壁垒较低，市场竞争以价格竞争为主，行业平均利润水平较低，缺乏增长潜力。产业组织创新活跃的行业主要有计算机行业、生物医药行业、通信行业等，新技术和新产品不断涌现，使这些行业能够获得超额创新利润。

（四）社会习惯改变

在当今社会，消费者和政府越来越强调经济行业所应担负的社会责任，越来越注重工业化给社会所带来的种种影响。这种日益增强的社会意识或社会倾向对许多行业已经产生了明显的作用。近年来，许多西方国家特别是产品责任法最为严格的美国，在公众的强烈要求和压力下，对许多行业的生产及其产品都做出了种种限制性规定。如美国政府要求汽车制造商加固汽车保险杠、安装乘员安全带、改善燃油系统、提高防污染系统的质量等；医药行业也受到政府的专门管制。防止环境污染、保持生态平衡目前已成为工业化国家一个重要的社会趋势，在发展中国家也正日益受到重视。现在发达国家的工业部门每年都要花费几十亿美元的经费来研制和生产与环境保护有关的各种设备，以便使工业排放的废物、废水和废气能够符合规定的标准。其他环境保护项目还包括对有害物质（如放射性废料）和垃圾的处理等。从上面的分析可知，社会习惯倾向对行业内企业的经营活动、生产成本和利润、收益等都会产生一定的影响。

因此，投资者必须对这些影响行业内企业的经营活动、生产成本和利润等的社会因素进行分析，因为它们足以使一些不再适应社会需要的行业衰退，从而促进新的行业的发展。

（五）经济全球化

所谓经济全球化，是指商品、服务、生产要素与信息跨国界流动的规模不断扩大、形式不断增加，通过国际分工，在世界市场范围内提高资源配置效率，从而使各国经济的相互依赖程度日益加深。经济全球化使每一个行业和企业都置身于全球性竞争中，同时也使各行业、各企业获得了全球性的市场和资源。分析经济全球化对行业的影响，关键要看经济全球化是否有利于这一行业整合全球性资源，是否有利于这一行业面向全球性市场并满足全球性需求。

随着高新技术产业逐渐成为发达国家的主导产业，传统的劳动密集型行业甚至是低端技术的资本密集型行业将加快向发展中国家转移，使原本在发达国家已进入衰退期的行业得以存活下来，甚至还能得到进一步的发展。选择性发展将是未来各国形成优势产业的重要途径，因为一个国家的经济发展要受到技术水平、资源潜力的限制，不可能在所有领域都取得领先优势。

就我国而言，在经济全球化的趋势下，劳动密集型行业将一定程度上摆脱反倾销诉讼、配额限制等各种不利影响，利用劳动力的价格优势，进一步加大出口量，从而获得进一步发展；其他如进出口贸易行业、运输及港口行业、中成药行业等也会在经济全球化中获益；但是，诸如石油化工、钢材、农业等行业将会受到不同程度的冲击。

延伸阅读材料5-3　　行业投资的选择

行业投资的正确选择应建立在全面、综合分析行业兴衰的原因、行业与经济周期的关系的基础上。此外，还应注意以下两个方面的问题：

1.行业投资的选择必须与投资目的相结合

对特定的投资者来说，由于投资资金的来源、投资资金可使用时间的长短、投资者风险的承受能力、投资者的目标确定存在着较大差异，投资选择的行业标准可能不同。

（1）风险承受能力差的投资者对行业的选择。这类投资者可在宏观经济形势好的时期入市，应选择低风险、低收益且受经济周期影响不大的行业（如已步入成熟期的公用事业）作为投资目标，避开高风险行业。

（2）风险承受能力一般的投资者对行业的选择。这类投资者应把握好投资时机，把投资重点放在低风险行业上，但可适当选择一些高风险、高收益、随经济周期变动的行业进行投资，当然也应避开尚处于初创阶段的行业。

(3) 风险承受能力较高的投资者对行业的选择。这类投资者应采取投资组合策略，投资重点应适当向高风险、高收益、处于成长阶段的行业倾斜，甚至可以根据自己的经验，尝试选择一些自己熟悉的尚处于初创阶段的行业进行投资。

2.关注行业发展历史，重视对行业发展趋势的预测

(1) 应充分考虑行业的历史业绩和技术特征。投资者应广泛收集有关行业销售、盈利、股息分配、资本结构、技术发展、政策、证券价格变动的历史资料，为行业变化趋势的预测做好准备。

(2) 运用适当的方法，对行业变化作定量分析，预测行业的未来业绩和发展变化趋势，寻找适合自己投资的行业。

工作任务

○任务一

1.任务内容：查看沪、深上市公司行业划分的类别。

2.任务步骤：

(1) 下载证券行情软件或登录中国证监会官网（www.csrc.gov.cn）。

(2) 查阅沪、深两市行业划分的类别。

(3) 进行相关评价。

3.任务操作提示：学生下载证券行情软件，根据其相关功能，点击快捷操作工具栏“行业”，即可查看沪、深上市公司行业划分的类别；也可登录中国证监会官网查询2012年修订的《上市公司行业分类指引》进行了解。

○任务二

1.任务内容：确定行业市场结构类型。

2.任务步骤：

(1) 选择一个熟悉的行业，通过行业中的企业数量、产品性质、价格制定等判断其市场结构类型。

(2) 确定其投资策略。

(3) 进行相关评价。

3.任务操作提示：学生首先介绍所选择的行业，指出其市场结构类型；其次分析形成这种市场结构的原因，如形成垄断的原因；最后根据该行业内部竞争情况（包括市场集中度等信息）判断其投资价值。

○任务三

1.任务内容：分析行业市场竞争结构。

2.任务步骤：

(1) 以家电行业（以青岛海尔为代表）为例，总结其竞争特征、产品需求特征、产品技术特征、盈利特征。

(2) 根据波特模型对该行业进行战略分析。

(3) 进行相关评价。

3.任务操作提示：学生可以根据家电行业目前的发展现状，并结合波特模型的五种竞争力量，分析家电行业的获利能力及投资价值，并对青岛海尔的发展战略进行分析。

○任务四

1.任务内容：分析行业对经济周期的敏感性。

2.任务步骤：

（1）根据我国宏观经济运行情况与行业发展的关系，分析能源行业、金融服务业、城市公共设施类行业、一般消费品行业在经济周期内演变的规律。

（2）对这些行业的经济敏感性进行分析。

（3）进行相关评价。

3.任务操作提示：学生可通过网络查找相关资料，对能源行业、金融服务业、城市公共设施类行业、一般消费品行业的经济敏感性进行分析。

○任务五

1.任务内容：对行业的发展前景进行预测。

2.任务步骤：

（1）根据影响行业兴衰的主要因素，分析我国钢铁行业、汽车行业和房地产行业的发展前景。

（2）对这些行业做出投资建议。

（3）进行相关评价。

3.任务操作提示：学生在熟悉影响行业兴衰的主要因素的基础上，通过收集相关影响因素的资料，分析我国钢铁行业、汽车行业和房地产行业近几年在产业政策、社会习惯改变等因素的影响下的发展前景，并做出投资建议。

项目六

上市公司分析

本项目学习目标

核心知识：熟悉上市公司基本素质分析的方法，主要财务报表的格式、内容；掌握上市公司财务分析的方法；掌握财务比率分析中各比率的计算、意义；理解资产重组和关联交易对上市公司的影响。

核心技能：能运用所学的方法对公司基本素质进行全面分析；能利用财务报表对公司的资产质量、资产结构、利润质量、现金流量等进行分析；能通过比率分析来评价公司的变现能力、偿债能力、盈利能力、营运能力和投资收益。

案例导入

财务分析：明明白白炒股票

沃伦·巴菲特是当今世界最具有传奇色彩的证券投资家，不可思议的是，这位世界股王竟是在美国一个远离城市的西部小镇奥马哈创造证券投资的奇迹的。他不靠内幕消息，也不搞坐庄的勾当，他甚至没有交易员队伍，没有电子屏幕，没有价格图表，没有计算机，他唯一的“武器”就是几十年来的报纸和公司年报——巴菲特就是靠严谨的财务分析创下了连续32年战胜市场的纪录。巴菲特每天的主要工作就是对各种财务报表和公告进行研究，对公司、行业进行调查，从中进行细致的筛选。尤其是当他打算投资某一家公司时，一定要查阅该公司的全部年度报告，了解公司的发展状况及经营策略，甚至到公司进行实地考察。他的投资逻辑是“最终决定公司股价的是公司的实际价值”，因此，他总是选择产品简单、易了解、前景好且财务稳健、经营效率高、收益好、资本支出少、自由现金流量充裕的公司股票进行投资。他投资的股票很多属于老牌的传统企业，但都是行业中的佼佼者，市场占有率很高，从而得到了丰厚的回报。如吉列（剃须刀）的股价增长了3倍；可口可乐（饮料）的股价增长了5倍；大都会（人寿保险）从每股17.25美元涨到了每股80美元以上；GEICO（汽车保险），投入4 600万美元，到20世纪90年代增值到17亿美元。

其实不只是巴菲特，许多投资大师的成功秘诀都是许多投资者不以为然但事实上却极其有效的财务分析。号称美国“共同基金之父”“世纪投资大赢家”的股市奇才罗伊·纽伯格，总结出了成功投资的十大原则，其中之一便是“认真分析公司状况……包括管理人员、公司业绩及公司目标，尤其需要认真分析公司真实的资产状况，包括设备价值及每股净资产”。

课前思考

你认为在进行股票投资时，对上市公司的分析应该包括哪些方面？

任务一　上市公司基本素质分析

任务描述

本任务的学习内容是从上市公司产品竞争力、上市公司经营能力及上市公司成长性三方面分析上市公司的基本素质，据此选择具有投资价值的公司进行投资。

知识准备

产品是企业的生命。一个企业与其说是在生产、销售产品，不如说是那些还在适销的产品维系着企业的生存。企业研制、开发出一个好产品，就好像十月怀胎一朝分娩一样，绝非容易之事（当然还有许多获取新产品的方法）。而新产品一经问世，企业还要像养育子女一样精心呵护，为其“扬名”，助其走向“成熟”。在科技发展日新月异的今天，只有不断地进行产品更新、技术改造的企业才能长期立于不败之地。商海弄潮如逆水行舟，不进则退。一个企业在新产品开发上的停滞，相对于其他前进的企业，就是后退，多少“百年老字号”的倒闭都说明了这个道理。

一、上市公司产品竞争力分析

（一）评价产品的竞争能力

（1）成本优势。它是指公司的产品依靠低成本获得高于同行业其他企业的盈利能力。在很多行业中，成本优势都是决定竞争优势的关键因素。同时，低成本优势也使其他想利用价格竞争的企业有所顾忌，成为价格竞争的抑制力。

企业一般会通过规模经济、专有技术、优惠的原材料、低廉的劳动力、科学的管理、发达的营销网络等途径来实现成本优势。由资本的集中程度决定的规模效益是决定公司生产成本的基本因素。当企业的资本投入或生产能力达到一定水平时，根据规模经济理论，企业的生产成本和管理费用将会有效降低。对于原材料和劳动力成本，则应考虑公司的原料来源和公司所处的地区。取得了成本优势，意味着企业在竞争对手失去利润时仍有利可图，亏本的可能性较小。

延伸阅读材料6-1

成本领先战略的风险

保持成本领先地位要求企业购买现代化的设备，及时淘汰陈旧的资产，防止产品线的无限扩充以及对新技术的发展保持高度的警觉，而这些也正是成本领先战略的风险根源。成本领先战略的风险可以归纳为下述几个方面：

（1）生产技术的变化或新技术的出现可能使过去的设备投资或产品学习经验变得无效，从而变成无效用的资源。

（2）行业中的新加入者通过模仿、总结他人的成功经验或购买更先进的生产设备，能以更低的成本参与竞争，后来居上。这时，企业就会丧失成本领先地位。

（3）由于采用成本领先战略的企业力量集中于降低产品成本，它们丧失了预见产品市场变化的能力。企业可能会发现所生产的产品即使价格低廉，也不为顾客所欣赏和需要。这是成本领先战略的最危险之处。

（4）受通货膨胀的影响，生产投入的成本增加，降低了产品的成本-价格优势，从而难以与采用其他竞争战略的企业相竞争。

成本领先战略带来风险的一个典型例子是丰田汽车。丰田及时生产系统（Just in Time）可谓享誉全球。靠着这种生产方式，丰田汽车以物美价廉和品质过硬超越了一个又一个欧美老牌汽车公司，终于成了全球汽车领域的佼佼者。丰田汽车在争夺世界市场的过程中，通过这种生产方式不断降低成本，通过低成本战胜竞争对手。之前，丰田的成功主要在于使用了自己独创的精益生产方式，但是从丰田汽车在美国得州圣安东尼奥的工厂开始（该工厂2003年开始建设，2006年完工，总耗资12亿美元），它就又走上了通过规模降低生产成本、通过低成本战胜竞争对手的老路。丰田汽车进入国际化的轨道后，其生产扩张速度逐渐失控。随着市场竞争的激烈与销量的不佳，通过规模降低成本的策略渐渐失去作用。不仅如此，盲目的扩张反而成了丰田汽车的发展障碍，从而使丰田汽车公司付出了极大代价。

因此，经营者在选择成本领先的竞争战略时，必须正确地估计市场需求及其特征，努力将成本领先战略的风险降到最低。

（2）技术优势。它是指企业拥有的比同行业竞争对手更强的技术实力及研究与开发新产品的能力。这种能力主要体现在生产的技术水平和产品的技术含量上。

在现代经济中，企业新产品的研发能力是决定企业竞争成败的关键。因此，大部分企业都会事先确定占销售额一定比例的研发费用，这一比例的高低往往能决定企业新产品开发能力的大小。产品的创新包括研制出新的核心技术、开发出新一代产品；研发出新的工艺，降低现有产品的生产成本；根据细分市场进行产品细分，实行产品差别化生产；获得原料或半成品新的供给来源等。技术创新不仅包括产品技术创新，还包括人才创新。实施人才创新战略，是上市公司竞争制胜的务本之举，拥有技术优势的上市公司往往具有更大的发展潜力。

（3）质量优势。它是指公司的产品以高于其他公司同类产品的质量赢得市场，从而取得的竞争优势。由于技术实力及管理等诸多因素的差别，不同公司间相同产品的质量是有差别的。消费者在做购买选择时，虽然有很多因素会影响他们的购买倾向，但是产品质量始终是最重要的一个影响因素。

质量是产品信誉的保证，质量好的产品会给消费者带来信任感。严格管理、不断提高公司产品的质量，是提升公司产品竞争力行之有效的方法。具有产品质量优势的上市公司往往在该行业占据领先地位。

（二）掌握产品的市场占有情况

产品的市场占有情况可以从两个方面进行考察：

第一，公司产品销售市场的地域分配情况，即是地区性、全国性还是世界范围的销售市场，可以用产品覆盖率来说明，从而判断一个公司的经营能力和实力。

产品覆盖率=产品行销地区数÷同种产品行销地区总数

第二，公司产品在同类产品市场上的占有率。市场占有率是指一个公司的产品销售量占该类产品整个市场销售总量的比例，即：

产品市场占有率=产品销售量÷同种产品的市场销售总量

二者的组合可产生以下四种情况：

（1）市场占有率和覆盖率都较高。这说明公司产品的销量和销售的广度在同行业中占有优势地位，产品竞争力较强。

（2）市场占有率和覆盖率都较低。这说明公司产品的前景不佳。

（3）市场占有率低而市场覆盖率高。这说明公司的销售网络比较完善，但产品竞争力可能不强。

（4）市场占有率高而覆盖率低。这表明公司产品在一定范围内竞争力较强，但大范围内的竞争优势不明显。公司产品往往是地方性产品或生活必需品。这种公司比较有竞争潜力。

公司的市场占有率是利润之源。市场占有率是对公司实力和经营能力的较精确估计。不断地开拓进取、挖掘现有市场潜力，并不断地进军新的市场，是公司扩大市场份额和提高市场占有率的主要手段。

（三）掌握产品的品牌战略

品牌是用来识别产品的名称、符号、文字、数字、标志及其组合。其作用及目的是把不同企业生产的产品区别开，使竞争者之间的产品不发生混淆。从品牌战略的功能来看，一个品牌不仅仅是一个产品的标志，还是产品质量、性能、满足消费者效用的可靠程度的综合体现。企业品牌的作用表现在以下三个方面：一是有利于产品参与市场竞争；二是有利于提高产品质量和企业形象；三是有利于保护消费者利益。

所谓品牌战略，是企业通过树立良好的品牌形象，提升产品知名度，并以知名度来开拓市场，吸引顾客，提高市场占有率，取得丰厚的利润回报，培养忠诚的品牌消费者的一种战略选择。当产业发展进入成熟阶段时，产业竞争的深化和延伸就是品牌的竞争，品牌战略就成为公司及其产品竞争力的一个重要因素。效益好的上市公司，大都有自己的品牌和品牌战略。品牌战略不仅能提升产品的竞争力，而且公司能够利用品牌进行收购兼并。

二、上市公司经营能力分析

（一）了解公司法人治理结构

公司法人治理结构有狭义和广义两种定义。狭义的公司法人治理结构是指公司董事会的功能、结构和股东的权利等方面的制度安排；广义的公司法人治理结构是有关企业控制权和剩余索取权分配的一整套法律、文化和制度安排，包括人力资源管理、收益分配和激励机制、财务制度、内部制度和管理等。健全的公司法人治理结构至少体现在以下七个方面：

（1）规范的股权结构。它是公司法人治理结构的基础。规范的股权结构包括三层含义：①降低股权集中度，改变“一股独大”的局面；②流通股股权适度集中，发展机构投资者、战略投资者；③增强股权的流通性。

（2）有效的股东大会制度。它是确保股东充分行使权力的最基础的制度安排，也是上市公司建立健全公司法人治理机制的关键。

根据中国证监会颁布的《上市公司治理准则》，有效的股东大会制度应包括：①具备规范的召开与表决程序；②股东大会应给予每个提案合理的讨论时间；③对股东大会的授权原则、授权内容应明确具体；④股东大会会议时间、地点的选择应有利于让尽可能多的股东参加会议；⑤充分运用现代信息技术手段提高股东参与股东大会的比例。

（3）董事会权力的合理界定与约束。董事会是公司的决策机构，股东大会应赋予董事会合理、充分的权力，但也要建立对董事会权力的约束机制。根据《上市公司治理准则》，上市公司应在公司章程中规定规范、透明的董事选聘程序；在董事的选举过程中，应充分反映中小股东的意见，并积极推行累积投票制度。董事应根据公司和全体股东的最大利益，忠实、诚信、勤勉地履行职责。董事会应认真履行有关法律、法规和公司章程规定的职责，确保公司遵守法律、法规和公司章程的规定，公平对待所有股东，并关注其他利益相关者的利益。董事会授权董事长在董事会闭会期间行使董事会部分职权的，上市公司应在公司章程中明确规定授权原则和授权内容，授权内容应当明确、具体。凡涉及公司重大利益的事项，应由董事会集体决策。

（4）完善的独立董事制度。在董事会中引入独立董事制度，可以增强公司董事会的独立性，有利于董事会对公司的经营决策做出独立判断。2001年8月，中国证监会发布了《关于在上市公司建立独立董事制度的指导意见》，要求上市公司在2002年6月30日之前建立独立董事制度。2014年9月，中国上市公司协会发布《上市公司独立董事履职指引》，对上市公司独立董事的义务和职权等进行了界定。

（5）监事会的独立性和监督责任。公司法人治理结构应该加强监事会的地位和作用，增强监督制度的动力性和加大监督力度，限制大股东提名监事候选人和作为监事会的召集人。此外，要加大监事会的监督责任。

（6）优秀的职业经理层。上市公司必须建立和形成一套科学的、市场化、制度化的选聘制度和激励制度，培育优秀的、高效运作的职业经理层。

（7）相关利益者的共同治理。相关利益者包括员工、债权人、供应商和客户等。相关利益者共同参与公司治理可以有效地建立公司外部治理机制，弥补公司内部治理机制的不足。

知识链接6-1　　公司治理结构原则

1999年5月，经济合作与发展组织（OECD）理事会正式通过了其制定的《公司治理结构原则》。它是第一个政府间为公司治理结构开发出的国际标准，得到了国际社会的积极响应。该原则旨在为各国政府部门制定有关公司治理结构的法律和监管制度框架提供参考，也为证券交易所、投资者、公司和参与者提供指导。它体现了OECD成员国对建立良好公司治理结构共同基础的考虑，其主要内容包括：

（1）公司治理结构框架应当维护股东的权利。

（2）公司治理结构框架应当确保包括小股东和外国股东在内的全体股东获得平等的待遇；如果股东的权利受到损害，他们应有机会得到补偿。

（3）公司治理结构框架应当确认利益相关者的合法权利，并且鼓励公司和利益相关者为创造财富和工作机会以及为保持企业财务健全而积极地进行合作。

（4）公司治理结构框架应当保证及时准确地披露与公司有关的任何重大问题，包括财务状况、经营状况、所有权状况和公司治理状况的信息。

（5）公司治理结构框架应确保董事会对公司的战略性指导和对管理人员的有效监督，并确保董事会对公司和股东负责。

实际上，一个成功的公司治理结构模式并非仅限于“股东治理”或“共同治理”，而是吸收二者的优点，并考虑本公司的环境，不断修改优化而成的。

（二）经理层和员工的素质分析

1.经理层的素质

（1）决策层。其应有明确的生产经营战略和良好的经济素养，应具备较高的企业管理能力和丰富的工作经验，有清晰的思路和较强的综合判断能力。决策层还必须具备较强的法治观念，严格按照我国的法律、法规、政策行事，能根据法律规范制定自己的生产经营策略，有严明的组织纪律性，知人善用，坚持正确的经营方向。

（2）高级管理层。其应具有与企业经营相关的技术、知识，通晓现代管理理论，有实际管理经验，有较强的组织、指挥能力，有扎实的工作作风。其具体要求如下：

第一，要有较强的组织、指挥能力，熟悉企业的生产经营程序和方式，能合理安排生产经营，领导有方，指挥得当，思维清晰、敏捷，判断准确，逻辑性强，有灵活处理错综复杂问题的能力和应变能力。

第二，有专业、有技术、有实际工作经验、有现代管理知识、有扎实的管理理论基础，通晓生产工艺流程，有经营头脑和开拓精神。

第三，善于协调关系、沟通感情，能调动员工的积极性，有强烈的责任感和事业心，有坚韧不拔的毅力，善于倾听下级的意见，勇于纠正工作中的错误。

（3）部门负责人。其一般指企业职能部门的负责人，如人事部、计划部、生产部、质检部、供销部、资产管理部、经营部、采购部、市场部、信息部、财务部等部门的部长、主任等。对部门负责人的基本要求是：精通本部门业务，有独立领导本部门工作人员高效工作的能力，部门工作成绩显著，有进取精神，工作态度严谨。

（4）执行层，即企业的最基层。各部门的任务要由执行层人员动脑、动手操作实施，对执行层人员的基本要求是：了解本岗位的工作范围，严格执行操作程序，操作技术娴熟，热爱本职工作，能保质、保量地完成或超额完成生产经营指标，能提出合理化建议，遵守企业的规章制度，团结同事，品行端正。

2.员工的素质

员工的素质对企业的发展也起着很重要的作用。企业应该有一支高素质的员工队伍来为企业的发展目标奋斗。高素质的员工应该具备以下几方面的特征：

（1）有文化。有一定的文化基础，具备适应岗位工作的能力，善于接收新知识、新事物。

（2）勤学习。好学上进，积极学习、掌握与工作有关的政策法规、专业技术及业务知识，积极参加培训，不断进行知识更新。

（3）精业务。技术业务熟练，能解决专业技术上的各种问题，产品质量、工作质量信得过。

（4）职责强。对工作认真负责，作风严谨，责任心强，能努力克服困难，尽职尽责地完成本职工作。

（5）品德好。有良好的思想品德，遵守职业道德，言行文明礼貌。

（6）遵章纪。有法律、法规意识，不违纪、违法，认真按企业规章和各种制度办事，行为规范，不出任何质量安全事故。

（7）乐助人。有协作精神，乐于助人，为人热情，能做到优质服务。

（8）团队心。集体荣誉感强，能积极为企业建设献计献策，为企业的荣誉和发展努力工作。

（9）有创新能力。

延伸阅读材料6-2

麦肯锡公司的电梯测验

电梯测验是指“在乘电梯的30秒内清晰准确地向客户解释清楚解决方案”。这是麦肯锡公司检验陈述咨询报告的方法之一。

如果你对解决方案或产品或企业了解到一定程度，那就要能在30秒之内清晰而准确地向你的客户或顾客或投资者解释清楚。如果你做不到这一点，那么把你正在做的工作理解清楚以后再去推销你的解决方案。

想象一下，现在正举行一场盛大的项目结束以后的情况说明会。你和你的团队从凌晨两点开始就在整理蓝皮书（麦肯锡情况说明文件的称谓，因为它是用蓝色封面装订的），以确保每一个字母i都有头上那一点、每一个字母t都有头上那一杠。你的名列《财富》世界500强的客户高管们急于聆听来自麦肯锡的哲人睿语，在公司顶层的董事会会议室里，他们已经各自就座。这时首席执行官大步地走进会议室说道：“对不起，伙计们，我不能待在这里了。我们正面临一场危机，我必须去见我的律师。”接着他转过身来问你：“为什么你不跟我一起乘电梯下去，把你的发现讲给我听呢？”坐电梯大约需要30秒钟的时间，在这么短的时间里，你可以告诉首席执行官你的解决方案吗？你能不能把自己的解决方案推销给他？这就是电梯测验。如何把长期的工作内容浓缩到30秒呢？如果你有很多建议，就盯住最重要的3条——具有最大盈利的内容，别去担心支持性资料，等你有时间的时候再去谈它们。

例如，你的分析结果表明：作为制造商的客户之所以没能销售出足够的饰品，是因为其销售队伍是按区域组织的，而实际上应该按购买者类型来组织。对于这一点，你有许多解释性资料：按购买者类型对销售人员进行的分析、对购买者的访问资料、对零售商和批发商的实地调查等。当你站在电梯里的时候，仅仅告诉首席执行官一点就可以了："我们认为，如果您按照购买者类型来重组销售队伍，3年之内饰品的销售额可以提高50%。我们可以随后再讨论细节问题。祝您跟律师谈得愉快！"

三、上市公司成长性分析

公司的价值在于长久维持好的盈利能力，这取决于公司的成长性。公司的成长性分析包括公司经营战略分析、公司扩张潜力分析。

（一）公司经营战略分析

1.公司经营战略的含义和特点

经营战略是企业面对激烈的竞争与严峻挑战时，为求得长期生存和发展而进行的总体性谋划。它是企业战略思想的集中体现，是企业经营范围的科学规定，同时又是制订经营计划的基础。

经营战略是指在保证实现企业使命的条件下，在充分利用环境中存在的各种机会和创造新机会的基础上，确定企业同环境的关系，规定企业的经营范围、成长方向和竞争对策，合理地调整企业结构和分配企业的全部资源。

经营战略具有全局性、长远性和纲领性等特点，它从宏观上规定了公司的成长方向、成长速度及其实现方式。由于经营战略决策直接牵涉企业的未来发展，决策对象是复杂的，所面对的问题常常是突发性的、难以预料的，因此，对公司经营战略的评价比较困难，难以标准化。

2.公司经营战略的类型

（1）发展战略。它是促使企业（经营）不断发展的一种战略。发展战略具有以下特点：①扩大规模。其倡导企业投入大量资源，扩大产销规模，提高产品的市场占有率，增强企业的竞争实力。②创新消费。发展战略指导下的企业经常开发新产品、新市场、新工艺，以及对旧产品进行改造、开发出新用途等，强调通过创造新产品和新需求来引导消费、创造消费，以把握更多的发展机会，谋求更大的风险回报。③改善企业经营效果。由于发展速度较快，制定发展战略的企业更容易获得较好的规模经济效益，从而降低生产成本，获得超额利润率。④倾向于采用非价格手段同竞争者抗衡。采用发展战略的企业通常很少采用会损伤自身利益的价格战，而是以生产创新产品和提高管理效率作为其竞争手段。

（2）稳定战略。它是企业的生产经营在一定时期内以守为攻、伺机而动、以安全经营为宗旨、回避风险的一种战略。稳定战略具有以下特点：①满足于现有的经济效益水平，决定继续追求与现状相同或相似的经济效益目标；②继续用基本相同的产品（或服务）为原有的顾客服务；③力争保持现有的市场占有率、产品销售规模或者略有增长，稳定并巩固企业现有的竞争地位；④在战略期内，每年所期望取得的成绩按大体相同的比率增长，从而稳步前进。

实行稳定战略，可以使企业在基本维持现有的产销规模、市场占有率和竞争地位的情况下，调整生产经营活动的秩序，强化对各部门、各环节的管理，从而进一步提高企业素质，积累资源，为将来的大发展做好充分准备。

（3）紧缩战略。它是企业在特定时期采取的缩小生产规模或放弃某些产品生产的一种战略。这是一种战略性撤退，以利于企业集中优势，改变经营中的不利地位。

紧缩战略与发展、稳定战略不同，其基本特点包括：①对企业现有产品/市场领域采取收缩、调整和撤退的措施，削减某些产品的市场规模，放弃某些产品系列，甚至完全退出目前的经营领域；②逐步缩小企业的产销规模，降低市场占有率，同时相应地降低某些经济效益指标；③目标重点是改善企业的现金流量，争取较高的收益和资金价值，为此，在资源的运用上，采取严格控制和尽量削减各项费用支出、只投入最低限度的经营资源的方针和政策；④紧缩战略具有过渡的性质，一般说来，企业只在短期内奉行这一战略，其基本目的是使自己摆脱困境，渡过危机，保存实力，或者消除经济赘瘤，集中资源，然后采取其他战略。

知识链接6-2　**对公司经营战略的评价**

一般对公司经营战略的评价从以下几方面进行：

第一，通过公开的传媒资料、调查走访等途径了解公司的经营战略，特别是注意公司是否有明确、统一的经营战略。

第二，考察和评估公司高级管理层的稳定性及其对公司经营战略的可能影响。

第三，公司的投资项目、财力、研究创新、人力资源等是否适应公司经营战略的要求。

第四，在对公司所处行业市场结构分析的基础上，进一步分析公司的竞争地位（是行业领先者、挑战者还是追随者），并分析与之相对应的经营战略是否适当。

第五，结合公司产品所处的生命周期，分析和评估公司的产品策略是专业化还是多元化。

第六，分析和评估公司的竞争战略是成本领先、别具一格还是集中一点。

（二）公司扩张潜力分析

公司扩张潜力一般与其所处的发展阶段、市场结构、经营战略密切相关。公司扩张潜力分析是从微观方面具体考察公司的成长性，包括以下几个方面：①公司规模的扩张是由供给推动还是由市场需求拉动的，是通过公司的产品创造市场需求还是生产产品去满足市场需求，是依靠技术进步还是依靠其他生产要素实现扩张的，以此找出企业发展的内在规律；②纵向比较公司历年的销售、利润、资产规模等数据，把握公司的发展趋势（是加速发展、稳步扩张还是停滞不前）；③将公司销售、利润、资产规模、增长率等数据与行业平均水平及主要竞争对手的数据进行比较，了解其行业地位的变化；④分析预测公司主要产品的市场前景及未来的市场份额，并对公司的投资项目进行分析，预测其销售和利润水平；⑤分析公司的财务状况以及公司的投资和筹资潜力。

延伸阅读材料 6-3　　公司的竞争地位分析

在商品经济社会，各公司都要在市场竞争的风浪中图生存、谋发展。有些公司凭着本身强大的规模和实力，利用收购、兼并及其他手段，形成在市场上的优越地位。一个公司竞争能力的强弱，与其获利能力的大小有密切关系。公司的竞争能力一般是通过规模优势、好的产品品质、较高的经营效率、技术经常革新、熟谙市场情况、注意产品需求动态、推销技巧高明等获得的。因此，投资者必须对拟投资公司在同行业中的竞争地位加以分析，以备投资选择。一个公司在同行业中竞争地位强弱的评定标准包括以下三个方面：

（1）年销售额或年收入额。公司年销售额的大小，是衡量一个公司在同行业中相对竞争地位高低的一个重要方向，用公司销售额占全行业销售额的比重来表示，更能反映这种情况。在整个行业的激烈竞争中，占总销售额较大比重的公司，一定是竞争能力强的公司。公司的盈利主要来自销售收入，收入越多，利润越多，所以投资者首先应该选择的是行业中年销售额或年收入额领先的公司。

（2）销售额或收入额的增长。投资者理想的投资对象，不只限于有名的公司，还有那些既有相当规模、销售额又能迅速增长的公司。对投资者来说，迅速增长比规模大可能更为重要。因为增长的销售额带来的是增长的利润额，由此使公司的股价不断提高，股息不断增加，达到投资者进行股票投资的预期目的。

（3）销售额的确定性。在正常情况下，稳定的销售额伴随的是比较稳定的盈利，如果销售额时多时少，变动太大，既会给公司的经营管理带来很大的不利，也会难以预计付给股东的股息、红利。因此投资者在选择投资对象时，应充分注意公司销售额的确定性。

任务二　上市公司财务报表分析

任务描述

本任务的学习内容是认知上市公司的主要财务报表，理解财务报表分析的目的和方法，学会计算和分析各项财务比率，能评价上市公司过去的经营业绩，衡量现在的财务状况，预测未来的发展趋势。

知识准备

一、上市公司的主要财务报表

按照我国《企业会计准则》及相关会计制度的规定，上市公司必须遵守公开性原则，定期披露财务状况，提供有关财务资料，以便于投资者查询。上市公司公布的财务资料中，主要是财务报表。

一般来说，财务报表主要是指资产负债表、利润表、现金流量表、所有者权益变动表，其中又以前三项较为重要。

（一）资产负债表

资产负债表是反映企业在某一特定日期财务状况的会计报表，表明在某一特定日期所拥有或控制的经济资源、所承担的现有义务和所有者对净资产的要求权。根据“资产=负债+所有者权益”的会计基本平衡公式以及一定的分类标准和排列顺序，资产负债表分为资产、负债及所有者权益两方。同时，资产负债表还提供期初数和期末数的比较资料。表6-1为兴业公司2018年度的资产负债表。①

表6-1　资产负债表

编制单位：兴业公司　　2018年12月31日　　单位：万元

资产	期末余额	年初余额	负债及股东权益	期末余额	年初余额
流动资产：			流动负债：		
货币资金	87 789	72 861	短期借款	107 799	93 600
以公允价值计量且变动计入当期损益的金融资产	0	160	以公允价值计量且变动计入当期损益的金融负债	-72	0
应收票据	19 234	19 274	应付票据	26 903	29 647
应收账款	148 122	76 975	应付账款	52 097	40 534
预付款项	38 583	35 217	预收款项	11 904	11 839
应收利息	0	0	应付职工薪酬	897	867
应收股利	0	0	应交税费	-5 350	8 380
其他应收款	51 602	85 893	应付股利	0	0
存货	83 071	65 609	应付利息	0	0
一年内到期的非流动资产	0	0	其他应付款	77 003	28 012
其他流动资产	0	0	一年内到期的非流动负债	0	10 000
流动资产合计	428 401	355 988	其他流动负债	0	0
非流动资产：			流动负债合计	271 181	222 879
可供出售金融资产	0	0	非流动负债：		
持有至到期投资	0	0	长期借款	72 187	62 247
长期应收款	0	0	应付债券	0	0
长期股权投资	107 493	107 493	长期应付款	0	0
投资性房地产	0	0	专项应付款	0	0
固定资产	77 176	76 023	预计负债	0	0
在建工程	3 183	2 424	递延所得税负债	4 128	0
工程物资	0	3 436	其他非流动负债	0	0
固定资产清理	0	0	非流动负债合计	76 315	62 247
生产性生物资产	0	0	负债合计	347 496	285 126
油气资产	0	0	股东权益：		
无形资产	4 230	3 735	股本	50 000	50 000
开发支出	0	0	资本公积	59 936	59 936
商誉	0	0	减：库存股	0	0
长期待摊费用	0	0	盈余公积	23 399	23 199
递延所得税资产	3 880	1 944	未分配利润	143 532	132 782
其他非流动资产	0	0	股东权益合计	276 867	265 917
非流动资产合计	195 962	195 055			
资产总计	624 363	551 043	负债及股东权益总计	624 363	551 043

① 《关于修订印发2019年度一般企业财务报表格式的通知》（财会〔2019〕6号）对一般企业财务报表格式进行了修订。

（二）利润表

利润表是反映企业一定期间经营成果的会计报表，表明企业运用所拥有的资产获利的能力。利润表把一定期间的营业收入与同一会计期间相关的营业费用进行配比，以计算企业一定时期的净利润（或净亏损）。

利润表主要反映以下几方面的内容：①构成主营业务利润的各项要素；②构成营业利润的各项要素；③构成利润总额（或亏损总额）的各项要素；④构成净利润（或净亏损）的各项要素。我国一般采用多步式利润表格式。表6-2为2018年度兴业公司的利润表。

表6-2 利润表

编制单位：兴业公司 2018年度 单位：万元

项目	本期金额	上期金额
一、营业收入	234 419	80 260
减：营业成本	195 890	63 599
税金及附加	6	160
销售费用	13 077	10 596
管理费用	8 574	5 247
财务费用	3 539	2 507
资产减值损失	0	0
加：公允价值变动收益（损失以“－”号填列）	72	0
投资收益（损失以“－”号填列）	63	5 657
其中：对联营企业和合营企业的投资收益	0	0
二、营业利润（亏损以“－”号填列）	13 468	3 808
加：营业外收入	19	301
减：营业外支出	88	3
其中：非流动资产处置损失	29	-131
三、利润总额（亏损总额以“－”号填列）	13 399	4 106
减：所得税费用	2 395	434
四、净利润（净亏损以“－”号填列）	11 004	3 672
五、其他综合收益的税后净额		
六、综合收益总额		
七、每股收益		
（一）基本每股收益		
（二）稀释每股收益		

（三）现金流量表

现金流量表反映企业一定期间现金的流入和流出情况，表明企业获得现金及现金等价物的能力，更为清晰地揭示企业资产的流动性和财务状况。现金流量表主要包括经营活动、投资活动和筹资活动产生的现金流量三个部分。表6-3为2018年度兴业公司的现金流量表。

表6-3　　现金流量表

编制单位：兴业公司　　2018年度　　单位：万元

项目	本期金额	上期金额
一、经营活动产生的现金流量：		
销售商品、提供劳务收到的现金	197 817	89 237
收到的税费返还	0	0
收到的其他与经营活动有关的现金	186	304
经营活动现金流入小计	198 003	89 541
购买商品、接受劳务支付的现金	169 045	68 745
支付给职工以及为职工支付的现金	6 718	4 018
支付的各项税费	4 638	318
支付其他与经营活动有关的现金	10 311	10 977
经营活动现金流出小计	190 712	84 058
经营活动产生的现金流量净额	7 291	5 483
二、投资活动产生的现金流量：		
收回投资收到的现金	223	996
取得投资收益收到的现金	0	0
处置固定资产、无形资产和其他长期资产收回的现金净额	2	4 708
处置子公司及其他营业单位收到的现金净额	0	0
收到其他与投资活动有关的现金	0	0
投资活动现金流入小计	225	5 704
购置固定资产、无形资产和其他长期资产支付的现金	4 252	275
投资支付的现金	0	444
取得子公司及其他营业单位支付的现金净额	0	0
支付其他与投资活动有关的现金	0	0
投资活动现金流出小计	4 252	719
投资活动产生的现金流量净额	−4 027	4 985
三、筹资活动产生的现金流量：		
吸收投资收到的现金	0	0
取得借款收到的现金	47 839	52 714
收到其他与筹资活动有关的现金	0	0
筹资活动现金流入小计	47 839	52 714
偿还债务支付的现金	33 600	38 700
分配股利、利润或偿付利息支付的现金	2 410	2 254
支付其他与筹资活动有关的现金	164	0
筹资活动现金流出小计	36 174	40 954
筹资活动产生的现金流量净额	11 665	11 760
四、汇率变动对现金及现金等价物的影响	0	0
五、现金及现金等价物净增加额	14 928	22 229
加：期初现金及现金等价物余额	72 861	50 632
六、期末现金及现金等价物余额	87 789	72 861

二、公司财务报表分析的目的和方法

（一）财务报表分析的主要目的

从共性的角度来看，财务报表分析的主要目的是为有关各方提供可以用来做出决策的信息。但具体而言，公司财务报表的使用主体不同，其分析的目的也不完全相同。

（1）公司经理人员：通过分析财务报表判断公司现状、可能存在的问题，以便进一步改善经营管理。

（2）公司现有投资者及潜在投资者：主要关心公司的财务状况、盈利能力。通过对财务报表所传递的信息进行分析、加工，得到反映公司发展趋势、竞争能力等方面的信息；计算投资收益率，评价风险，比较该公司与其他公司的风险、收益，从而决定自己的投资策略。

（3）公司债权人：主要关心自己的债权能否收回。通过密切关注公司的有关财务状况，分析财务报表，对公司短期偿债能力和长期偿债能力做出判断，以决定是否追加抵押和担保、是否提前收回债权等。

此外，公司财务报表的使用主体还包括供应商、政府机构、雇员和中介机构等。其中，专业财务分析人员（或机构）作为公司财务报表使用者中的特殊群体，不同程度地承担了为各类报表使用人提供专业咨询服务的任务，也逐渐成为推动财务报表分析领域不断扩展的中坚力量。

综上所述，财务报表分析的主要目的可以概括为：评价过去的经营业绩，衡量现在的财务状况，预测未来的发展趋势。

（二）上市公司财务报表的分析方法

投资者通过阅读财务报表，可以获得大量的第一手数据资料，但仅仅简单地浏览这些数据还不够，还需要用一定的方法分析各种数据之间存在的相互关系，这样才能全面反映企业的经营业绩和财务状况。上市公司财务报表的分析方法主要有对比分析法、结构分析法、趋势分析法、比率分析法和综合分析法。

（1）对比分析法。其简称比较法，是通过两个或多个有关的、可比的绝对数或相对数的对比，确定指标间的数量差异，以发现问题的一种最基本的分析方法。投资者对各行业及某企业生产经营中的各种重要指标进行对比分析，可以评估其经营状况、经营效益，进行投资决策。

通常情况下，投资者可以选择以下三种对比形式进行财务报表的比较分析：①实际与计划指标或目标指标对比分析；②本期与前期指标对比分析；③本企业指标与同类企业同类指标对比分析。

（2）结构分析法。它是将财务报表上的各项目与某一基数（如资产总额或销售总额）进行比较，来反映同一期间财务报表中不同项目间的关系。结构分析法揭示的是企业某项经济指标局部与总体（通常是报表上的总量数值）之间的关系，即某项目占总量的百分比。比如，从某种资产占总资产的百分比可以看出流动资产与固定资产的相对重要性，总资产中有多大比例来自短期债款、长期债款及股东股份。其计算公式为：

构成百分比=某个组成部分数额÷总体数额×100%

(3) 趋势分析法。它也叫水平分析法，是将某特定企业连续若干会计年度的报表资料在不同年度间进行纵向对比，确定不同年度间的差异额或差异率；或者将财务报表上的各项数据与某基期年的数据进行比较，以此分析企业各报表项目的变动情况及变动趋势，进而判断企业的演变趋势及其在同行业中地位的变化。

趋势分析法有个前提，即分析用的各期会计数据在时间上必须是连续的，中间没有间断，并且只反映百分率变化，而不反映绝对值变化。显然，这种报表分析方法对揭示公司在若干会计期间内的经营活动和财务状况的变化趋势特别有效。

(4) 比率分析法。在实际中，我们运用最多的财务分析方法是比率分析法。比率分析法是将同一时期财务报表上若干重要项目间的相关数据互相比较，用一个数字除以另一个数字求出比率，再根据这个比率的大小来评价公司的财务状况、经营成果和现金流量。

比率化后的数字，首先便于我们对财务数字进行纵向比较，可以方便地消除增资扩股带来的影响，准确地预测公司各种财务数字的发展趋势；其次便于我们对不同公司的财务数字进行横向比较，可以消除公司股东大小的差异，正确地反映不同公司的经营业绩。由于运用财务比率可以考察公司的各种能力与潜力，所以比率分析法是投资者必须重点掌握的财务分析方法。

(5) 综合分析法。企业的各种财务活动、各项财务指标是相互联系、相互影响的，必须综合地进行研究。我们可将全部相关指标按其内在联系结合起来，以全面反映公司的整体财务状况以及经营成果，对公司进行总体评价，这种方法即综合分析法。

财务报表的综合分析法有很多，如杜邦财务分析体系、雷达图分析法、沃尔比重评分法等。杜邦财务分析体系是利用各主要财务比率指标间的内在联系，对企业财务状况及经营绩效进行综合、系统的分析评价的方法。雷达图分析法是对主要财务比率指标进行汇总，绘制成一张直观的财务分析雷达图，从而达到综合反映企业总体财务状况目的的一种方法。沃尔比重评分法运用信用能力指数概念，把选定的流动比率、产权比率、固定资产比率、存货周转率、应收账款周转率、固定资产周转率、主要资本周转率7项财务比率用线性关系结合起来，并分别给定分数权重，通过与标准比率进行比较，确定各项指标的得分及总体指标的累计分数，从而对企业的财务状况、信用水平做出评价。

上述几种财务分析方法各有长短，在进行股票投资分析时，最好将几种方法结合起来运用，互相印证，从而使分析的结果更有参考意义。

知识链接6-3　　**财务报表分析的原则**

一是坚持全面原则。财务报表分析可以得出很多比率指标，每一个比率指标都从某个角度或某一方面揭示了公司的状况，但任何一个比率指标都不足以为评价公司提供全面的信息。因此，分析财务报表要坚持全面原则，将多个指标、比率综合在一起得出对公司全面、客观的评价。

二是坚持个性原则。一个行业的财务平均状况是行业内各公司的共性，但一个行业内的各公司在具体的经营管理活动中会采取不同的方式，这会在财务报表数据中体现出来。例如，某公司的销售方式以分期收款为主，其应收账款周转率与其他公司的表现不同。又如，某公司本年度后期增资扩股，会使该公司的资产收益率、股东收益率指标下降，但这不代表公司的经营真正滑坡，只是资本发生了变动。所以，在对公司财务报表进行分析时，要考虑公司的特殊性，灵活运用各种分析方法，不能简单机械地与同行业公司直接比较。

资料来源 作者根据相关资料整理.

三、财务比率分析

（一）变现能力分析

变现能力是公司产生现金的能力。它取决于可以在近期转变为现金的流动资产的多少，是考察公司短期偿债能力的关键指标。反映变现能力的财务比率主要有流动比率和速动比率。

（1）流动比率。它是流动资产和流动负债的比值。其计算公式为：

流动比率=流动资产÷流动负债

流动比率可以反映短期偿债能力。流动资产越多，短期债务越少，则偿债能力越强。流动比率排除了公司规模不同的影响，更适合公司之间以及一个公司不同历史时期之间的比较。

一般认为生产型公司合理的流动比率为2，这是因为，流动资产中变现能力最差的存货金额约占流动资产总额的一半，剩下的流动性较大的流动资产至少要等于流动负债，这样公司的短期偿债能力才会有保证。但人们长期以来的这种认识，因其未能在理论上得到证明，还不能成为统一标准。

（2）速动比率。它是从流动资产中扣除存货部分，再除以流动负债的值。其计算公式为：

速动比率=（流动资产－存货）÷流动负债

使用速动比率的原因在于，存货转化为现金所需要的时间和所能变现的金额都具有很大的不确定性，如部分存货可能已损失报废，还没作处理；部分存货已抵押给某债权人等。在不希望公司用变卖存货的办法还债以及排除使人产生种种误解因素的情况下，速动比率反映的短期偿债能力更令人信服。

通常认为正常的速动比率为1，这表明公司不需要动用存货就可以偿付流动负债，即公司有较强的偿债能力。速动比率过低，说明公司在资金使用和安排上不够合理，随时会面临无力清偿短期债务的风险；速动比率过高，则表明低收益资产为数过多，或是应收账款中坏账较多，将影响公司的盈利能力。

（3）现金比率。它是公司的现金类资产与流动负债的比率。现金类资产包括公司的库存现金、随时可以用于支付的存款和现金等价物等，即现金流量表中所反映的现金。其计算公式为：

现金比率=（现金+现金等价物）÷流动负债

现金比率反映了公司的直接支付能力，因为现金是公司偿还债务的最终手段。如果公司缺乏现金，可能会发生支付困难，将面临财务危机，因而现金比率高，说明公司有较好的支付能力。但是，如果这一比率过高，又意味着公司拥有过多的盈利能力较低的现金类资产，即公司资产未能得到有效运用。

(4) 影响变现能力的其他因素。还有一些财务报表中没有反映出来的因素，也会影响公司的变现能力及短期偿债能力。如可动用的银行贷款指标、准备很快变现的长期资产、偿债能力的声誉等，都是可以增强公司变现能力的因素。再如，未作记录的或有负债、担保责任引起的负债等会减弱公司的变现能力。

（二）长期偿债能力分析

长期偿债能力是公司偿付到期的长期债务的能力，通常以反映债务与资产、净资产关系的负债比率来衡量。负债比率主要包括资产负债率、产权比率、已获利息倍数等。

(1) 资产负债率。它是负债总额与资产总额的比值，表明在企业资产总额中，由债权人提供的资金所占比重以及企业资产对债权人权益的保障程度。其计算公式为：

资产负债率=负债总额÷资产总额×100%

从债权人的角度看，负债比率高，说明总资产中大部分是债权人的资金，仅小部分是股东的资金，所以债权人承担的风险就很大。因此，负债比率越低，债权人的保障度就越高。从股东的角度来看，企业资产是由债权人投入还是由股东投入，作用相同，所以只要总资产收益率高于借款利率，负债比率越高，股东的投资收益就越大。

不同的行业、不同类型的企业的资产负债率差异较大。一般而言，处于成长期的企业资产负债率可能高些，股东的收益相对也高些。但负债经营应该控制在一个合理的水平，对生产型企业而言，资产负债率一般为50%左右，如果该比率过高，经营风险就大，公司经营会产生较大的财务风险。

(2) 产权比率。它是负债总额与股东权益总额的比值，也称为“债务股权比率”。其计算公式为：

产权比率=负债总额÷股东权益总额×100%

该比率可以反映由债权人提供和由投资者提供的资金来源的相对关系以及企业财务结构的稳定性，也可衡量债权人资本受投资者资本保障的程度以及企业清算时对债权人利益的保护程度。一般来说，股东资本大于债权人资本较好，但也不能一概而论。比如，从股东的角度来看，在通货膨胀加剧时，公司多借债可以把损失和风险转嫁给债权人；在经济繁荣时，公司多借债可以获得额外利润；在经济萎缩时，公司少借债可以减少利息负担和财务风险。高产权比率是高风险、高报酬的财务结构，低产权比率是低风险、低报酬的财务结构。

(3) 已获利息倍数。它是公司经营业务收益与利息费用的比率，用以衡量偿付借款利息的能力，也叫利息保障倍数。其计算公式为：

已获利息倍数（倍）=息税前利润÷利息费用

公式中的“息税前利润”是利润表中扣除利息费用和所得税之前的利润，用税后利润加所得税再加上利息费用计算得出。我国现行利润表中的“利息费用”没有单列，一般以“利润总额”加“财务费用”来估计息税前利润。“利息费用”是指本期发生的全部应付利息，不仅包括财务费用中的利息费用，还包括计入固定资产成本的资本化利息。

已获利息倍数指标反映企业息税前利润为所需支付的债务利息的多少倍。只要已获利息倍数足够大，企业就有充足的能力偿付利息，否则相反。从稳健性的角度出发，合理评价公司的已获利息倍数，需要与其他公司特别是本行业的平均水平进行比较，最好比较本行业连续几年的该项指标，并选择最低指标年度的数据作为标准。

除了上述各种比率可用以评价和分析公司的长期偿债能力以外，还有一些因素（如长期租赁、担保责任、或有项目）也影响公司的长期偿债能力，必须引起足够的重视。

（三）营运能力分析

营运能力是公司经营管理过程中利用资产运营的能力，一般通过反映企业资产营运效率与效益的指标来衡量，主要表现为资产管理及资产利用的效率。因此，营运能力又被称为营运效率比率，主要包括：存货周转率（存货周转天数）、应收账款周转率（应收账款周转天数）、流动资产周转率和总资产周转率等。

（1）存货周转率和存货周转天数。在流动资产中，存货所占的比重较大。存货的流动性将直接影响公司的流动比率，因此，必须特别重视对存货的分析。存货的流动性一般用存货的周转速度指标来反映，即存货周转率或存货周转天数。

存货周转率是营业成本与平均存货的比值，也叫存货的周转次数。它是衡量和评价公司购入存货、投入生产、销售收回等各环节管理状况的综合性指标。用时间表示的存货周转率就是存货周转天数。其计算公式分别为：

存货周转率（次）=营业成本÷平均存货

存货周转天数（天）=360÷存货周转率

=360×平均存货÷营业成本

公式中的“营业成本”数据来自利润表，“平均存货”数据来自资产负债表中的“存货”期初余额与期末余额的平均数。

一般来讲，存货周转速度越快，存货的占用水平越低，流动性越强，存货转换为现金或应收账款的速度越快。提高存货周转率可以提高公司的变现能力，存货周转速度越慢，则变现能力越差。存货周转率指标的好坏反映着存货管理水平，它不仅影响公司的短期偿债能力，也是整个公司管理的重要内容。公司管理者和有条件的外部报表使用者除了分析批量因素、季节性生产的变化等情况外，还应对存货的结构以及影响存货周转速度的重要项目进行分析，如分别计算原材料周转率、在产品周转率或某种存货的周转率。

（2）应收账款周转率和应收账款周转天数。应收账款周转率是营业收入与平均应收账款的比值，反映年度内应收账款转为现金的平均次数，说明应收账款流动的速度。应收账款周转天数也称应收账款回收期或平均收现期，表示公司从取得收取应收账款的权利到应收款项转换为现金所需要的时间，是用时间表示的应收账款周转速度。

应收账款和存货一样，在流动资产中有着举足轻重的地位。及时收回应收账款，不仅能增强公司的短期偿债能力，也能反映出公司管理应收账款的效率。其计算公式分别为：

应收账款周转率（次）=营业收入÷平均应收账款

应收账款周转天数（天）=360÷应收账款周转率

=360×平均应收账款÷营业收入

公式中的“营业收入”数据来自利润表，是扣除折扣和折让后的营业收入净额。“平均应收账款”是指未扣除坏账准备的应收账款金额，是资产负债表中“应收账款”期初余额与期末余额的平均数。

一般来说，应收账款周转率越高，平均收账期越短，说明应收账款的收回越快；否则，公司的营运资金会过多地滞留在应收账款上，影响正常的资金周转。影响该指标的因素有：季节性经营、大量使用分期付款结算方式、大量使用现金结算、年末销售的大幅度增加或下降。

（3）流动资产周转率。它是营业收入与全部流动资产的平均余额的比值。其计算公式为：

流动资产周转率（次）=营业收入÷平均流动资产

公式中的“平均流动资产”是资产负债表中“流动资产”期初余额与期末余额的平均数。流动资产周转率反映流动资产的周转速度。周转速度快，会相对节约流动资产，等于相对扩大资产投入，增强公司的盈利能力；而延缓周转速度，需要补充流动资产参加周转，造成资金浪费，降低公司的盈利能力。

（4）总资产周转率。它是营业收入与平均资产总额的比值。其计算公式为：

总资产周转率（次）=营业收入÷平均资产总额

公式中的“平均资产总额”是资产负债表中“资产总计”的期初余额与期末余额的平均数。该项指标反映资产总额的周转速度。周转越快，表明销售能力越强。通过薄利多销的方法，公司可加速资产的周转，从而带来利润绝对额的增加。

可以将营运能力指标与公司前期、行业平均水平或其他类似公司的相同指标相比较，判断该指标的高低。总之，营运能力指标用于衡量公司运用资产赚取收入的能力，经常和反映盈利能力的指标结合在一起使用，可全面评价公司的盈利能力。

（四）盈利能力分析

盈利能力就是公司赚取利润的能力。一般来说，公司的盈利能力只涉及正常的营业状况，应当排除非正常的营业状况给公司带来的收益或损失。在分析公司的盈利能力时，不考虑以下因素：证券买卖等非正常项目、已经或将要停止的营业项目、重大事故或法律更改等特别项目、会计准则和财务制度变更带来的累积影响等。反映公司盈利能力的指标很多，通常使用的主要有营业净利率、营业毛利率、资产净利率和净资产收益率等。

（1）营业净利率。它是净利润与营业收入的比值。其计算公式为：

营业净利率=净利润÷营业收入×100%

式中，净利润在我国会计制度中是指税后利润。

营业净利率指标反映每一元销售收入带来的净利润是多少，表示销售收入的收益水平。从相关指标的关系来看，净利润与营业净利率成正比关系，而营业收入与营业净利率成反比关系。所以，企业在增加营业收入的同时，必须相应获得更多的利润，才能使营业净利率保持不变或得到提高。通过对该指标进行分析，可以促使企业在扩大销售的同时，注意改进经营管理，提高盈利水平。

（2）营业毛利率。它是毛利占营业收入的百分比。其中，毛利是营业收入与营业成本的差。其计算公式为：

营业毛利率=（营业收入－营业成本）÷营业收入×100%

营业毛利率表示每一元营业收入扣除营业成本后，有多少钱可以用于各项期间费用和形成盈利。营业毛利率是公司营业净利率的基础，没有足够高的营业毛利率便不能盈利。

（3）资产净利率。它是公司净利润与平均资产总额的比值。其计算公式为：

资产净利率=净利润÷平均资产总额×100%

比较公司一定期间的净利润与平均资产总额，可反映公司资产利用的综合效果。该指标值越高，表明资产的利用效率越高，说明公司在增加收入和节约资金使用等方面取得了良好的效果，否则相反。资产净利率是一个综合指标，公司的资产是由投资人投资或举债形成的。净利润的多少与公司资产的多少、资产结构、经营管理水平有着密切的关系。为了正确评价公司经济效益的高低、挖掘提高利润水平的潜力，可以用资产净利率与公司前期、计划、本行业平均水平和本行业内优秀公司的相同指标进行对比，分析形成差异的原因。影响资产净利率高低的因素主要有产品的价格、单位成本的高低、产品的产量和销售的数量、资金占用量的大小等。

（4）净资产收益率。它是净利润与年末净资产的比值，也称净值报酬率或权益报酬率。其计算公式为：

净资产收益率=净利润÷年末净资产×100%

其中，“年末净资产”是指资产负债表中“股东权益合计”的期末余额。

净资产收益率反映公司所有者权益的投资报酬率，具有很强的综合性。

（五）投资收益分析

投资收益分析是将公司财务报表公告的数据与有关公司发行在外的股票数、股票市场价格等资料结合起来，计算出每股收益、市盈率等与股票利益紧密相关的财务指标，以便帮助投资者对不同上市公司股票的优劣做出判断。

（1）每股收益。它是公司本年净利润与公司发行在外的年末普通股总数的比值。其计算公式为：

每股收益=归属于普通股股东的当期净利润÷发行在外的年末普通股总数

该公式主要适用于本年度普通股未发生变化的拥有简单股权结构的上市公司。

当普通股发生增减变化时，该公式的分母应使用按月计算的“加权平均发行在外的年末普通股总数”（加权平均发行在外的年末普通股总数=$\sum$（发行在外的普通股股数×发行在外月份数）÷12，“发行在外月份数”指发行已满1个月的月份数，即发行当月不计入发行在外月份数）。

每股收益是衡量上市公司盈利能力最重要的财务指标。它反映普通股的获利水平。在分析时，既可以进行公司间的比较，以评价公司的相对盈利能力；也可以进行不同时期的比较，以了解公司盈利能力的变化趋势；还可以进行经营业绩和盈利预测的比较，以掌握公司的管理能力。

使用每股收益指标分析投资收益时要注意以下问题：每股收益不反映股票所含的风险；不同股票的每一股在经济上不等量，它们所含的净资产和市价不同，即换取每股收益的投入量不同，这限制了公司间每股收益的比较；每股收益多，不一定意味着多分红，还要看公司的股利分配政策。

（2）市盈率。它是每股市价与每股收益的比值，亦称本益比。其计算公式为：

市盈率（倍）=每股市价÷每股收益

市盈率指标是衡量上市公司盈利能力的重要指标，反映投资者对每赚一元净利润所愿意支付的股票价格。其深层含义是每股股票以现价购入收回投资的年限，可以用来估计公司股票的投资报酬和风险，是市场对公司的共同期望指标。一般来说，市盈率越高，表明市场对公司的未来越看好。在市场确定的情况下，每股收益越高，市盈率越低，风险越小；反之亦然。使用该指标一定要注意分析公司的成长性，一般来讲，高成长性的企业市盈率往往较高，成长性差的企业市盈率往往较低。

（3）每股净资产。它是年末净资产（即年末股东权益）与发行在外的年末普通股总数的比值，又称为每股账面价值或每股权益。“年末股东权益”指扣除优先股权益后的余额。其计算公式为：

每股净资产=年末净资产÷发行在外的年末普通股总数

该指标反映发行在外的每股普通股所代表的净资产成本（即账面权益）。在进行投资分析时，只能有限地使用这个指标，因为它是用历史成本计量的，既不反映净资产的变现能力，也不反映净资产的产出能力，只是在理论上提供了股票的最低价值。

（4）市净率。它是每股市价与每股净资产的比值。其计算公式为：

市净率（倍）=每股市价÷每股净资产

市净率指标表明股价以每股净资产的若干倍在流通转让，评价股价相对于每股净资产而言是否被高估。市净率越低，说明股票的投资价值越高，股价的支撑越有保证；反之，则投资价值越低。因此，这一指标同样是判断股票投资价值的重要指标。

（六）现金流量分析

现金流量分析是在现金流量表出现以后发展起来的，其方法体系并不完善，一致性也不充分。现金流量分析不仅要依靠现金流量表，还要结合资产负债表和利润表进行。

1.流动性分析

一般来讲，真正能用于偿还债务的是现金流量，所以现金流量和债务的比较可以更好地反映公司偿还债务的能力。

（1）现金到期债务比。它是经营现金净流量与本期到期债务的比值。其计算公式为：

现金到期债务比=经营现金净流量÷本期到期债务

公式中的“经营现金净流量”是现金流量表中的“经营活动产生的现金流量净额”，“本期到期债务”是指本期到期的长期债务和本期应付的应付票据。

（2）现金流动负债比。它是经营现金净流量与流动负债的比值。其计算公式为：

现金流动负债比=经营现金净流量÷流动负债

（3）现金债务总额比。它是经营现金净流量与负债总额的比值。其计算公式为：

现金债务总额比=经营现金净流量÷负债总额

小思考 6-1　　流动性指标的计算

小思考 6-1　分析提示

以兴业公司为例，已知2018年公司本期到期长期债务为100万元。从表6-1和表6-3中可知，兴业公司的本期应付票据款为26 903万元；2018年年末的流动负债为271 181万元，负债总额为347 496万元；公司经营活动产生的现金流量净额为7 291万元。依公式计算兴业公司的流动性指标。

2.获取现金能力分析

获取现金能力是经营现金净流量和投入资源的比值。投入资源可以是营业收入、总资产或普通股股数等。

（1）营业现金比率。其反映每一元营业收入得到的净现金，数值越大越好。其计算公式为：

营业现金比率=经营现金净流量÷营业收入

式中，“营业收入”包括应向购买者收取的增值税进项税额。

（2）每股营业现金净流量。其反映公司最大的分派股利能力，超过此限度，就要借款分红。其计算公式为：

每股营业现金净流量=经营现金净流量÷普通股股数

（3）全部资产现金回收率。其反映公司资产产生现金的能力。其计算公式为：

全部资产现金回收率=经营现金净流量÷资产总额×100%

小思考 6-2　　获取现金能力指标计算

小思考 6-2　分析提示

以兴业公司为例，已知公司2018年年初与年末发行在外的普通股股数均为50 000万股。从表6-1、表6-2和表6-3中可知，公司2018年年末的营业收入（含增值税）为234 419万元，资产总额为624 363万元；公司经营活动产生的现金流量净额为7 291万元。依公式计算兴业公司的获取现金能力指标。

3.财务弹性分析

财务弹性是指公司适应经济环境变化和利用投资机会的能力。这种能力来源于现金流量和支付现金需要的比较。现金流量超过需要，有剩余的现金，适应性就强。财务弹性指标包括：

（1）现金满足投资比率。其越大，说明资金自给率越高。达到1时，说明公司可以用经营活动获取的现金满足扩充所需；若小于1，则说明公司是靠外部融资来补充资金的。其计算公式为：

$$\begin{array}{c}\text{现金满足}\\\text{投资比率}\end{array}=\begin{array}{c}\text{近5年经营活动}\\\text{现金净流量}\end{array}\div\begin{array}{c}\text{近5年平均资本支出、}\\\text{存货平均增加、平均现金股利之和}\end{array}$$

（2）现金股利保障倍数。其越大，说明支付现金股利的能力越强。其计算公式为：

现金股利保障倍数=每股营业现金净流量÷每股现金股利

小思考6-3　　财务弹性指标的计算

小思考6-3

分析提示

以兴业公司为例，已知公司2018年每股营业现金净流量为0.15元，每股现金股利为0.15元。假设公司近5年经营现金流量平均数与2018年相同，为7 291万元，平均资本支出为4 500万元，存货平均增加50万元，现金股利平均每年5 100万元。依公式计算兴业公司的财务弹性指标。

4.收益质量分析

收益质量是指收益与公司业绩之间的关系。如果收益能如实地反映公司业绩，则认为收益的质量好；如果收益不能很好地反映公司业绩，则认为收益的质量不好。

从现金流量的角度看，收益质量分析主要是分析会计收益与现金净流量的比率关系，其主要财务比率指标是营运指数。其计算公式为：

营运指数=经营现金净流量÷经营所得现金

经营所得现金=经营净收益＋非付现费用=净利润－非经营收益＋非付现费用

收益质量的信息列示在现金流量表的补充资料中。其中，非经营收益涉及处置固定资产、无形资产和其他资产的损失，固定资产报废损失，财务费用，投资损失等项目；非付现费用涉及计提的资产减值准备、固定资产折旧、无形资产摊销、长期待摊费用摊销等项目。

营运指数小于1，说明收益质量不够好。首先，营运指数小于1，说明一部分收益尚没有取得现金，停留在实物或债权形态，而实物或债权资产的风险大于现金，应收账款能否足额变现是有疑问的，存货也有贬值的风险。其次，营运指数小于1，说明营运资金增加了，反映出公司为取得同样的收益占用了更多的营运资金，即取得收益的代价增加了，所以同样的收益代表着较差的业绩。

小思考6-4　　营运指数的计算

小思考6-4

分析提示

以兴业公司为例，2018年公司净利润为11 004万元，经营活动产生的现金流量净额为7 291万元。部分补充资料如下：非经营收益包括处置固定资产-29万元、固定资产报废损失101万元、财务费用3 539万元、投资收益63万元；非付现费用包括计提的资产减值准备370万元、固定资产折旧772万元、无形资产摊销211万元、长期待摊费用摊销213万元。依公式计算兴业公司的营运指数指标。

四、其他财务分析方法

（一）沃尔比重评分法

美国财务学家亚历山大·沃尔于20世纪初在其出版的《信用晴雨表研究》和《财务报表比率分析》两本书中首次提出了信用能力指数的概念，把若干个财务比率用线性关系结合起来，以此评价企业的信用水平。他选择了7种财务比率，分别为：流动比率、净资产/负债、资产/固定资产、销售成本/存货、销售额/应收账款、销售额/固定资产、销售额/净资产，并给定了其在总评分中所占的比重，总和为100；然后确定标准比率，并与实际比率相比较，评出每项指标的得分，最后求出总评分。某公司的沃尔比重评分法见表6-4。

表6-4 某公司的沃尔比重评分法

财务比率	比重①	标准比率②	实际比率③	相对比率④（③÷②）	评分①×④
流动比率	25	2	3	1.5	37.5
净资产/负债	25	1.5	0.9	0.6	15
资产/固定资产	15	2.5	3	1.2	18
销售成本/存货	10	8	12	1.5	15
销售额/应收账款	10	6	9	1.5	15
销售额/固定资产	10	4	3	0.75	7.5
销售额/净资产	5	3	1.8	0.6	3
合计	100				111

沃尔比重评分法最主要的贡献是将互不关联的财务指标按照权重予以综合联动，使得综合评价成为可能。但沃尔比重评分法从理论上讲有一个弱点，就是未能证明为什么要选择这7个指标，而不是更多或更少些，或者选择别的财务比率，以及未能证明每个指标所占比重的合理性。这个问题至今仍然没有从理论上解决。沃尔比重评分法从技术上讲也有一个问题，就是某一指标严重异常时，会对总评分产生不合逻辑的重大影响。

（二）综合评分法

一般认为，公司财务评价的内容主要是盈利能力，其次是偿债能力，此外还有成长能力。它们之间大致可按照5∶3∶2来分配比重。若以100分为总评分，则综合评分标准见表6-5。

表6-5 综合评分标准

指标	评分值	标准比率（%）	行业最高比率（%）	最高评分	最低评分	每分比率的差（%）
盈利能力：						
总资产净利率	20	10	20	30		1
销售净利率	20	4	20	30		1.6
净资产报酬率	10	16	20	15		0.8
偿债能力：						
权益负债比率	8	40	100	12		15
流动比率	8	150	450	12		75
应收账款周转率	8	600	1 200	12		150
存货周转率	8	800	1 200	12		100
成长能力：						
销售增长率	6	15	30	9		5
净利润增长率	6	10	20	9		3.3
人均净利增长率	6	10	20	9		3.3
合计	100					

其中，每分比率的差=（行业最高比率－标准比率）÷（最高评分值－标准评分值）

标准比率应该以本行业的平均数为基础，适当进行理论修正。在给每个指标评分时，应规定上限和下限，以降低个别指标异常对总分造成的不合理影响。上限为正常评分值的1.5倍，下限为1/2。此外，给分时不采用“乘”而采用“加”或“减”的关系处理。

（三）经济增加值——业绩评价的新指标

经济增加值（Economic Value Added，EVA），最初由美国著名咨询公司斯特恩·斯图尔特（Stern Stewart）于20世纪80年代提出，也被称为经济利润。它衡量了减除资本占用费用后企业经营产生的利润，是企业经营效率和资本使用效率的综合指标。

知识链接 6-4

财务报表简要阅读法

按规定，上市公司必须公开发表中期财务报表和年度财务报表，投资者可从有关报刊上获得上市公司的中期和年度财务报表。阅读和分析财务报表虽然是了解上市公司业绩和前景最可靠的手段，但对一般投资者来说，又是一项非常枯燥繁杂的工作。现介绍一种比较实用的分析法——查看主要财务数据。

（1）主营业务同比指标。主营业务是公司的支柱，是一项重要指标。上升幅度超过20%的，表明成长性良好；下降幅度超过20%的，说明主营业务滑坡。

（2）净利润同比指标。这项指标也是重点查看对象。此项指标超过20%，一般是成长性好的公司，可作为重点观察对象。

（3）查看合并利润及利润分配表。凡是净利润与主营利润同步增长的，可视为好公司。如果净利润同比增长20%，而主营业务收入出现滑坡，说明净利润增长主要依靠主营业务以外的收入，应查明收入来源，确认其是否形成了新的利润增长点，以判断公司未来的发展前景。

（4）主营业务利润率（主营业务利润÷主营业务收入×100%）。其主要反映了公司在该主营业务领域的获利能力，必要时可用这项指标作同行业中不同公司间获利能力的比较。

以上指标可以在同行业、同类型企业间进行对比，以选择实力更强的作为投资对象。

资料来源 作者根据相关资料整理.

延伸阅读材料 6-4

财务分析的局限性

财务分析有以下四个方面的局限性：

（1）财务报表本身的局限性。财务报表是会计的产物，会计有特定的假设前提，并要执行统一的规范。我们只能在规定意义上使用报表数据，不能认为报表揭示了企业的全部实际情况。财务报表本身的局限性表现在：①以历史成本报告资产，不代表其现行成本或变现价值；②假设币值不变，不按通货膨胀率或物价水平调整；③稳健原则要求预计损失而不预计收益，有可能夸大费用，少计收益和资产；④按年度、半年度分期报告，是短期的陈报，不能提供反映长期潜力的信息。

（2）报表的真实性问题。应当说，只有根据真实的财务报表，才有可能得出正确的分析结论。财务分析通常假定报表是真实的。报表的真实性问题，要靠审计来解决。投资者在进行财务分析时，要关注注册会计师的审计报告。

（3）企业会计政策的不同选择影响可比性。对同一会计事项的账务处理，企业会计准则允许使用几种不同的规则和程序，企业可以自行选择，如存货计价方法、折旧方法、所得税费用的确认方法、对外投资收益的确认方法等。虽然财务报表附注对会计政策的选择有一定的表述，但报表使用者未必能完成可比性的调整工作。

（4）比较的基础问题。在进行比较分析时，必须要选择比较的基础，作为评价本企业当期实际数据的参照标准，包括本企业的历史数据、同业数据和计划预算数据。

横向比较时使用同业标准。同业的平均数，只起一般性的指导作用，不一定有代表性，不是合理性的标志。不如选一组有代表性的企业求其平均数，作为同业标准，可能比整个行业的平均数更好。近年来，很多企业更重视以竞争对手的数据作为分析基础。有的企业实行多种经营，没有明确的行业归属，同业对比就更加困难。

趋势分析以本企业的历史数据作比较基础。历史数据代表过去，并不具有合理性。经营环境是变化的，今年的利润比去年高，不一定说明已经达到应该达到的水平，甚至不一定说明管理有了改进。

实际与计划的差异分析以计划预算数据作比较基础。实际和计划的差异，有时是预算不合理造成的，而不是执行中有什么问题。

总之，对比较基础本身要准确理解，并且要在限定意义上使用分析结论，避免简单化和绝对化。

资料来源　作者根据相关资料整理.

任务三　上市公司重大事项分析

任务描述

本任务的学习内容是掌握公司资产重组的主要方式、特点及资产重组对公司业绩和经营的影响，关联交易的界定、特征和方式及关联交易对公司业绩和经营的影响；能利用上市公司公布的重大事项分析公司的经营业绩、财务状况的变化，做出投资决策。

知识准备

一、上市公司的资产重组事项分析

（一）上市公司资产重组的方式

资本市场上的公司扩张、公司调整、公司所有权和控制权转移是三类既不相同但又互相关联的资产重组行为。在具体的重组实践中，这三类不同的重组行为基于不同的重组目的，组合成不同的重组方式。

1.扩张型公司重组

公司扩张通常指扩大公司经营规模和资产规模的重组行为。

（1）购买资产。它通常指购买房地产、债权、业务部门、生产线、商标等有形和无形的资产。购买资产的特点是购买方不必承担与该部分资产有关联的债务和义务。

（2）收购公司。它通常是指获取目标公司的全部股权使其成为全资子公司，或者获取大部分股权处于绝对控股或相对控股地位的重组行为。通过收购，收购方不仅可以获得目标公司拥有的某些专有权利，如经营权、经营特许权等，还能快速获得该公司的核心能力。

（3）收购股份。它通常指以获取参股地位而非目标公司控制权为目的的股权收购行为。收购股份通常是试探性的多元化经营的开始和策略性的投资，或是为了强化与上下游企业之间的协作联系。

（4）合资或联营组建子公司。公司在考虑如何将必要的资源与能力组织在一起从而能在其选择的产品市场中取得竞争优势的时候，通常有三种选择，即内部开发、收购、合资和联营。合资和联营可以作为合作战略的最基本手段，以获得共同的竞争优势。

（5）公司合并。它是指两家以上的公司结合成一家公司，原有公司的资产、负债、权利和义务由新设或存续的公司承担。合并有吸收合并和新设合并两种类型。合并的目的是实现战略伙伴之间的一体化，进行资源、技能的互补，从而形成更强、范围更广的核心竞争力。同时，公司合并还可以减少同业竞争，扩大市场份额。

2.调整型公司重组

公司的调整包括不改变控制权的股权置换、股权-资产置换、不改变公司资产规模的资产置换，以及缩小公司规模的资产出售或剥离、公司分立、资产配负债剥离等。

（1）股权置换。通常，股权置换不涉及控股权的变更。其结果是实现公司控股股东与战略合作伙伴之间的交叉持股，以建立利益关联。

（2）股权-资产置换。它是指由公司原有股东以出让部分股权为代价，使公司获得其他公司或股东的优质资产。其最大的优点就在于，公司不用支付现金便可获得优质资产，扩大公司规模。此外，也可以增发新股的方式来获得其他公司或股东的优质资产。

（3）不改变公司资产规模的资产置换。它是指公司重组中为了使资产处于最佳配置状态以获取最大收益，或出于其他目的而对其资产进行交换。双方通过资产置换，能够获得与自己核心能力相协调、相匹配的资产。

（4）资产出售或剥离。它是指公司将其拥有的某些子公司、部门、产品生产线、固定资产等出售给其他经济主体。

（5）公司分立。它是指公司将其资产与负债转移给新建立的公司，把新公司的股票按比例分配给母公司的股东，从而在法律上和组织上将部分业务从母公司中分离出去，形成一个与母公司有着相同股东的新公司。

（6）资产配负债剥离。它是将公司资产配上等额的负债一并剥离出公司母体，而接受主体一般为其控股母公司。这一方式在甩掉劣质资产的同时能够迅速缩小公司总资产规模、降低负债率，而公司的净资产不会发生改变。对资产接受方来说，其实质上是一种以承担债务为支付手段的收购行为。

3.控制权变更型公司重组

所有权与控制权变更是公司重组的最高形式。通常，公司的所有权决定了公司的控制权，但两者不存在必然的联系。常见的公司控股权及控制权的转移方式有六种。

（1）股权的无偿划拨。国有股的无偿划拨是当前证券市场上公司重组的一种常见方式，通常发生在属同一级财政范围或同一级国有资本运营主体的国有企业和政府机构之间。国有股的受让方一定为国有独资企业。其目的或是调整和理顺国有资本的运营体系，或是利用优势企业的管理经验来重振公司。

（2）股权的协议转让。它是指股权的出让与受让双方不是通过交易所系统集合竞价的方式，而是通过面对面的谈判方式，在交易所外进行交易，故通常称为“场外交易”。在我国的资本市场上，场外协议转让产生的主要原因是证券市场中大量处于控股地位的非流通股的存在。

（3）公司股权托管和公司托管。它是指公司股东将其持有的股权以契约的形式，在一定的条件和期限内委托给其他法人或自然人，由其代为行使对公司的表决权。当委托人为公司的控股股东时，公司股权托管就演化为公司的控制权托管，使受托人介入公司的管理和运作，成为整个公司的托管。

（4）表决权信托。它是指许多分散股东集合在一起设定信托，将自己拥有的表决权集中于受托人，使受托人可以通过集中原本分散的股权来实现对公司的控制。

（5）股份回购。它是指公司或是用现金或是以债权换股权或是以优先股换普通股的方式购回其流通在外的股票的行为。

（6）交叉控股。它是指母子公司之间互相持有绝对控股权或相对控股权，使彼此可以互相控制运作。

以上对三类重组行为的划分是从单一上市公司视角出发的。在实践中，一个重组行为可能会同时划入这三类概念。

（二）资产重组对公司的影响

从理论上讲，资产重组可以促进资源的优化配置，有利于产业结构的调整，能增强公司的市场竞争力，从而使一批上市公司由小变大、由弱变强。但在实践中，许多上市公司进行资产重组后，其经营和业绩并没有得到持续、显著的改善。究其原因，最关键的是重组后的整合不成功。

重组后的整合主要包括企业资产的整合、人力资源配置和企业文化的融合、企业组织的重构三个方面。

不同类型的重组对公司业绩和经营的影响也是不一样的。就扩张型资产重组而言，通过收购、兼并、对外进行股权投资，公司可以扩大产品市场份额或进入其他经营领域。但这种重组方式的特点之一，就是其效果受被收购、兼并方生产及经营现状的影响较大，磨合期较长，因而见效可能较慢。

就调整型资产重组而言，分析资产重组对公司业绩和经营的影响，首先需要鉴别报表性重组和实质性重组。区分报表性重组和实质性重组的关键是看有没有进行大规模的资产置换或合并。实质性重组一般要将被并购企业50%以上的资产与并购企业的资产进行置换，或双方资产合并；而报表性重组一般都不进行大规模的资产置换或合并。

就控制权变更型资产重组而言，由于控制权的变更并不代表公司的经营业务活动必然随之发生变化，因此，一般而言，控制权变更后必须进行相应的经营重组才会对公司的经营和业绩产生显著效果。

知识链接6-5　　上市公司资产重组的认定

上市公司及其控股或者控制的公司购买、出售资产，达到下列标准之一的，构成重大资产重组：

（1）购买、出售的资产总额占上市公司最近一个会计年度经审计的合并财务会计报告期末资产总额的比例达到50%以上。

（2）购买、出售的资产在最近一个会计年度所产生的营业收入占上市公司同期经审计的合并财务会计报告营业收入的比例达到50%以上。

（3）购买、出售的资产净额占上市公司最近一个会计年度经审计的合并财务会计报告期末净资产额的比例达到50%以上，且超过5 000万元人民币。

购买、出售资产未达到前款规定标准，但中国证监会发现存在可能损害上市公司或者投资者合法权益的重大问题的，可以根据审慎监管原则，责令上市公司按照《上市公司重大资产重组管理办法》的规定补充披露相关信息、暂停交易、聘请独立财务顾问或者其他证券服务机构补充核查并披露专业意见。

资料来源　《上市公司重大资产重组管理办法》第十二条.

二、上市公司的关联交易事项分析

（一）关联方和关联交易的界定

2006年2月，财政部颁布的《企业会计准则第36号——关联方披露》，规范了关联方和关联交易的判断标准、关联交易的常见类型和披露要求。该准则明确关联方的判断标准是“一方控制、共同控制另一方或对另一方施加重大影响，以及两方或两方以上同受一方控制、共同控制或重大影响的，构成关联方”。

其中，第四条对关联方作了说明，即下列各方构成企业的关联方：①该企业的母公司。②该企业的子公司。③与该企业受同一母公司控制的其他企业。④对该企业实施共同控制的投资方。⑤对该企业施加重大影响的投资方。⑥该企业的合营企业。⑦该企业的联营企业。⑧该企业的主要投资者个人及与其关系密切的家庭成员。主要投资者个人，是指能够控制、共同控制一个企业或者对一个企业施加重大影响的个人投资者。⑨该企业或其母公司的关键管理人员及与其关系密切的家庭成员。关键管理人员，是指有权力并负责计划、指挥和控制企业活动的人员。与主要投资者个人或关键管理人员关系密切的家庭成员，是指在处理与企业的交易时可能影响该个人或受该个人影响的家庭成员。⑩该企业主要投资者个人、关键管理人员或与其关系密切的家庭成员控制、共同控制或施加重大影响的其他企业。

关联交易是指关联方之间转移资源、劳务或义务的行为，不论是否收取价款。控制，是指有权决定一个企业的财务和经营政策，并能据以从该企业的经营活动中获取利益；共同控制，是指按照合同约定对某项经济活动所共有的控制，仅在与该项经济活动相关的重要财务和经营决策需要分享控制权的投资方一致同意时存在；重大影响，是指对一个企业的财务和经营政策有参与决策的权力，但并不能够控制或者与其他方一起共同控制这些政策的制定。

（二）关联交易的特征

（1）关联交易主体双方地位不平等。关联交易是在实际控制人的意志或许可下进行的“基本自我交易”，表面上看交易是发生在两个或两个以上当事人之间，而实际上可由交易一方决定。

（2）关联交易具有普遍性。关联交易主体之间的特殊关系，决定了关联交易可以成为企业抵御外部风险、实现利润最大化的一个便捷手段。因此，关联交易普遍存在于各个企业，尤其是上市公司。

（3）关联交易具有隐蔽性。由于关联交易主体特殊，交易方式多种多样，因此其具有一定的隐蔽性。另外，报表使用者专业判断能力参差不齐，难以识别关联交易的公允与非公允性，为企业进行各种关联交易提供了空间。

（4）关联交易具有双重性。在经济学上，关联交易属于中性经济范畴，既有积极的一面，又有消极的一面。一方面，它可以降低交易成本，节约交易费用；另一方面，交易可能按照一方的意愿达成而损害另一方的利益。

（三）关联交易的方式

（1）关联购销。该类关联交易主要集中在以下两种行业：一种是资本密集型行业，如冶金、有色、石化和电力行业等；另一种是市场集中度较高的行业，如家电、汽车和摩托车行业等。一些上市公司仅是集团公司的部分资产，与集团其他公司间产生关联交易在所难免。除了集团公司外，其他大股东如果在业务上与上市公司有联系的话，也可能产生关联交易。

当上市公司的经营不理想时，集团公司或者调低上市公司应交纳的费用标准，或者承担上市公司的相关费用，甚至将以前年度已交纳的费用退回，从而达到转移费用、增加利润的目的；反之亦然。

（2）资产租赁。由于非整体上市，上市公司与其集团公司之间存在着资产的租赁关系，如土地使用权、商标等无形资产的租赁和厂房、设备等固定资产的租赁。由于各类资产租赁的市场价格难以确定，租赁已成为上市公司与关联方之间转移费用、利润非常方便的手段。

当上市公司的利润水平不理想时，关联方会调低租金价格或以象征性的价格收费，或上市公司以远高于市场价格的租金水平将资产租赁给关联方使用，有的上市公司会将从关联方处租来的资产以更高的租金再转租给关联方的子公司，以向上市公司转移利润；反之亦然。

（3）担保。上市公司与集团公司或各个关联公司之间可以相互提供信用担保，以解决各公司的资金问题。上市公司与其主要股东特别是控股股东之间的关联担保可以是双向的，既可以是上市公司担保主要股东的债务，也可以是主要股东为上市公司提供担保。

（4）托管经营、承包经营等管理方面的合同。绝大多数的托管经营和承包经营都属于关联交易，关联方大多是控股股东。托管方或是上市公司，或是关联企业。

托管采取的主要方法是上市公司、关联方将优质资产或者不良资产交与对方托管、经营，定额收取回报，既回避了不良资产的亏损，又凭空获取了利润；或者上市公司、关联方将稳定的高获利能力的优质资产以低收益的形式交由对方托管，只收取较低的费用，而大部分盈利直接计入公司的利润中。

另外，关联托管和承包往往是进行关联收购的第一步。因为在托管期间，可以对所托管或承包的企业进行深入细致的了解，考察企业的发展潜力，以降低收购风险。

（5）关联方共同投资。共同投资形式的关联交易通常指的是上市公司与关联公司就某一具体项目联合出资，并按事先确定的比例分配收益。这种投资方式因关联关系的存在，达成交易的概率较高，但操作透明度较低，特别是分配比例的确定。

知识链接6-6　　我国上市公司关联交易的公允性

近几年，我国一些上市公司利用与关联方之间显失公允的交易操纵利润，违背会计核算基本原则，严重违反了资本市场公平、公开、公正的“三公”原则。判断一项关联交易是否属于公允关联交易，主要看交易价格和交易条款是否偏离正常商业价格和条款。如果偏离了公平市价发生公司利益的输出或输入，则可能构成非公允关联交易。

公允关联交易应具备的基本条件包括：①交易价格必须是以市场价格为基础或比照市场价格制定的价格；②交易的目的是致力于提升企业的核心竞争力，而非出于不良目的，如操纵市场、转移价格或财产、粉饰报表、逃避税收、骗取信用等；③交易结果既不能损害企业和非关联方（尤其是中小股东）的利益，也不能损害关联方的利益。

（四）关联交易对公司的影响

从理论上讲，关联交易属于中性交易。它既不属于单纯的市场行为，也不属于内幕交易的范畴，其主要作用是降低交易成本，促进生产经营渠道的畅通，提供扩张所需的优质资产，实现利润的最大化等。

但在实际操作过程中，关联交易有其非经济特性。与市场竞争、公开竞价的方式不同，关联交易价格可由关联双方协商决定，特别是在我国评估和审计等中介机构尚不健全的情况下，关联交易就容易成为企业调节利润、避税和一些部门及个人获利的途径，往往使中小投资者利益受损。交易价格如果不能按照市场价格来确定，就有可能成为利润调节的工具。如各项服务收费的具体数额和摊销原则因外界无法准确地判断其是否合理，因而操作弹性较大。

在分析关联交易时，尤其要注意它可能给上市公司带来的隐患，如资金占用、信用担保、关联购销等，并且要关注交易价格的公允性、关联交易占公司资产的比重、关联交易的利润占公司利润的比重以及关联交易的披露是否符合规范等事宜。

延伸阅读材料6-5　　关联交易的主要类型及检查方法

关联交易是企业正常的经营活动和商业行为，但也可能成为企业操纵利润、逃避税收的手段，进而损害国家、债权人和中小股东的利益，是监管部门监督检查的重点内容。检查中应准确地识别、剖析，抓住关键环节，提高检查成效。

1.关联交易的主要类型及手法

（1）资产交易。这是最常见的关联交易，主要包括实物资产（存货、固定资产等）、股权和无形资产（土地使用权、专利权、非专利技术、商标权等）的买卖。关联方通过非公允的交易价格达到调节利润和逃避税收的目的。

（2）资金拆借。它是指企业将自有资金或银行借款贷给关联方，以多收、少收和不收资金占用费的形式来调节利润。资金拆借往往是双向的，最典型的是房地产企业，关联方之间一般以不收资金占用费的形式逃避税收。

（3）费用分摊。它是指关联方在共同承担某项费用的情况下，调节费用的分摊比例。如关联方合作开展研发活动的研发费用、同一品牌下各企业的广告费用、关联方共用某项资产的折旧或者摊销费用等。

（4）提供劳务。它是指为关联方提供劳务，未按公允的价格收取费用，或者由于市场上没有独立的第三方价格作为参照，只能采取协议定价的方式确定交易价格，这为关联方之间调节利润提供了较大空间。

另外，关联交易还有无偿赠予资产、担保、许可协议等方式。

2.检查思路和方法

（1）判断关联交易的类别。关联交易可划分为持续性关联交易、年度性关联交易和一次性关联交易。持续性关联交易主要包括产品购销、提供劳务、资金拆借等，一般与企业的日常经营业务密切相关；年度性关联交易主要包括大额费用分摊、资产使用费用等年度结算的交易；一次性关联交易发生的频率不高，如股权、固定资产和无形资产的转让，往往具有特定的交易目的。

（2）审核各类关联交易定价的公允性。对于持续性关联交易，首先检查交易定价有无标准、是否通过董事会决议、是否有定价依据，以分析判断定价的合理性。其次检查定价原则确定以后是否随意改变，并通过抽查实际结算的交易事项加以验证。对于年度性关联交易，检查资产所有权与实际使用人是否一致、使用费的结算价格是否公允。此外，还要对比近3年的交易定价，看是否存在随意变动情况。对于一次性重大的关联交易，还要结合交易时公司的财务状况、经营成果和融资计划等，准确判断关联交易的动机，进而判断定价的公允性。

（3）关注信息披露。《企业会计准则》规定，企业与关联方发生关联交易的，应当披露与该关联方关系的性质、交易类型及交易要素；对照企业披露的关联交易信息，检查是否存在隐瞒、不充分披露、披露虚假信息等问题。有的企业故意披露一些模糊不清的信息，隐瞒关联交易的实质，反而可能成为检查的重要线索。

资料来源　佚名.关联交易的主要类型及检查方法［EB/OL］.［2016-10-09］. http://www.mof.gov.cn/mofhome/zhejiang/lanmudaohang/dcyj/201211/t20121130_707599.html.

工作任务

○任务一

1.任务内容：上市公司基本素质分析。

2.任务步骤：

(1) 选择两家上市公司。

(2) 登录这两家公司的官方网站，查找相关资料或阅读其年报。

(3) 结合所学知识，对这两家上市公司进行全面的基本素质分析。

3.任务操作提示：从产品、经营能力和成长性三方面对这两家上市公司进行全面的基本素质分析。

○任务二

1.任务内容：评价上市公司的经营能力。

2.任务步骤：

(1) 任选一知名上市公司，进入该公司的官方网站或通过其他途径查找相关资料。

(2) 分析该公司的治理结构、管理风格和经营理念，对管理人员的素质和能力进行分析，综合评价该上市公司的经营能力。

3.任务操作提示：分析管理人员的素质和能力可以通过上网查找资料、阅读自传等途径进行。

○任务三

1.任务内容：年报查询及财务分析。

2.任务步骤：

(1) 登录和讯网（http：//www.hexun.com/）。

(2) 点击“行情中心”。

(3) 选择一只股票，点击财务数据。

(4) 应用所学知识进行财务分析。

3.任务操作提示：一般来说，中小投资者主要通过上市公司公布的年报、中报、季报等不同时期的财务报表以及招股说明书、上市公告书、重要事件公告等途径获得关于上市公司的财务信息，其中年报是重中之重；或者找一家券商的交易软件，按F10也可以查看年报，通过熟悉财务报表，可以对公司的资产质量、资产结构、利润质量、现金流量等进行分析。

○任务四

1.任务内容：收集某公司资产重组的资料，分析其对公司经营和业绩的影响。

2.任务步骤：

(1) 知识准备：掌握资产重组的基本知识。

(2) 学生组成讨论小组。

(3) 登录财经网站，阅读、分析、讨论上市公司重组对其股价的影响。

3.任务操作提示：利用中国证监会官网或财经网站的报道，熟悉资产重组知识和资产重组对上市公司的影响，提高资料的搜集和分析能力。

项目七

证券投资技术分析

本项目学习目标

核心知识：了解K线绘制及K线分析的方法；掌握趋势的含义及趋势分析的方法；掌握形态的含义及形态分析的方法；掌握技术指标的含义及技术指标分析的方法。

核心技能：能熟练运用K线分析方法、趋势分析方法、形态分析方法、技术指标分析方法。

案例导入

上证指数K线图分析

图7-1是2020年4月至7月10日的上证指数日K线图。图中上半部分很多像蜡烛似的“柱子”专业术语称为K线，下半部分的“柱子”代表成交量。K线和成交量都是进行证券投资技术分析的主要工具。

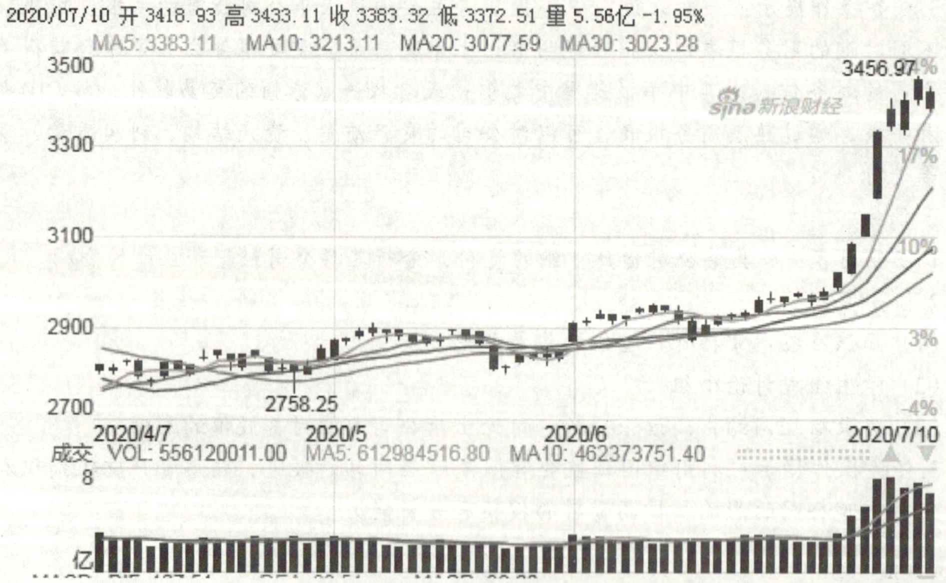

图7-1 上证指数K线图

课前思考

如何使用K线、成交量等技术分析工具研判证券市场的走势？证券投资技术分析工具还有哪些？它们应如何使用？

任务一　认识证券投资技术分析

任务描述

本任务的主要学习内容是认知证券投资技术分析方法，掌握证券投资技术分析方法的理论基础，熟悉证券投资技术分析的基本要素，了解证券投资技术分析的主要理论。

知识准备

一、证券投资技术分析的概念及理论基础

（一）证券投资技术分析的概念

证券投资技术分析是根据证券市场的历史交易资料，以证券价格的动态和变动规律为分析对象，运用统计技术和图形分析的方法，通过对证券市场行为的分析，判断证券价格的变动方向和变动程度的方法。

小思考 7-1

小思考 7-1

分析提示

证券投资技术分析与基本分析的主要区别有哪些？

（二）证券投资技术分析的理论基础

证券投资技术分析的理论基础包括以下三个假设条件：

（1）市场行为涵盖一切信息。这一假设与有效市场假设是一致的。根据有效市场假设，如果信息是高度对称的、透明的，那么任何信息都会迅速而充分地反映在市场价格中。技术分析也认为，如果证券市场是有效的，那么影响证券价格的所有因素都会立即反映在市场行为中，并在证券价格上得到体现。技术分析方法的应用者不需要关心是什么因素影响证券价格，只需要从市场的量价变化中了解这些因素对市场行为的影响效果。这一假设是有一定合理性的，因为任何一个因素对证券市场的影响最终都必然体现在证券价格的变动上，所以这一假设是证券投资技术分析的基础；离开这一假设条件，证券投资技术分析将无法进行。

（2）证券价格沿趋势移动。这一假设认为证券价格的变动是有规律的，即有保持原来运动方向的惯性，而证券价格的运动方向是由供求关系决定的。供求关系是一种理性和非理性力量的综合，证券价格运动反映了一定时期内供求关系的变化。供求关系一旦确定，证券价格的变动趋势就会一直持续下去。只要供求关系不发生根本改变，证券价格的走势就不会发生反转。这一假设条件也有一定的合理性，因为供求关系决定价格是市场经济的一般规律。这一假设条件是技术分析最根本、最核心的条件，只有承认证券

价格遵循一定的规律变动，运用各种方法发现、揭示这些规律并对证券投资活动进行有效指导的技术分析才有存在的价值。

（3）历史会重演。这一假设建立在对投资者心理分析的基础上，即当市场出现和过去相同或相似的情况时，投资者会根据过去的成功经验或失败教训做出目前的投资选择，市场行为和证券价格走势会出现历史重演。根据历史资料概括出来的规律已经包含了未来证券市场一切变动的趋势，所以可以根据历史预测未来。这一假设也有一定的合理性，因为投资者的心理因素影响着投资行为，进而影响着证券价格。

证券投资技术分析的三个假设条件有合理的一面，也有不合理的一面。例如，第一个假设存在的前提条件是证券市场是有效的市场，然而众多实证分析指出，即使像美国这样发达的证券市场也仅是弱式有效市场，或至多是半强式有效市场，更何况信息损失是必然的，因此市场行为涵盖一切信息也只能是理想状态。又如，一切基本因素确实通过供求关系影响证券价格和成交量，但证券价格最终要受它的内在价值制约。再如，历史也确实有相似之处，但绝不是简单的重复，差异总是存在的，历史绝不会重演。正因为如此，技术分析显得说服力不够强，逻辑联系不够充分。

二、证券投资技术分析的要素——价、量、时、空

技术分析的要素，即技术分析的基本对象。在证券市场中，价（价格）、量（成交量）、时（时间）、空（空间）是进行技术分析的基本要素。这几个要素的具体情况和相互关系是进行证券投资技术分析的基础。

（一）价格和成交量

证券市场行为最基本的表现是价格和成交量。过去的价格、成交量反映的是大部分市场行为；某一时间的价格和成交量反映的是买卖双方在这一时间共同的市场行为，是双方暂时的均衡点。随着时间的变化，均衡会不断发生变化，这就是量价关系的变化。一般说来，买卖双方对价格的认同程度通过成交量的大小得到确认。认同程度低、分歧大，成交量小；认同程度高、分歧小，成交量大。

成交量和价格的关系主要有：①成交量是推动股价涨跌的动力；②量价背离是市场逆转的信号；③成交密集区对股价变动有阻力作用；④成交量放大是判断突破有效性的重要依据。

根据上面的阐述，除非买卖双方力量发生明显的倾斜，否则很难克服成交密集区的阻力，推动股价的上升或下降。因此，有效的突破必然伴随着成交量的放大；否则，说明买卖力量的均势没有被打破，股价的变动不能确认为有效的突破。

（二）时间和空间

在证券投资技术分析中，时间是指完成某个过程所经历的时间长短，通常指一个波段或一个升降周期所经历的时间。空间是指价格的升降所能达到的程度。时间指出“价格有可能在何时出现上升或下降”，空间指出“价格有可能上升或下降到什么地方”。时间体现了市场潜在的能量由小变大再变小的过程；空间反映的是每次市场发生变动时程度的大小，体现了潜在的上升或下降的能量的大小。一般来说，如果周期经历的时间长，那么今后价格变动的空间大；如果周期经历的时间短，那么今后价格变动的空间也

小。时间长、波动空间大的过程，对今后价格趋势的影响和预测作用也大；时间短、波动空间小的过程，对今后价格趋势的影响和预测作用也小。

三、证券投资技术分析方法的分类

一般而言，技术分析方法可以分为以下六类：K线类、切线类、形态类、指标类、周期类、均线类。

（一）K线类

该研究方法侧重于分析若干天K线的组合情况，推测股票市场多空双方力量的对比，进而判断股票市场上多空双方谁占优势，优势是暂时性的还是决定性的。K线图是证券投资技术分析中最重要的图表。单独一天的K线形态有十几种，若干天的K线组合种类就无法计数了。人们经过不断地总结，发现了一些对股票买卖有指导意义的组合，而且新的研究成果正不断地被发现和运用。

（二）切线类

该研究方法是按一定的原则，在由股票价格数据所绘制的图表中画出一些直线，然后根据这些直线的情况推测股票价格未来趋势的方法，图表中的这些直线就叫切线。切线主要起支撑和压力的作用。支撑线和压力线的向后延伸位置，会对价格趋势起到一定的制约作用。

（三）形态类

该研究方法是根据价格图表中过去一段时间走过的轨迹来预测股票价格未来趋势的方法。证券投资技术分析第一条假设告诉我们，市场行为涵盖一切信息。价格走过的轨迹是市场行为的重要组成部分，是证券市场对各种信息感受之后的具体表现，因此用价格走过的轨迹或者形态来推测股票价格的未来趋势是有道理的。根据价格走过的轨迹，我们可以推测出证券市场处在一个什么样的大环境中，从而对投资给予一定的指导。其主要形态有M头、W底、头肩顶、头肩底等十几种。

（四）指标类

该研究方法要考虑市场行为的各个方面，通过建立一个数学模型，给出计算公式，就可以得到一个体现股票市场某个方面内在实质的数字，即指标值。指标的具体数值和相互关系直接反映了股市的状态，从而为我们的操作行为提供指导。

目前，世界上用在证券市场上的各种技术指标主要有相对强弱指标（RSI）、随机指标（KD）、趋向指标（DMI）、指数平滑异同移动平均线（MACD）、能量潮（OBV）、心理线（PSY）、乖离率（BIAS）等。这些都是很著名的技术指标，随着时间的推移，新的技术指标也会不断涌现。

（五）周期类

循环周期理论认为，价格高点和低点的出现，在时间上具有一定的规律性。正如事物的发展兴衰有周期性特征一样，价格的上升和下降也存在某些周期性特征。掌握价格上升和下降在时间上的规律性，对我们进行证券买卖是有一定帮助的。

（六）均线类

在证券投资技术分析中，市场成本原理非常重要，因为它是趋势产生的理论基础。

也就是说，市场中的趋势之所以能够维持，离不开市场成本的推动。例如，在上升趋势中，市场成本是逐渐上升的；在下降趋势中，市场成本是逐渐下降的。市场成本的变化带来了趋势的延续。均线代表了一定时期内市场平均成本的变化。

以上六类技术分析方法从不同方面理解和考量证券市场，有的方法具有相当坚实的理论基础，有的方法理论基础却不是很明确，很难说清楚为什么。但它们都有一个共同的特点，即都经过证券市场的实践检验。这六类技术分析方法尽管考量的方式不同，但目的是相同的，彼此并不排斥，在使用上可以相互借鉴。比如，在指标分析中，经常使用切线和形态学派中的一些结论和方法。此外，这六类技术分析方法有的注重长线，有的注重短线；有的注重价格的相对位置，有的注重价格的绝对位置；有的注重时间，有的注重价格。

四、证券投资技术分析的主要理论

（一）道氏理论

道氏理论是使用最早和影响最大的证券投资技术分析方法。1880年，查尔斯·亨利·道与爱德华·琼斯共同创建了从事证券投资咨询的道·琼斯公司，并于1889年出版了影响力很大的《华尔街日报》。查尔斯·亨利·道悉心研究股票市场价格变动的规律，并在一些杂志上发表了一系列分析股票价格走势的评论性文章。1902年，查尔斯·亨利·道去世，其追随者萨缪尔·A.尼尔森将这些文章中的一部分整理出版，第一次采用了道氏理论的提法。自1908年起，接任《华尔街日报》编辑的威廉·汉密尔顿撰写了很多应用道氏理论分析市场趋势的文章，为推广、完善和发展道氏理论做了大量工作，他于1922年出版了《股市晴雨表》一书，确立了道氏理论在证券投资技术分析中的地位。

1.道氏理论的主要内容

道氏理论的主要内容包括以下几点：

（1）可以用股票价格指数的波动来研究整个股票市场的变动趋势。因为股票价格指数的波动已经包含了一切信息，不论什么因素，股票价格指数的升跌变化都反映了公众的心态。这是道氏理论对证券市场的重大贡献。世界上所有的证券交易所都有自己的价格指数，计算方法大同小异，目的都是反映股票市场的整体情况。

（2）股票价格的周期性变动可以分解成三种：主要趋势、次要趋势和短期波动。主要趋势如潮起潮落，持续时间长，波动幅度大；次要趋势如海浪翻腾，持续时间不长，峰谷落差较小；短期波动如浪花滚动，转瞬即逝，变动范围最小。三种运动共同构成了复杂的股价运动。

主要趋势也称基本趋势、长期趋势，是大规模的、总体上的上下运动，通常持续一年或数年之久。如果每一个后续价位上升到比前一个更高的水平，而每一次回调的低点都比前一次的低点高，那么这一主要趋势就是上升趋势，称为牛市；如果每一个后续价位下跌到比前一个更低的水平，而每一次反弹的高点都比前一次的高点低，那么这一主要趋势就是下降趋势，称为熊市。

次要趋势又称中期趋势，是价格在沿着主要趋势演进的过程中产生的重要反复，即在上涨的主要趋势中会出现中期回档下跌，在下跌的主要趋势中会出现中期反弹回升。

短期波动又称日常波动，持续的时间很短，一般少于6天。道氏理论认为，短期波动是人为操纵形成的，它与反映客观经济态势的中长期趋势有着本质区别，既不重要又难以利用，可以不予理睬。

道氏理论认为，股市存在着牛市和熊市循环转化的规律。它主要用于预测股市的长期趋势，有助于长期投资分析，而对中短期变动的预期帮助不大。

（3）主要趋势可以划分为三个阶段。牛市的第一阶段是建仓期。在这一阶段，股市经过长期的下跌后，大部分的投资者都是谨慎甚至悲观的，只有少部分有远见的投资者知道尽管现在市场萧条，但形势即将扭转，因而就在此时购入被悲观者抛售的股票，由于交投不活跃，从而表现为价格缓慢上升、成交量缓慢放大。该阶段持续时间长，上升空间小。第二阶段是上升期。在这一阶段，经济基本面开始恢复，企业利润开始增加，受建仓期上升的影响，投资者的信心也开始恢复。此时大部分的投资者都已经意识到牛市已经来临，开始争相买入股票，从而表现为价格快速上升、成交量迅速放大。该阶段持续时间短，上升空间大。也正是在这一阶段，技巧娴熟的投资者往往会得到最大的收益。之后第三阶段来临，即亢奋期，基本面所有信息都令人乐观，价格惊人地上扬，并不断地创造新高，新股不断地大量上市。在这一阶段，大部分的投资者已经处于盲目乐观的状态，但少部分有远见的投资者已经意识到风险的累积和形势即将扭转，开始逐步抛售股票，由于多方的力量大于空方，该阶段表现为价格持续上升，成交量开始减少，价量背离的现象出现，形势随时可能反转。

熊市通常也有三个阶段：第一阶段是出货期。在这一阶段，有远见的、技术娴熟的、对市场反应敏感的投资者均已意识到下跌即将来临，因而开始抛出所持股票。由于前期上升的影响，仍有很大一部分投资者盲目乐观地买进股票，但空方的力量逐步增强并超过多方，从而导致价格缓慢下降。第二阶段为恐慌期，经济基本面开始恶化，企业利润开始减少甚至亏损，经过之前的下跌，大部分投资者均已意识到熊市的来临，开始争相抛售股票，从而导致股价迅速下跌。该阶段持续时间短，下跌空间大，是熊市中杀伤力最大的阶段，许多投资者损失巨大。在这一阶段之后，可能存在一个相当长的次等回调或盘整，然后开始第三阶段悲观期。在这一阶段，经济基本面一片萧条，股价跌势由于投资者惜售心理的出现开始变缓，市场中一些有价值的股票开始凸现，少部分有远见的投资者开始逐步减仓，但空方力量依然占据市场主导，从而表现为价格缓慢下降。该阶段持续时间长，下跌空间小。

然而，没有任何两个熊市或牛市是完全相同的。有些可能缺少三个典型阶段中的一个，如一些牛市自始至终都是价格极快地上涨；一些短期熊市没有明显的恐慌阶段，而另一些短期熊市则以恐慌阶段结束。任何一个阶段都没有一定的时间限制，如牛市的第三阶段是一个令人兴奋的投资机会，投资者非常活跃，这一阶段可能持续至少一年，也可能持续不过一两个月。

（4）成交量在确定趋势的过程中起着很重要的作用。趋势的转折点是进行投资的关键，成交量所提供的信息有助于我们做出正确的判断。通常，在多头市场，价位上升，成交量增加；价位下跌，成交量减少。在空头市场，当价格滑落时，成交量变化不明显；当价格反弹时，成交量增加。当然，这条规则有时也有例外。因此，只根据几天的成交量是很难得出准确结论的。

(5) 收盘价是最重要的价格。道氏理论并不注重一个交易日内的开盘价、最高价和最低价，而只考虑收盘价。

(6) 只有出现明确的反转信号时，才意味着一轮趋势的结束。当一个新的主要趋势第一次确定后，如果不考虑短期的波动，趋势就会持续下去，直到出现明确的反转信号。

2.对道氏理论的评价

道氏理论自问世以来，经受住了时间的检验，曾经数次在股票市场长期趋势的转折关头发出及时、准确的信号，令很多人信服。道氏理论作为股价理论的重要基础，有其合理成分。

(1) 道氏理论指出了股市循环和经济周期变动的联系，在一定程度上能对股市的变动趋势做出预测和判断，因而拥有很多信奉者，并为投资者所熟悉。

(2) 依道氏理论编制的股票价格平均数和股票价格指数是反映经济周期变动的“晴雨表”，被认为是最可靠的先导指标。

(3) 道氏理论对以后的技术分析有重大影响。尽管道氏理论主要是对股市变动的长期趋势做出预测，但后人却在道氏理论的基础上发展演绎出了种种长期、中短期的技术分析方法。因此，道氏理论被认为是技术分析方法的鼻祖。

但是，人们对道氏理论也提出了不少批评意见，并且涉及它的实用性和可靠性，主要有以下几点：①道氏理论最明显的缺点是侧重于长期分析，而不能做出中短期分析，更不能指明最佳的买卖时机；②即使是对长期趋势的预测，道氏理论也无法预先精确地指明股市变动的高峰和低谷，对市场逆转的确认具有滞后效应；③股票市场的实际变动，特别是长期趋势和中期趋势，并不像道氏理论表述的那样泾渭分明；④道氏理论过于强调股票价格平均数，但股票价格平均数不等于整个股票市场，并非所有股票的价格都与股票价格平均数同涨同跌。另外，这一理论没有给投资者指出如何选股。

此外，由于道氏理论已经存在了上百年，对现在来说有些内容已经过时，需要更新。在道氏理论之后又出现了许多新的技术分析方法，在一定程度上弥补了道氏理论的不足。

(二) 波浪理论

波浪理论又称艾略特波段理论，它起源于1978年美国人查尔斯·J.柯林斯发表的专著——《波浪理论》。但波浪理论的实际发明者和奠基人是美国证券分析师艾略特，他在20世纪30年代就有了关于波浪理论的最初想法。波浪理论把股价的上下变动和不同时期的持续上涨、下降看成是波浪的上下起伏，股票的价格也就遵循波浪起伏的规律。简单地说，一个基本的波浪循环包括八浪。其中，上升是5个浪，下跌是3个浪，数清楚了各个浪就能准确地预见跌势已接近尾声，牛市即将来临，或是牛市已成了强弩之末，熊市即将来临。波浪理论与其他技术分析流派最大的区别就是能提前很长时间预测到底和顶，而其他技术分析流派往往要等到新的趋势已经确定之后才能看到底和顶。但是波浪理论又是公认的最难掌握的技术分析方法。大浪套小浪，浪中有浪，在数浪的时候极容易发生偏差。牛市或熊市过后，回过头来数这些浪，发现均满足波浪理论所阐述的，都能数对；一旦身处在现实，真正能够数对浪的人是很少的。

（三）相反理论

相反理论是基于这样一个原则的一种理论：证券市场本身并不创造新的价值，没有增值，甚至可以说是减值的。如果你的投资行动同大多数投资者的行动相同，那么你的投资一定不是获利最大的投资，因为不可能多数人获利。要获得大的利益，一定要同大多数人的行动不一致。在投资者爆满的时候出场、在投资者稀少的时候入场是相反理论在操作上的具体体现。

相反理论带给投资者的信息十分有启发性。这个理论并非局限于股票或期货，其实亦可运用于地产、黄金、外汇等领域。相反理论更像一个处世哲学理论。古今许多成功人士，都是超越了他们同辈的狭隘思维，即使面对挖苦、讽刺、奚落，仍然一往无前地向自己的目标迈进，才成为杰出人物的。如果人云亦云，就会成为在人海中消失的小人物。相反理论提醒投资者应该做到以下几点：

（1）深思熟虑，不要被他人所影响，要自己去判断。

（2）要向传统智慧挑战，公众所想、所做的未必都是对的；即使是投资专家所说的，也要用怀疑的态度去看待、处理。

（3）不能看表面，要高瞻远瞩，看得远、看得深，这样才能取得胜利。

（4）一定要控制个人的情绪。恐惧、贪婪都是不可取的。周围人的情绪可能会影响到你，这时你要加倍冷静。当其他人恐惧不安、认为股市极其不景气时，有可能这就是投资的最佳时机；当其他人争相买入股票时，要考虑股市是否很快就会见顶而转入熊市。

（5）当事实和希望并不相符时，要勇于承认错误。因为投资者都是普通人，普通人难免会犯错。只有肯认输、不自欺欺人、勇于接受失败的人，才有可能成为成功人物。

任务二 K线分析法

任务描述

本任务的主要学习内容是认知K线的含义和类型，熟悉K线的绘制方法，掌握单根K线分析与多根K线分析的方法，并能运用K线分析股价走势，同时认知K线分析方法的优缺点和适用范围。

知识准备

一、K线的含义

K线是根据每个交易日（或每个分析周期）的开盘价、最高价、最低价和收盘价绘制而成的柱状线条，由影线和实体组成。中间的矩形部分称为实体，在实体上方的细线叫上影线，下方的细线叫下影线。实体分阳线和阴线两种。其中，收盘价高于开盘价为阳线，收盘价低于开盘价为阴线。

在图7-2中，K线由实体和上下影线组成。如果收盘价低于开盘价，K线用绿色表示，称为阴线，如图中左侧的K线；反之，如果收盘价高于开盘价，K线用红色表示，称为阳线，如图中右侧的K线。

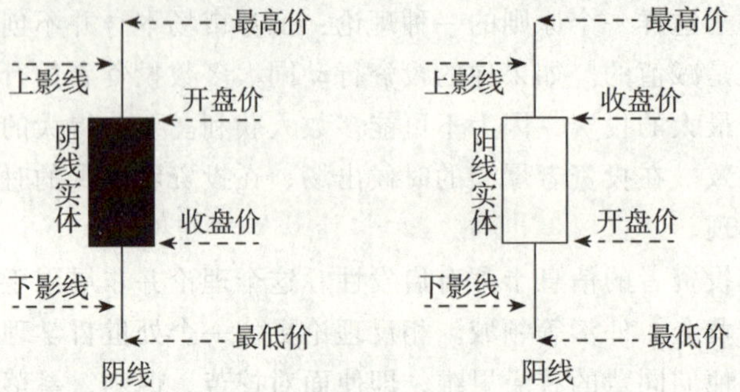

图7-2 单根K线的基本含义

延伸阅读材料7-1 K线的起源

K线图起源于日本德川幕府时代（1603—1867年），被当时日本米市的商人用来记录米市的行情与价格波动，后因其细腻独到的标画方式而被引入股市及期货市场。通过K线图，我们能够把每日或某一周期的市况完全记录下来，股价经过一段时间的运行后，在图上形成一块特殊区域或一种特殊形态，不同的形态显示出不同的意义。插入线、抱线和利好刺激线这三种K线组合是最常见的见底形态。

这种图表分析法在我国以及整个东南亚地区尤为流行。由于用这种方法绘制出来的图形颇似一根根蜡烛，加上这些蜡烛有黑白之分，因而也叫阴阳线。通过K线图的变化，我们可以摸索出一些规律。K线图形可分为反转形态、整理形态及缺口和趋向线等。K线图具有直观、立体感强、携带信息量大的特点，预测后市走向较准确，是现今应用较为广泛的技术分析手段。

那么，为什么叫“K线”呢？实际上，在日本，“K”并不是写成“K”字，而是写作“罫”（日本音读kei），K线是“罫线”的读音，西方以其英文第一个字母“K”直译为K线，由此发展而来。

二、K线的绘制方法

K线的绘制方法比较简单，它由开盘价、收盘价、最高价和最低价四种价格组成（如图7-2所示）。开盘价与收盘价构成了K线的实体，而最高价与最低价则分别构成了K线的上影线和下影线。最高价离K线的实体越远，则上影线越长；最低价离K线的实体越远，则下影线越长。K线实体的颜色要视开盘价与收盘价的具体情况而定。若收盘价高于开盘价，则K线实体用白色或红色绘制；若收盘价低于开盘价，则K线实体用黑色或绿色绘制。收盘价高于开盘价的K线称为阳线，表示市场处于涨势；收盘价低于开盘价的K线称为阴线，表示市场处于跌势。

三、K线的时间周期

K线按时间周期不同可分为5分钟K线、15分钟K线、30分钟K线、60分钟K线、日K线、周K线、月K线、年K线。K线按开盘价与收盘价的波动范围，可分为极阴、极阳，小阴、小阳，中阴、中阳和大阴、大阳等线型。它们一般的波动范围如下：极阴线和极阳线的波动范围在0.5%左右；小阴线和小阳线的波动范围一般在0.6%~1.5%；中阴线和中阳线的波动范围一般在1.6%~3.5%；大阴线和大阳线的波动范围在3.6%以上。

K线是一种特殊的市场语言，不同的K线形态有不同的含义。在股票市场上，通常一根K线是股票在一天内价格变动情况的记录。将每天的K线按时间顺序排列在一起，就组成了股票价格的历史变动情况，叫作K线图。买卖双方力量的增减与转变过程及结果都可以用K线图表示出来。

四、单根K线的种类及市场含义

从K线的绘制方法可知，不同的开盘价、收盘价、最高价与最低价绘制出来的K线形态有着极大的差别。不同形态的K线反映了不同的市场态势，只有熟悉了各种形态的K线，才能对市场走势做出正确的分析。单根K线的种类如图7-3所示。

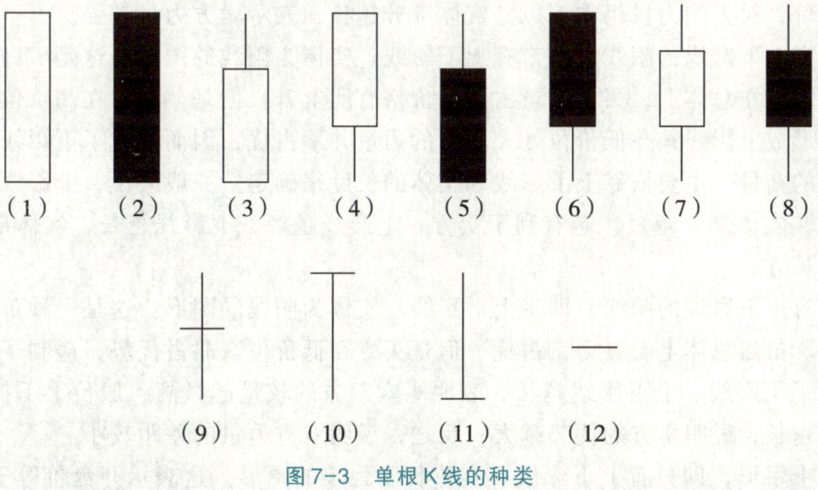

图7-3 单根K线的种类

(1) 光头光脚的阳线，即没有上影线和下影线，只有阳实体的图形。这表示开盘价为最低价，股价呈上升趋势，收盘于最高价。阳线表示买方的力量占据优势，阳线越长，这种优势越明显。

(2) 光头光脚的阴线，即没有上影线和下影线，只有阴实体的图形。这表示开盘价为最高价，股价一路下跌，收盘于最低价。阴线表示卖方的力量占据优势，阴线越长，这种优势越明显。

(3) 光脚阳线，即由上影线和阳实体组成的图形，没有下影线。这表示开盘价为最低价，开盘后股价攀升逐渐受到卖方的压力，到最高价处上升势头受阻，价格掉头回落，但收盘价仍比开盘价高。这种图形属于上升抵抗型，表示总体上买方的力量比卖方强，但是在高价位处卖方占有优势。买卖双方力量的对比可以根据上影线与实体长度的比例来判断。实体部分越长，上影线越短，说明买方的优势越明显；反之，说明买方越弱。在上升趋势的后期，会出现上影线很长、阳线实体很短的图形，这往往是上升趋势疲软的前兆。

（4）光头阳线，即由下影线和阳实体组成的图形，没有上影线。这表示开盘后，价格一度下探，在最低价位处得到支撑，然后一路上扬，在最高价位收盘。这种图形属于先跌后涨型，说明买方经受住了抛盘的压力，开始显示出优势。买卖双方力量的对比可以根据实体与下影线长度的比例来判断。实体越长，说明买方的优势越明显。

（5）光脚阴线，即由上影线与阴实体组成的图形，没有下影线。这表示开盘后，价格曾经上升，在最高价位处受阻回落，在最低价位处收盘。这种图形属于先涨后跌型，说明卖方的力量占优势，使得买方抬高股价的努力没有成功。实体部分越长，影线越短，表示卖方力量越强。

（6）光头阴线，即由下影线与阴实体组成的图形，没有上影线。这表示开盘后，价格顺势下滑，在最低价位受阻后反弹上升，但收盘价仍低于开盘价。这种图形属于下跌抵抗型，说明开始阶段卖方的力量占优，但是在价格下跌的过程中，卖方力量逐渐削弱。在收盘前，买方力量稍稍占优，将股价向上推动。但从整个周期来看，收盘价没有超过开盘价，买方的力量仍占下风。实体部分越长，表示卖方力量越强。

（7）有上下影线的阳线，即带有上下影线、实体为阳线的图形。这是一种价格振荡上升的图形。在总体上，买方力量占优，价格有所上升。但是，买方在高价位处受到卖方的抛压形成上影线；在低价位处，卖方的力量并不占优，因而形成了下影线。对买卖双方优势的衡量，主要依靠上下影线和实体的长度来确定。一般来说，上影线越长，下影线越短，实体部分越短，越有利于卖方；上影线越短，下影线越长，实体部分越长，越有利于买方。

（8）有上下影线的阴线，即带上下影线、实体为阴线的图形。这是一种价格振荡下挫的图形。虽然总体上卖方力量占优，但是买方在低价位区略占优势，遏制了价格的跌势，形成了下影线。上下影线越长，表明买卖双方的较量越激烈，股价上下振荡越大。实体部分越长，说明卖方的优势越大；反之，说明双方力量的差距较小。

（9）十字形，即只有上下影线、实体长度为零的图形。这表示开盘价等于收盘价，买卖双方的力量呈胶着状态。当影线较长时，说明双方对现行股价的分歧颇大，因此，这种图形常常是股价变盘的预兆。

（10）T字形，即由下影线和长度为零的实体组成的图形。这表示交易都在开盘价以下的价位成交，并以最高价收盘。这种图形属于下跌抵抗型，说明卖方力量有限，买方力量占优，下影线越长，买方优势越大。

（11）倒T字形，即由上影线和长度为零的实体组成的图形。这表示交易都在开盘价以上的价位成交，并以最低价收盘。这种图形属于上升抵抗型，说明买方力量有限，卖方力量占优，上影线越长，卖方优势越大。

（12）一字形。这是一种非常特殊的形状，表示全部交易只在一个价位上成交。冷门股可能会出现这种情况；或者在涨跌停板制度下，开盘后直接涨跌停板并维持到收盘时，也会出现这种情况。

总而言之，指向一个方向的影线越长，越不利于股票价格今后向这个方向变动。单根K线只反映一天、一周或一个月内供求力量的对比。对几根相邻的K线进行组合分析，往往能从价格的连续变化中动态地看出供求力量的消长。技术分析专家经常用几个月甚至数年的日K线的变化来分析股价的中长期趋势。

知识链接7-1　　单根K线的识别方法

一看阴阳

阴阳代表趋势方向，阳线表示将继续上涨，阴线表示将继续下跌。以阳线为例，在经过一段时间的多空对决后，收盘价高于开盘价表明多头占据上风。根据牛顿力学定理，在没有外力作用时，价格仍将按原有的方向与速度运行，因此阳线预示下一阶段仍将继续上涨，最起码能保证下一阶段初期惯性上冲。阳线往往预示着继续上涨，这一点也极为符合技术分析中三大假设之一的股价沿趋势波动，而这种顺势而为也是技术分析最核心的思想。同理可得，阴线预示着股价继续下跌。

二看实体大小

实体代表着内在动力，实体越大，上涨或下跌的趋势越明显；反之，趋势则越不明显。以阳线为例，实体就是收盘价高于开盘价的那部分。阳线实体越大，说明上涨的动力越足，就如质量越大与速度越快的物体，其惯性冲力也越大的物理学原理。同理可得，阴线实体越大，下跌动力也越足。

三看影线长短

影线代表转折信号，向一个方向的影线越长，越不利于股价向这个方向变动，即上影线越长，越不利于股价上涨；下影线越长，越不利于股价下跌。以上影线为例，在经过一段时间的多空对决之后，多头终于晚节不保，败下阵来。“一朝被蛇咬，十年怕井绳”，不论K线是阴还是阳，上影线部分已构成下一阶段的上升阻力，股价向下调整的概率较大。同理可得，下影线预示着股价向上攻击的概率较大。

五、K线分析举例

（一）单根K线分析

单根K线各个组成部分的分析要领如下：

（1）收盘价。它是多空（多方即买方，其作用是推动股价上升；空方即卖方，其作用是推动股价下跌）双方在一天交战中最后的均衡点。如果当天的收盘价高于前一天的收盘价，表明多方占优；反过来，如果当天的收盘价低于前一天的收盘价，表明空方占优。

（2）上影线。它由多方先推动股价上升，再被空方从上向下打压而形成，是空方从多方手中抢得的地盘。因此，上影线代表了空方的能量，是股价上升的阻力。

（3）下影线。它由空方先推动股价下降，再被多方从下向上攻击而形成，即多方从空方手中抢得的地盘。因此，下影线代表了多方的能量，是股价下跌的阻力（即支撑）。

（4）实体。它表示多空双方优势一方的优势大小。实体部分越大，其代表的优势一方的优势越大，反之越小。

一般来说，股价波动的短暂趋势有较大的偶然性。从这个角度来看，单根K线分析并不具备太大的意义，投资者更应该关注出现在关键位置的K线。典型的出现在关键位置的K线包括两种：股价持续下跌后出现的大阳线或较长的下影线，股价持续上升后出现的大阴线或较长的上影线。

应用实例7-1

在图7-4中，股价持续下跌，空方的能量在持续下降的过程中一点点被消耗，而多方的能量却在此过程中一点点积蓄，出现的大阳线或较长的下影线显示了多方力量的集中爆发及其在低位的强大支撑，此时是较好的买入时机。

在图7-5中，股价持续上升，多方的能量在持续上升的过程中一点点被消耗，而空方的能量却在此过程中一点点积蓄，出现的大阴线或较长的上影线显示了空方能量的集中爆发及其在高位的强大压力，此时是较好的卖出时机。

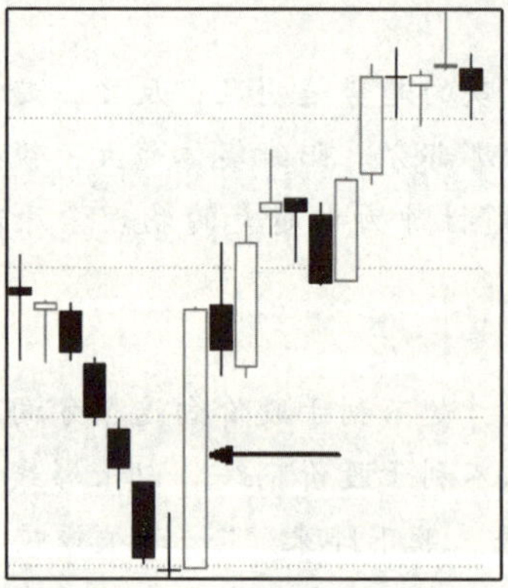

图7-4　大阳线实例

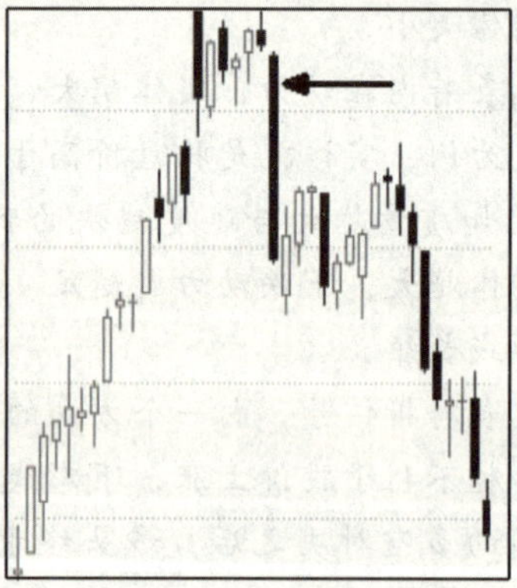

图7-5　大阴线实例

（二）两根K线组合分析

两根K线组合的形态较多，图7-6列出了比较典型的四种组合，从左至右依次是空方抵抗型、多方抵抗型、阴吃阳型和阳吃阴型。

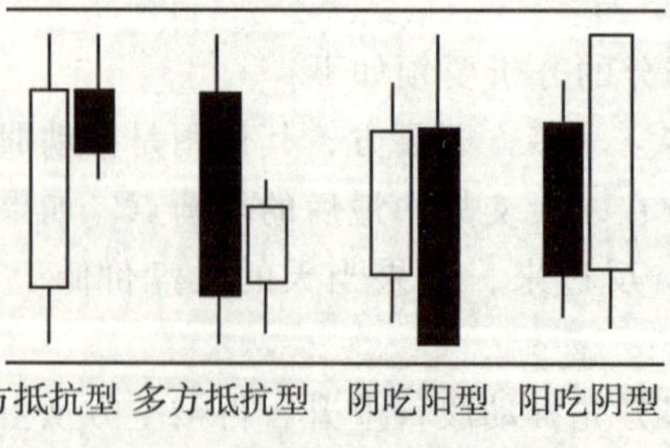

图7-6　两根K线的组合

（1）在空方抵抗型中，多方在第一天拉长阳，表明多方实力强劲，第二天空方不甘心失败，于是发力打压，但由于其实力不敌多方，故只能将股价向下打压一点点，总体看来多方占优。

（2）在多方抵抗型中，空方在第一天拉长阴，表明空方实力强劲，第二天多方不甘心失败，于是发力上攻，但由于其实力不敌空方，故只能将股价向上拉动一点点，总体看来空方占优。

（3）在阴吃阳型中，多方在第一天拉长阳，表明多方实力强劲，第二天空方不甘心失败，于是发力打压，一根大阴线吃掉了第一天的大阳线，总体看来空方占优。

（4）在阳吃阴型中，空方在第一天拉长阴，表明空方实力强劲，第二天多方不甘心失败，于是发力上攻，一根大阳线吃掉了第一天的大阴线，总体看来多方占优。

（三）其他典型K线组合分析

（1）早晨之星与黄昏之星——反转形态。早晨之星是出现在行情底部的一种常见K线组合，一般由三根K线组成：第一天是一根大阴线，空方的能量继续显现；第二天是一个十字线（或者是小阳线、小阴线），多空双方的能量相当；第三天是一根大阳线，多方的能量显现。通过这三根K线，空方与多方实现了优势转化，因此这是一种典型的K线反转形态（如图7-7所示）。

黄昏之星与早晨之星刚好相反，是出现在行情顶部的一种常见K线组合，也由三根K线组成：第一天是一根大阳线，多方的能量继续显现；第二天是一个十字线（或者是小阳线、小阴线），多空双方的能量相当；第三天是一根大阴线，空方的能量显现。通过这三根K线，多方与空方实现了优势转化，因此这也是一种典型的K线反转形态（如图7-8所示）。

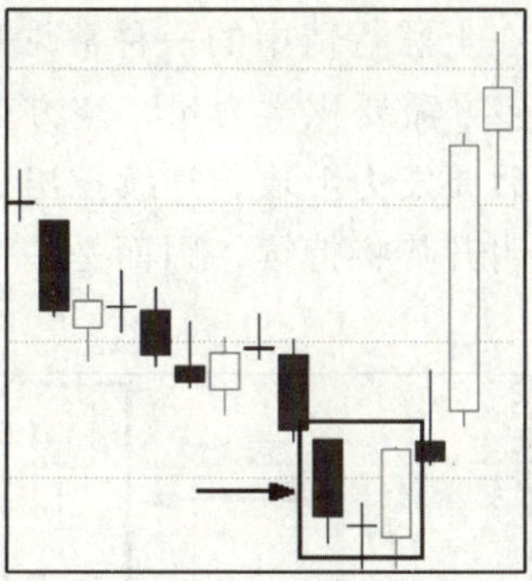

图7-7　早晨之星

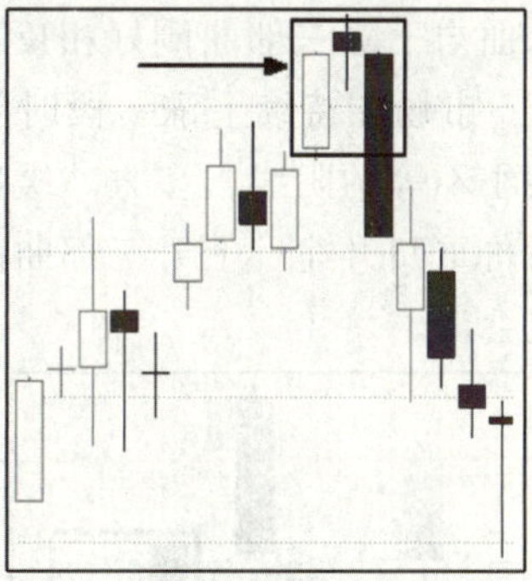

图7-8　黄昏之星

应用实例7-2

在图7-7中，第一天，股价继续惯性下跌，并且由于恐慌性抛盘的出现而留下了一根阴线，大势不妙；第二天，跳空下行，但跌幅不大，多方的实力显现，从而形成一根十字线，表明多方已经蓄势待发；第三天，多方突然发力，一根长阳线拔地而起，收复了第一天的大部分失地，市场发出明显的看涨信号，一轮上涨行情启动。

在图7-8中，第一天，市场继续呈现涨势，并拉出一根长阳线；第二天，继续冲高，但尾盘回落，空方实力显现，形成一根小阴线，表明多方已是强弩之末；第三天，空方突然发力，拉出一根长阴线，市场发出明显的下跌信号，一轮下跌行情启动。

知识链接 7-2　　神奇的十字线

十字线是一种重要的趋势反转信号，如果十字线之后的K线发出了验证信号，证实反转的话，就进一步加大了趋势反转的可能性。应用注意事项包括：

（1）在市场不经常出现十字线的条件下，十字线才具有重要意义。在短于30分钟时间单位的K线图中，十字线频繁出现，没有明显意义。

（2）十字线的确认具有一定的灵活性。如果开盘价与收盘价仅有几个变化单位的差别，也可以近似地认为是十字线。

（3）近似十字线的确认还要观察其与附近价格变化的关系。如果近似十字线的周围还有一系列小实体，就不应该认为这根K线有多大意义；如果当时市场正处于一个重要的转折点，或者正处在牛市或熊市的末期，或者当时已经有其他技术信号发出了警告信息，此时出现的近似十字线，就应当看成是一根十字线。

（4）宁可错认，不能漏过。遇上一个虚假的警告信号，总比漏过一个真正的危险信号强得多，由于十字线蕴含着多方面的技术意义，忽略一根十字线，就可能招致危险。

（2）下降三部曲和上升三部曲——持续形态。下降三部曲是出现在下跌行情中的一种常见K线组合（如图7-9所示）。市场在持续下跌一段时间以后，空方需要积蓄力量，多方趁机上攻，连续拉出数根大小不等的阳线，空方“缓冲”完毕后便发力打压，连续拉出三根规模相当的大阴线，股价重归跌途。下降三部曲的出现表明跌势将持续，因而是一个可以减仓的机会。

上升三部曲与下降三部曲刚好相反，是出现在上涨行情中的一种常见K线组合（如图7-10所示）。市场在持续上涨一段时间以后，多方需要积蓄力量，空方趁机打压，连续拉出数根大小不等的阴线，多方“缓冲”完毕后便发力上攻，连续拉出三根规模相当的大阳线，股价重归升途。上升三部曲的出现表明升势将持续，因而是一个可以建仓或加码买进的机会。

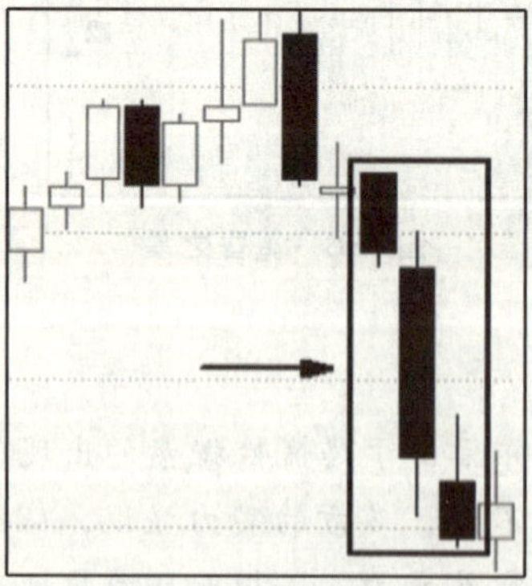

图7-9　下降三部曲

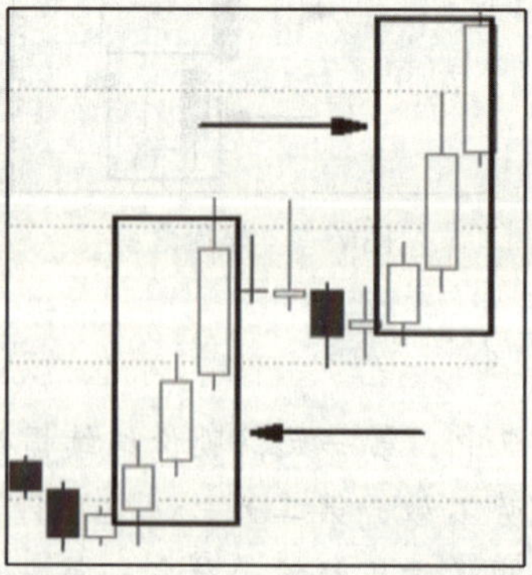

图7-10　上升三部曲

应用实例 7-3

在图7-9中，股价从高位下跌，但多方心有不甘，从而形成了一根小阳线（空方趁机蓄势），之后空方便连续发力，形成三根大阴线，股价下跌的趋势确立。

在图7-10中，在第一个上升三部曲中，股价从低位上升，多方为表明拉升的决心与能力，连续拉出三根大阳线；在第一个上升三部曲结束后，空方心有不甘，发力抵抗，形成了由四根K线组成的回档（多方趁机蓄势），之后多方便连续发力，形成三根大阳线，股价上升的趋势确立。

K线组合的情况非常多，这里不能一一分析，只要投资者掌握上述K线（组合）分析的要领，即可举一反三，对其他K线组合进行分析。

任务三　趋势线及均线分析法

任务描述

本任务的主要学习内容是认知趋势的含义及类型，掌握趋势线的画法及作用，明确支撑与阻力的意义、形成、有效性的判断及分析要点，掌握均线的特点及主要均线形态。

知识准备

一、趋势线分析

（一）股市中的趋势

股价尽管每日涨跌变化，但在一定时间内总保持着一定的趋势，这是股价的变化规律。股价从其运动方向看，可分为涨势、跌势、水平移动三种。涨势表现为各次级波动的低点一点比一点高，若将过去的各个低点相连，大致可形成一条向上倾斜的直线，这就是上升趋势线。跌势则表现为各次级波动的高点一点比一点低，若将各个高点相连，大致可形成一条向下倾斜的直线，这就是下降趋势线。水平移动则表现为各次级波动的最高点和最低点基本上在同一条水平线上或在某一箱形中做横向移动，连接各次级波动的最低点可形成一条水平移动线。

股价的趋势运动并非始终保持直线的上升或下跌。在一个上涨的趋势中，会出现几次下跌的修正行情，但这种修正并不影响涨势；在一个下跌的趋势中，会出现几次暂时的回升，同样也不会改变跌势。股价趋势从其移动时间看，可分为长期趋势、中期趋势和短期趋势。若干个同方向的短期趋势可形成一个中期趋势，若干个同方向的中期趋势又可形成一个长期趋势。当影响长期趋势的因素作用发挥殆尽时，长期趋势便不能再延续，它会朝相反方向转变成另一种长期趋势。股价运动就如此周而复始、循环往复。

（二）趋势线的画法

趋势线的画法包括以下几种：

（1）基本画法。尽早及尽可能准确地画出趋势线对判断未来股价的走势具有重要的意义，问题的关键在于选择两个具有决定意义的点。决定上升趋势时需要两个反转低点，即股价下跌到某一低价后，旋即回升，随后再下跌，没有跌破前一个低点，再度迅速上升，将这两个低点连成直线，就是上升趋势线。同样，决定下跌趋势时需要两个反转高点，即股价上升到某一价位后开始下跌，随后再回升，却未能突破前一个高点，再度迅速下跌，将这两个高点连成直线，就是下降趋势线。总之，找出最先出现或最有意义的两点是画好趋势线的关键。最早的趋势线画出以后，有时不能得到确认，还需要做出修正。如果股票价格在画出趋势线后的短短几天内跌破上升趋势线或涨过下降趋势线，说明股价仍在盘整，尚未真正形成趋势。真正趋势的形成是指股价变动在一定时期内始终在上升趋势线的上方，甚至始终与上升趋势线保持一段距离，或者始终在下降趋势线的下方，甚至与下降趋势线保持一段距离。通常，过于陡峭的趋势线需要进一步修正。

（2）K线图趋势线的画法。由于K线有开盘价、收盘价、最高价、最低价之分，因此K线图趋势线的画法可按下列原则处理：①上升趋势线可连接两根决定性阳线的开盘价或最低价；②下降趋势线可连接两根决定性阴线的开盘价或最高价。

（三）趋势线的有效性

趋势线画好以后，可从以下三个方面验证它的有效性：

（1）趋势线被触及的次数。股价变动中触及趋势线的次数越多，趋势线越可靠，其支撑或阻力作用越强，一旦被突破，市场反应也越强烈。

（2）趋势线的倾斜度。趋势线的斜率越大，可靠性越低，阻力或支撑作用也越弱，以后很容易被突破或修正。股价变动趋势形成初期，如果出现斜率很大的趋势线，即使突破也不会改变股价的变动方向，可视为修正。斜率较大的趋势线通常是被水平震荡趋势突破的，一般不改变原有的股价运动方向，只是趋势上会放缓。

（3）趋势线的时间跨度。趋势线跨越的时间越长，可靠性越高，支撑或阻力作用越大。

（四）趋势线有效突破的确认

趋势线经过一段时间后终会被突破，关键是要及时确认这是改变行情方向的有效突破，还是某一偶然因素作用的无效突破。

（1）收盘价突破。如果在某一交易日的交易过程中，股价曾以最高价或最低价突破趋势线，但收盘价仍未突破趋势线，那么这种突破为无效突破。

（2）连续三天以上的突破。趋势线被突破后，市场价格连续三天以上向突破方向发展，突破有效。

（3）连续两天创新价的突破。在上升趋势线被突破后连续两天创新低价，或是在下跌趋势线被突破后连续两天创新高价，可视为有效突破。

（4）长期趋势线突破。时间跨度很长的趋势线一旦被突破，说明大势反转的可能性大，股价反向变化的力度强，形成新趋势线的时间跨度也大。

（5）与成交量配合的突破。股价从下降趋势转为上升趋势，必须有成交量的配合。当股价向上突破下降趋势线时，成交量随之放大，为有效突破；但是当股价下跌突破上升趋势线时，则不一定需要成交量增加来配合。股价向下跌破上升趋势线后，如果跌幅不深，则成交量不一定增加，甚至还会有所萎缩；如果股价回弹至趋势线下方，成交量明显放大，股价立即快速下跌，可确认上升趋势线已被有效突破。

（6）趋势线与形态同时突破。趋势线一旦与股价形态同时被突破，就会产生叠加效应，突破后股价走势力度加大，是一种有效突破。

（五）支撑与阻力

1.支撑与阻力的意义

在一段时间内，股票价格会多次出现上升到某一价位就不再继续上升或下跌到某一价位就不再继续下跌的情况，这表明股价运动遇到了阻力和支撑。所谓支撑，是指股价下跌到某一价位附近，会出现买方增加、卖方减少的情况，从而使股价暂停下跌甚至反弹上升。所谓阻力，是指股价上升到某一价位附近会出现卖方增加、买方减少的情况，从而使股价上涨受阻甚至反转下跌。在股价得到支撑或受到阻力的价位附近画出的趋势线称支撑线或阻力线。有时，股价在一段时间内会始终在下有支撑、上有阻力的空间内行进，我们将在平行的支撑线和阻力线之间形成的区间称为轨道。按股价运动方向的不同，轨道可分为上升轨道、下降轨道和水平轨道（如图7-11所示）。

2.支撑与阻力的形成

股价在某一价位附近形成支撑和阻力的依据包括：

（1）历史上的成交密集带。股票交易曾在某一区域内出现价格反复波动或交易量巨大的情况，说明在这一区域内换手率高，堆积着大量的筹码，股价再次接近这一区域就会遭到抵抗而形成支撑或产生阻力。

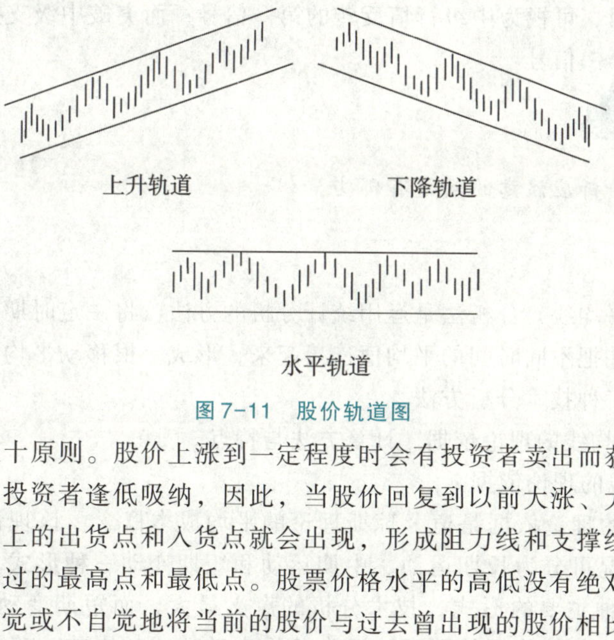

图7-11 股价轨道图

（2）百分之五十原则。股价上涨到一定程度时会有投资者卖出而获利了结，下跌到一定程度时也会有投资者逢低吸纳，因此，当股价回复到以前大涨、大跌行情的百分之五十左右时，技术上的出货点和入货点就会出现，形成阻力线和支撑线。

（3）过去出现过的最高点和最低点。股票价格水平的高低没有绝对标准，都是相对的，投资者都会自觉或不自觉地将当前的股价与过去曾出现的股价相比。当股价下跌到过去的最低价位区域时，买方会增加大量的买盘使股价站稳；当股价上升到过去的最高价位区域时，卖方会增加大量的卖盘形成巨大压力。这样就形成了支撑或阻力。

3.支撑与阻力有效性的判断

在上升轨道中，股价回档至支撑线附近或在支撑线附近盘档。若此时阳线强而阴线弱，则支撑有效，股价会反弹并继续上扬；反之，若阳线弱而阴线强，支撑很可能会无效。在下降轨道中，股价反弹至阻力线附近或在阻力线附近盘档。若此时阴线强而阳线弱，且成交量没有放大，阻力将有效，股价会再次下跌；反之，若阳线强而阴线弱，并有大成交量配合，股价很可能会冲破阻力线，结束下跌走势。

4.支撑与阻力的分析要点

（1）支撑与阻力的原意就是支撑能止住回档，阻力会止住反弹。一个上升趋势的回档回到支撑线附近将止跌回稳，而下降趋势跌至支撑线附近也可得到支撑不再进一步下跌。一个下跌趋势的反弹回升到阻力线附近将受阻回落，而上升趋势升至阻力线附近也会被止住继续上升的势头。一旦形成了支撑与阻力，投资者可在一定时间内预期未来股价涨跌的界限与区间。

（2）支撑线与阻力线的突破是有效突破。当股价上升到阻力线遇到阻力而未跌落，在阻力线附近盘旋数日，接着伴随大成交量而一举越过阻力线时，这是决定性的突破，表明股价将有上涨行情；反之，当股价下降至支撑线附近未能反弹时，跌破支撑线可视为向下有效突破。

（3）支撑线与阻力线有互换性。阻力线一旦被突破，就会转变成上升行情的支撑线，即将来股价回跌到此将止跌回稳；支撑线一旦被突破，就会转变为下跌行情的阻力线，将来股价反弹到此将受阻回跌。

（4）支撑线与阻力线的突破是观察中期趋势、长期趋势的重要信号。通常，股价突破次级支撑或阻力，可视为中级行情反转的第一信号；而突破中级支撑或阻力，可视为长期趋势反转的第一信号。

小思考 7-2

应用趋势线分析应注意的问题有哪些？

小思考 7-2

分析提示

二、均线分析

均线（移动平均线）分析法是运用统计分析的方法，将一定时期内的证券价格（指数）加以平均，并把不同时间的平均值连接起来，形成一根移动平均线，用以观察证券价格变动趋势的一种技术分析方法。

（一）移动平均线的理论依据、计算方法与特点

1.移动平均线的理论依据

移动平均线的理论依据是道·琼斯理论的平均成本概念。该理论指出，证券市场中的价格波动状况可分为长期运动、中期运动和短期变动三种形式。其中，长期运动和中期运动是两种主要的形式，技术分析的意义最大，而短期变动的影响相对较小。为了消除短期变动和其他偶然因素给证券价格变动造成的影响，确认证券价格的变动趋势，可将一定时期内的价格或指数加以平均，即可得到一定时期的平均价格或指数。它反映了在这一时期内购买该证券的平均成本。将证券的当前价格与平均价格进行比较，可以判断出证券价格的变动趋势。若证券价格在平均价格（指数）之上，则意味着市场的购买力（需求）较强，其价格将会继续上升；反之，若证券价格在平均价格之下，则意味着供过于求，市场卖压较重，其价格将会继续下跌。移动平均线理论正是根据上述理论对未来证券价格的变动趋势做出研判，从而做出最佳投资决

策的。

2.移动平均线的计算方法

移动平均线理论是将一段时期内证券的平均价格（或平均指数）连成一条曲线，从曲线的波峰、谷底和转折之处研判证券价格的运动方向。根据数据统计处理方法的不同，移动平均线可分为简单移动平均线、加权移动平均线和指数平滑移动平均线三种，但不管是简单移动平均线还是加权移动平均线，都需要储存大量的数据资料，且费时费力。因此，实际应用中常使用指数平滑移动平均线，这种方法可避免以上弊端。

当指数平滑移动平均线的起算基点不同时，起算基点较晚的计算结果会与起算基点较早的计算结果产生差异。但这种差异经过稍长一段时间的平滑运算后会逐渐消失，两者趋向一致。

根据计算时间的长短，移动平均线又可分为短期、中期和长期3种。通常，以5日、10日移动平均线观察证券市场的短期走势；以10日、20日移动平均线观察中短期走势；以30日、60日移动平均线观察中期走势；以13周、26周移动平均线研判长期趋势。西方投资机构非常看重200天长期均线，并以此作为长期投资的依据。若行情价格在200天均线以下，则为空头市场；反之，则为多头市场。综合短期、中期、长期移动平均线，亦可研判市场多空属性。当短期、中期、长期移动平均线由上而下依次排列时，可认为是多头市场（牛市）；反之，由上而下依次为长期、中期、短期移动平均线时，则可认为是空头市场（熊市）。由于短期移动平均线较长期移动平均线易于反映行情价格的涨跌，因此一般又把短期移动平均线称为快速移动平均线，把长期移动平均线称为慢速移动平均线。

3.移动平均线的特点

移动平均线的基本思想是消除偶然因素的影响。它具有以下几个特点：

（1）追踪趋势。移动平均线能够反映股价的趋势，并追踪这个趋势。如果从股价的图表中能够找出上升或下降趋势线，那么移动平均线将与趋势线的方向一致，并能消除中间股价在这个过程中出现的起伏。

（2）滞后性。在股价原有趋势发生反转时，由于移动平均线追踪趋势的特征，其行动往往过于迟缓，调头速度也落后于大趋势。

（3）稳定性。根据移动平均线的计算方法，要想较大地改变移动平均线的数值，当天的股价必须有很大的变化，因为移动平均线是股价几天变动的平均值。这个特点也决定了移动平均线对股价反映的滞后性。

（4）助涨助跌性。当股价突破移动平均线时，无论是向上还是向下（突破），股价都有继续向突破方向发展的愿望，这就是移动平均线的助涨助跌性。

（5）支撑线和压力线的作用。移动平均线在股价走势中起着支撑线和压力线的作用，即移动平均线被突破，实际上就是支撑线和压力线被突破。

移动平均线的参数作用实际上就是对上述几个特征的加强。参数选得越大，上述特征就越明显。

（二）葛兰威尔法则

葛兰威尔法则又称移动平均线八大买卖法则，以证券价格或指数与移动平均线之间的偏离关系作为研判的依据。此法则中有四条是买进法则、四条是卖出法则。中期移动平均线很容易与股价缠绕在一起，不能正确地指明运动方向。有时短期移动平均线在中期移动平均线之上或之下，此种情形表示整个股市缺乏弹性，静待多方或空方打破僵局，使行情再度上升或下跌。有时中期移动平均线向上移动，股价和短期移动平均线向下移动，表明股市的上升趋势并未改变，暂时出现回档调整现象。只有当股价和短期移动平均线相继跌破中期移动平均线，并且中期移动平均线也有向下反转的迹象时，上升趋势才会改变。有时中期移动平均线仍向下移动，股价与短期移动平均线却向上移动，表明股市的下跌趋势并未改变，中间出现一段反弹行情而已。只有当股价和短期移动平均线都回到均线之上，并且中期移动平均线亦有向上反转迹象时，下降趋势才会改变。

葛兰威尔法则的具体内容如下：

（1）移动平均线从下降逐渐转为盘局或上升，股价趋势线向上突破了移动平均线，此为买进信号，如图7-12中的①所示。

（2）股价趋势线仍在移动平均线上方，股价下跌但并未跌破移动平均线且立刻反转上升，此为买进信号，如图7-12中的②所示。

（3）股价虽然向下跌破移动平均线，但又立刻回升到移动平均线之上，此时移动平均线仍持续上升，此为买进信号，如图7-12中的③所示。

（4）股价突然暴跌，跌破且远离移动平均线，此时极有可能止跌反弹，此为买进时机，如图7-12中的④所示。

（5）股价突然暴涨，突破且远离移动平均线，此时极有可能回档调整，此为卖出时机，如图7-12中的⑤所示。

（6）移动平均线从上升逐渐转为盘局或下跌，股价趋势线向下跌破了移动平均线，此为卖出信号，如图7-12中的⑥所示。

（7）股价趋势线在移动平均线之下，股价上升并未突破移动平均线且又开始下跌，此为卖出信号，如图7-12中的⑦所示。

（8）股价虽然向上突破了移动平均线，但又立刻回跌至移动平均线以下，此时移动平均线仍持续下降，此为卖出信号，如图7-12中的⑧所示。

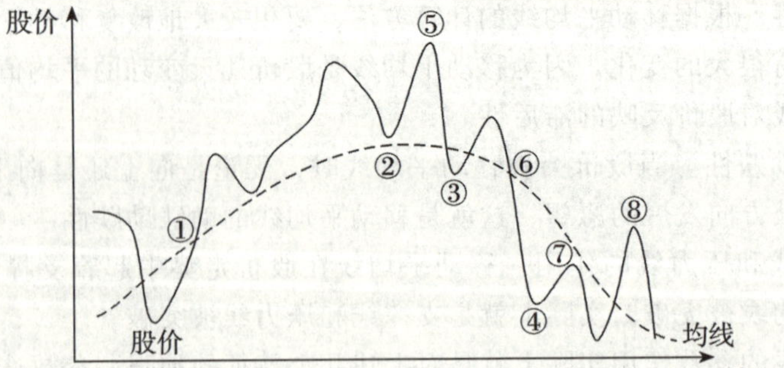

图7-12　葛兰威尔法则示意图

经过长时间的实践，葛兰威尔认为，在上述八条法则中，第3条和第8条实际操作风险较大，初学者应慎用；若将第1条和第2条、第6条和第7条合并使用，可捕捉最佳买进、卖出时机；第4条和第5条可结合乖离率指标使用，以提高其适用性和可操作性。

（三）均线图形

均线图形及其释义如图7-13（1）至图7-13（25）所示。

1.多头排列（如图7-13（1）所示）

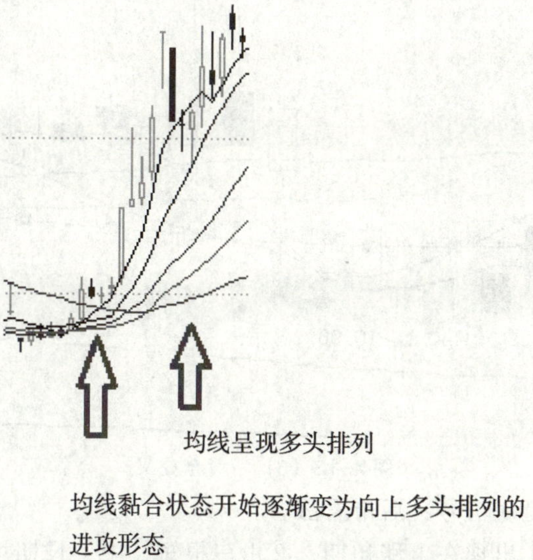

图7-13（1）　多头排列

（1）技术含义：做多信号，继续看涨。

（2）主要特征：①出现在涨势中；②从上至下由短期均线、中期均线、长期均线组成；③三根均线呈向上圆弧状。

（3）操作建议：在多头排列的初期和中期可积极做多，在其后期应谨慎做多。

2.空头排列（如图7-13（2）所示）

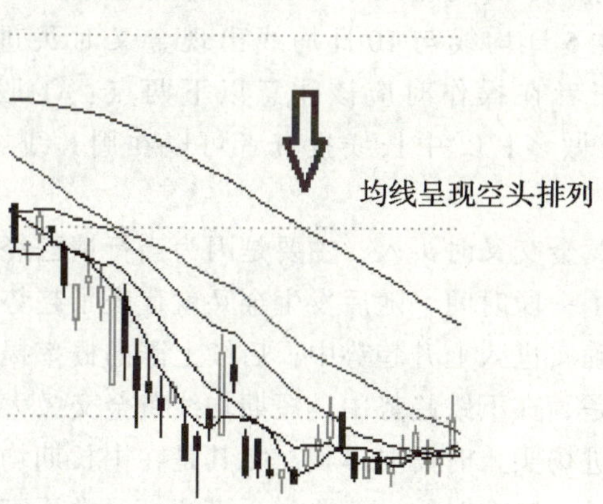

图7-13（2）　空头排列

（1）技术含义：做空信号，继续看跌。

（2）主要特征：①出现在跌势中；②从下至上由短期均线、中期均线、长期均线组成；③三根均线呈向下圆弧状。

（3）操作建议：在空头排列的初期和中期可积极做空，在其后期应谨慎做空。

3.黄金交叉（如图7-13（3）所示）

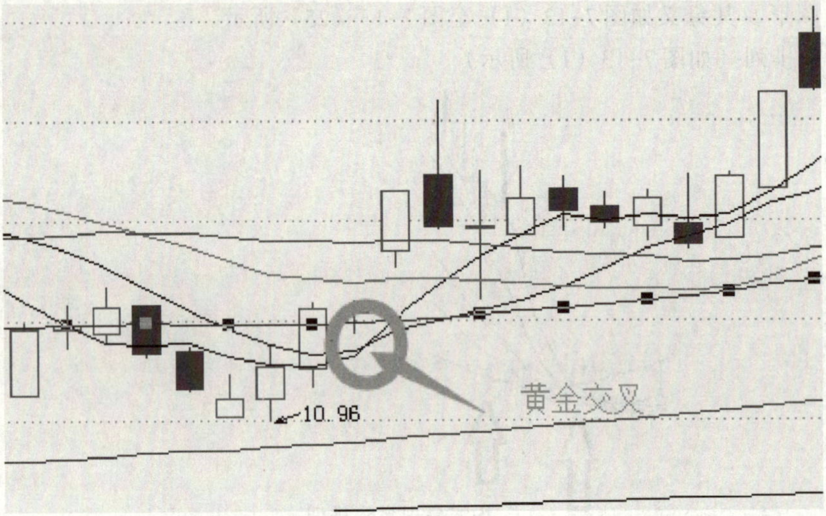

图7-13（3）　黄金交叉

（1）技术含义：见底信号，后市看涨。

（2）主要特征：①出现在上涨初期；②由三根短、中、长期均线组成；③时间短的均线（快线）上穿时间长的均线（慢线）。

（3）操作建议：①股价大幅下跌后，出现该信号，可积极做多；②中长线投资者可在周K线或月K线中出现该信号时买进。

黄金交叉的买进信号有强弱之分，对应的可靠性也有高低之别。一般来说，时间长的均线出现金叉要比时间短的2根均线出现金叉买进信号更强，反映的做多信号也相对比较可靠。例如，当大盘或个股10日均线与30日均线出现金叉时，投资者见此信号买进，要比5日均线与10日均线出现金叉时买进投资的安全性相对来说更高一些。所以投资者在操作时应该注意以下两点：①股价大幅下跌后出现黄金交叉，此时可以积极做多；②中长线投资者可以在周K线或月K线中出现黄金交叉时买进。

倡导投资者在判断黄金交叉时买入，主要是因为当行情已经从下跌趋势转为上升趋势，并且已经持续上涨了一段时间，随后发生金叉就代表了趋势已经确认反转，并且已经通过了时间的验证，确实进入上升趋势中，后续上涨的概率提高。

另外，值得注意的是，在下跌趋势中，短期均线黄金交叉大多意味着股价或指数出现反弹，交易者在此时进场买入时需要谨慎。尤其是在中长期均线进行空头排列时，短中期均线形成的黄金交叉，这个时候一般要耐心谨慎，通常不宜进场买入。

4.死亡交叉（如图7-13（4）所示）

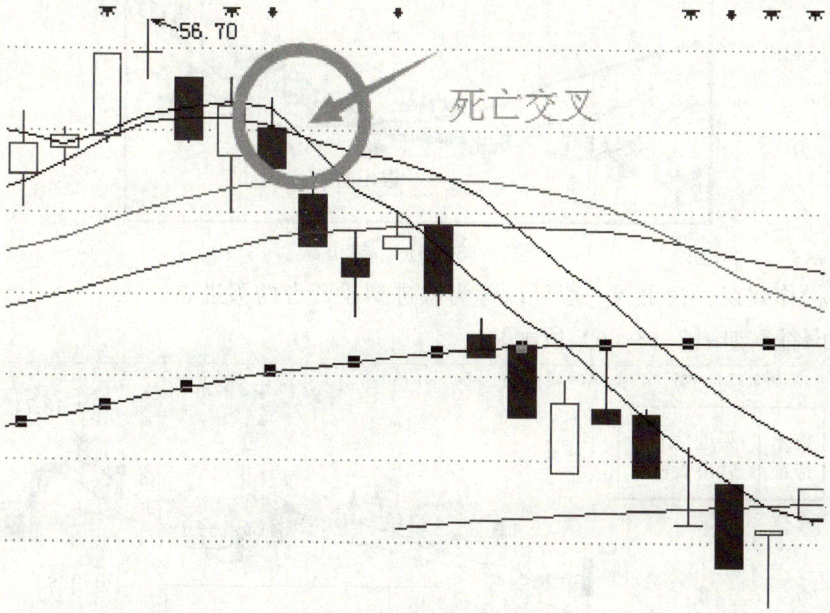

图7-13（4）　死亡交叉

（1）技术含义：见顶信号，后市看跌。

（2）主要特征：①出现在下跌初期；②由三根短、中、长期均线组成；③时间短的均线（快线）下穿时间长的均线（慢线）。

（3）操作建议：①股价大幅上涨后，出现该信号，可积极做空；②中长线投资者可在周K线或月K线中出现该信号时卖出。

需要注意的是，并不是所有均线死叉卖出信号都是一样的。这里的信号有强弱之分，可靠程度也有高低之别。一般来说，时间长的2根均线出现死叉要比时间短的2根均线出现死叉卖出的信号更强，反映的卖出信号也相对比较可靠。例如，当大盘或个股10日均线与30日均线形成死叉，这个时候卖出，要比5日均线与10日均线形成死叉时卖出把握更大一些。通常，无论是大盘还是个股，当10日均线和30日均线出现死叉后，都是一个空头市场的开始。

和黄金交叉一样，在实际操作中，我们要注意区分普通交叉和死亡交叉。死亡交叉必须要满足两个条件：一是短期均线由上而下穿越长期均线，二是短期均线和长期均线同时都在呈下行趋势。

不管是金叉还是死叉，基本上都出现在反转形态之后，一般都存在一定的滞后性，但它们所发出的信号确实存在一定的可靠性。

5.银山谷（如图7-13（5）所示）

（1）技术含义：见底信号，后市看涨。

（2）主要特征：①出现在上涨初期；②由三根短、中、长期均线先后交叉组成，形成一个尖头向上的不规则三角形。

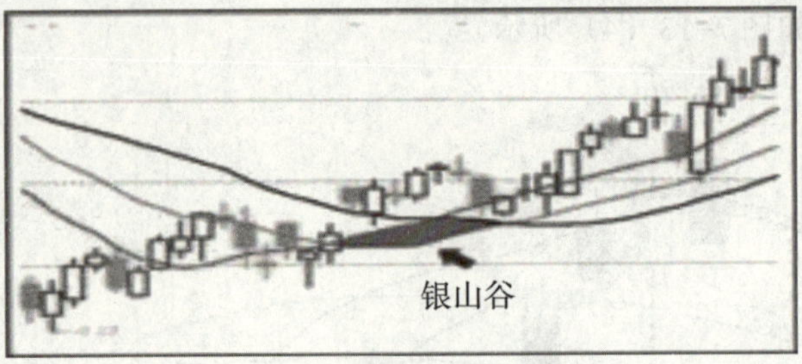

图7-13（5） 银山谷

（3）操作建议：银山谷一般可以作为激进型投资者的买进点。

6.金山谷（如图7-13（6）所示）

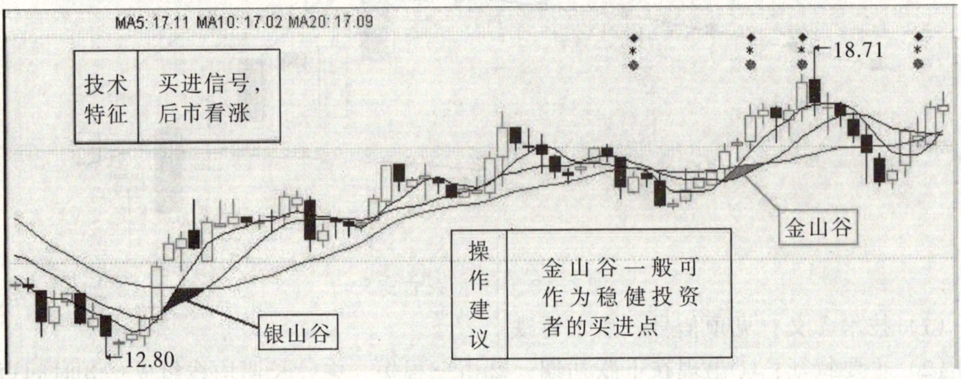

图7-13（6） 金山谷

（1）技术含义：买进信号，后市看涨。

（2）主要特征：①出现在银山谷之后；②由三根短、中、长期均线先后交叉组成，形成一个尖头向上的不规则三角形；③金山谷既可以处于与银山谷相近的位置，也可高于银山谷。

（3）操作建议：金山谷一般可以作为稳健型投资者的买进点。

7.死亡谷（如图7-13（7）所示）

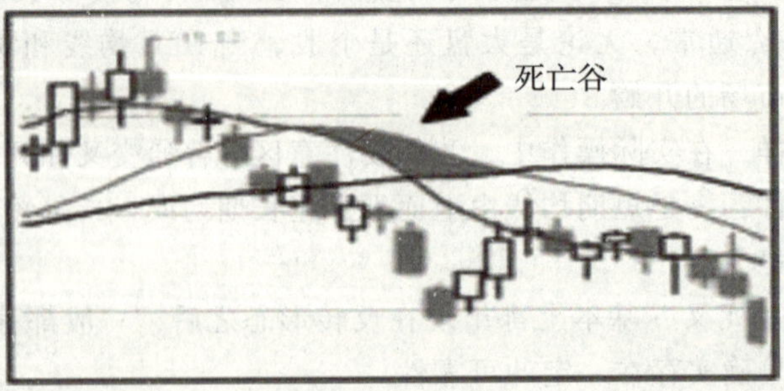

图7-13（7） 死亡谷

（1）技术含义：见顶信号，后市看跌。

（2）主要特征：①出现在下跌初期；②由三根短、中、长期均线先后交叉组成，形成一个尖头向下的不规则三角形。

（3）操作建议：见顶信号应积极做空，尤其是在股价大幅上扬后出现此图形，更要及时离场。

8.首次黏合向上发散形（如图7-13（8）所示）

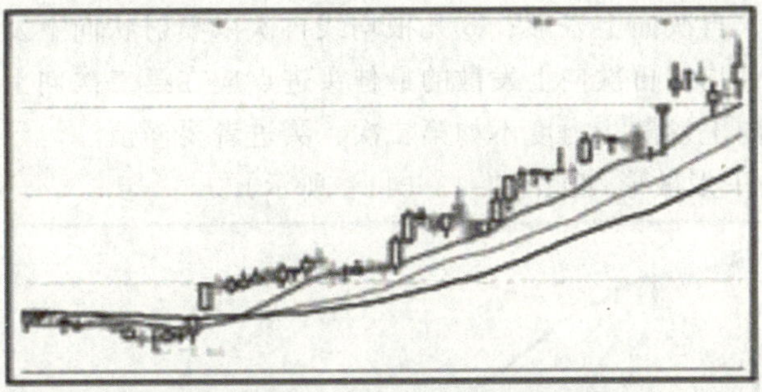

图7-13（8）　首次黏合向上发散形

（1）技术含义：买进信号，后市看涨。

（2）主要特征：①既可以出现在下跌后横盘末期，又可以出现在上涨后横盘末期；②短、中、长期均线同时以喷射状向上发散；③几根均线发散前曾黏合在一起。

（3）操作建议：激进型投资者可在向上发散的初始点买进。

9.首次黏合向下发散形（如图7-13（9）所示）

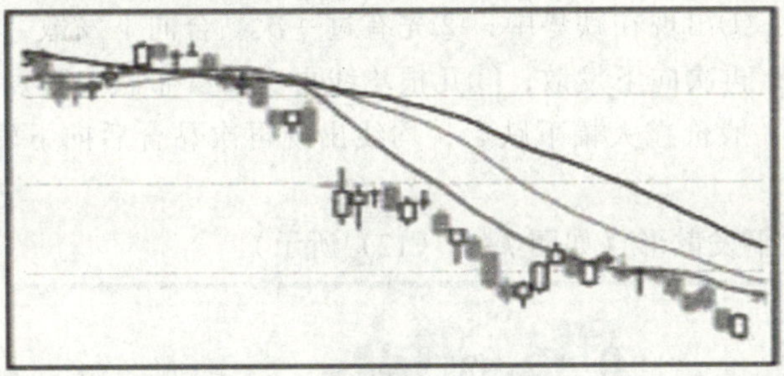

图7-13（9）　首次黏合向下发散形

（1）技术含义：卖出信号，后市看跌。

（2）主要特征：①既可以出现在上涨后横盘末期，又可以出现在下跌后横盘末期；②短、中、长期均线同时以瀑布状向下发散；③几根均线发散前曾黏合在一起。

（3）操作建议：无论是激进型投资者还是稳健型投资者，见此信号都应及时离场。

10.再次黏合向上发散形（如图7-13（10）所示）

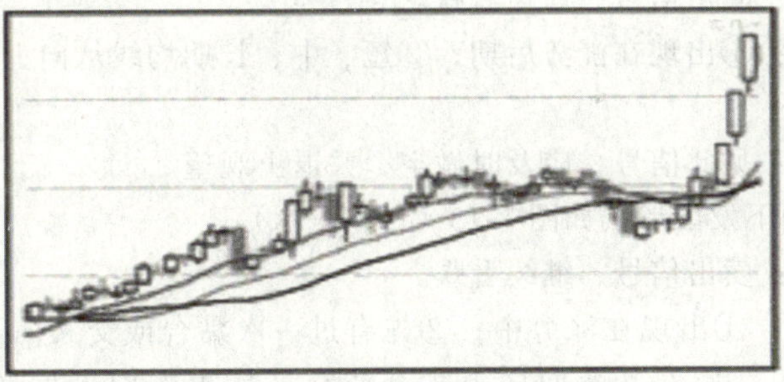

图7-13（10）　再次黏合向上发散形

（1）技术含义：买进信号，后市看涨。

（2）主要特征：①出现在涨势中；②先有过一次黏合向上发散，但不久向上发散的均线又黏合在一起，再次向上发散；③几根均线再次以喷射状向上发散。

（3）操作建议：均线再次向上发散的最佳买进点应在第二次向上发散处，如均线出现第三次、第四次向上发散，力度不如第二次，买进者要谨慎。

11.再次黏合向下发散形（如图7-13（11）所示）

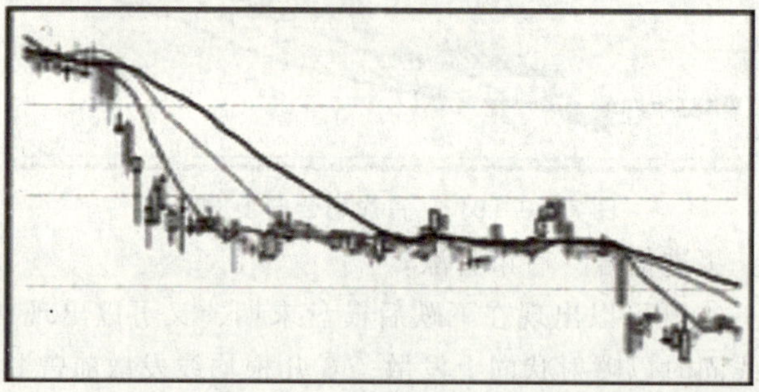

图7-13（11） 再次黏合向下发散形

（1）技术含义：卖出信号，后市看跌。

（2）主要特征：①出现在跌势中；②先有过一次黏合向下发散，但不久向下发散的均线又黏合在一起，再次向下发散；③几根均线再次以瀑布状向下发散。

（3）操作建议：股价在大幅下跌后，均线出现再次黏合后向下发散，应适度做空，以防空头陷阱。

12.首次交叉向下发散形（如图7-13（12）所示）

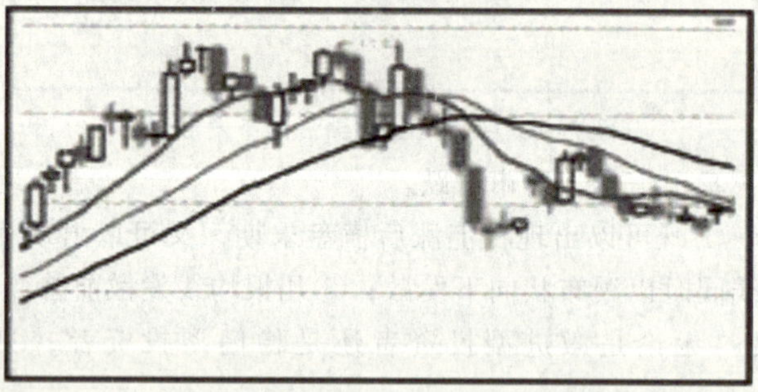

图7-13（12） 首次交叉向下发散形

（1）技术含义：卖出信号，后市看跌。

（2）主要特征：①出现在涨势后期；②短、中、长期均线从向上发散状逐渐收敛后再向下发散。

（3）操作建议：见此信号，应及时做空，并退出观望。

13.再次交叉向下发散形（如图7-13（13）所示）

（1）技术含义：卖出信号，继续看跌。

（2）主要特征：①出现在涨势中；②先有过一次黏合或交叉向下发散，然后又黏合、交叉向上发散，接着又弯曲向下黏合或交叉后再次向下发散，也就是做了个M头。

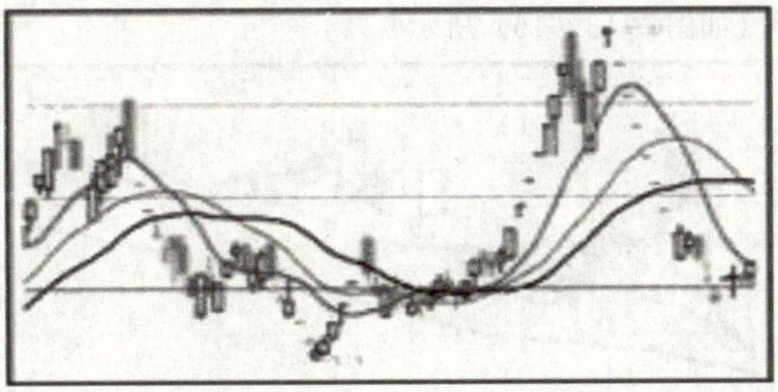

图7-13（13） 再次交叉向下发散形

（3）操作建议：股价在大幅下跌后，均线出现再次交叉向下发散，应适度做空，以防空头陷阱。

14.上山爬坡形（如图7-13（14）所示）

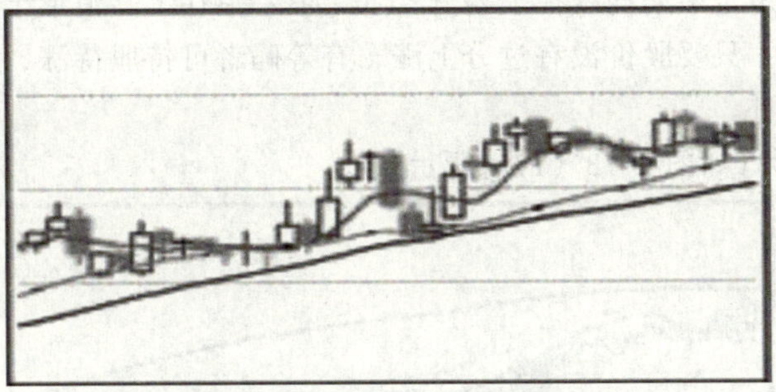

图7-13（14） 上山爬坡形

（1）技术含义：做多信号，后市看涨。

（2）主要特征：①出现在涨势中；②短、中、长期均线基本上沿着一定的坡度往上移动。

（3）操作建议：可积极做多，只要股价没有过分上涨，有筹码者可持股待涨，持币者可逢低吸纳。

15.下山滑坡形（如图7-13（15）所示）

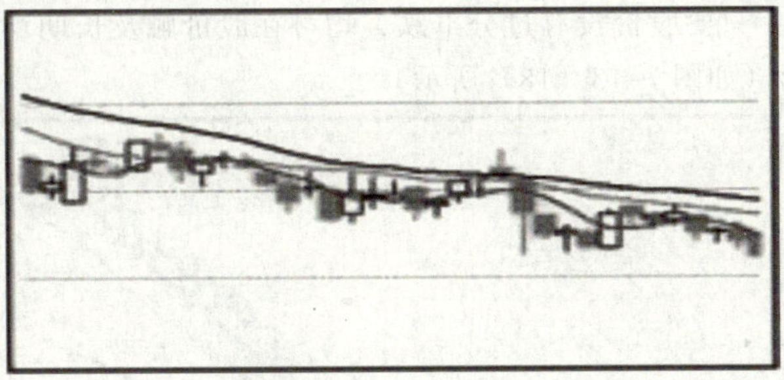

图7-13（15） 下山滑坡形

（1）技术含义：做空信号，后市看跌。

（2）主要特征：①出现在跌势中；②短、中、长期均线基本上沿着一定的坡度往下移动。

（3）操作建议：应及时做空，只要股价没有过分下跌，均应退出观望。

16.逐浪上升形（如图7-13（16）所示）

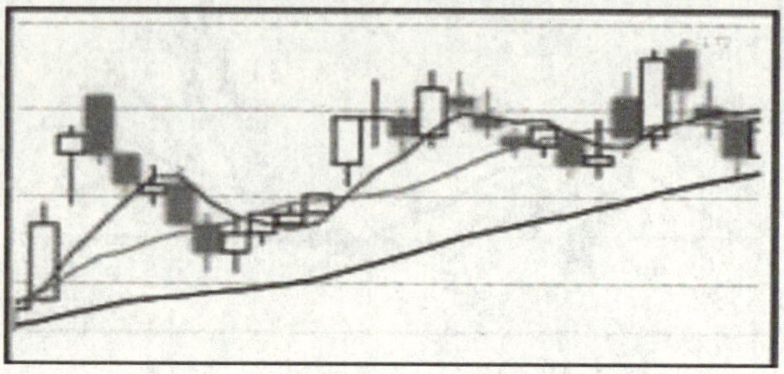

图7-13（16） 逐浪上升形

（1）技术含义：做多信号，后市看涨。

（2）主要特征：①出现在涨势中；②短、中期均线上移时多次出现交叉现象，长期均线以斜线状托着短、中期均线往上攀升；③一浪一浪往上，浪形十分清晰。

（3）操作建议：只要股价没有过分上涨，有筹码者可持股待涨，持币者可在股价回落至长期均线处买进。

17.逐浪下降形（如图7-13（17）所示）

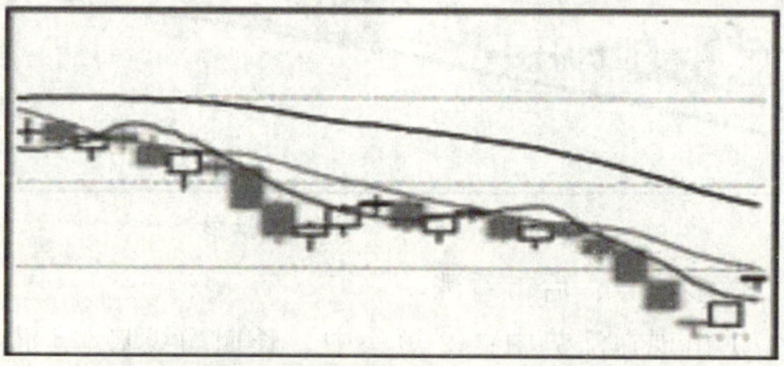

图7-13（17） 逐浪下降形

（1）技术含义：做空信号，后市看跌。

（2）主要特征：①出现在跌势中；②短、中期均线下降时多次出现交叉现象，长期均线以斜线状压着短、中期均线往下走；③一浪一浪往下，浪形十分清晰。

（3）操作建议：只要股价没有过分下跌，均可在股价触及长期均线处卖出。

18.加速上涨形（如图7-13（18）所示）

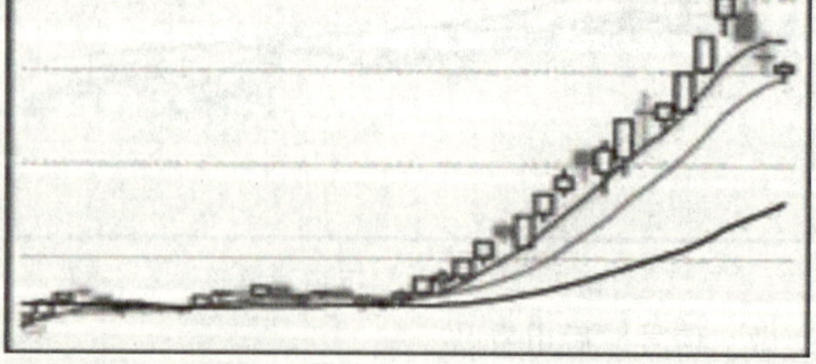

图7-13（18） 加速上涨形

（1）技术含义：见顶信号，后市看跌。

（2）主要特征：①出现在上涨后期；②加速上扬前，均线呈缓慢或匀速上升状态；

③在加速上升时，短期均线与中期、长期均线的距离越拉越大。

（3）操作建议：持筹者可分批逢高卖出，如发现短期、中期均线弯头，即应及时抛空出局；持币者不要盲目追涨。

19.加速下跌形（如图7-13（19）所示）

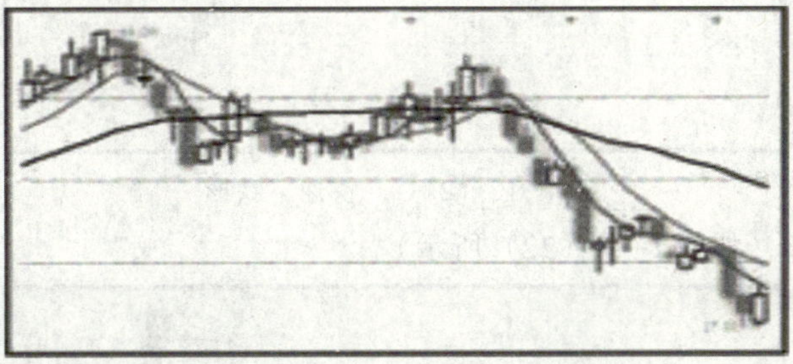

图7-13（19） 加速下跌形

（1）技术含义：见底信号，后市看涨。

（2）主要特征：①出现在下跌后期；②加速下跌前，均线呈缓慢或匀速下跌状态；③在加速下跌时，短期均线与中期、长期均线的距离越拉越大。

（3）操作建议：持筹者可分批逢高卖出，如发现短期、中期均线弯头，应及时抛空出局；持币者不要盲目追涨。

20.快速上涨形（如图7-13（20）所示）

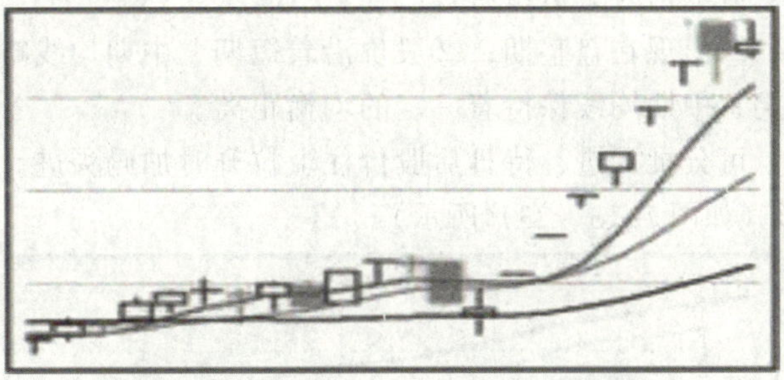

图7-13（20） 快速上涨形

（1）技术含义：转势信号。

（2）主要特征：①出现在涨势中；②短期均线快速上升，与中期、长期均线的距离迅速拉大。

（3）操作建议：有股票者可持筹待变，在短期均线弯头前可先不卖出，或做一些减磅操作；短期均线一旦向下弯头，应及时抛空出局。持币者不要盲目追涨。

21.快速下跌形（如图7-13（21）所示）

（1）技术含义：暂时止跌或转势信号。

（2）主要特征：①出现在跌势中；②短期均线快速下滑，与中期、长期均线的距离迅速拉开。

（3）操作建议：快速下跌为短线操作提供了一个机会，激进型投资者可趁低买进做一些短差，持股者在股价快速下跌时不宜卖出，可等待股价反弹时择机退出。

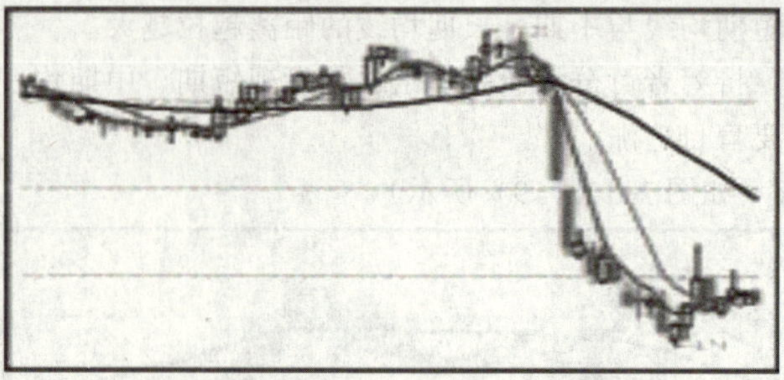

图7-13（21） 快速下跌形

22.烘云托月形（如图7-13（22）所示）

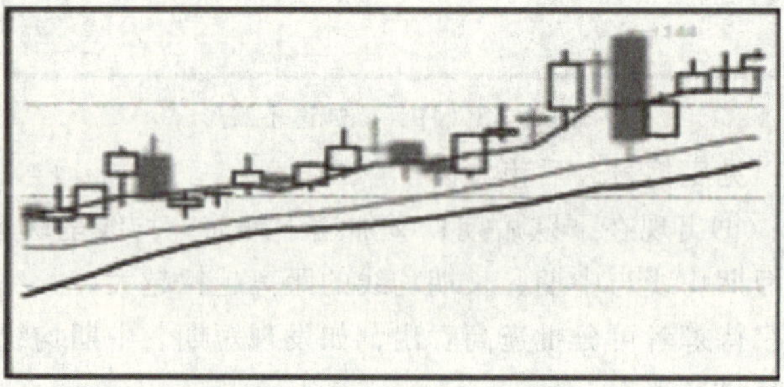

图7-13（22） 烘云托月形

（1）技术含义：看涨信号，后市看好。

（2）主要特征：①出现在盘整期；②股价沿着短期、中期均线略向上往前移动，长期均线在下面与短期、中期均线保持着一定的均衡距离。

（3）操作建议：可分批买进，待日后股价往上拉升时加码买进。

23.乌云密布形（如图7-13（23）所示）

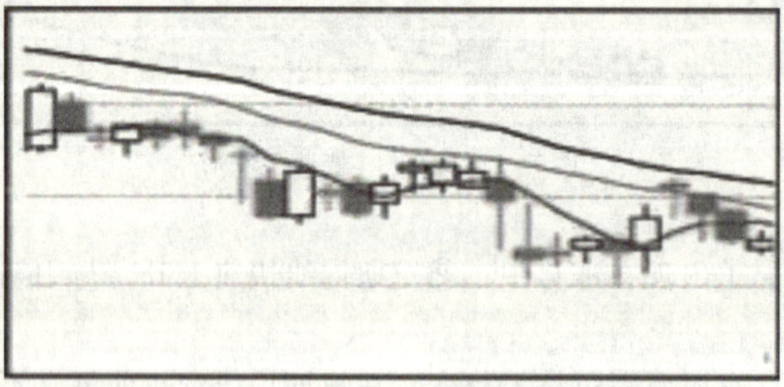

图7-13（23） 乌云密布形

（1）技术含义：看跌信号，后市看淡。

（2）主要特征：①出现在盘整期；②股价沿着短期、中期均线略向下往前移动，长期均线紧紧地在上面压着。

（3）操作建议：只要股价不是过分下跌，见此图形都应该尽早退出。

24.蛟龙出海形（如图7-13（24）所示）

（1）技术含义：翻转信号，后市看好。

（2）主要特征：①出现在下跌后期或盘整期；②一根较大阳线拔地而起，一下子把短期、中期、长期均线吞吃干净，收盘价已收在这几根均线之上。

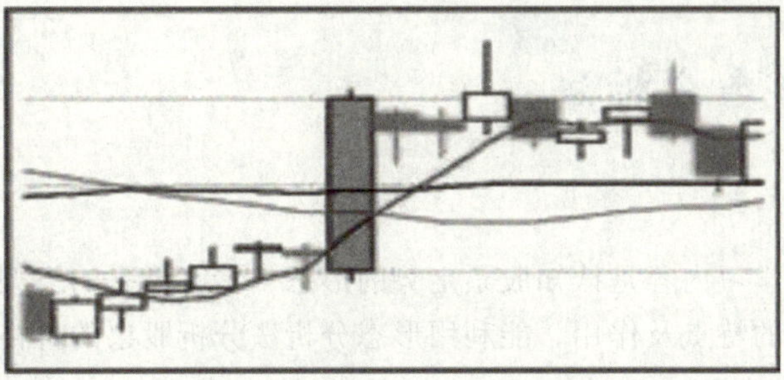

图 7-13（24） 蛟龙出海形

（3）操作建议：激进型投资者可大胆跟进；稳健型投资者可观察一段时间，等股价站稳后再买进。

25.断头铡刀形（如图 7-13（25）所示）

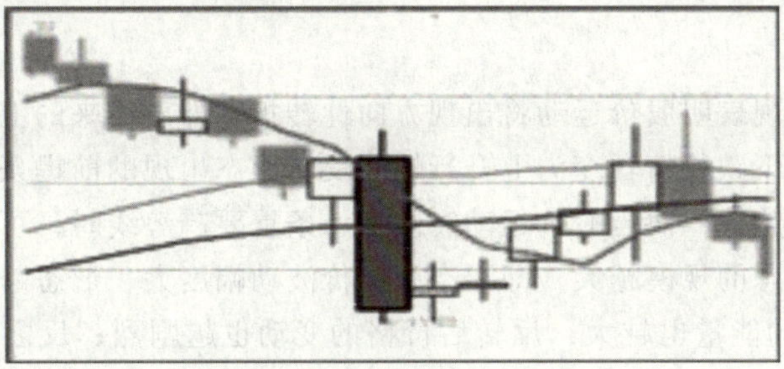

图 7-13（25） 断头铡刀形

（1）技术含义：翻转信号，后市看跌。

（2）主要特征：①出现在上涨后期或高位盘整期；②一根较大阴线好比一把刀，一下子把短期、中期、长期均线切断，收盘价已收在这几根均线之下。

（3）操作建议：无论是激进型投资者还是稳健型投资者，见此图形都不应再继续做多，要尽快退出。

知识链接 7-3 移动平均线经验口诀

年线下变平，准备捕老熊。年线往上拐，回踩坚决买。年线往下行，一定要搞清。
如等半年线，暂作壁上观。深跌破年线，老熊活年半。价稳年线上，千里马亮相。
要问为什么，牛熊一线亡。半年线下穿，千万不要沾。半年线上拐，坚决果断买。
季线如下穿，后市不乐观。季线往上走，长期做多头。月线不下穿，光明就在前。
股价踩季线，入市做波段。季线如被破，眼前就有祸。月线穿季线，买进等获利。
月线如下行，本波已完成。价跌月线平，底部已探明。二十线走平，观望暂做空。
二十线上翘，犹如冲锋号。突然呈加速，离顶差一步。十天庄成本，不破不走人。
短线看三天，破掉你就闪。长期往上翘，短期呈缠绕。平台一做成，股价往上跳。

任务四 形态分析法

任务描述

本任务的主要学习内容是认知股票走势的形态，了解形态的类型，掌握各种反转形态与持续整理形态的特点及作用，能利用形态分析法分析股票的价格走势。

知识准备

股价形态是指记录股票价格的图形所呈现出的某种形状，这种形状的出现和突破对未来股价移动的方向和变动幅度有技术上的分析意义。

一、反转形态

反转形态的出现表明股价运动将出现方向性转折，即由原来的上升行情转变为下跌行情，或由原来的下跌行情转变为上升行情。反转形态出现的前提条件是原来确实存在着股价上升或下降趋势，而当股价运动突破了一条重要趋势线时，可认为大势将发生反转。通常，反转形态的规模越大（即形态中股价波动幅度大、形态跨越区域大、形成时间长），形态潜在的能量也越大，反转后价格的变动也越剧烈；反之，股价变动幅度越小。反转形态主要有头肩顶、头肩底、复合头肩顶、复合头肩底、双重顶、双重底、三重顶、三重底、圆形顶、圆形底、增大形、菱形等。

（一）头肩顶和头肩底

头肩顶形成的前提条件是股价在长期上升后堆积了大量成交量，获利回吐压力增加，上升能量消散，升幅趋缓。头肩顶的形成是左肩（A点）成交量大，随后股价回落至B点；股价回升创新高（C点），价位超过左肩但成交量有所减少，头部形成；股价第三次上升，价位达不到左肩的高度即回跌，形成右肩（E点），成交量显著下降。在两肩的颈部B点和D点之间画一条趋势线，即颈线。当股价第三次下跌急速穿过颈线时，头肩顶完成（如图7-14所示）。

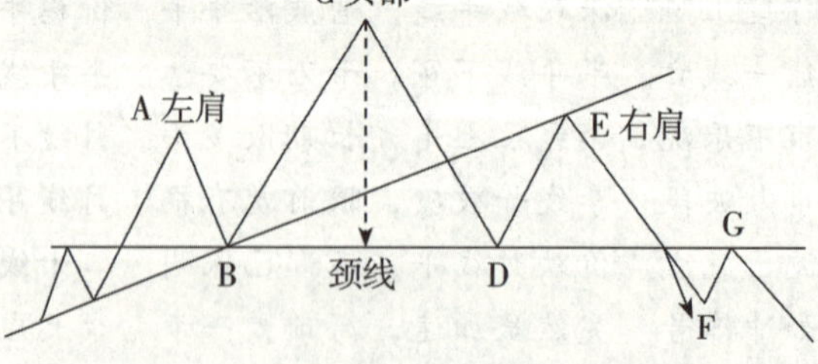

图7-14 头肩顶

当股票的收盘价或收盘指数突破颈线且幅度超过股票市价3%时为有效突破。股价向下突破颈线时成交量不一定放大，但反弹至颈线附近时成交量会放大，并且在以后的下跌过程中成交量也会放大。颈线一旦被突破就成为反弹的阻力线，股价反弹一般很难再向上穿破颈线；如果反弹向上穿破颈线，就是失败的头肩顶，说明前面发出的反转信号有误，股价还会继续上升。股价有效突破头肩顶颈线后，预计最小下降幅度相当于头部顶端至颈线的垂直距离。

头肩底是头肩顶的相反形态，是股价从长期下跌状态中反转上升的主要形态（如图7-15所示）。头肩底与头肩顶的显著区别在于成交量的变化。股价在形成左肩时，成交量在下跌过程中出现放大迹象，而在左肩最低点回升时则有减少的倾向；形成头部时，成交量会有所放大；股价第三次下跌形成右肩，成交量萎缩。股价突破颈线第三次上升时，必须有大成交量配合。同样，当股票的收盘价或收盘指数突破颈线且幅度超过股票市价的3%，并有大成交量伴随时，为有效突破。此后，颈线转变为支撑线，股价回档会在颈线处站稳反弹。股价突破头肩底颈线后，预计最小上升幅度相当于头部顶端至颈线的垂直距离。

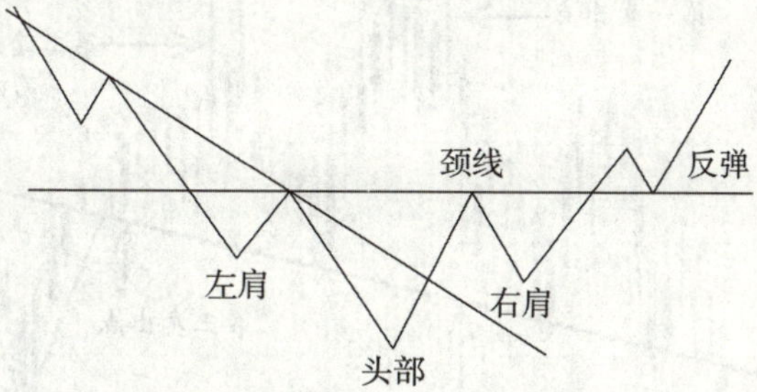

图7-15　头肩底

头肩顶和头肩底是最基本的反转形态。

（二）复合头肩顶和复合头肩底

复合头肩顶和复合头肩底与头肩顶和头肩底基本相同，通常有一个或两个头部，两边各有两个大小相似的左肩和右肩（如图7-16所示）。复合头肩顶和复合头肩底由于形态较复杂，形态的形成历时较长，因此一般在长期趋势中出现。连接左肩之一的低点（或高点）与头部完成后下跌（或上升）的低点（或高点），并将此线延长，便是复合头肩顶（或复合头肩底）的颈线。股价从下向上突破头肩底必须要有大成交量配合，否则突破的有效性会降低，而从上向下突破头肩顶则不需要成交量放大配合，也可确认其有效。颈线一旦被突破，股价至少将沿着突破方向变动，相当于头部顶端至颈线的垂直距离。

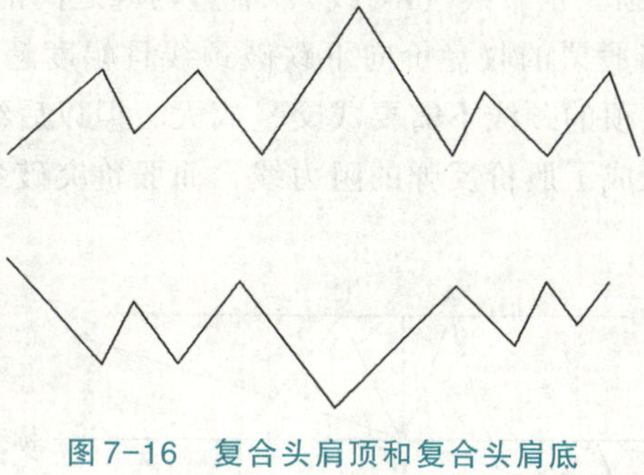

图7-16　复合头肩顶和复合头肩底

应用实例 7-4

在图 7-17 中，当股价上升至最高点时，出现了第一个卖出点，但由于此时多数投资者的心态还比较乐观，认为股价还将保持上升趋势，因而只有少数投资者能把握住这一卖出点。当股价回落至颈线，反弹至左肩附近时，出现了两根较长的上影线，说明卖方在此处的能量较强，股价受到压制而回落，从而形成了较佳卖出点（第二卖出点）；股价从右肩处下降并跌破了颈线，头肩顶宣告成立，此时形成了这一形态的最重要卖出点（第三卖出点），投资者在此处应该坚决卖出；股价跌破颈线，反弹至颈线附近，受到颈线压力，此时形成了本形态的最后一个卖出点（第四卖出点）。

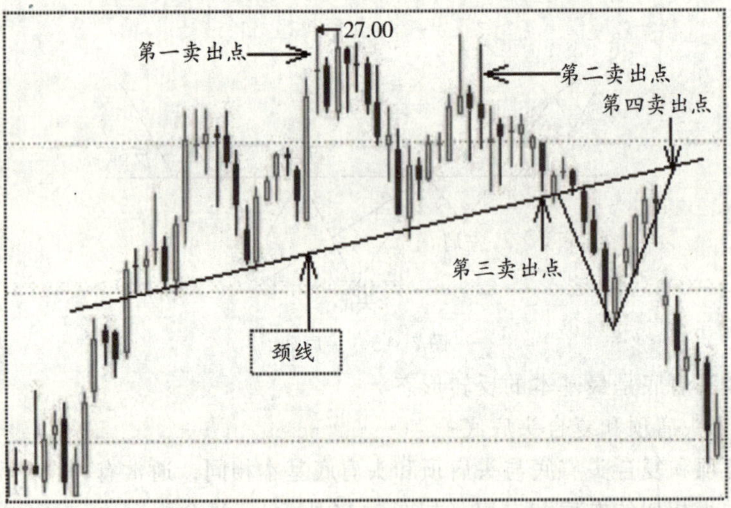

图 7-17 复合头肩顶

（三）双重顶和双重底

双重顶和双重底都是基本的反转形态。双重顶又称 M 头，在它形成前已有一段上升趋势。当股价上升至第一个峰顶（A 点）时，在此价位附近堆积了大量的筹码，股价必然回跌（B 点），成交量随之下降；之后，股价再度上升至第二个峰顶（C 点）附近，成交量虽有放大，却不及第一个峰顶，随后是第二次下跌，双重顶基本形成（如图 7-18 所示）。连接两峰顶画一水平线（AC 线），通过两峰之间的低点 B 画一条与 AC 线平行的直线，就是颈线。当股票的收盘价向下跌破颈线且幅度超过股票市价的 3% 时，是有效突破。股价突破双重顶的颈线不需要成交量放大，但以后继续下跌时，成交量会放大。颈线一旦被跌破，就成了股价反弹的阻力线，而股价突破颈线后的下跌幅度至少为峰顶至颈线的垂直距离。

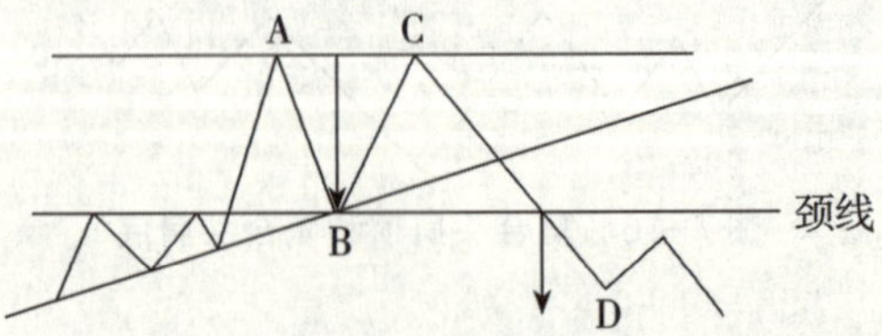

图 7-18 双重顶

双重底又称W底，是双重顶的相反形态（如图7-19所示）。它与双重顶的最大区别在于股价从下向上突破颈线时，必须有大成交量配合，否则它的有效性就会降低。两峰之间的时间跨度越长、形态规模越大，说明反转的力度越大，未来股价反转涨跌的幅度越大；如果两峰之间间隔很近，它们之间只有一次简单的上升或下跌行情，则很可能是整理形态而非大势反转，即股价还会沿着原来的变动方向继续推进。

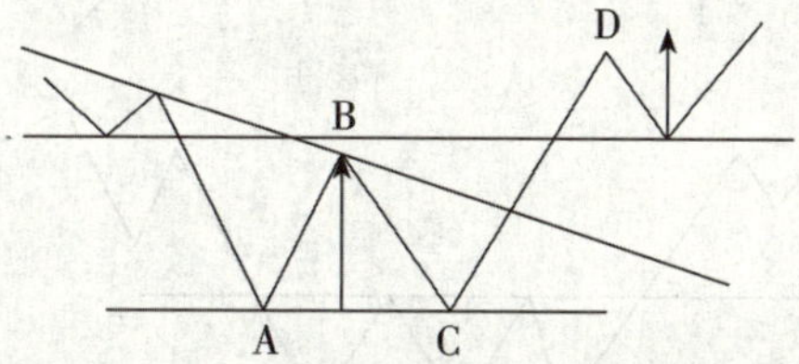

图7-19 双重底

应用实例7-5

在图7-20中，股票价格从高位下跌至8.59元后开始反弹，形成一个小高点（即颈线位置）后继续回落，股价在前期底部附近获得支撑，形成双重底的第一个买入点；此后股价持续上升，向上突破颈线形成第二个买入点；在颈线上部回落后形成第三个买入点。值得注意的是，第三个买入点并没有完全到位，而是在颈线上方。由此可见，投资者不能将买入的希望寄托在第三个买入点上，而应在股价突破颈线时（第二个买入点）坚决买入。

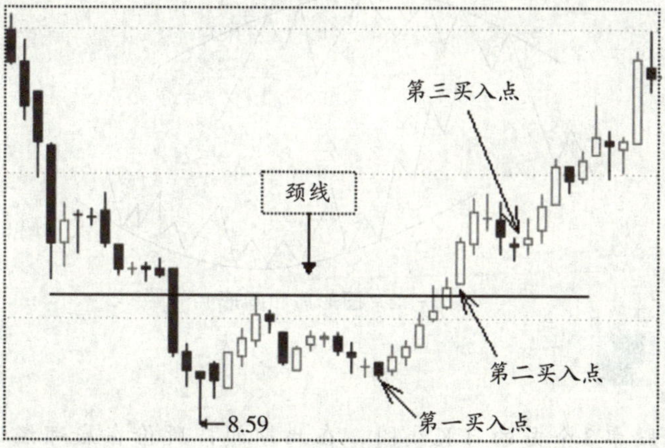

图7-20 双重底应用实例

（四）三重顶和三重底

三重顶和三重底分别比双重顶和双重底多一个顶部和底部，完成形态所需时间较长，通常出现在长期或中期趋势的反转过程中（如图7-21所示）。三重顶三个顶峰之间的时间跨度不一定要相等，三个顶点的股价水平也不一定要完全相等，只要相近即可。三个顶峰的成交量有逐渐减少的趋势，当第三个顶峰的成交量非常小时，就出现了下跌征兆。当股价跌破颈线，即跌破两个谷底的支撑价位时，三重顶形态才算完成。预计股价跌破颈线后的最小跌幅为从顶部最高价至颈线的垂直距离。三重底是三重顶的相反形态，当它的第三个底部完成，股价向上突破颈线，并有成交量增加相配合时，突破的有效性才能被确认。

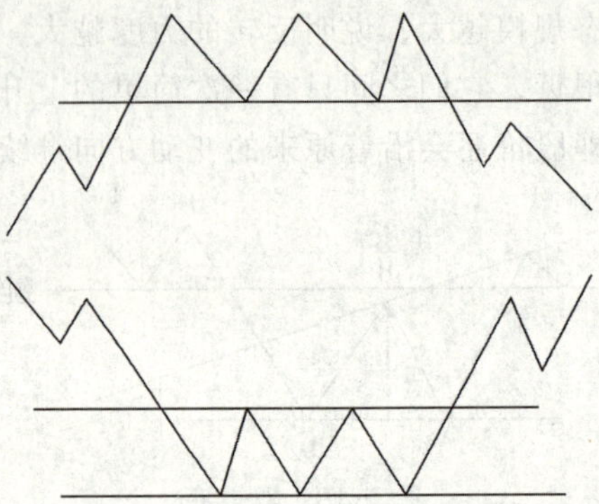

图7-21　三重顶和三重底

（五）圆形顶和圆形底

圆形顶和圆形底也是反转形态，但较少出现（如图7-22所示）。圆形底的形态是股价缓慢地下跌，成交量也逐渐萎缩，直至股价和成交量都达到无法再下降的水平，股价又渐渐上升，成交量也伴随着增加，走出一个圆弧形态。圆形顶则是在股价走势的顶部走出一个圆弧形态，股价随之下跌反转。圆形顶和圆形底的未来股价走势没有精确的测量方法，但圆弧形持续的时间越长，潜在的能量越大，反转后股价走势越强劲。

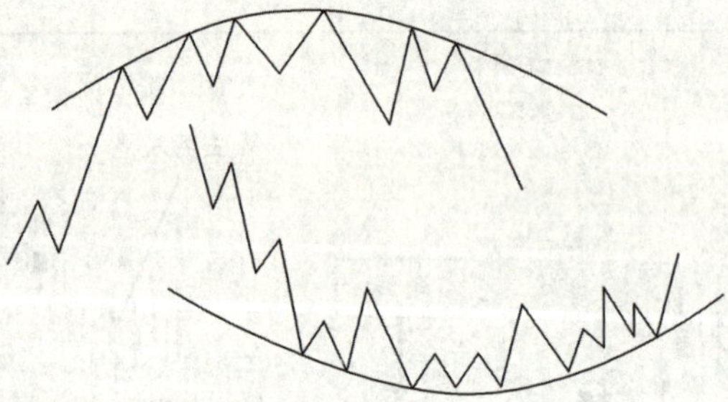

图7-22　圆形顶和圆形底

应用实例7-6

图7-23是某股票3个月的日K线图，在此期间，股价在底部经过3个月的盘整，股票的换手比较充分，多方的优势充分积累，从而一举突破颈线，并实现了快速拉升，很快便到达了其突破后的第一个目标位。这个图形印证了证券市场上的一句谚语："底有多长，涨有多高。"也就是说，股票在底部盘整的时间跨度越长，其未来的涨幅就越大。

（六）增大形

增大形是一种扩散的三角形态，通常出现在上升行情的顶部，是多头市场结束的主要反转信号。这种形态比较少见，也很难把握。增大形通常有三个渐次增高的顶峰，还有两个渐次下降的底部，整体形态呈喇叭口状（如图7-24所示）。它表明股价明显上升

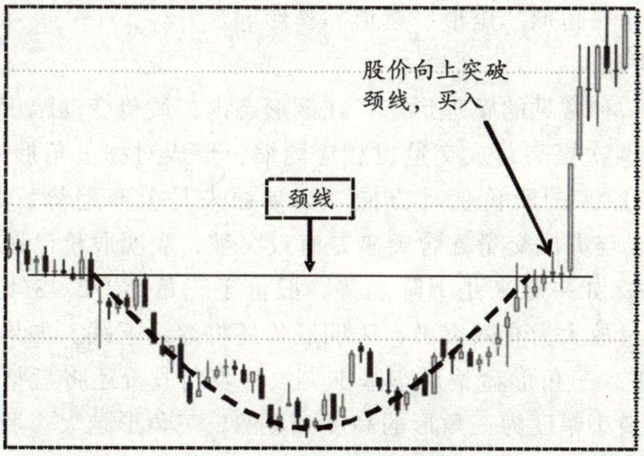

图7-23 圆形底应用实例

后进入盘整，开始波动幅度不大，成交量也不大，但随着股价上下剧烈波动，成交量逐渐放大，市场逐渐失控。当股价从第三个峰顶下跌，跌破第二个谷底时，形态完成，下跌行情开始。

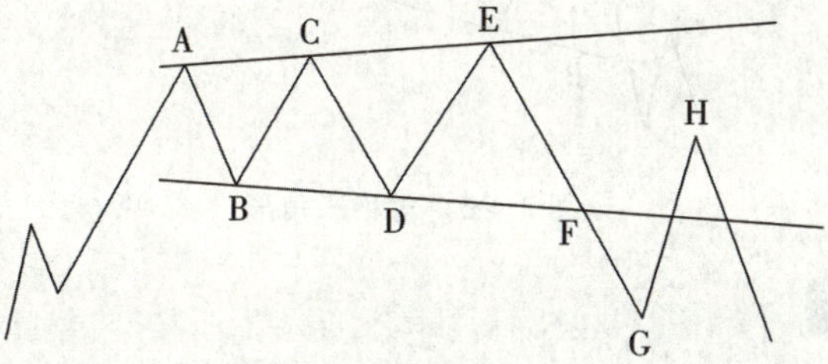

图7-24 增大形

（七）菱形

菱形一般属于头部反转形态，由两个对称三角形组成（如图7-25所示）。其开始表现为股价上下振幅扩大，成交量也随之增加；接着股价波幅收缩，成交量也随之下降；当伴随着很大的成交量突破菱形下端趋势线时，形态完成。股价的最小跌幅为菱形的高度。

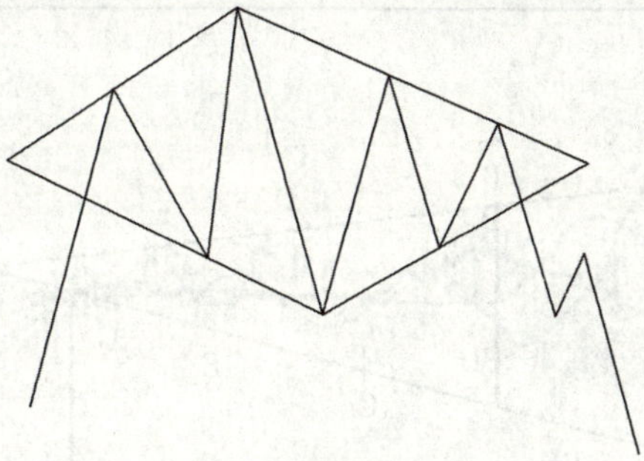

图7-25 菱形

二、整理形态

整理形态并不会改变股价运动的基本走势，市场仅在股价的某一水平上做出必要的调整，调整完成后，股价仍沿着原来的趋势继续运动而不是趋势的反转。整理形态主要有对称三角形、直角三角形、矩形、旗形、楔形等。

（一）对称三角形

对称三角形是一种常见的整理形态，在该形态内，股价变动幅度逐渐减小，最高价渐次降低，最低价渐次提高，成交量也相应萎缩，形成对称三角形（如图7-26所示）。整理形态并不改变原来的股价变动方向。如果原来是上升趋势，股价于三角形底部1/2～3/4处以长阳线与大成交量配合突破是有效突破，表明股价已脱离盘局，即将展开新一轮的上升趋势。如果原来是下降趋势，股价于三角形1/2～3/4处以长阴线向下跌破，跌后不久成交量放大为有效突破，表明股价还将继续下跌。如果股价盘整至超过三角形3/4处尚未突破，三角形盘整形态基本失效，表明股价还将盘整。股价突破三角形后，上涨、下跌的最小幅度为三角形的高度。显然，三角形越大，股价脱离盘整后的走势越强劲。

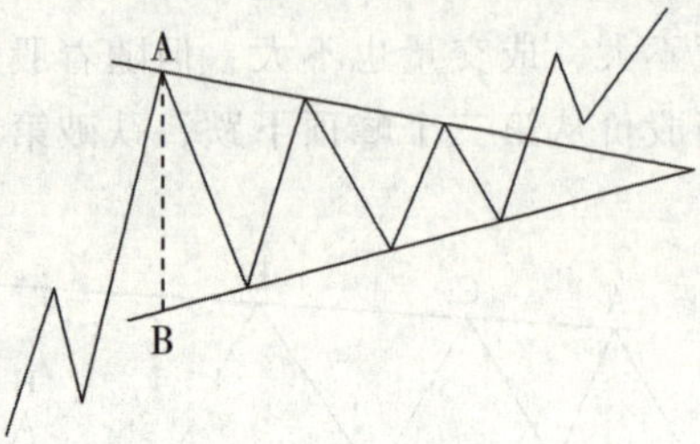

图7-26 对称三角形

应用实例7-7

在图7-27中，股价从高位回落，形成对称三角形。对称三角形的上边有B、D、F三个压力点，股价每次反弹至这条压力线时，均受到这条压力线的压力而回落；对称三角形的下边有A、C、E三个支撑点，股价每次回落至这条线时，均受到这条支撑线的支撑而回升。最终股价在G点成功向下突破，突破后其下降的第一目标位为L_2（其高度与L_1相等），股价在经过对称三角形后保持继续下降的态势。

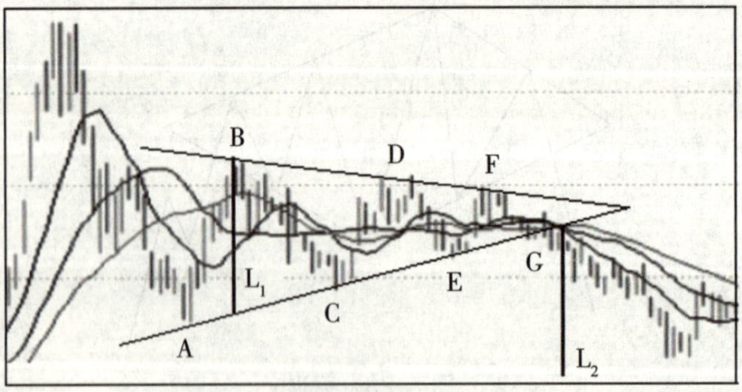

图7-27 对称三角形应用实例

（二）直角三角形

直角三角形分为上升直角三角形和下降直角三角形两种（如图7-28所示）。上升直角三角形是股价上升趋势的中途整理形态，表现为最高价基本在同一水平线上，最低价渐次提高，成斜边向上的直角三角形。同样，股价在三角形1/2～3/4处放量向上突破为有效突破，表明股价将继续上升，突破后的最小涨幅为三角形的高度。下降直角三角形通常发生在下跌趋势中，当确认为有效突破时，表明股价走出盘局将继续下跌。

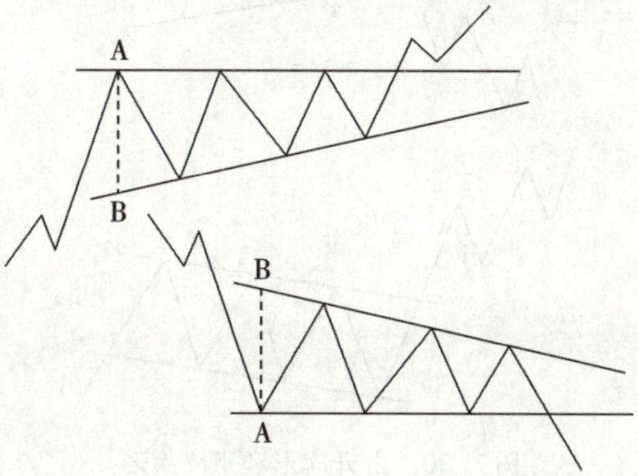

图7-28　上升直角三角形和下降直角三角形

（三）矩形

矩形是股价在两条平行线的区间内横向盘整，成交量也相应萎缩的一种形态（如图7-29所示）。在这一形态中，股价上升时的成交量大于下降时的成交量，表示股价有可能向上突破形态；反之，表示股价有可能向下突破形态。股价向上突破要有成交量放大相伴，突破后股价将继续上升；股价向下突破则不一定要有成交量放大相伴。股价突破后的最小涨跌幅度为矩形的高度。

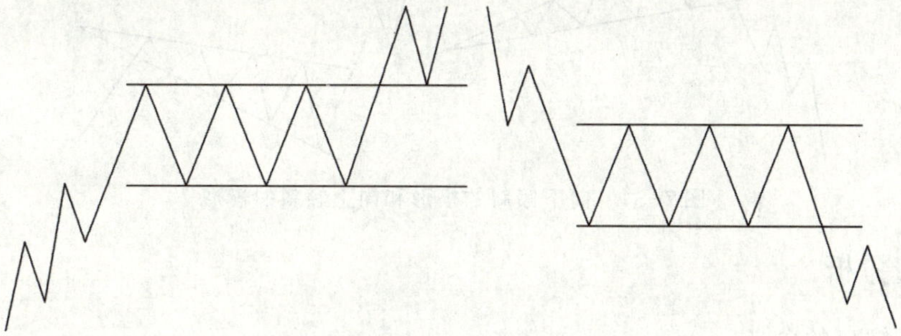

图7-29　上升矩形和下降矩形

（四）旗形

旗形是在股价急速上升或急速下降的中途出现的一种整理形态（如图7-30所示）。在上升旗形中，股价急速上升一段时间后，升势受阻，股价开始小幅盘跌，一波比一波低，形成向下倾斜的小平行四边形，成交量很小；股价看似要反转下降，但到旗形末端，突然放量上升，又恢复到原来的上升趋势。在下降旗形中，在股价急速下跌的途中，跌势受阻，股价开始小幅盘升，一波比一波高，形成向上倾斜的平行四边形，成交量也开始减少；但当股价向下突破时，成交量大增，股价又恢复到原来的下降趋势。旗形通常在4周之内向预定方向突破，超过3周时，应特别注意。旗形一旦突破，股价又会呈直线快速上升或下跌趋势，上涨或下跌的幅度大约与旗形出现前的上涨或下跌幅度相同。

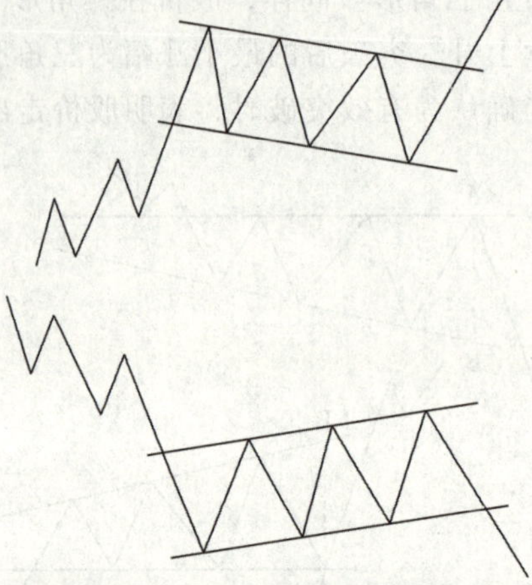

图 7-30　上升旗形和下降旗形

（五）楔形

楔形与旗形相似，也是一种与原有趋势方向相反的带有倾斜角度的整理形态，只是它的两条趋势线是收敛性的，呈三角形（如图 7-31 所示）。向下倾斜的楔形是上升趋势的中期整理，向上倾斜的楔形则是下跌趋势的中期整理。在形态之内成交量缩小，而突破形态时成交量放大。突破楔形，股价沿原来的方向移动。

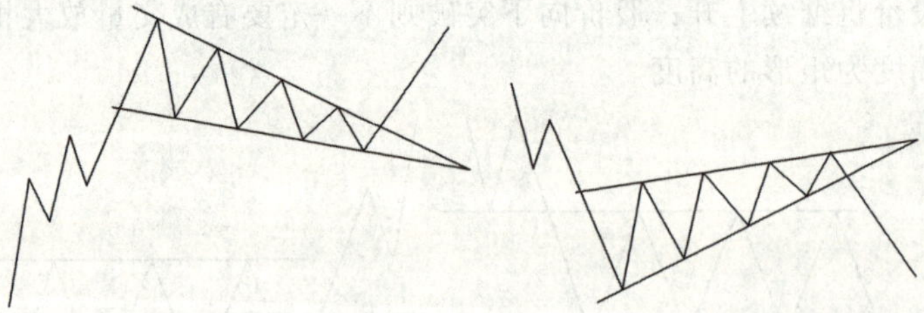

图 7-31　向下倾斜的楔形和向上倾斜的楔形

三、缺口分析

（一）缺口的含义

缺口是指股票价格在大幅度快速上升或下跌的过程中有一段价格没有发生交易，而在股价趋势图上表现为一个空档的现象。缺口的形成是当日开盘价出现跳空高开继续高走或者跳空低开继续低走的结果。在K线图中，K线实体间有空档而影线相连的情况不能称为缺口。缺口一般都会被未来股价的变动封闭，称为补空。一般认为，缺口会在短期内被下一个次级趋势封闭。如果缺口未能在短期内被封闭，就有可能被下一个中级趋势封闭，甚至被下一个长期趋势封闭。缺口的出现是多空双方力量相差悬殊的表现，而缺口的封闭则是多空双方力量发生转化的结果。缺口分析就是根据股价变动形成的缺口的位置及大小，预测股价走势的强弱，判断股价是整理、突破还是已接近涨跌趋势的尽头。

（二）缺口的类型及特征

缺口的类型主要有：

（1）普通缺口。它经常出现在股价形态中，特别是出现在矩形和对称三角形中。由于矩形和对称三角形多半是整理形态，因此如果在这两种形态中出现缺口，表示股价尚未脱离形态上升或下降，可判断股价在短期内仍处于盘整阶段。也就是说，形态内的缺口并不影响股价在短期内的走势。由于股价在某一形态内波动时上下振幅有限，因此普通缺口一般会在几天之内被封闭，它几乎没有什么技术操作上的意义。

（2）突破缺口。图7-32中的A点和D点是股价跳出形态而产生的缺口。当股价跳出交易密集区域并产生一个缺口时，表明价格走势已突破盘局，并将以相当的动能向突破方向推进，这是真正意义上的突破。股价一旦跳出交易密集的形态，原来的形态就成了支撑地带或阻力地带。通常，导致突破缺口的K线是强有力的长阳线或长阴线，表示多空双方的力量对比发生了显著变化。突破缺口越大，表明未来行情变动的力度越大。股价向上突破，必须有大成交量的配合，随着股价的向上一跃，成交量也随之放大，表明股价上升的动能很大，缺口不会在短期内被封闭，突破的有效性增强。股价向下突破，成交量不放大，也可确信它的有效。突破缺口在技术分析上有很重要的参考价值。一般来说，突破缺口的形态被确认以后，无论价位（指数）的升跌情况如何，投资者都必须立即做出买入或卖出的选择，即向上突破缺口被确认立即买入，向下突破缺口被确认立即卖出。因为突破缺口一旦形成，行情走势必将向突破方向纵深发展。

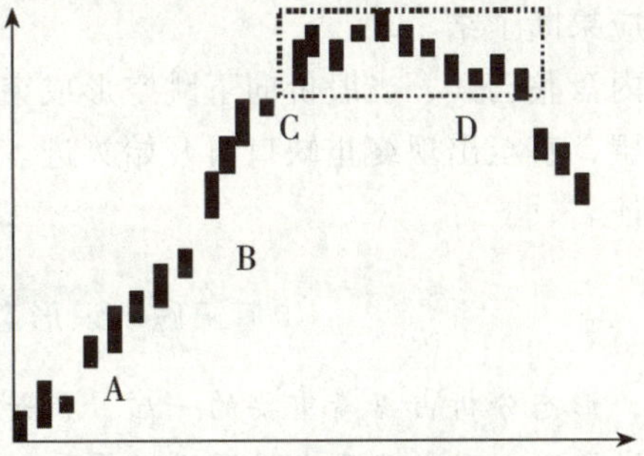

图7-32 缺口示意图

（3）持续缺口。如图7-32中的B点所示，它又称逃逸缺口，是股价突破形态后在大幅度急速直线行进的途中产生的缺口，表明买卖双方的力量对比悬殊，股价还会有上升或下跌行情，缺口一般不会在短期内被封闭。持续缺口又称测量缺口，因为它可以粗略地测出未来股价涨跌的幅度。如果在行情急速变化的过程中出现两个缺口，则未来股价变动的终点就在这两个缺口之间，因此可以预计未来股价变动的终点价位。如果股价在急速行进过程中连续出现持续缺口，表明股价距离行情终点不远了。持续缺口出现的机会较少，股价突破形态后在快速行进过程中出现的第一个缺口一般是持续缺口。

（4）终止缺口。如图7-32中的C点所示，它又称竭尽缺口，是股价已达快速变动的终点，即将进入一个反转或整理形态而产生的缺口。由于终止缺口是多头市场或空头市场已近尾声的信号，股价在近日内会跌落或回升，因此终止缺口多半会在3～5日内被封闭。判断终止缺口的依据是：在上升行情中，出现缺口的当日或次日成交量特别大，预计将来一段时间内不可能出现比这个更大的成交量或维持这一成交量；在下跌行情中，出现缺口的当日成交量极度萎缩。终止缺口出现在股价已快速行进了一段时间，并且已远离密集成交区后。股价跳出形态后的第一个缺口是持续缺口，以后每一个缺口都可能是终止缺口。终止缺口的跳空距离一般比前一个缺口大。如果缺口出现后的第二日股价有当日反转的情况，而收盘价停在缺口边缘，就更加可以肯定是终止缺口。终止缺口的技术分析含义也是十分明确的，它清晰地告诉投资者原来的上升或下跌行情已经告一段落。

（5）岛形缺口。股价在同一价位区出现了两个缺口，即股价的上升或下跌行情出现终止缺口后，股价横向盘整了一段时间，然后向相反的方向变动，在先前终止缺口的价位跳空下跌或上升，形成突破缺口。由于两个缺口发生在相同价位区，盘整密集区看上去像一个孤立的小岛，因此称为岛形缺口。岛形缺口的出现通常预示一个中长期行情的终结。

（三）缺口的应用

股价如果在某一形态内盘整已久，特别是在多空双方僵持已久的盘局尾声，当股价突然放出大成交量，向上突破形成缺口时，可判断为突破缺口。这一缺口短期不补，可以买入股票做多头。在以后股价的直线快速上升过程中，每出现一个缺口，投资者都要先判断是持续缺口还是终止缺口。如果是持续缺口，可继续持有股票，并根据持续缺口的位置预测行情终点的大约价位；如果是终止缺口，应卖出股票。如果出现当日反转缺口或岛形反转，投资者更应果断了结。

股价如果在某一形态内盘整已久，当股价向下跳空形成突破缺口时，原来做多头的投资者应卖出股票持币观望，直至出现终止缺口再开始买进。需要注意的是，下跌突破缺口不需要大成交量来印证。

知识链接7-4

如何正确认识形态分析

在传统的技术分析中，形态分析占据着重要的一席，但是，在实践中我们常常会遇到种种尴尬的结果：当K线组合出现上涨形态时买进股票，但股价却迟迟不涨甚至出现了下跌；当K线组合出现下跌形态时抛出手中的股票，这时股价却大涨。这是什么原因呢？是我们自己学艺不精还是形态分析理论本身有问题？我认为是形态分析理论本身出了问题！作为股市预测理论派，朋友们可以保留形态分析理论；作为实践操作派，朋友们如果真正掌握了趋势线和颈线系统，则完全可以将形态分析理论扔进“回收站”！为什么会有此一说？我主要基于以下几点：

（1）先有价格的实际运动，然后才有趋势和形态的产生。如果反过来，通过某某图形预测未来股市会涨跌到多少，甚至将此作为买卖操作的依据，就犯了低级、明显的逻辑错误。

（2）实际的股价运动形成的图形，绝大多数都是不完美、不规则的，而我们一开始学习形态分析理论都得找出所谓的完美图形，这在实践中是行不通的。

（3）不同的时间周期显示的是不同的形态。比如，30天、60天、120天、240天、1 000天甚至30分钟、60分钟等，都会显示出不同的形态，自然也有不同的推导结果。

（4）随着股价形态的不断变化，振幅逐渐扩大的为喇叭形，振幅逐渐缩小的为三角形，振幅长期一致的为箱形，先放大后缩小的为菱形，向上或向下倾斜往复运动的为旗形，股价上去的叫W底，股价下来的叫M头，股价再上去的叫三重底，股价再下来的叫三重顶，这就是图形本身随股价的实际运动在互相转化，就像天上的云彩一样变化多端。据此预测来指导操作，行吗？

综上所述，形态分析理论的糟粕是有关“预测”的教条，精髓是颈线系统。颈线的实质是股价原始趋势改变后二次突破的支撑线与阻力线，它标志着新的相反趋势运动的开始，也是实践中买卖操作的依据！

资料来源　赵福平. 如何正确认识形态分析［EB/OL］.［2015-03-11］. http: //www.hao600.cn/post/3618.html.

任务五　技术指标分析法

任务描述

本任务的主要学习内容是认知主要的技术指标，掌握各技术指标的应用方法，并能认知指标分析的适用性。

知识准备

在技术分析方法中，股票价格、成交量和时间动态是研究股价趋势的三个重点因素，技术分析专家以这三大因素为依据，提出了很多反映市场动态变化的技术指标。这些技术指标都有自己的设计依据和变化参数，经实践检验虽有不同程度的适用性，但也存在某些方面的局限性。在使用这些技术指标时，投资者还要从不同的市场特性出发，在实践中修正指标的参数，验证其适用程度，可用若干指标相互印证，不可盲目照搬。

一、MACD指标和威廉指标

（一）MACD指标

1.MACD指标概述

MACD指标全称为指数平滑异同移动平均线，是一项利用短期（通常为12日）指数平滑移动平均线与长期（通常为26日）指数平滑移动平均线之间的聚合与分离状况，对买进、卖出时机做出研判的技术指标。

2.MACD指标的计算

其计算过程如下：

（1）计算出收市价12日指数平滑移动平均线与26日指数平滑移动平均线，分别记为EMA（12）与EMA（26）。其计算公式为：

$$今日EMA（12）=\frac{2}{12+1}×今日收盘价+\frac{11}{12+1}×昨日EMA（12）$$

$$今日EMA（26）=\frac{2}{26+1}×今日收盘价+\frac{25}{26+1}×昨日EMA（26）$$

以上两个公式中的平滑因子分别是2/13和2/27。如果选择别的期限作系数，可照此法处理。

（2）计算这两条指数平滑移动平均线的差，记为DIF。其计算公式为：

DIF=EMA（12）－EMA（26）

（3）再计算DIF的M日（一般选择9天）指数平滑移动平均值，记为DEA。其计算公式为：

$$今日DEA（MACD）=\frac{2}{10}×今日DIF+\frac{8}{10}×昨日DEA$$

此外，还有一个辅助指标叫柱状线，记为BAR。其计算公式为：

BAR=2×（DIF-DEA）

在技术分析软件中，将BAR画成柱状线，分为绿色和红色两种。红线越长意味着多方优势越大，绿线越长意味着空方优势越大。

3.MACD指标的应用原则

（1）当DIF和DEA处于0轴以上时，属于多头市场，DIF线自下而上穿越DEA线时是买入信号。DIF线自上而下穿越DEA线时，如果两线值还处于0轴以上运行，只能视为一次短暂的回落，而不能确定趋势转折，此时是否卖出还需要借助其他指标来进行综合判断。

（2）当DIF和DEA处于0轴以下时，属于空头市场。DIF线自上而下穿越DEA线时是卖出信号。DIF线自下而上穿越DEA线时，如果两线值还处于0轴以下运行，只能视为一次短暂的反弹，而不能确定趋势转折，此时是否买入还需要借助其他指标来进行综合判断。

（3）柱状线收缩和放大。一般来说，柱状线的持续收缩表明趋势运行的强度正在逐渐减弱。当柱状线的颜色发生改变时，趋势确定转折。但在一些时间周期不长的MACD指标的使用过程中，这一观点并不能完全成立。

（4）形态和背离情况。MACD指标也强调形态和背离现象。当MACD指标的DIF线与MACD线形成高位看跌形态时，如头肩顶、双重顶等，应当保持警惕；而当MACD指标的DIF线与MACD线形成低位看涨形态时，应考虑买入。在判断形态时，以DIF线为主、MACD线为辅。当价格持续上升而MACD指标一波比一波走低时，意味着顶背离现象出现，预示着价格可能在不久之后转头下行；当价格持续下降而MACD指标一波比一波走高时，意味着底背离现象出现，预示着价格将很快结束下跌，转头上涨。

（5）牛皮市道中指标将失真。当价格并不是自上而下或者自下而上地运行，而是保持水平方向移动时，我们称为牛皮市道。此时虚假信号将在MACD指标中产生，DIF线与MACD线的交叉将会十分频繁；同时，柱状线的收放也将频频出现，颜色也会由绿转红或者由红转绿，这时MACD指标处于失真状态，使用价值相应降低。

应用实例7-8

图7-33是上证指数日K线图。股价从最低点起步，此时MACD指标发出弱势买入

信号；随着股价的持续稳步上升，MACD指标提前发出了强势买入信号，此时投资者要坚决买入；随着股价的继续上升，MACD指标在市场最为乐观的时候发出了强势卖出信号，股价随之从最高点开始下降，展开了一波下跌行情；MACD指标在股价下跌过程中发出了一个弱势卖出信号，此时投资者要坚决卖出。

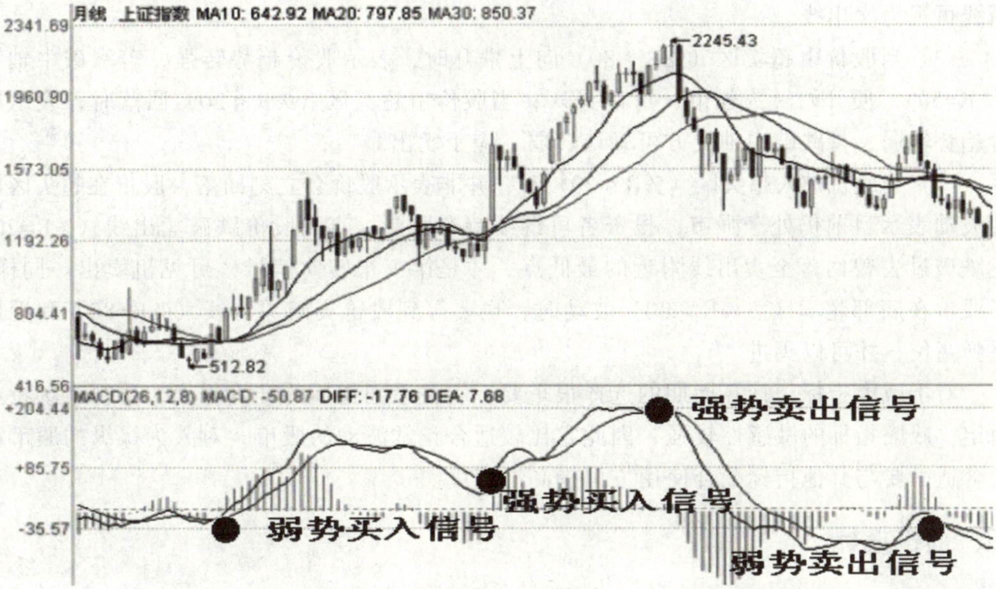

图7-33 MACD指标应用实例

（二）威廉指标

1.威廉指标概述

威廉指标（WMS或%R）是由拉瑞·威廉提出的，主要用于分析多空双方的力量对比，从而判断超买和超卖现象。

2.威廉指标的计算

其计算公式如下：

$$WMS(n) = (H_n - C_t) \div (H_n - L_n) \times 100$$

式中：C_t是当天的收盘价；H_n和L_n分别是最近n日内（包括当天）出现的最高价和最低价。

在运用威廉指标时，首先要确定计算周期（n）。计算周期一般是取一个适当的市场买卖循环期的半数。通常，一个买卖循环期可取14日、28日或56日，扣除休息日，这些循环期的实际交易日分别为10日、20日和40日，取其半数则为5日%R、10日%R和20日%R。

3.威廉指标的含义

威廉指标所代表的是当天的收盘价在过去一段时间全部价格范围内所处的相对位置。如果威廉指标的值比较大，说明当天的价格处在相对较高的位置，要提防回落；如果威廉指标的值比较小，则说明当天的价格处在相对较低的位置，要注意反弹；威廉指标取值居中，在50左右，则说明价格向上或向下的可能性都有。

4.威廉指标的研判要点

（1）当%R进入80～100区间时，处于超卖状态，表示行情已接近底部，可作为买入时机，%R=80这条横线可视为买入线。

（2）当%R进入0～20区间时，处于超买状态，表示行情已接近顶部，%R=20这条横线可视为卖出线。

（3）当股价由超卖区（%R＞80）向上攀升时，表示股价趋势转强，若涨破中轴线（%R=50），便开始转为强市，可以买入；当股价由超买区（%R＜20）回落时，表示股价趋势转弱，待跌破中轴线方可确认转弱，应予卖出。

（4）当股价进入超买区（%R＜20）时，并非表示股价会立刻回落，股价在超买区内的波动表示目前仍处于强市，投资者可继续持有股票；直到股价跌破卖出线（%R=20）或跌破过去曾回落至卖出线附近的最低点，才是第一个转向信号，可见机卖出。同样，当股价在底部超卖区（%R＞80）波动时，也要等到股价突破买入线（%R=80）和近期反弹高位，才可以买进。

对于威廉指标，计算周期的选择很重要，它关系到指标的准确程度，要视市场特点而定。威廉指标的敏感性较强，因此它比较适合正常波动的股市，对人为操纵的股市不大合适，要与其他指标配合使用方可提高准确度。

二、随机指标

（一）随机指标概述

随机指标又称KDJ指标，由乔治·蓝恩（George Lane）提出，是一种新颖、实用的技术分析工具。这一指标被广泛应用于期货市场中，对股票的中短期趋势分析也颇为适用。随机指标主要分析当日收盘价与一定时间内最高价、最低价的比例关系，并以此来分析市场的强弱度。在计算K值、D值、J值时，要考虑到近期加权的意义及平滑移动平均线的意义。

（二）随机指标的应用原则

（1）多空均衡区。当K值、D值等于50时，为多空均衡区；当K值、D值大于50时，为多头市场；当K值、D值回档至50时，一般会得到支撑；当K值、D值小于50时，为空头市场；当K值、D值反弹至50时，一般会有压力。

（2）超买超卖。K线是短期敏感线，一般认为，K值在90以上时为超买，K值在10以下时为超卖；D线是中期主干线，一般认为D值在80以上时为超买，D值在20以下时为超卖。

（3）K线和D线的交叉。K值大于D值，显示目前是上升趋势，当K线向上突破D线时是较为准确的买入信号；D值大于K值，显示目前是下跌趋势，当K线向下跌破D线时是卖出信号。

（4）背离信号。当股票价格创新高或新低，K值、D值却没有出现相应的新高或新低时，便产生了背离信号。

应用实例 7-9

KDJ 指标应用实例如图 7-34 和图 7-35 所示。

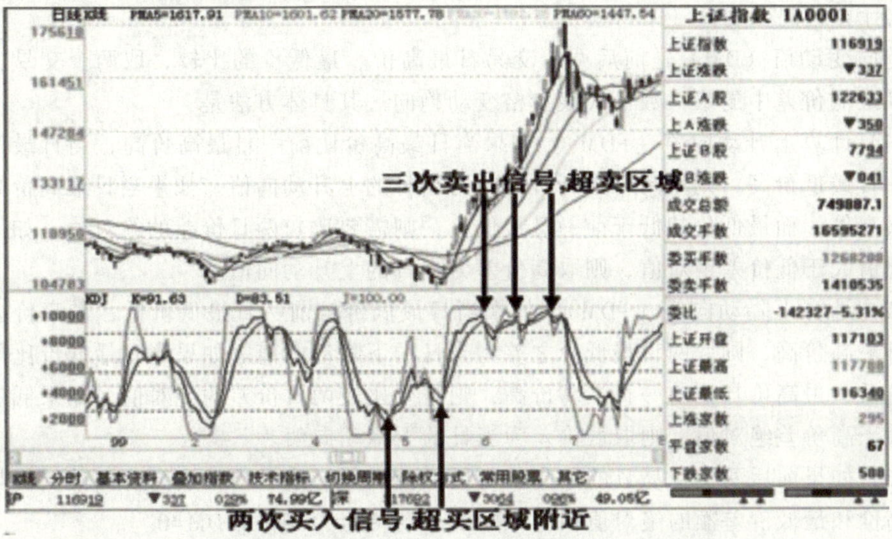

图 7-34 KDJ 指标应用实例（1）

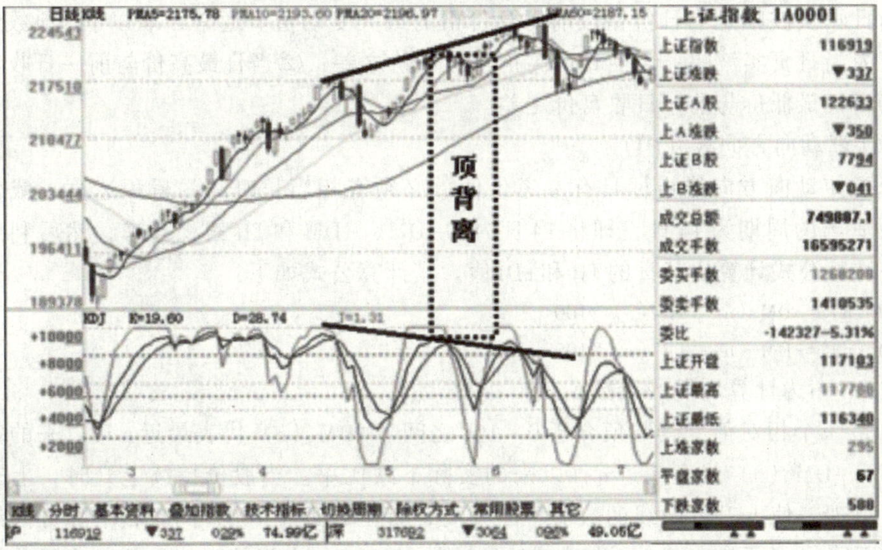

图 7-35 KDJ 指标应用实例（2）

三、趋向指标

（一）趋向指标概述

趋向指标（Directional Movement Index，DMI）是由美国人威尔德提出来的，该指标主要通过比较证券价格创新高或新低的动能来分析多空双方的力量，进而推断价格的变动趋向。

（二）趋向指标的计算

趋向指标的计算过程比较复杂，但实际应用却简单明确，较有实效。其计算步骤如下：

1.计算趋向变动值（DM）

趋向变动值（DM）是前后两个交易日最高价、最低价的比较，取两个交易日最高价差和最低价差中的最大数值代表价格变动趋向。其具体方法是：

（1）计算上升动向值（+DM）。如果当日最高价比前一日最高价高，当日最低价也比前一日最低价高，则取两日最高价的差为当日的上升动向值。如果当日最高价高于前一日最高价，而最低价却低于前一日最低价，则需要比较两日价差的绝对值，如果高价差绝对值大于低价差绝对值，则取高价差为当日的上升动向值。

（2）计算下降动向值（-DM）。如果当日最低价较前一日最低价低，最高价也不及前一日最高价高，则取两日最低价之差为当日的下降动向值。如果当日最低价比前一日最低价低，最高价却比前一日最高价高，则需要比较两日价差的绝对值，如果低价差绝对值大于高价差绝对值，则取低价差为当日的下降动向值。

（3）如果前后两个交易日的最高价与最低价相同，或者当日最高价和最低价与前一日最高价和最低价差额的绝对值相等，则当日动向值为零，即DM=0。

2.计算当日真实波幅（TR）

当日真实波幅是当日价格较前一日价格的最大变动值。通常，取以下3项数值中的最大值为当日真实波幅：①当日最高价与最低价之差；②当日最高价与前一日收盘价之差；③当日最低价与前一日收盘价之差。

3.计算动向方向线（DI）

为了使动向方向线指标具有参考价值，必须有相当长时间的累积运算。威尔德认为，最适当的周期为14日，即将14日内的+DM、-DM和TR累积起来，然后利用平滑移动平均数公式计算出某日的TR和±DI值。其计算公式如下：

+DI（n）=+DM（n）÷TR（n）×100

-DI（n）=-DM（n）÷TR（n）×100

式中：n为计算周期的天数。

DI是一个相对值，其数值介于0~100之间。+DM（n）代表最近n日以来的实际上涨比率，-DM（n）代表最近n日以来的实际下跌比率。当股价持续上升时，上升动向值不断出现，使上升方向线的数值不断升高，直至趋近于100；同时，下降方向线的数值不断下降，直至趋向于0，此时+DI（n）与-DI（n）之间的差值很大。当股价持续下跌时，下降动向值不断出现，使下降方向线的数值不断升高，直至趋近于100；同时，上升方向线的数值不断下降，直至趋向于0，此时+DI（n）与-DI（n）之间的差值很小。

4.计算动向指数（DX）

动向指数是上升方向线与下降方向线的差占两者之和的比率。比率越大，表明动向趋势越明显；比率越小，表明动向趋势越不明显。其计算公式如下：

DX=DIDIF÷DISUM×100

式中：DIDIF表示±DI的差额、DISUM表示±DI的总和。

5.计算平均动向指数（ADX）

由于动向指数的波动幅度较大，为使其表现得比较平滑，因此一般以平均动向指数作为最终的分析指标。ADX就是DX的一定周期n的移动平均值。将计算出来的±DX值和ADX值画于K线图的下方，可相互配合预测未来市场可能的变化趋向。

（三）趋向指标的应用原则

（1）当+DI由下向上穿过-DI时，是买入信号，表示多头愿意以新高价买入；如果ADX伴随上升，则涨势将更强劲。

（2）当+DI由上向下穿过-DI时，是卖出信号，表示空头愿意以新低价卖出；如果ADX伴随上升，则跌势更强劲。

（3）ADX可以辅助判断行情走势。如果股市出现明显的上涨或下跌行情，ADX值持续上升，则表示这轮行情还将继续；如果股市行情反复涨跌，ADX值逐渐下降至20以下，则可断定走势为牛皮盘档；如果ADX值由上升转为下降，则是大势见顶或见底、涨势或跌势即将反转的信号。

趋向指标是一个长期指标，信号不多，但较容易判别。如果市场行情明朗，股价持续向某一方向变化，则可以运用趋向指标的买进或卖出信号操作，效果比较明显。但在盘整形态中，由于其信号不多，因此运用趋向指标的效果不甚理想。

应用实例7-9

DMI应用实例如图7-36所示。

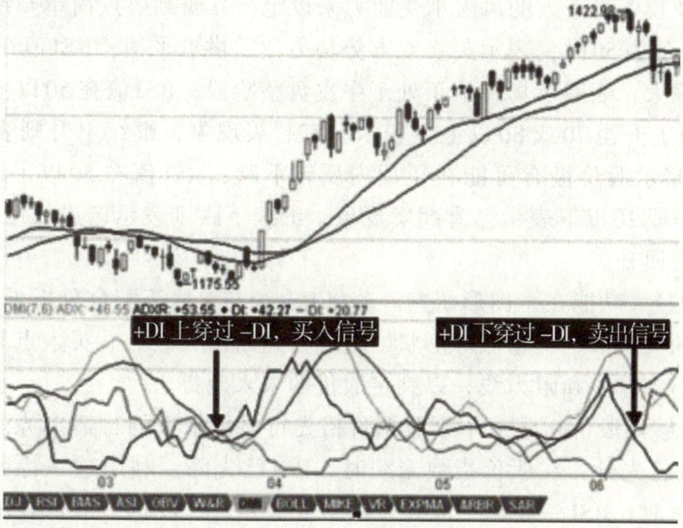

图7-36　DMI应用实例

四、相对强弱指标

（一）相对强弱指标概述

相对强弱指标（Relative Strength Index，RSI）是目前最流行、使用最广泛的技术分析工具之一。其依据在于市场的价格走势取决于供需双方的力量对比。当市场上对某一证券的需求大于供给时，价格上扬；当需求小于供给时，价格下降；当供求基本平衡时，价格稳定。相对强弱指标以某一时间内整个股市或某一股票的涨跌平均值作为衡量供需双方力量对比的尺度，并将此作为预测未来股价变动的依据。

（二）相对强弱指标的计算

计算RSI值一般以10日、14日为单位，以6日、12日、24日为单位的也较为普遍，还有以5日、8日、13日、21日为单位的。一般而言，样本数小的RSI值易受当日股价变动的影响，图形上下振幅大；而样本数大的RSI值受当日股价变动的影响较小，图形上下振幅小。计算周期过短或过长，发出的信号不是过于敏感就是过于迟钝，都会使分析产生较大的误差，所以需要根据分析对象价格波动的特性和一般幅度选择计算周期。下面以14日为例，具体介绍RSI（14）的计算方法，其余参数的计算方法与此相同。

首先找到包括当天在内的连续15天的收盘价，用每一天的收盘价减去前一天的收盘价，得到14个数字，这14个数字有正、有负、有零。然后令A等于14个数字中正数之和，B等于14个数字中负数之和的绝对值。此时，A和B都大于零。由下式计算得出RSI（14）：

$$RSI(14)=A\div(A+B)\times100$$

（三）相对强弱指标的研判要点

RSI值始终介于1~100之间，利用RSI进行分析的取值区间有人设定为30~70，有人设定为20~80，还有人设定为15~85。对于取值区间，应根据股票市场或个别股票的波动习性以及投资者个人的风险承受能力来设定。其研判要点简单归纳如下：

（1）当RSI值为50时，表示买卖双方势均力敌，供求平衡；RSI值在40~60这一区间波动的概率最大，表明市场行情正处于牛皮盘整阶段；RSI值在50以上，表示涨势强于跌势；RSI值上升至70或80以上，表示已有超买现象，继续上升则表示已进入严重超买警戒区，暗示股价极有可能在短期内反转下跌；RSI值在50以下时为弱势市场；RSI值下跌至30或20以下表示已有超卖现象，继续下跌则表示已进入严重超卖警戒区，股价有可能止跌回升。

（2）RSI的最大功能在于图形研判。若将RSI线与K线等配合分析可以发现，RSI线能表现出清晰的头肩形、三角形等形状，较容易判断出突破点、买入点和卖出点；还可以利用切线画出支撑线和阻力线，以判定股价的未来走势。

（3）RSI能够比股价指数或个别股票价格先行显示未来的行情走势。在股价指数尚未上涨时，RSI已先升；在股价指数未跌时，RSI已先降。利用这一特征，可作如下判断：在股市盘整时，RSI一波比一波高表示多头势强，一波比一波低表示空头势强；股价尚在盘旋，而RSI已整理完毕并率先突破趋势线，暗示股价即将突破整理；在股价不断创新高点的同时，RSI也创新高点，表示股市仍属强势，可能还会上涨；在股价不断创新低点的同时，RSI也创新低点，表示股市仍属弱势，可能还会下跌；在超买区域，RSI图形比K线图形提早出现顶部或底部图形，显示出反转信号。

（4）背离信号。当RSI与股价或股价指数呈反方向变动时，通常是市场即将发生重大变化的信号。当日K线图的走势不断创新高，而RSI线未能同时创新高，甚至出现走低的情形时，表明出现了背离信号，这种背离说明股票价格有虚涨现象，通常是出现较大反转下跌的前兆；相反，若股价创新低而RSI未创新低，则暗示股价可能反转上升。

（四）相对强弱指标的缺点

RSI虽然被普遍使用，但也有不足之处，具体如下：

（1）RSI的计算周期与取值区间要根据市场特征决定，特别是对超买区和超卖区的确定，有时会出现RSI信号与实际行情不一致的情形。在特殊的涨跌行情中，RSI值涨至95以上或跌至5以下都不足为奇，此时若根据RSI值发出的信号在70附近卖出或在30附近买入都隐含着相当大的风险。

（2）RSI值在40～60这一区间的变化较为敏感，在20以下、80以上区间的变化往往有钝化、失真现象，在使用上要谨慎。

（3）背离信号难以事先确认，有时要两次、三次出现背离信号后行情才真正反转，也有发出背离信号后行情并无反转的情况，因此很难单纯地以背离信号来确认行情是否反转。

应用实例7-10

RSI应用实例如图7-37所示。

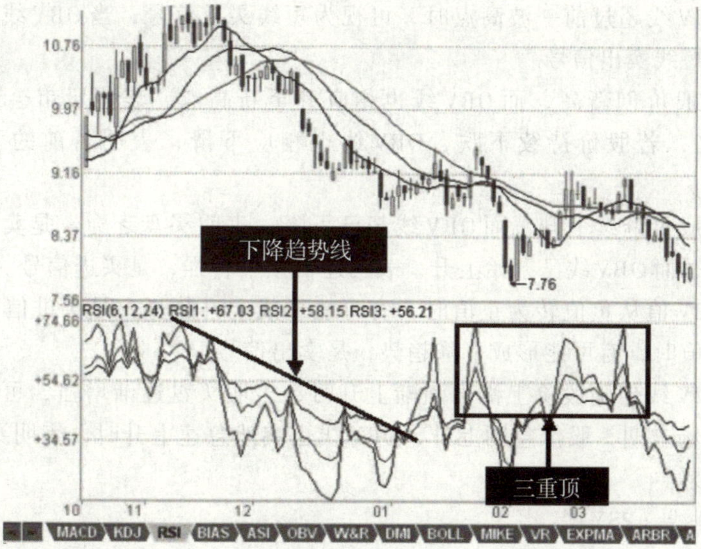

图7-37　RSI应用实例

五、其他技术指标

（一）能量潮（OBV）

1.能量潮理论

能量潮又称人气指标，是由美国投资分析家葛兰维尔于1963年首次提出的。能量潮理论是利用累计成交量的变化来分析市场内的人气是汇集还是涣散，进而据以研判股价的走势。能量潮理论的成立有以下三点依据：

（1）交易双方对股票价格的评价越不一致，成交量越大；反之，评价越一致，成交量越小。因此，可用成交量来判断市场人气的兴衰。

（2）股价上升需要的能量大，因而要以成交量放大伴随；股价下跌不必耗费很大能量，因而成交量不一定会放大甚至会有萎缩的倾向。

（3）股价波动有惯性可循，变动到某一点后，总会改变方向。

2.OBV的计算公式和OBV线的绘制

OBV主要计算累计成交量，其计算方法是：若今日收盘价高于上一交易日收盘价，则今日成交量为正值；若今日收盘价低于上一交易日收盘价，则今日成交量为负值；若今日收盘价与上一交易日收盘价持平，则今日成交量不予计算，然后计算累计成交量。第一次计算OBV时，基数可用0，也可用上一交易日成交量或若干日成交量之和。所采用的成交量可以是成交手数，也可以是成交值；计算的对象可以是股价指数与当日全部成交量，也可以是某一股票的收盘价与成交量。以时间为横坐标、成交量或成交值为纵坐标，将每一交易日计算所得的OBV值在坐标系上标出位置并连接起来，就可以得到OBV线。

3.OBV指标与OBV线的应用法则

其主要包括以下几点：

（1）当OBV线超过前一波高点时，可视为短线买进信号；当OBV线低于前一波低点时，可视为短线卖出信号。

（2）如果股价创新高，而OBV线也相应升至新高点，表明股市会继续目前的上升趋势；反之，若股价持续下跌，OBV线也相应下滑，表明目前的下降趋势还将继续。

（3）如果股价继续上升，而OBV线却已下降，表明买盘乏力，是卖出信号；如果股价仍在下跌，而OBV线已开始上升，表明逢低接手转强，是买进信号。

（4）当OBV值从负值转为正值时，有可能形成上升趋势，是买进信号；当OBV值从正值转为负值时，有可能形成下降趋势，是卖出信号。

（5）当OBV线伴随股价上涨而渐渐上升时，表明买盘逐渐增强，可以买入；当股市已近多头市场末期，股价急剧上升，OBV线也突然急速上升时，表明买盘大量涌入，要考虑卖出股票。

（二）心理线（PSY）

心理线（Psychological Line）主要分析一段时间内投资者的心理是倾向于买入还是倾向于卖出，并以此作为买卖决策的参考。其计算公式为：

$$PSY(N) = A \div N \times 100\%$$

式中：N为天数，A为在这N天中股价上涨的天数。

心理线的研判要点如下：①PSY值在25%～75%之间变动属正常；②PSY值超过75%是超买、低于25%是超卖，说明股价下跌或上升的机会增多，可准备卖出或买进；③当PSY值高于90%时是真正的超买、低于10%时是真正的超卖，是卖出和买入的时机；④一段上升行情展开前，通常超卖的低点会出现两次，因此低点密集出现两次是买入信号；一段下跌行情展开前，超买的高点也会出现两次，因此高点密集出现两次为卖出时机。心理线与股价趋势线配合使用，精确度更高。

（三）停损点转向操作系统（SAR）

停损点转向操作系统（Stop and Reverse，SAR）是利用价格变动和时间变动双重功能随时调整停损点位置的技术分析方法。由于组成SAR线的停损点以弧线的方式移动，因此SAR指标又称抛物线指标，它的图形和运用与移动平均线相似。

1.停损点的计算

其计算步骤如下：

（1）在计算前，先要判断本次行情是上涨还是下跌。若是上涨行情，则第一天的SAR指标必须是近期内的最低价；若是下跌行情，则第一天的SAR指标必须是近期内的最高价。通常，将这一近期内的最高价或最低价称为极点价。

（2）第二天以及以后每日的SAR指标可用如下公式推算：

$$SAR(n)=SAR(n-1)+AF[EP(n-1)-SAR(n-1)]$$

式中：SAR（n）表示第n日的SAR值；SAR（n-1）表示第（n-1）日的SAR值；EP（n-1）表示第（n-1）日的极点价，即看涨行情的最低价或看跌行情的最高价；AF表示调整系数。

（3）调整系数（AF）的计算。AF的初始值一直以0.02为基数。在看涨行情中，买入股票后，如果某日的最高价高于前一日的最高价，则AF增加0.02；如果没有创新高就沿用前一天的AF值，但AF的最高值为0.2，即使再创新高，AF值也不会超过0.2。看跌行情也是如此。

（4）SAR值不得设于当日或前一日行情价格之内。在看涨买入期间，如果计算出某日的SAR值比当日或前一日的最低价高，则应以当日或前一日的最低价为SAR值；在看跌卖出期间，如果计算出某日的SAR值比当日或前一日的最高价低，则应以当日或前一日的最高价为SAR值。

2.停损点的操作要点

停损点的操作采用和移动平均线一样的原则，即当股价趋势线从下向上穿过SAR线时，是买进时机；当股价趋势线从上向下穿过SAR线时，是卖出时机。SAR指标发出买卖信号明确，操作简便，适合中长期投资者使用，特别是在大行情中效果更明显。SAR指标在盘整行情中失误率较高。另外，调整系数也应根据不同市场、不同股票的特征寻找最佳参数。

小思考 7-3

小思考7-3

技术分析应注意哪些问题？

分析提示

工作任务

○ 任务一

1.任务内容：股价形态认知。

2.任务步骤：

(1) 打开股票交易行情分析软件。

(2) 选择一只熟悉的股票。

(3) 利用所学知识找出该股在这段时期出现了哪些股价形态。

3.任务操作提示：学生打开股票交易行情分析软件，根据形态的含义与类型寻找股价走势中的各种形态，从而加深对股价形态的认知。

○ 任务二

1.任务内容：反转形态的运用。

2.任务步骤：

(1) 了解常见反转形态应用的基本知识。

(2) 打开股票交易行情分析软件，找到一只股票的K线走势图，利用画线工具找出该股票走势中出现的反转形态。

(3) 利用这些形态对股票走势进行验证及预测。

3.任务操作提示：通过画线工具，学生可以更形象地了解反转形态的绘制，并能根据反转形态分析的基本方法，对股票走势进行分析。

○ 任务三

1.任务内容：持续整理形态的运用。

2.任务步骤：

(1) 了解常见持续整理形态应用的基本知识。

(2) 打开股票交易行情分析软件，找到一只股票的K线走势图，利用画线工具找出该股票走势中出现的持续整理形态。

(3) 利用这些形态对股票走势进行验证及预测。

3.任务操作提示：通过画线工具，学生可以更形象地了解持续整理形态的绘制，并能根据持续整理形态分析的基本方法，对股票走势进行分析。

○ 任务四

1.任务内容：涨跌比（ADR）的运用。

2.任务步骤：

(1) 了解ADR指标的构成及应用的基本知识。

(2) 打开股票交易行情分析软件，找到上证综指K线走势图，利用指标命令找出上证综指的ADR指标图形。

(3) 利用ADR指标的应用法则对上证综指走势进行分析与预测。

3.任务操作提示：通过观察交易软件，学生可以更形象地了解ADR指标的位置、形状、背离等知识，并能将ADR指标的分析方法更直观地应用于对股市走势的分析。

项目八

证券投资策略分析

本项目学习目标

核心知识：理解证券投资的目标及基本原则，熟悉证券投资计划的类型和制订证券投资计划应考虑的因素，掌握主要的证券投资策略和证券投资的基本操作技巧。

核心技能：能根据自身的实际情况，确定投资目标、制订投资计划；选择适合自身需要的证券投资策略；能根据证券市场和股价变化的实际情况，熟练应用止损、止赢、分批操作、波段操作和补仓等技巧，控制投资风险，提高投资收益。

案例导入

巴菲特股票投资的十大秘诀

（1）心中无股。巴菲特不看股票看公司，不想价格想价值，不做投机做投资。巴菲特做的不是股票，而是像投资入股、合伙做生意一样，是真正的投资。正如他所说："你买的不是股票，而是公司。"

（2）安全第一。巴菲特的股票投资强调安全第一，赚钱第二。巴菲特说："安全边际是投资成功的基石。"而安全边际往往出现在股市大跌、优秀的公司股价大跌之时。一般人喜欢追涨杀跌，巴菲特正好相反，"人弃我取，人取我予"。

（3）选股如选妻。巴菲特认为选股如选妻："我们寻找投资对象的态度和寻找终身伴侣的态度完全相同。"

（4）知己知彼。巴菲特投资选股极少亏损，一个重要原因是他只选那些自己非常熟悉、非常了解、非常有把握的优秀公司的股票，即不能不选、不熟不选、不懂不选。

（5）一流业务。巴菲特说："我们坚持寻找拥有一流业务的公司。"一流业务的核心体现是一流的品牌，而一流的品牌必须具备三个要素：名牌、老牌、大牌。

（6）一流管理。巴菲特寻找的公司不仅要有一流业务，还要有一流管理。他告诫人们："在收购公司和买入股票时，我们想要购买的目标公司不仅要业务优秀，而且要有非凡出众、聪明能干、受人敬爱的管理者。"

（7）一流业绩。巴菲特说："我只喜欢那些事实证明具有持续盈利能力的企业。"推动股价长期持续上涨的最终只有一种力量：盈利持续增长。

（8）价值评估。巴菲特有句名言："你付出的是价格，而你得到的是价值。"价值投资的关键就是你得到的价值是否远远大于你付出的价格。巴菲特认为，根据自由现金流量进行价值评估才是最正确的方法。

（9）集中投资。当下非常流行的投资方法是分散投资，即"不把所有鸡蛋放在一个篮子里"，而是买很多股票，每只股票都只买一点儿，这样看上去似乎更稳健，赚钱会更多。而巴菲特却反对分散投资，主张集中投资："不把所有鸡蛋放在一个篮子里这种做法是错误的，投资应该像马克·吐温建议的那样，把所有鸡蛋放在同一个篮子里，然后小心地看好这个篮子。我们的投资仅集中在少数几家杰出的公司身上，我们是集中投资者。"

（10）长期投资。巴菲特开玩笑说自己用屁股赚的钱比用脑袋赚的钱更多，其实就是在没有好机会时他比别人更坐得住："我最喜欢持有一只股票的时间是永远。"长期持有，说起来容易，做起来很难。

课前思考

1.巴菲特的投资策略给你哪些启示？

2.总结一下巴菲特的股票投资有哪些特点。

任务一　选择正确的证券投资策略

任务描述

本任务的主要学习内容是认知证券投资的目标、原则和主要投资策略；能根据自身的实际情况，选择适合自身需要的证券投资策略。

知识准备

一、证券投资的目标

从理论上讲，一切投资行为的目标都是追求投资收益的最大化，但在实践中，要做到这一点既不可能也不现实。所以，如何在风险与收益之间寻找到某种最佳组合，从而实现投资收益的相对最大化就成为每个投资者的主要目标。

一般而言，证券投资的目标都是追求高收益、低风险。进一步来说，根据投资者的偏好不同，则有三种不同的目标。

（一）安全保值型

安全保值型的投资目标以获取稳定收入为主。稳定收入是指按时取得的利息和股息收入，也包括资本增值收益。以安全保值型的投资目标为主的投资者往往资金不足，要依靠投资收入支付必要的费用。他们把投资的当前收入看得比资本收益或资本回收更重要，追求当前收入的稳定性和可靠性。这一目标决定了他们要选择安全的投资对象，而不是有增长前景但当前收入不稳定的证券。按照这一目标，债券比股票的收入要稳定，资信好的大公司和公用事业类的股票股利支付也比较稳定，是其合适的投资对象。

（二）稳健保守型

稳健保守型的投资目标主要追求资本增值。资本增值着眼于长期的资本增长，而不是当前的收入。以稳健保守型的投资目标为主的投资者不依靠投资的经常性收入来维持当前的运营。他们通常有两个选择：一个是不断积累投资所得进行再投资，使资本增值越来越多；另一个是选择增长型股票，通过股息的不断增加和股价的不断提高而提高资本价值。前一种办法的风险相对小一些，后者则要冒较大的风险。因为股价的涨落不定，投资者在经济上和心理上必须要有很强的承受能力。以资本增长为目标的投资者，必须对投资进行长期安排，只追逐短期利益通常对长期增长不利。

（三）风险激进型

以风险激进型投资目标为主的投资者一般喜欢参与一些热门股甚至是问题股的炒作，并愿意冒较大的风险来追求高额利润。其通常表现为竭力捕捉所谓的“黑马”，以期一夜暴富。

知识链接 8-1　　投资者应具备的个人条件

参与证券投资要想取得满意的投资效果，应该掌握一些投资策略和技巧。而做好投资者个人条件分析是掌握和运用投资策略、技巧的基础。投资者个人条件主要包括：投资者的投资资金来源、对证券投资收益的期望和依赖程度、对证券投资风险的承受能力、有关证券市场行情信息的获得能力，以及对证券投资业务知识掌握的程度和业务经验等。

（1）投资者的资金来源。投资者购买证券必须要有一定的资金，这些资金一方面包括借入资金，另一方面（更重要的）包括投资者的自有资金。一般来讲，自有资金所占比例应与取得的与自有资金相对称的投资收益相匹配，而该种投资收益水平在证券市场的众多投资中属于正常、中等收益水平，也是投资者最基本的收益水平。而借入资金的投入比例应该在投资者经过准确、客观的判断，预计会取得超额收益的前提下确定。

（2）投资者对证券投资收益的期望、依赖程度和对证券投资风险的承受能力。这也就是投资者个人的投资动机。就普通的个体证券投资者而言，其主要存在两种动机：一种是以购买证券所获得的投资收益来增加工资或薪水收入，以弥补生活支出的不足；另一种是拥有一定的闲置游资，想通过证券的买卖实现资金的增值，达到纯资本获利的目的。具有第一种动机的投资者，其根本目的是想得到较为稳定、风险较小的投资收益，所以一般倾向于购买收益稳定、安全可靠的国债。这类投资者对风险的承受能力是有限的，波动较大的股价对该类投资者来讲是承受不了的。具有第二种动机的投资者更倾向于那些具有增值趋势的蓝筹股，若上市公司的经营效益很好，该类投资者能获得较大的收益。这类投资者对投资风险的承受能力也较强，即使在投资中出现失误也能够从容应对。

（3）有关证券市场行情信息的获得能力。这种能力不是简单地指对证券市场行情信息的判别能力，而是指对有关证券市场行情信息来源的掌握、对各种信息真伪的分辨、对市场行情波动的预测及其精确度等方面的能力。

（4）对证券投资业务知识的掌握程度和业务经验。一般投资者并不需要对证券投资的专业知识进行透彻研究，尤其是有关理论模型。但是，了解和掌握证券市场的有关业务必备知识对投资者是很有必要的。这些知识包括有关政策法令、证券市场的规章制度、上市公司的财务分析方法、股价变动及股利政策、股价分析与预测、投资技巧与策略等。这对投资者取得投资机会、降低成本、减少风险损失、扩大投资收益都有很大的帮助。然而证券投资业务知识的取得并不是孤立的，丰富的知识只有与有效的实践操作结合起来才能使证券投资者如虎添翼，获得更大成功。因而，学习证券投资知识、积累实际经验，对证券投资者来说也是一个极其重要的内部条件。

二、证券投资的原则

证券投资是投资者在承担一定风险的情况下以获取最大收益为目的的投资活动，同其他经济行为一样，也必须遵循一定的原则。

（一）自有资金原则

证券投资的高收益是建立在高风险基础之上的，对于系统性风险，一般可以通过在股指期货（股指期权）市场上的反向操作来进行套期保值。证券投资的风险是难以预料的，而且有些风险也不是通过多样性的分散投资就能避免的。因此，投资者在投资证券时，应以闲置的自有资金作为入市资金，这样才能在没有任何心理压力的情况下进行投资，从而为做出科学、理性的投资决策创造良好的客观条件。

（二）投资分散组合原则

在证券投资过程中，为了尽量降低投资风险，投资者应将资金分散投资于各种不同的有价证券上。股票投资的收益比较高，但投资者所承担的风险也较大，所以，爱冒险的投资者可以将较大部分的资金投资于股票，但所投入的资金不应局限于一只股票上；为了降低非系统性风险，投资者应选择不同类型的几种股票进行投资。

（三）收益与风险最佳组合的原则

收益与风险总是相伴而生、同时存在的。处理这对矛盾通常有两个准则：一是在风险已定的条件下，尽可能使投资收益最大化；二是在收益已定的条件下，尽可能地把风险降到最低限度。这就要求投资者首先必须明确自己的目标，恰当地把握自己的投资能力，从而不断培养自己驾驭风险的能力。在证券买卖过程中，投资者要尽力保住本金、增加收益、减少损失。

（四）精力充沛原则

理智的投资是建立在对各种证券和股市进行分析的基础上的，这就需要有充裕的时间和必要的能力，即精力充沛原则。能力是投资的基础，而投资能力的获得一靠知识，二靠经验，三靠积累。投资者应掌握的知识包括各类证券的基本特征、证券买卖过程、证券价格的变化规律、证券投资的法规等。

（五）目标适度原则

股市有句格言："无论是做多做空都能赚钱，惟贪婪者一无所获。"要想在证券投资中取得成功，投资者必须实事求是地确立自己的投资收益目标，必须始终保持良好的心态，努力战胜自我。人性中固有的一大弱点是贪婪，贪婪的表现往往是不切实际地抬高自己的获利目标，不知道适时行动和适时获利了结，常常幻想以更便宜的价格买入和以更高的价格卖出，结果常常是踏空和被套。因此，对投资者来讲，坚持目标适度原则、保持一颗平常心是获得投资成功的重要条件。

三、制订投资计划

由于每个投资者自身的情况不同，因此投资者要根据自身的经济状况、性格、投资目的以及对风险的承受能力等，选择适合自己的投资策略，制订切合实际的投资计划。

（一）证券投资计划的类型

证券投资计划是证券投资者根据自己的风险承受能力以及对收益的预期，在对投资环境和证券类型进行综合分析、判断的基础上，选定投资对象，采取灵活的投资策略与方法，以期获得风险和收益最佳组合的行为。

长期以来，人们制订并总结了种类繁多的证券投资计划。总体来讲，可供投资者选择的证券投资计划有如下两大类：

1.根据投资者对风险的偏好程度不同制订的投资计划

（1）激进型投资计划。其制订者为激进型投资者，主观上为了取得较高的投资收益而愿意承担较高的投资风险，以“舍不得孩子套不着狼”作为投资信条，以追求高额的投资收益作为投资活动的基本原则。只要有较高的投资收益，冒大的风险并不在意。激进型投资者往往选择那些具有可变收益、价格波动活跃的证券作为投资对象，如成长型股票、高科技产业股票及市场热门证券等。

（2）稳健型投资计划。其制订者大都厌恶或害怕投资风险，不希望自己所持有的证券的收益大起大落；在证券投资过程中追求安全，以安全作为投资活动的基本原则。制订这种投资计划的投资者，常常以那些可以带来固定收益的证券作为投资对象，如国债，信誉较好、实力雄厚的企业所发行的债券等。这样既能保证本金的安全性，又可以在到期时获得一笔固定收益。此外，一些较大胆的稳健型投资者还将优先股股票、蓝筹股股票等作为投资对象。

（3）温和型投资计划。其介于激进型投资计划和稳健型投资计划之间。该计划的投资原则是投资安全与投资收益并重。从事证券投资既要考虑较高的收益，又要考虑较好的安全性。制订这种计划的投资者在选择证券投资对象时，往往既选择高收益、高风险的证券，也选择低收益、低风险的证券，即通过证券组合进行投资。他们在债券、优先股股票、普通股股票的动态组合中，既保证有稳定的、安全的收益来源，又不丧失获取高收益的机会，尤其是现代证券组合理论为这种计划的实施提供了理论指导，使之成为市场上最常见的投资计划。

2.根据投资时间长短制订的投资计划

（1）短期投资计划。投资者制订短期投资计划的目的是追求证券短期价格涨落的价差。其持有证券的时间较短，有时甚至只有5天、3天、1天；投资对象往往是那些价格波动幅度较大的活跃证券，如市场上抢手的热门股票。这类投资计划带有很强的投机性，特点是时间短、收效快、灵活机动，但风险较大，是常见的投资计划之一。

（2）中期投资计划。其设定的投资时间多为一年左右，为追求可观的收益，投资者经常采用证券投资组合方式进行投资，投资对象既有固定收益证券，如公债、优先股股票、企业债券等；又有非固定收益证券。这种投资计划既追求证券的价差收入，也追求投资证券的股息和利息收入。对此类计划的操作，要求所具有的技术和知识水平较高，往往需要根据证券市场行情的变化随时抛出收益下降的证券，及时购进行情看涨、收益上升的证券。中期投资计划是较常用的投资计划之一。

（3）长期投资计划。它是指投资者选购证券之后，便准备长期持有，以追求证券的股息红利和资产增值等长期收益为投资目标。这类投资计划在某种程度上带有其他目的，如以控制一定数量的某种股票为手段，进而控制该股票的发行企业。对于长期投资计划，投资对象的选择是至关重要的。其要求投资者具有较强的投资预测能力，能够在成千上万只股票中选准具有高成长性的股票及较有保障且利率又较高的企业债券。采取这种投资计划要求投资者具有足够的资金实力。

在证券市场上，按照投资时间长短所制订的投资计划，在证券投资活动中不是一成不变的，短期计划可以转变为中、长期计划，长期计划由于制订时间、环境因素的变化也有可能改为短期计划。

（二）制订投资计划应考虑的因素

投资计划制订得合理与否，对证券投资的最终效果具有重大影响。而制订投资计划是涉及面相当广泛的一项复杂工作，应通盘考虑多方面因素。

（1）证券投资的动机。投资者在制订投资计划时，首先应明确自己的投资动机，在自己已经确定的投资目的下制订相应的投资计划。不同的证券投资动机要求有不同的投资计划来辅助其实现。一般来说，以保值和资产安全为目的的证券投资，由于将安全放在第一位，将收益放在第二位，所以适宜制订稳健型投资计划或温和型投资计划；以追求高额收益为目的的证券投资，则应选择激进型投资计划；介于两者之间的证券投资，则应选择温和型投资计划；以参与实业为目的，或以控制、操纵其他企业的生产经营为目的的证券投资，则可选择长期投资计划。所以，制订和选择投资计划，首先应考虑其进行证券投资的目的或动机是什么，并且要根据投资动机的变化做出相应的调整。

（2）资金状况。它是指投资者自身可以用于投资的资金来源、资金量的多少及稳定性。无论是个人投资者还是机构投资者，在从事证券投资之前，必须有可供自己支配和使用的一定规模的资金。也就是说，投资者在制订投资计划时，应关注资金因素，要根据自己控制和掌握的资金数量、来源构成来制订适宜的投资计划。

投资者的资金来源对投资计划的制订具有至关重要的作用，因为它直接关系到投资者承担风险的能力。证券投资者的资金来源主要有两大渠道，即自有资金和借入资金。凡是以自有资金进行投资的，投资计划的制订较为灵活，只要投入证券市场的资金是长期闲置的资金，即可根据投资者的主观愿望来制订投资计划。对于个人自有资金中用于养老或子女教育的资金，则既要考虑其安全性，又要考虑其流动性，以制订相应期限的稳健型投资计划为宜，以免因投资不善而造成家庭财务状况紧张。

将借贷资金投入市场从事证券投资的，在制订投资计划之前首先要进行多方面的分析与评价，尤其应注意投资的时间长短、收益的高低和投资的安全性。这是因为借入的资金是要还本付息的，投资者在利用借贷资金投资时必须把安全性放在第一位，而后才能考虑收益。所以，投资者不宜制订激进的投资计划。其次要考虑借入资金的期限。借入的资金都有一定的使用期限，不是无限期使用的，这就要求投资者考虑期限因素，应以中短期投资计划为主。此外，借入的资金大都是有偿使用的，有一定的成本，所以在利用借入资金从事投资活动时还要关注投资收益，尽量选择收益较高的证券品种。这是因为在投资者的投资收益中，除需支付手续费外，还必须支付一定数额的利息，剩余部分才是投资者的实际收益。

（3）投资者心理因素。证券投资者的心理素质和心理类型，对证券投资计划的制订和选择具有重要影响。良好的心理素质能够促使投资者做出正确的选择，为投资成功奠定基础；不良的心理素质或心理状态会给投资决策带来消极影响，因决策失误而导致投资失败。因此，证券投资者在制订和选择投资计划时，必须考虑自己的心理素质和心理类型，选择与自身实际相适应的投资计划。

从投资者的角度看，心理素质主要包括两方面内容：一是证券投资者对投资风险的偏好；二是证券投资者有无足够的耐心与毅力。

就证券投资者对投资风险的偏好而言，有的人天生喜爱冒险，做什么事都十分果断，不惧怕较大的风险，往往能从高风险的经历中获得某种心理满足。这类投资者对风险刺激的喜好度较高，在制订投资计划时往往倾向于高风险、高收益的激进型投资计划。此类投资者如果能够正确地利用自己的心理素质，对变幻莫测的市场行情有客观公正的评价，在证券投资过程中沉着应对，多能收到较为满意的投资收益。而有些人则天生胆小怕事，做事犹豫不定，在市场行情面前瞻前顾后，对风险的考虑比较多，常对市场风险做出极端评价。此类投资者厌恶投资风险，在证券投资活动中应选择风险较小、投资收益稳定可靠的投资计划，如稳健型、温和型投资计划等。这类投资者的心理素质一般较差，无法承受大投资风险带来的损失，经常采取一些极端措施。总体来讲，这类投资者在投资活动中既不会赚大钱，也不会招致灭顶之灾。此外，在市场上最常见的则是在风险喜好和风险厌恶之间波动的投资者，其心理特点和投资行为都介于两者之间，对风险的态度取决于市场行情。

就投资者的耐力和毅力而言，有的投资者具有较好的耐力和毅力，韧性较强，能够做到不为一时的境况所迷惑，能坚持根据自己的主观判定来买进或卖出。此类投资者宜选择长期投资计划，在投资对象的选择上也多以股价波动较小的弱势股和前景难测的成长股为主。有的投资者则可能生性急躁，做事难以长久。这类投资者适于选择短期投资计划，在证券品种的选择上也应多注意价格波动频繁而波幅较大的热门股票。这样，投资者虽要承担较大的风险，但投资行为短期性的特点往往能使其在随行就市的短线操作中获得可观的收益。

总之，具有各种明显心理特征的投资者在制订投资计划时，应针对自己的性格做出选择。优柔寡断的投资者应尽力避免选择行情波动频繁的热门股票，性格古板的投资者最好投资于蓝筹股和成长股，缺乏主见的投资者最好制订中期计划等。不管怎样，所有的投资者在证券市场行情面前都要保持良好的心态，只有这样才能有效地抓住获利机会。

（4）对投资收益的依赖程度。如果投资者的投资目的是获得较高收益，并甘愿为此冒较大的投资风险，则可制订风险高、收益大的投资计划，选择较多的成长型股票投资，以期将来获得较高的收益；如果投资者的生活负担较重，对投资收益依赖较大，那么就应拟订一种收益稳定、安全可靠的投资计划，其中固定收益证券（如债券、优先股股票）的比重要大一些；对投资收益依赖程度较低的投资者可以制订风险较高、收益较大的投资计划，选择较多的成长型股票，长期持有，以期将来获得较大的收益。

（5）参与投资活动的时间和信息供给情况。投资者在制订投资计划时，还应充分考虑自己能够从事证券投资的时间以及有关证券市场信息的获取情况。

证券市场的投资者构成相当复杂，既有机构投资者也有个人投资者。在个人投资者中，既有职业投资者也有业余投资者。对机构投资者来说，不存在投资时间问题；而对个人投资者来说，在制订投资计划时，必须考虑自己对证券投资活动时间的保证程度。对于以证券投资为主业或对其他业务的时间要求不严格的投资者，可不考虑时间因素；而对于以证券投资为辅业且主业时间要求严格的投资者，由于没有时间充分地研读与关注市场行情的变化，容易丧失投资机会，应选择收入稳定的蓝筹股、具有高度成长性的成长股及投资基金，以做中长期投资为佳。

证券市场行情的变动易受基本面信息的影响，所以证券投资信息的搜集与整理工作也是十分必要的。机构投资者和职业投资者由于有足够的时间和较多的方式获取信息，所以这一条件对其约束不大；对于其他个人投资者，则应注意自己获取信息的方式和渠道是否有效、畅通。如果投资者的信息传导渠道较闭塞或无法对信息做出准确判断，进而影响到投资决策，投资者应放弃自己操作计划，可改为基金投资，这样做既可以避免过大的损失，又可以获得相对较高的稳定收益。

延伸阅读材料8-1

创业板注册制改变市场规则，投资者需要注意些什么？

2020年6月12日晚，证监会、深交所相继发布了创业板改革并试点注册制的一系列制度文件，创业板注册制的各项规则、规定也因此浮出水面。或许创业板注册制的正式落地还要等到今年第三季度，但创业板注册制的发审工作已先行，从6月15日起就“开门迎客”，开始受理创业板在审企业的首次公开发行股票、再融资、并购重组申请，创业板的一只脚踏进了注册制时代。

从深交所发布的创业板注册制的各项规则来看，对原市场规则的改变是明显的。其中，与投资者密切相关或需要引起投资者高度关注的内容主要包括：

一是为投资者开设创业板账户设置了门槛。目前，已开通创业板账户的投资者，需要重新签订风险揭示书，然后可以继续进行创业板的股票投资事宜。但对于目前还没有开通创业板账户的投资者，如果要新开创业板账户的话，不仅需要有两年的投资经验，同时要求前20个交易日日均股票资产达到10万元的标准。由于目前在A股开户的投资者中，资金不足10万元的投资者占据了7成左右，所以对目前还没有开通创业板账户的投资者来说，10万元的门槛设置会将其中的不少投资者挡在创业板的大门之外。

二是创业板注册制实施后，新股上市前5个交易日不设涨跌幅限制，5个交易日后改为20%的涨跌幅限制。创业板之前挂牌的股票，也都实行20%的涨跌幅限制。对投资者来说，这无疑是一件非常刺激的事情。打新中签的投资者，新股上市首日或许就可以获利百分之几百；而创业板老股，投资者如果买到“地天板”，一天盈利也可以达到40%左右。当然，放开与放宽涨跌幅对投资者是双刃剑，振幅的加大，也意味着风险的加大，投资者操作不慎，一天亏损20%、30%并不稀奇，吃“天地板”也是有可能的。

三是盘中交易规则也有改变，投资者买卖股票的难度有所增加。股票交易规则增加了连续竞价期间的“价格笼子”。其规定在连续竞价阶段，如果投资者通过限价申报买入创业板股票，买入申报价格不得高于买入基准价格的102%，卖出申报价格不得低于卖出基准价格的98%。这样投资者原来为买入卖出方便，直接按涨停板买进、跌停板卖出的填单方法就行不通了。在交易活跃的时候，投资者想买进的或许买不到，想卖出的也许卖不掉。

四是注册制下IPO的条件放宽了，甚至允许未盈利企业上市。这对投资者来说，一方面，意味着新股本身的投资风险增加了；另一方面，随着IPO条件的放宽，新股上市更加容易，壳资源也将进一步贬值。如此一来，壳资源股的投资风险也会相应增加。

五是增设ST、*ST制度，ST为其他风险警示，*ST为退市风险警示。其中，ST的5种情形为：①生产经营受严重影响且预计3个月内不能恢复正常；②主要银行账号被冻结；③董事会无法正常召开会议并形成董事会决议；④向控股股东或其关联人提供资金，或违规对外担保且情形严重；⑤交易所认定的其他情形。

*ST的情形为：①最近一个会计年度经审计的净利润为负且营收低于1亿元；②最近一个会计年度经审计的期末净资产为负值；③最近一个会计年度财报被出具无法表示意见或否定意见。此外，触及规范类、重大违法类退市情形的，也会被提前实施*ST风险警示。

六是创业板的退市更容易了。在目前退市标准的基础上，新增了多条退市标准。例如，连续120个交易日通过深交所交易系统实现的股票累计成交量低于200万股；连续20个交易日每日股票收盘市值均低于3亿元；连续20个交易日每日公司股东人数均少于400人。同时，公司因触及财务类指标被实施*ST后，下一年度财务报告被出具保留意见的，也将被终止上市。

创业板这些规则的修改，是与创业板的改革和注册制试点相适应的。而从投资者的角度来说，这些规则的修改，既是基于保护投资者利益的需要，也是方便投资者投资的需要。而作为硬币的另一面，这些规则的修改，也凸显了创业板的投资风险。所以，对投资者来说，需要了解、适应这些规则，进而有效地规避或减少创业板的投资风险，获取创业板成长带来的投资收益。而要做到这一点，投资创业板ETF基金或许是中小投资者的一个重要选择。

资料来源　佚名. 创业板注册制改变市场规则，投资者需要注意些什么？[EB/OL]. [2020-06-19]. http://www.p5w.net/stock/news/zonghe/202006/t20200619_2414925.htm.

（三）证券投资计划的内容

投资者在做了比较充分的知识准备、资料搜集和整理工作、资金准备、心理准备后，一般可以着手制订证券投资计划了，即决定以何种方式进入证券市场，如何进行证券投资操作。证券投资计划通常包括资金分配、时间安排、投资方式的选择、投资对象的选择和进入时机的选择等内容。

（1）资金分配，是指将多少资金投入证券市场，其中有多少比例的资金投入某种证券的买卖，有多少比例的资金用于某种投资方式，有多少比例的资金在某一时机投入。

（2）时间安排，是指在什么时间进行证券买卖。除职业投资者以外，其他业余投资者需调剂出一定的时间研究证券行情，进行证券买卖。

（3）投资方式的选择，需根据投资者本人的情况而定。一般来说，投资者应用一部分资金做中长期投资，用一部分资金做短期投资与投机，以训练自己的投资技能。如果投资者没有充裕的时间用于证券投资，那就应该选择中长期投资。如果实在没有时间，还可以投资于基金，让投资专家代理操作。

（4）投资对象的选择，就是选择证券。这包括两个层次的选择：一是选择证券类别，即是投资于债券，还是投资于股票，抑或投资于基金。二是选择证券品种。如果投资于债券，是选择国债、金融债券还是公司债券，以及选择哪个公司的债券；如果投资于股票，是选择成长股、绩优股还是选择概念股。

（5）进入时机的选择比买卖何种证券更重要。证券投资技术分析有助于正确选择买卖时机。好的开始是成功的一半，介入时间选得好，就算选的股票稍差一些，也会赚钱；介入时机不当，即使选对股票，也会被套牢。

证券投资者通过搜集、整理、分析资料，可以建立对证券投资的感性认识，熟悉证券市场的运作程序，了解证券市场的行情趋势，体验证券市场的人气状况，感受证券市场价格的起伏波动，了解上市公司的经营状况，选择证券品种，确定进入股市的时机。

投资者在制订证券投资计划时，还必须明确当时的投资环境和自身条件。最重要的是，客观地评判自身风险承受能力的强弱，据此确定投资对象，把握投资方向，合理分配资金和安排时间，选择投资策略，实现风险与收益的最佳组合。

进行一项投资决策，在制订计划时，通常应考虑以下三方面：对市场与个股走势的认识、对自己操作上的优缺点的认识、是否掌握必要的交易策略。当市场上大多数人都看好后市并全仓买入的时候，往往是市场人气耗尽、股价即将下跌的时候。投资大众通常是错的，大部分人都赚不到钱，偏听偏信进行投资非常危险。

四、选择投资对象

证券市场上的证券琳琅满目，初入市场者常常面对市场上的数千只债券、股票不知从哪里下手。为了能够成功地进行证券投资，投资者必须学会沙海里淘金，正确地选择投资对象。

（一）选择投资对象时应遵循的原则

为了做出正确的投资选择，投资者在选择投资对象时应遵循以下四个原则：

（1）安全性，即确保投资本金的安全。一般而言，投资的收益与风险是成正比的。但不论怎样，进行证券投资时，一定要充分考虑各种不同证券的安全性，在收益最大化的前提下尽可能选择风险最小、安全性最高的证券，或在风险小、安全性高的前提下尽量选择收益最高的证券。

（2）收益性，即投资者能从证券投资中获得预期收益。获取收益是投资者的投资动机，投资者所选择的投资对象必须能使预期的收益达到最高。

（3）增值的潜在性，即增值性。投资者应投资于能使自己的资本不断增值的证券。

（4）变现性，即投资者应选择变现能力强的证券，以利于投资者在市场或所购买的证券本身出现不测的情况下将证券尽快脱手。

（二）选择投资对象的要点及途径

1.投资对象的选择要点

（1）关注公司的盈利情况。公司利润是影响股价的重要因素，股价随着公司的盈利能力而波动。

（2）购买第一流公司的股票，即绩优股票。投资者应从公司的税后利润多少、发展基础和前景等诸多方面加以综合考虑。

（3）购买被低估价值的著名公司的股票。许多专家认为，一般投资者要在股票市场获胜，最好是购买低估价值或不受欢迎的著名公司的股票。经济不景气时，这类公司很多，投资者应深入研究，从中抓住机会。

（4）应注意公司的管理水平与科技创新情况。很多公司常因其主要政策而影响将来的成长性。如果一家公司有优秀的管理人员，对公司将来的成长将具有莫大的影响力。公司的成败主要取决于管理的好坏。在充满竞争的现代社会，每家公司对科技创新工作都非常重视，近几十年来最成功的公司都是靠开发新产品和技术创新而飞速发展的。

（5）要重视商标、商誉和专利权等无形资产的价值。世界上有许多公司因专利和商标而享有无法估价的资产，有些公司也正是靠产品的专利而快速发展起来的。

（6）注意观察股东的构成情况。如果公司的股票被许多金融机构所拥有，这对公司的财务有很多好处。因为当公司需要筹集资金时，股票很容易出售给这些金融机构，特别是股票被许多有名气的金融机构所持有时，会提高公司的声望；同时，这些金融机构也将给公司在管理和财务上以有力的支援。

以上是选择投资对象时应注意的几个基本要点。当然，在购买证券之前首先要观察整个市场的趋势，其次要分析个别公司的发展现状及将来的前景，最后再根据上面的要点来选择股票。

除了这些要点之外，投资者还要观察公司股价的涨跌与其盈利的关系，进而研究公司股价与整个证券市场涨跌的关系，并分析、比较公司利润与同行业企业利润的高低。

2.投资对象选择的基本途径

（1）利用券商和机构投资者。券商是专业投资者，他们对上市公司一般有专门的研究，经常能比较准确地找到绩优公司。所以，许多普通投资人都依赖券商的推荐，但利用券商时应当注意：①券商推荐的上市公司通常是针对普通投资人的，未必适合某一投资者的要求。也许你想做长线投资，而券商推荐的却是只能做短线交易的股票；或者你想比较稳妥地投资，而券商推荐给你的却是高风险的股票。另外，你应当随时想到券商推荐的投资对象不只是推荐给你，还推荐给其他客户，这虽是简单的常识，却经常会对股市产生戏剧性的效果。②券商也未必能够一直推选绩优公司；相反，根据国外的研究，许多券商推荐的股票的正确率低得令人难以置信。

(2) 利用上市公司内部的有关人员。如果你能结识上市公司内部的有关人员，他们至少可以给你提供一些你所需要的真实资料。当然，在你向这些人员咨询时，应当在法律允许的范围内进行。如内幕交易之类的活动，在世界上的任何股市都是禁止的。

(3) 向上市公司的有关部门咨询。上市公司通常都设有专门机构或由专人负责本公司股票的市场流通，其中包括向股东提供必要的情况说明。

(4) 阅读上市公司的财务报告。上市公司必须按规定定期向股东和公众提供真实的财务报告。通过上市公司的财务报告，我们可以了解该公司的历史演变及发展前景，以及有关公司发展的重要事项。

(5) 参观公司总部。这可以从上市公司取得直观和感性的材料。如果公司总部生机勃勃，你会看到公司光明的前景；反之，如果公司总部人浮于事、机构臃肿、办事拖沓，该公司怎能在竞争中取胜？

(6) 观察产品市场。业绩优良的公司总是表现为产品的畅销。没有畅销产品的公司不会是兴旺的公司。如果你在一些知名的大商场中发现某上市公司的产品很抢手，而且不断有热门的新产品推出，那么购买该公司的股票准能赚钱；不过，畅销产品必须是上市公司的主导产品，有些上市大公司经常生产几种乃至几百种产品，如果畅销产品仅是公司中无足轻重的项目，那么它再畅销也左右不了公司的局面。

(7) 留心各种广告。现代社会中广告是产品销售的重要手段，没有成功的广告，再好的产品也有可能夭折。广告代表着公司的形象和力量，因此，投资者平时多留心一下各种广告，对投资选择也将大有帮助。

(8) 考察上市公司的售后服务。售后服务是维持企业良好形象的重要基础，没有良好的售后服务，等于自断生路。因此，深入考察上市公司的售后服务质量也有助于鉴别其股票优劣。

知识链接 8-2

选股技巧

技巧一，不同的大势有不同的选择。升势的时候选择板块类个股；盘整的时候突破的个股比较好；跌势的时候不要做板块，即使做了，那些除了龙头股以外的个股也不会跟着被带上来。

技巧二，选择龙头股。假如在领头的股票身上赚不到钱，又怎能奢望在别的股票身上赚钱呢？即使要做整个板块，也会有一只筹码比较集中的作为领头羊。同样，即使是超跌反弹等行情，也都是有筹码最集中的。

技巧三，尽量在尾盘买。这样，一天的图形做完了，可以简单地看出其意图而不会被迷惑。

技巧四，不要被大阳线吓倒。涨幅居前的股票总有几只在明后天还会好的。

技巧五，参考大盘。大盘的分析比个股简单得多，牛市阳多阴长，熊市阴多阳长。

技巧六，不要相信“越跌越买”的言论。经过风险的量化可以发现，越跌越买比越涨越买的风险大得多。如果跌到止损位，要果断卖出。

技巧七，顺势而为。顺势而为，但要明白物极必反的道理，涨了五六天的股票明天还会涨的可能性较小。成交量、换手率相对较大也是非常重要的，建议买当天换手率达到15%～20%的股票。这关系到资金量大的投资者在获利后是否可以顺利出局。

五、选择买卖时机

投资者确定了证券品种后，下一步最重要的事项就是选择买卖证券的有利时机。由于高质量证券并不一定意味着高收益，证券投资收益率随证券价格的升降而沉浮，因此投资者应选择证券价格被低估时买进，而在证券价格被高估时卖出，使投资组合始终处于有利状态。

（一）确定证券买卖时机的方法

（1）目标价格法。选择买卖证券的时机最常用的方法是确定各种股票的目标价格。投资者可先根据自己对各种证券内在价值的估计确定买进的目标价格，当证券价格跌到这个事先确定的价格水平时就买进该证券；然后再确定卖出的目标价格，当证券价格上升到这个卖出价格水平时就卖出该证券。

目标价格法主要用于从证券价格围绕证券价值上下波动的变化中赚取价差收入的情况。由于有基本分析做后盾，目标价格法较为科学。但这种方法的要求较高：①投资者必须进行全面的基本分析；②投资者要有足够的耐心等待市场供求关系发生变化；③投资者必须根据情况的变化不断调整目标价格。由于市场行情千变万化，投资者根据目标价格买卖证券时，上市公司的情况可能已发生重大变动，导致原来确定的目标价格不再合理。

（2）分次购买法。它能够通过分次购买同一种证券的方式来消除一次购买时价格过高的风险。分次购买法主要在进行长期投资时使用。它包括等额购买法和等股数购买法。

等额购买法指每次购买同等金额的证券。它可使投资者持有证券的平均成本低于市场的平均水平，因为购买金额固定，股价上升时购买股数少，而股价下降时购买股数多。等股数购买法指每次购买相同股数的证券。由于购买的股数相同，在证券价格上升时需支付较多的资金，而在证券价格下降时支付的资金较少，故购买证券的平均价格往往较高。

（二）买入时机和卖出时机的选择

1.买入时机的选择

买入时机一看大势，二看价位，而且价位的高低直接影响收益率的高低。但从时机和价位两者比较看，时机较价位重要。买入时机的选择可参考如下：

（1）股市下跌一段时间，长期处于低潮阶段，但已无大幅度下跌之势，而成交量却突然增加，此为“做底”阶段，可以逢低买进。

（2）股市处于盘整阶段时，不少股票均有明显的高档压力点和低档支撑点可寻求，在股价不能突破支撑线时的价位购进，在压力线价位卖出，可赚短线之利。

（3）当利空消息频传、经济上各种悲观的论调出笼、经济前景极为暗淡时可买入。因为此时股票乏人问津，投资风险较大，投资人望而却步，持股者慌忙抛售。如果股市中尚有一部分人持乐观态度，说明时机不够好，低价之下还有低价可寻，投资者可以积蓄力量；当股市中人人都持悲观态度时，可买进第一批股票；当股市处于整理阶段时，可买入第二批股票。分批购入进可攻、退可守。

(4) 股价或股价指数的技术形态甚佳时，可配合成交量值向上突破之际积极购进。成交量与股价相配合时，成交量增加，股价必上涨，如能在低档时先人一步介入，获利必厚。虽偶有大户从事“骗线”操作，但一般少见，且有停损点，使自己亏损有限。

知识链接8-3　如何把握购买股票的最佳时机

一、平台突破

股价横向整理，涨跌幅很小，形成K线平台。如果长期横向整理，5日、10日、20日均线就会交织在一起，近乎一条直线。如果时间较短，那么5日、10日、20日均线在横向整理末期三线合一。此时，如果K线突破平台上轨，成交量放大，收盘价在上轨之上，同时MACD和RSI指标中没有出现顶背离现象，就可以买入。

二、颈线突破

股价震荡盘整，呈现箱体走势，沿箱体上轨形成颈线，股价下跌，之后走出双底、三重底、多重底、头肩底、圆弧底等底部形态。股价运行至颈线处并形成有效突破，收盘时股价在颈线之上，此时若MACD指标各时间周期的各要素都在0轴上方，且数值不是偏离0轴很远的话，便是较好的买入时机。

三、庄家洗盘

庄家洗盘，目的是继续吸筹，降低拉升阻力。其手段是制造剧烈震荡，震出免费“坐轿搭车”的其他投资者。K线表现是：破坏拉升行情所依托的技术指标系统，即均线系统或上升通道。庄家洗盘行为会导致股价跌破原有的均线支撑，形成新的均线支撑，或跌破通道下轨形成新的支撑。识别洗盘、出货的简单方法是，洗盘时会出现大幅跳水，而出货则不然。前者会在下跌时与均价产生较大距离，此时可以买入。

四、突破阻力位

当股价运行至阻力区域时，如能继续放量，强势的上行突破阻力位并站稳阻力区域上方，阻力区域则成为支撑区域，筹码没有分散，筹码获利比例在90%以上，平均成本在股价下方10%左右的话，就可以买进。

五、均线上穿并确认

5日、10日、20日均线是股市操作中的3条关键均线，与其他均线一起构成均线系统，对投资者买入、卖出股票具有重要的参考作用。5日均线上穿10日均线，是买入信号，激进的投资者可以介入。因为没有进一步确认，需做好止损。5日均线继续上穿20日均线，是对前一买入信号的初步确认，可以继续介入。如果10日均线金叉20日均线，是对前期买入信号的再次确认。

六、上升缺口回补止跌

出现K线缺口，意味着原有趋势将持续下去，该涨的会继续涨，该跌的会继续跌。当上升缺口因获利回吐而回补缺口时，如果停止下跌，然后刚刚开始放量强势上攻就是买入时机。但此时需要警惕，如果回补缺口后继续下跌，则表明原有趋势发生反转，必须及时止损。

七、早晨之星

股价下跌过程中出现早晨之星，表明市场可能见底回升，可适宜介入。早晨之星是重要的转势K线形态，表示原有跌势的终结，取而代之的是后市升势的出现。需要注意的是，投资者需要利用MACD指标的柱状体和成交量放大来确认早晨之星。

早晨之星是启示后市见底回升的阴阳K线组合形态，一般由3个交易日的3根K线构成：第1个交易日，股价继续下跌，恐慌性抛盘致使长阴K线产生；第2个交易日，股价跳空下行，跌幅不大，实体较短，形成星的主体，可以收阴，也可以收阳；第3个交易日，K线收阳，股价回升，收复第1个交易日大部分跌幅，看涨信号明显。

八、多头排列，缩量回调

5日、10日、20日、60日、120日均线呈多头排列，形成上升趋势。上升趋势中的任何一次缩量回调，都是较好的买入时机。当然，回调至哪条均线为宜，必须结合个股和大盘走势确定。需要说明的是，在多头排列中，只要在同一上升趋势中没有发生顶背离现象，可以随时在其放量止跌启涨时介入。

2.卖出时机的选择

选择适当的时机出售证券是投资成功的重要条件。选择证券出售时机可依据下列原则：

（1）当某种证券不再符合投资者的投资目标时，就可卖掉证券。股市行情和投资者的个人情况都在不断地变化，这就要求投资者不断根据变化调整投资组合。

（2）当市场上股价上升到历史最高水平时，就卖出股票，即“买低卖高”。但实际操作中，投资者在股价上涨时信心增强，不知适可而止；而在股价下跌时“世纪末心理”越发浓厚，不知在股价跌至谷底前买进。

（3）当投资者预期某种证券不能再提供令人满意的收益率时，就卖出该证券。

（4）如果有更好的机会可供选择，可卖出手中的证券。

如果出现下述现象，投资者可以卖掉股票：①从整个股市行情来看，股价走势到达高峰，再也无力继续攀升时；②重大利空因素正在酝酿时；③发觉有大户暗中出货时；④出现很多高价股的同时出现廉价股，而且很剧烈地变动着；⑤经常创下打破成交额的纪录，而且连冷门股都猛涨；⑥低价股的增资与转换公司债增加而造成股市的“繁荣”等。如果投资者失去这些时机，则必须期待第二次卖出的机会。下跌的股价，通常在一个月内，最迟在两三个月内，便会恢复到涨价部分的1/2，有时甚至恢复到2/3，这种情况一般叫“中间反弹”。

此外，投资者最好先制定出一个令自己满意的“卖价目标”，不可妄想自己持有的股票会一枝独秀地暴涨。

延伸阅读材料8-2　投资就是抓时机

巴菲特曾经说过：“45年前我看到机会却没什么钱，45年后我有钱却找不到机会。”在他看来，投资就是把握时机。当机会来临时，巴菲特会敏锐地捕捉到这种“赌注”。

他说："你要发现你生活与投资的优势所在。当机会来临时，如果你对这种优势有充分的把握，就要全力以赴，孤注一掷。"

2003年4月，亚洲地区"非典"肆虐，很多投资者对投资中石油公司犹疑不定，而巴菲特却从危机中看到了机会，大胆出手买进了中石油的股票。从2007年7月12日开始，巴菲特陆续抛售中石油股票。到2007年10月，巴菲特从投资中石油中狂赚了28亿港元。这次投资是巴菲特投资生涯中经典的成功案例。

如果仔细分析巴菲特这次投资成功的原因，你就会发现他在投资之前对中石油的内部和外部环境做了详尽的分析，并把握住了最好的投资时机。

首先，2003年4月，中石油的股价非常低，而中石油的内在价值很高，因此它的股价必定有一个非常大的上升空间，这个时候可谓最好的购买时机。

其次，巴菲特在买进中石油的股票之前，对该公司进行了详尽考察，认真研读了相关的财务报告，发现中石油主要从事石油及天然气的勘探、开发、生产及销售，原油及石油产品的炼制、运输、储存和销售，其他石化产品的生产及销售，以及天然气的输送及销售。其中，天然气与管道业务是中石油重点发展的业务，并很有可能成为公司未来盈利增长的动力。更重要的是，巴菲特得知中石油通过一系列收购，稳步拓展了海外市场，并初步表现出强劲的发展势头。

此外，亚洲是当时全球经济最活跃的地区，而中国又是该地区的经济引擎。随着中国经济的快速增长，石化、钢铁、电力等基础性行业将直接受益，而起步较晚的金融服务、汽车等行业也将快速发展。从这个角度上看，只要长期投资中石油，就能在未来获得丰厚的利润回报。因此，巴菲特对这次投资充满了信心，他把握住了机会，最终得到了财富之神的眷顾。

任务二　运用正确的证券投资操作技巧

任务描述

本任务的主要学习内容是认知证券投资的主要操作技巧，能根据证券市场和股价变化的实际情况，熟练应用各种操作技巧来控制投资风险、提高投资收益。

知识准备

一、不同市场行情的操作技巧

（一）牛市阶段的操作技巧

1.牛市阶段的盘面特征

牛市是指买方力量强劲、股价连连上扬、股市普遍看涨的市场行情，亦称多头市场。其盘面特征如下：

（1）人气旺盛，交投活跃，成交量明显持续放大。

（2）月线、半年线和年线均以45°以上的角度向上运行。

（3）股指紧贴月线向上运行（月线拐头或股指运行至月线下方时，牛市行情结束或行情需要调整）。

（4）股指即便调整也始终在年线上方运行。

（5）牛市阶段需要调整时，股指回落到半年线或者年线附近就将企稳并再次上行。但是，如果股指以井喷方式暴涨，由于投机过度，半年线和年线均远离股指，故半年线和年线均不可能再有支撑点。

（6）一轮牛市行情一般在3个月左右，大牛市行情可以跨年度达一年以上；弱市中的井喷行情仅可维持一个多月。

（7）牛市行情一旦启动，个股一般都有一倍以上的升幅，井喷行情有两倍以上的升幅。

2.牛市阶段的具体操作技巧

在股票投资中，每位投资者都希望牛市能一直持续，然而，股票市场是不以人的意志为转移的，股市的上涨和下跌必然会导致牛市和熊市的出现，但是牛市也不一定会盈利。在牛市中，投资者也要掌握一定的操作技巧，这才是获利的关键。经过投资者们多年的经验总结，针对牛市的操作技巧主要把握以下几种：

（1）牛市行情一旦爆发，大量资金蜂拥而入时，必须敢于重仓跟进，仍采用三分之一仓位或半仓操作者，收获肯定有限。

（2）一旦重仓介入，就要坚定持股，不要稍有震荡或稍有获利即抛股走人。

（3）牛市操作，必须敢追领涨股，不怕连涨3个涨停板，只怕你不敢在涨停板上排队。

（4）牛市操作，强者恒强，不能孤立地等待回档再介入，而要顺应时势，该追的坚决追，该观望时则观望。

（5）牛市操作，技术指标大多处于“失灵”状态。涨了还涨，连涨近5个涨停板的情况并不少见。

（6）牛市操作，散户要以“我是主力”的角色换位来揣摩、预测大资金的动向，不能仍站在小散户的立场上为打一点差价而忙碌。

（7）牛市操作，个股都有机会，不可见异思迁，频追热点，结果顾此失彼，赚指数不赚钱。

（8）牛市操作，人气是股价的翅膀，人气越旺，股价越高。但如果分析时太过理性，常用市盈率做选股标准，往往抓不到“大黑马”。

（9）牛市操作，热点多，转换快，一天几十个涨停板是正常现象，领涨股不翻番，坚决不松手。

（10）牛市操作，升幅大而快，“一天等于两个月”，不轻言见顶、不轻言调整。

（二）熊市阶段的操作技巧

1.熊市阶段的盘面特征

熊市是指卖方力量强劲、股价连连下挫、股市普遍看跌的市场行情，亦称为空头市场。其盘面特征如下：

（1）人气低迷，交投甚少，成交量极度稀少。

（2）股指、月线和季线（一般为12周）均以45°左右的角度向下运行。

（3）股指紧贴月线向下运行。

（4）股指即便反弹，半年线附近即为反弹高点。

（5）熊市阶段后期，股指在见底以前的一段时间内没有反弹。

（6）熊市下跌途中的反弹行情，一般为一个多月，短命的弱势的反弹行情仅维持一周以上。

（7）大熊市下跌的幅度可达70%～80%，小熊市也可能有30%～50%的跌幅。

（8）上涨角度陡时，下跌的角度也陡，下跌走势更凶猛。

（9）步入熊市后，下跌一般走半年左右，大熊市可以跨年度甚至达几年。

2.熊市阶段的具体操作技巧

我国股票市场自1990年12月建立以来，经历了多次大盘暴跌，投资者也在经历了巨大的损失后，总结出了下面几个熊市阶段的操作技巧：

（1）板块或个股会轮涨、补涨是牛市的特征，板块或个股会轮跌、补跌是熊市的特征。即使是绩优股和高成长股也照跌不误，因为“覆巢之下安有完卵”，所以熊市要清仓，而不要抱侥幸心理。

（2）牛市进场、熊市放假，以免手痒乱动，因此熊市尽量不要操作。

（3）在熊市中操作，需要高超的短线技巧，而且利润十分有限，因只能靠抢反弹，稍不及时退出就要长期被套，所以熊市操作劳心费力，往往还得不偿失。

（4）在熊市保住本钱为第一位，赚钱为第二位。如果参与操作，应持少量仓位，满仓杀进失败的概率极高。

（5）熊市中，下影线指向哪里，以后会到达哪里。

（6）熊市中每一次带量的反弹，都是出货的机会。

（7）在熊市中，投资者的板块组合应紧跟热点走，市场中耐不住寂寞的资金在适当时机总会营造熊市中的短暂牛市板块行情。投资者只能用一半的资金参与，并要在热点板块上捕捉战机，特别是以不同时期热点板块中的龙头股为重点突击对象，快进快出。因为在大盘趋势整体向淡的时候，在貌似呈强的形态后面，往往蕴含着更大的风险。

（8）熊市中的择股标准：①庄股，可能逆市表现；②两次触及30日均线而不破；③没有经过快速拉升。

（9）熊市中，高价股一般没人要，炒作主要集中于低价股。

（10）在熊市末期，即经过持续下跌的一大段时间后，要重视利多传言，反看利空传言。因为此时市场几乎全是套牢盘，不会轻易割肉，庄家会编造各种利空传言，以引诱散户恐慌抛股，所以不要相信空头市场末期的坏消息。

（11）利空出尽是利多。经过连续下跌与急跌后的熊市末期，再听到大的利空消息时，就要果断建仓。

（12）当大多数人都失去信心的时候，就是新一轮上涨的机遇。

（13）周K线运行的转折点通常发生在黄金比率时间。单边下跌5周、8周、13周、21周、34周前后变盘的概率最高，都可能发生逆转，宜特别关注。

延伸阅读材料8-3 A股历次牛市、熊市历程表

截至2019年年底，中国A股市场已经成立了29年，这期间经历了数次牛市、熊市。从表8-1中，我们可以清楚地看到A股市场每一次牛市和熊市发生的时间段及日后涨跌幅，以便为投资者总结在牛市和熊市中应采取的不同投资策略及操作技巧。

表8-1 我国A股市场牛市和熊市历程表

牛市/熊市	时间段
第1次牛市	1990年12月19日96点-1992年5月26日1 429点（一年半后+1 380%）
第1次熊市	1992年5月26日1 429点-1992年11月17日386点（一年半后-73%）
第2次牛市	1992年11月17日386点-1993年2月16日1 558点（3个月后+303%）
第2次熊市	1993年2月16日1 558点-1994年7月29日325点（17个月，-79%）
第3次牛市	1994年7月29日325点-1994年9月13日1 052点（一个半月，223%）
第3次熊市	1994年9月13日1 052点-1995年5月17日577点（8个月，-45%）
第4次牛市	1995年5月18日582点-1995年5月22日926点（3天+59%）
第4次熊市	1995年5月22日926点-1996年1月19日512点（8个月，-45%）
第5次牛市	1996年1月19日512点-1997年5月12日1 510点（17个月，194%）
第5次熊市	1997年5月12日1 510点-1999年5月17日1 047点（两年，-33%）
第6次牛市	1999年5月17日1 047点-2001年6月14日2 245点（两年多，114%）
第6次熊市	2001年6月14日2 245点-2005年6月6日998点（4年多，-55.5%）
第7次牛市	2005年6月6日998点-2007年10月16日6 124点（两年半，513%）
第7次熊市	2007年10月16日6 124点-2008年10月28日1 664点（1年，-73%）
第8次牛市	2008年10月28日1 664点-2009年8月4日3 478点（9个多月+109%）
第8次熊市	2009年8月4日3 478点-2012年12月4日1 949点（3年多，-39%）
第9次牛市	2012年12月4日1 949点-2013年2月18日2 444点（14个月14天+23.56%）
第9次熊市	2013年2月18日2 444点-2013年6月25日1 849点（4个多月，-19%）
第10次牛市	2013年6月25日1 849点-2013年9月12日2 270点（两个多月，15%）
第10次熊市	2013年9月12日2 270点-2014年3月12日1 974点（6个月，-11%）
第11次牛市	2014年3月12日1 974点-2015年6月12日5 178点（一年三个月+162%）
第11次熊市	2015年6月12日5 178点-2016年1月27日2 638点（7个月15天-49%）
第12次维稳慢牛	2016年1月27日2 638点-2018年1月29日3 587点（24个月整-26%）
第12次熊市	2018年1月29日3 587点-2019年1月4日2 440点（11个月6天-32%）

（三）盘整、震荡市的操作技巧

1.盘整市的操作技巧

盘整市是指股价起落不大、股市前景暧昧的市场行情。其特征是交易萎缩，观望气氛浓重，股价难以出现令人心跳的波动。

在盘整市中，大量的股票涨跌空间均不大，股指上下两难，但股指的相对平稳并不意味着板块的沉寂，也不意味着个股的风险均已降低。在盘整市中操作应注意以下几点：

（1）多看少做，善于休养生息，利用盘整行情多做些研究，以待行情明朗之时有备而上。

（2）注意政策导向，多研究近期和下一阶段政策面的动向及给相关板块可能带来的影响。

（3）操作上以短线为主，获利就跑，绝不恋战。

（4）多关注那些业绩优良、严重超跌处于价值洼地但近期逐步放量的中低价个股，尤其是生不逢时、上市一路下跌后盘稳的次新股。

（5）人弃我取，人取我予，不追涨杀跌，高不贪，低不惧。盘整市操作要用相反理论。例如，有些质地不错而股价跌幅已深或两三年没有较佳表现的股票，可趁低买进；而有些质地不佳近期已连涨几天的股票，应趁高卖出。

（6）在盘整市中，许多短线技术指标提示往往是颠倒的。主力出货前，可以把图形做得好看些，如做成欲上攻状，诱使一些功力不深的投资者跟进，散户一进去，主力就“派发”。有些基本面不错又长期超跌的股票，则很容易被庄家选中，短炒一下。但主力进货前，往往把图形做得极其难看。因此，切忌心浮气躁、频繁进出，宜耐心等待风水轮转。

（7）顺应政策导向，长线眼光选股，适当滚动操作；关心当前的宏观面和政策面，选择国家政策扶持的产业，获利的机会无疑要大得多。

（8）捕捉热点板块时要敏锐迅捷。因为在盘整市下，不同板块之间的短期轮动现象加剧。其操作方法是：突然急涨不追，无故急挫不杀；连拉阳线获利了结，连续暴跌分批买进。

2.震荡市的操作技巧

震荡市是指股价跌宕起伏、股市前景不明的市场行情。其特征是短线投资增多，市场人气不稳，股价大起大落。在震荡市中操作应注意以下几点：

（1）如果是由宏观基本面、政策面的利空引起的震荡，时间会比较长，幅度会比较大；如果是由供求面、市场面引起的震荡，时间不会太长，幅度也不会太大。

（2）一轮行情的序幕、发展、高潮与结束，普遍要经历筑底吸货的震荡阶段、拉升途中的震荡阶段、高位出货的震荡阶段和下跌途中的震荡阶段。不同阶段的震荡在操作上应用不同的方法。

（3）震荡市中很重要的一点是心态要稳。如果大盘可能有较大幅度的下跌，就是觉得很好的股票也不可以买。如果大盘可能震荡，一定不要心急，要看看股价的运行通道和支撑点在哪里，在通道的中轨以上不买，只可逢低吸纳。

买入股票之后一定要设置止损点，只要在止损点之上，就一定要有耐心，要有进二退一的思想准备，只有持有一段时间才会有利润空间。在震荡市中，只在均线附近吸纳，只在历史支撑位附近吸纳，只在通道下轨吸纳。

（4）不要有短期速富心理，如对大盘趋向无把握，可先观望。

（5）在震荡市中，单边上行的个股较少，操作上可采取低吸高抛，即跌多进货、涨多出货的战术；盈利的期望值不要太高，若在短时间内获利10%，或碰到涨停板，就应先落袋为安。因为短线较大的升幅意味着风险即将来临。

（6）在震荡市中，不明朗因素较多，波幅巨大，控制好仓位十分重要，这时最好采取半仓投资法。

（7）在震荡市中，要买强势股，买有基本面支持的抗跌品种，买每天有量、有强主力在其中的个股。如在震荡下跌中保持横盘整理或小幅盘升状态的个股，说明主力实力较强，一旦大市转好会有上佳表现。

（8）在震荡市中，市场上总体以过渡性热点为主，难有明显而持久的板块效应。此时市场有炒新、炒低的偏好，关键要踏准市场起伏的节奏，紧跟新的热点，可追逐长期筑底、从底部启动的热点板块。当领涨的热点接近顶部，大盘又滞涨时，行情即将结束，即追逐热点要快进快出。震荡市的特征是热点转换极快，个股行情只有一两天。

（9）低位震荡时要坚定持股，不为小利卖出。主力建仓后，为了不在拉升途中耗费太高的成本，必然要进行一次或几次的震荡洗盘。若发现成交量极度萎缩，KDJ和RSI指标在20以下，指数受压于各均线，各种指标均呈底背离状态，扩容节奏放慢，利好政策不断，就应持筹不动，越跌越买。

（10）中位震荡时要灵活操作。此时进入波段中位，主力为了节省拉升的成本，必然要制造震荡，使意志不坚者低抛筹码，再在拉升中去追高。

（11）高位震荡时要果断退出。当股指或个股长时期大幅度拉升后，已接近顶部区域，主力为达到出货的目的，必然会散布利好消息，或以重大利好事件在后为由，营造股市将要大涨的气氛。而主力乘机在高位震荡中或拉高，或拉平台，或压低大量“派发”手中的获利盘。

在高位横盘阶段，散户往往会被热闹的补涨行情所吸引，不去比较盈利和风险的概率哪个更高一些。投资者若发现放巨量，KDJ和RSI指标在80以上，指数远离5天、10天、20天均线之上，扩容节奏加快，就应逢高果断卖出。当大盘破位下行时，应不顾一切地卖出手中的所有筹码，以避免即将到来的连续长阴的巨大损失。

（12）下跌休息区震荡时要忍住冲动。从顶部下跌，往往会出现一个下跌休息区或中途整理区。这个阶段同样震荡剧烈，如贸然去抢反弹，可能在次高点上被套牢。这时应逢高继续“派发”手中的筹码，哪怕是割肉筹码。即使发现逆势个股，也不能参与，因为逆势庄也很难做。因此，除非是在整轮行情走下降通道、现处于底部启动阶段，并且有可能成为下一波市场热点的逆势牛股，才能适当买入。但在大盘止跌之前，这类股一般也涨不高。

二、基本风险的控制技巧

（一）止损技巧

所谓止损，是指停止损失，由于证券行情复杂多变，投资者之所以买入某只股票，是因为看好这只股票的后市，认为其要上涨，但实际情况未必是这样；在投资者买入股票之后，股票价格的变化有三种可能：上升、下跌和盘整。为了锁定自己的损失，投资者可以在买股票之前给自己设定一个止损价位，一旦股价跌至该价位时，立即卖出。

1.在什么样的情况下需要止损

止损在股市中被称为割肉，这足以表明止损对投资者来说是非常困难的一件事。止损最大的好处就是用小部分的损失换来投资者账户较强的流动性，止损后意味着投资者还持有现金，还有可能抓住下一次股价上升的机会；如果不止损，则当股价再上涨时，投资者由于资金被套而只能“望涨兴叹”。

但并不是所有情况下都需要止损，就我国证券市场而言，对采取长期持有策略的投资者来说，如果其买入、持有的价位比较低，可以考虑不止损；而对采取短期交易策略的投资者来说，则一定要学会止损，并且要坚决止损，以等待下一次的上涨机会。

2.如何止损

止损的关键在于止损价位的确定。确定止损价位的方法有很多，不同的投资者有不同的选择，比较常用的方法有百分比法、均线位法、整数价位法和关键点位突破法等。

（1）百分比法。它是指投资者确定一个止损的百分比，如10%、20%等。假如该投资者以10元的价格买入某只股票，他选定的止损百分比是10%，那么，他的止损价位就是9元（10×（1－10%））。也就是说，当股价下跌到9元时，该投资者要卖出股票止损。

（2）均线位法。它是指投资者以移动平均线位作为止损依据，如30日均线、20日均线。假设某投资者设定以30日均线位为止损位，即当股价向下跌破30日均线时，该投资者就要卖出止损。

应用实例8-1　如何止损

某投资者在2017年5月24日以每股18元的价格买入强生控股，该投资者理想的止损价位是10%，因此，他将止损点设为16.2元（18×（1－10%））。在该投资者买入该股之后的第三个交易日，股价开始下跌，至5月31日，股价一举跌破16元的整数关口，最低探至15.2元，当天收于15.8元。该投资者于当天卖出止损，卖出价为15.9元，每股实际亏损11.7%（不考虑交易费用），这就是百分比法止损。从图8-1中可以看到，投资者也可以采用均线法止损。如果采用这种方法止损，那么投资者要在百分比法止损日后的第二个或第三个交易日卖出股票。

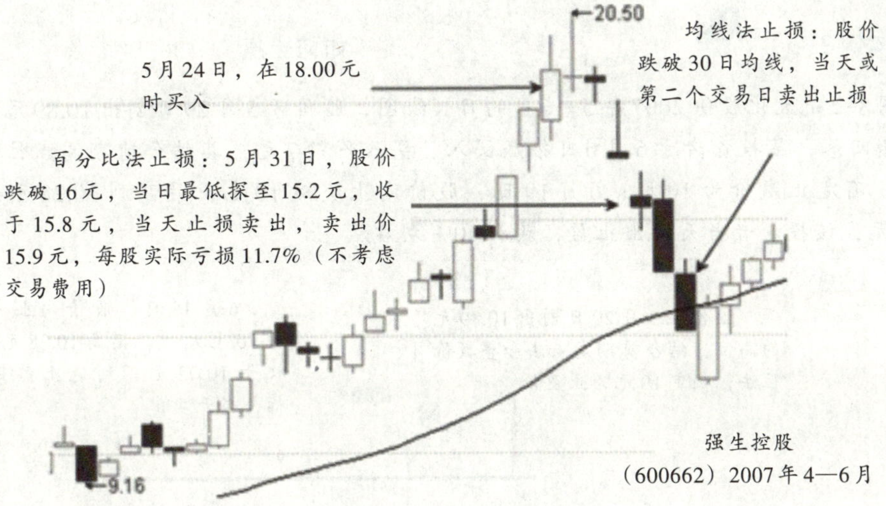

图8-1 强生控股2017年4—6月的日K线图

（3）整数价位法。它是指投资者以某个整数价位作为止损价位。如某投资者以6.8元/股的价格买入某只股票，他可以将止损点位设为6元。

（4）关键点位突破法。它是指投资者以某个关键的价位被成功向下突破为信号卖出止损。这里的关键价位既可以是前期支撑位，也可以是重要的心理关口，由投资者根据实际情况自行确定。

当然，确定止损价位的方法还有很多，但无论投资者采用何种方法确定止损价位，都要建立在对大盘走势准确、客观地研判和把握的基础上。

（二）止盈技巧

所谓止盈，就是投资者在事先确定好的赢利目标位卖出股票以确保赢利。大多数投资者认为止损是理所应当的，但对止盈却不太了解。事实上，止盈与止损同样重要，投资者必须树立止盈的意识，学会在恰当的位置获利了结，确保投资的胜利果实。止盈的关键也在于止盈价位的确定，较常见的方法有以下几种：

（1）百分比法，即确定期望获利的百分比。如某投资者以10元/股买入某只股票，其期望的盈利目标是20%，因此，当该股股价上涨到12元时，该投资者获利了结。

（2）形态法。在前面提及的各种反转形态和持续形态中，部分形态具有预测股价运行目标的功能，如W底，当股价向上突破颈线时，其预期的第一目标位的高度与W底的底到颈线的距离相等。因此，如果投资者在W形态中的股价突破颈线时买入，其可以将止盈价位设在股价运行的第一目标位上。

（3）整数价位法，即确定某一整数价位作为止盈价位。如某投资者在5.6元时买入某只股票，其可以将止盈价位设为7元。

（4）前期高点法。一般来说，前期高点是后期的压力位，因此将止盈价位设在略低于前期高点的位置也是一种比较实用的止盈方法。

当然，确定止盈价位的方法还有很多，与投资者确定止损价位时一样，止盈价位的确定一定要建立在投资者对大盘走势准确、客观地研判和把握的基础之上。

应用实例8-2　　如何止赢

图8-2是太化股份2007年5—6月的日K线图，股价于5月29日创出10.89元的高位后迅速回落，某投资者于6月6日抄底买入，买入价约7元，其结合前期高点位和整数位法，确定止赢价为10元；6月19日，股价向上突破10元，最高到10.28元，收于10.02元，该投资者当天卖出止盈，获利40%左右。

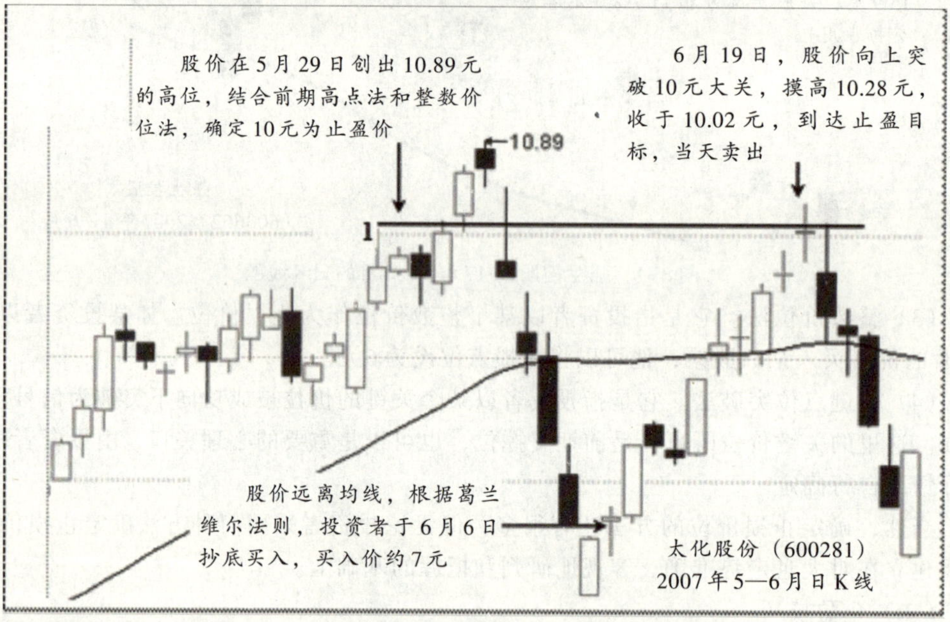

股价在5月29日创出10.89元的高位，结合前期高点法和整数价位法，确定10元为止盈价
10.89
1
6月19日，股价向上突破10元大关，摸高10.28元，收于10.02元，到达止盈目标，当天卖出
股价远离均线，根据葛兰维尔法则，投资者于6月6日抄底买入，买入价约7元
太化股份（600281）
2007年5—6月日K线

图8-2　太化股份2007年5—6月的日K线图

三、波段操作技巧

波段操作是指股价进入一个箱体整理阶段时，投资者可以采取高抛低吸的操作手法，获取阶段性投资收益。投资者进行波段操作需要具备三个前提条件：①大盘处于整理阶段或上升阶段。因为在这种情况下，个股快速突破箱体下方的可能性较小，投资者进行波段操作的余地较大；相反，如果大盘处于下降阶段，则个股的箱体整理时间不会持久，且向下突破箱体下方的可能性较大，投资者进行波段操作的余地较小。②个股处于明显的箱体整理阶段，股价在一个明显的上部压力线和下部支撑线之间运行，上下反复运动，持续若干次。③投资者对该股比较熟悉，最好曾操作过该股，这样能降低波段操作的失误率。

波段操作的方法比较简单，即高抛低吸。其具体做法是：当股价上升到压力线（箱体上部）附近受压时卖出，当股价下跌到支撑线（箱体下部）附近获得支撑时买入（如图8-3所示）。

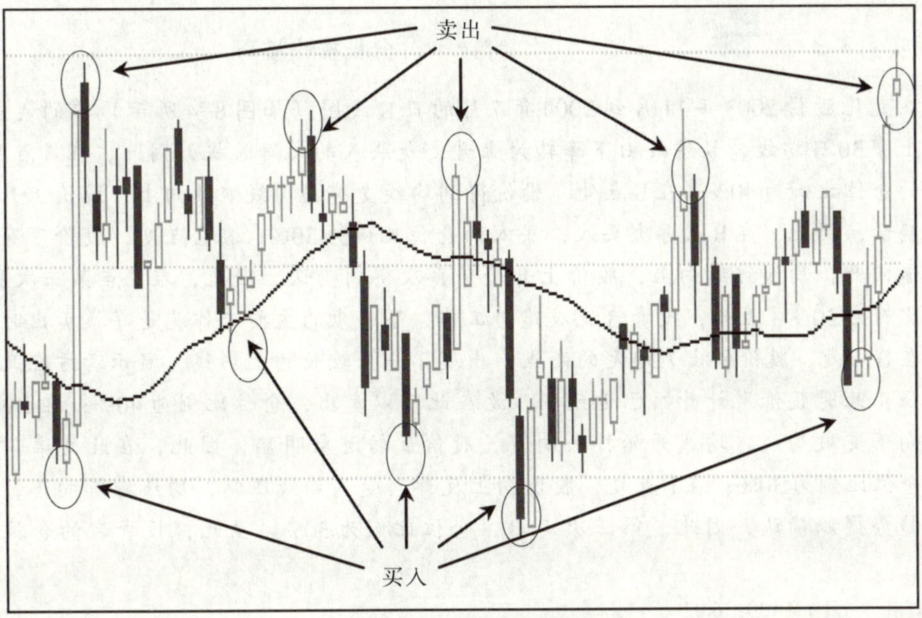

图 8-3　波段操作技巧

投资者需要注意的是，波段操作是一种短线交易技巧，对投资者的盘感、交易熟练程度和心理承受能力均有较高要求，且由于交易频繁而使交易成本相对较高，因此，投资者进行波段操作时要非常谨慎，确保将风险控制在一个可以承受的范围内。

四、分批操作技巧

所谓分批操作，是指投资者分若干次买入和卖出股票，而非一次满仓买入或空仓卖出。分批操作主要基于以下两点考虑：

第一，单只股票价格走势较大程度上受到大盘的影响，如果个股是上升趋势而大盘是下降趋势，则个股的上升趋势容易被逆转，一次性满仓买入的风险较大；相反，如果个股是下降趋势而大盘是上升趋势，则个股的下降趋势容易被逆转，一次性空仓卖出的风险也比较大。

第二，由于证券行情复杂多变，单只股票从基本分析和技术分析层面发出的买入或卖出信号不可能完全准确可靠，还需要等待下一步的确认。在这种情况下，投资者满仓买入或空仓卖出的风险较大。因此，从谨慎的角度考虑，投资者需要分批次地买入或卖出。

分批操作的关键在于分几次买入（卖出）、每次买入（卖出）多少的仓位。比较常见的做法是分三次买入（卖出），三次买入（卖出）的仓位比例分别是40%、30%、30%，即所谓的越买（卖）越少。当然，这里给出的只是一个参考标准，投资者可以结合股价变动的实际情况和自己的喜好、经验等，确定分几批次买入（卖出）和每批次买入（卖出）的仓位比例。

应用实例8-3

分批操作技巧

在太化股份2003年11月到2004年7月的日K线图（如图8-4所示）中的A点处，股价上穿30日均线，且均线由下降转为上升，是买入的大好时机，因此，在A点买入，买入的仓位比例为40%；在B点处，股价得到均线支撑，均线继续向上，股价上升趋势得到确认，因此，在B点再次买入，买入的仓位比例为30%；在C点处，股价下穿均线后迅速回升，均线继续向上，股价上升趋势再次得到确认，因此，在C点第三次买入，仓位比例为30%。至此，投资者完成建仓工作，下一步的主要工作就是寻找卖出时机。

在D点处，股价创出7.30元的高点，出现了一根较长的上影线，显示卖方在此处力量较强，此时股价累计升幅已近50%，故在此可以卖出，仓位比例为40%；在E点处，股价向下突破均线，均线开始掉头向下，股价反转迹象明显，因此，在此处第二次卖出，仓位比例为30%；在F点处，股价向上反弹，受到均线压制，均线继续向下，股价下降趋势得以确认，因此，第三次卖出，仓位比例为30%。至此，投资者的仓位完全清空。

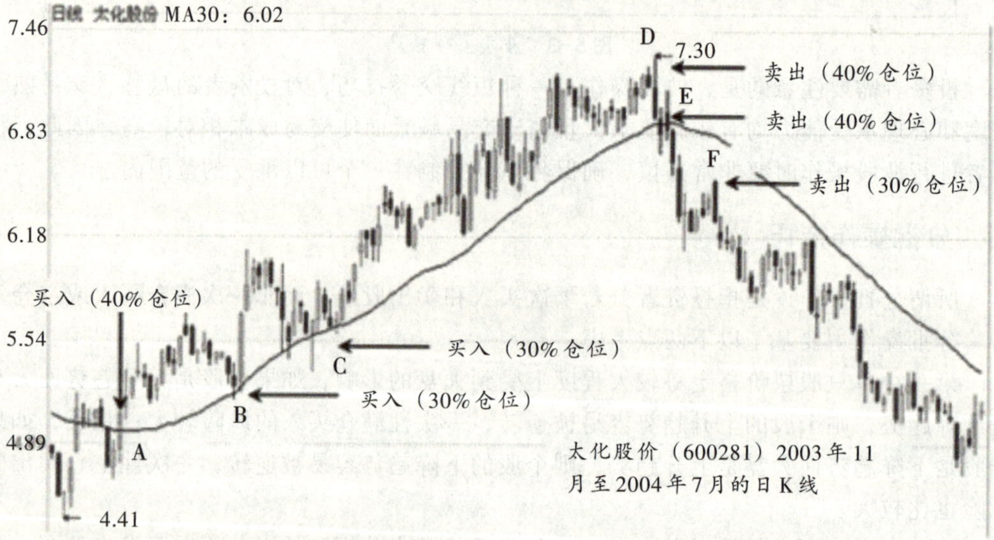

图8-4　太化股份2003年11月到2004年7月的日K线图

五、补仓技巧

所谓补仓，是指投资者在高位买入股票后，股价下跌而又不愿意止损，而在低位再次买入以降低平均成本的行为。假设某投资者在18元时买入某股票1 000股，后股价下跌，他又不愿意止损，当股价下跌到11元时他再次买入1 000股（如图8-5所示），此时他的加权持股成本为14.5元每股（（1 000×18+1 000×11）÷2 000）。在这种情况下，当股价反弹到15元附近时，他即可以解套。如果该投资者不采取补仓行为，那么，他只能等到股价反弹到18元附近时方可解套。显然，股价反弹到15元的可能性要比反弹到18元大得多且容易得多。

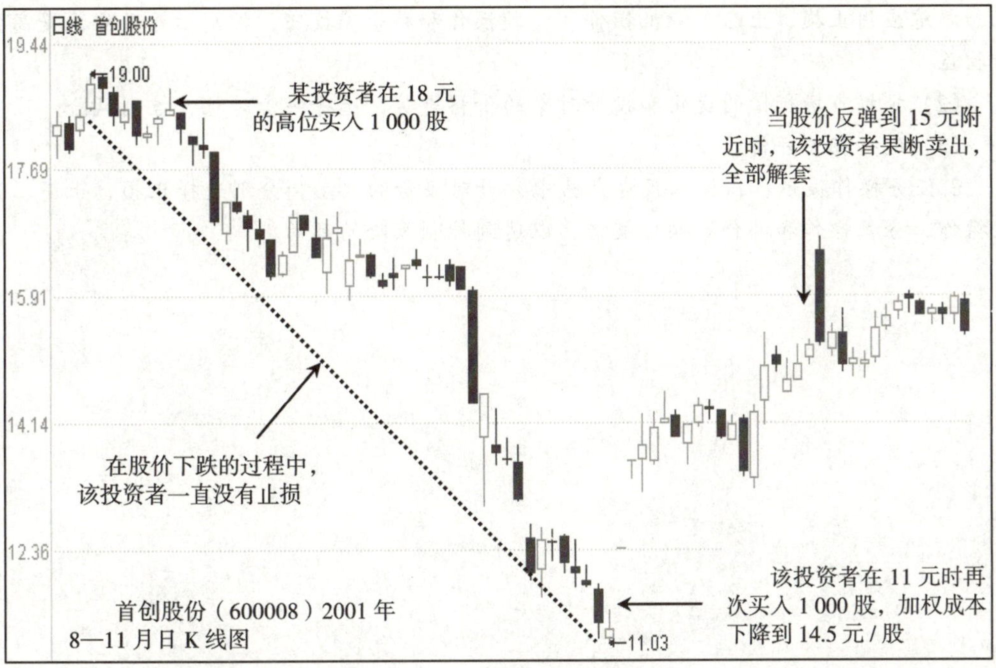

图 8-5 补仓技巧

补仓需要具备一个基本条件，即投资者不能满仓操作，必须要给自己留下足够的资金以应付补仓之用。补仓的优点在于降低平均持股成本，为早日解套创造条件。但投资者需要注意的是，补仓只是一种万不得已的做法，只会使投资者的仓位越来越重，操作空间和余地越来越小，并且如果补仓的位置与时机把握不准的话，极有可能补仓失败，导致自己更多的资金被套牢。因此，投资者使用补仓技巧时必须慎之又慎，最好能及时止损而不补仓。

工作任务

○ 任务一

1. 任务内容：不同市场行情中操作技巧的应用。

2. 任务步骤：

（1）知识准备：掌握不同市场行情中的操作技巧；根据证券市场和股价变化的实际情况，熟练应用不同的操作技巧。

（2）根据市场行情的变化和投资对象的价格走势，选择买卖时机。

（3）进行相关评价。

3. 任务操作提示：在模拟投资交易中，针对股价涨跌、盘整、震荡等情况采取相应的操作技巧，选择买入或卖出时机。

○ 任务二

1. 任务内容：控制风险的基本操作技巧的应用。

2. 任务步骤：

（1）知识准备：掌握控制风险的基本操作技巧；根据证券市场和股价变化的实际情

况，熟练应用止损、止赢、分批操作、波段操作和补仓等技巧，控制投资风险、提高投资收益。

（2）根据市场行情的变化和投资对象的价格走势，选择买卖时机，控制风险。

（3）进行相关评价。

3.任务操作提示：在模拟投资交易中，针对股价的波动，分别选择止损、止赢、波段操作、分批操作和补仓等操作策略，以达到控制风险的目的。

主要参考文献

［1］韩曙平，黄萍．证券投资综合实训教程［M］．大连：东北财经大学出版社，2020.

［2］丁辉关，谢鑫建，刘小波．证券投资基础与实务［M］．北京：清华大学出版社，2019.

［3］北京正远未来教育科技股份有限公司．证券投资基本操作实训［M］．武汉：华中科技大学出版社，2009.

［4］吴勇民．金融史上那些人那些事——金融家如何影响我们的生活［M］．北京：人民邮电出版社，2009.

［5］郗修方．证券投资理论与实务［M］．北京：清华大学出版社，2010.

［6］李英．证券投资理论与实务［M］．2版．北京：机械工业出版社，2010.

［7］赵文君，赵学增．证券投资基础与实务［M］．北京：清华大学出版社，2010.

［8］李淑芳，张洪哲．证券投资实训［M］．北京：中国财富出版社，2010.

［9］吴纬地，孙可娜．证券投资实训［M］．3版．北京：机械工业出版社，2020.

［10］李向科．证券投资技术分析［M］．6版．北京：中国人民大学出版社，2019.

［11］霍文文．证券投资学简明教程［M］．北京：高等教育出版社，2010.

［12］张丽华．证券投资［M］．大连：大连出版社，2010.

［13］王妍，和慧．证券投资实务［M］．北京：中国财富出版社，2012.

［14］中国证券业协会．证券交易［M］．北京：中国金融出版社，2012.

［15］中国证券业协会．证券投资基金［M］．北京：中国金融出版社，2012.

［16］中国证券业协会．证券投资分析［M］．北京：中国金融出版社，2012.

［17］王妍．证券投资分析［M］．北京：经济科学出版社，2019.

［18］沈乐平，张咏莲．公司治理学［M］．3版．大连：东北财经大学出版社，2019.

［19］证券业从业人员一般从业资格考试辅导教材编委会．金融市场基础知识［M］．北京：中国财政经济出版社，2019.

主要参考文献